# 금강경 역해

# 서문

금강경은 대한불교 조계종의 소의 경전이다. 그래서 한국불교를 대표하는 경전이라고 해도 과언이 아니다. 한국에서 금강경의 위치가 이러다 보니 시중의 불교서점에 가보면 가장 많이 출판되고 있는 책이 금강경에 관한 것이다. 지금까지 수십 종의 책들이 출판되어 왔다.

이런 시점에서 굳이 아무런 수행력도 없는 역자가 다시 금강경 번역과 주해를 시도한다는 것 자체가 무의미하고 귀중한 지면을 낭비하는 일이 아닐까 하여 몇 년을 망설이다가 용기를 내어서 번역과 주해를 시도하려 한다. 그 이유는 다음 몇 가지로 요약할 수 있겠다.

첫째, 한국에서 출간된 금강경 번역과 해설서들이 모두 한문본, 그 중에서도 구마라집 번역본을 저본으로 하여 번역과 해설을 하고 있다는 점이다. 그러다 보니 귀중한 금강경의 말씀이 구마라집의 안목에 갇혀서 우리 불자들에게 전달되고 있는 것이 현실이다. 물론 구마라집 대사야말로 중국 역경사에 찬란히 빛나는 천재 중의 천재라는 점을 역자는 잘 알고 있다. 그러나 산스끄리뜨 원어를 접할 수 있는 이 시점에서 그분의 안목에만 의지하지 말고 금강경의 말씀을 이해해야 할 필요가 있다고 본다.

물론 이기영 거사님을 위시한 두어 분이 산스끄리뜨 원전을 번역하여 구마라집본과 함께 출간한 책이 없지는 않다. 그러나 역자가 볼 때 이 책들마저도 Edward Conze의 영역본이나 일본 책들을 보고 그대로 옮긴 것 같은 인상을 지울 수가 없다. 무엇보다도 이제까지 출간된 책에서는 산스끄리뜨 원문을 철저히 분석하고 산스끄리뜨 술어들을 제대로 이해하고 설명한 책이 한 권도 없다는 점이다. 이런 측면에서 본다면 이제 정말 우리의 안목으로 원전, 그 중에서도 원전의 중요한 술어들을 깊이 음미해볼 필요가 있다고 생각한다. 역자는 감히 이런 의미 있는 시도를 해보려 하고 이런 시도가 많아질 때 금구의 말씀에 대한 우리의 이해가 깊어진다고 확신한다.

둘째, 금강경은 대승불교 경전군들 가운데서 가장 초기불교적인 향기가 많이 풍기는 경이라고 한다. 빠알리어와 초기불교를 나름대로 접해본 역자의 입장에서 볼 때 깊이 공감하는 바이다. 그래서 금강경이 어떤 측면에서 초기불교의 입장 즉 부처님의 근본 메시지를 잘 전승하고 있는지를 차제에 깊이 음미해볼 필요가 있다고 생각한다.

역자의 결론은 금강경이야말로 최초기에 부처님께서 고구정녕히 하시고자 한 메시지를 그대로 잘 간직하고 있다는 것이다. 특히 모든 학자들의 의견이 일치하는 최초기의 경전군인 숫따니빠따 4장의 가르침과 같은 선상에 있다는 점이다. 이런 측면에서 역자는 금강경과 초기불교의 술어 및 문장구조 등을 중점적으로 비교하면서 번역과 해설을 시도해보고자 한다.

셋째, 금강경은 중국에서만 중국 역경사(史)를 대표할 수 있는 여섯 분에 의해서 번역되었다. 산스끄리뜨 원전이 어떻게 그분들에게 이해되었는지를 알아보는 것도 우리가 금강경을 이해하는 데 중요한 부분이 된다고 본다. 물론 현존하는 산스끄리뜨본 금강경이 최초기의 금강경 형태라고 말할 수는 없겠지만 이런 점까지 고려해서 여러 한문본과 비교해서 음미해본다면 금구의 말씀을 깊이 이해하는 데 많은 도움이 될 것이다.

본서에서는 중국에서 최초로 번역되었으며 의역에 가깝고 가장 널리 읽히는 구마라집본(후한, 402년)과 중국 역경사의 자존심인 현장 스님이 직역을 위주로 번역한 현장본(당, 660-663년)을 원전과 비교해보면서 원전이 이들에 의해서 어떻게 이해되었으며 그래서 원전을 무시하고 한문 실력에만 의지해서 금강경을 읽을 때 어떤 오류를 범할 수 있는가 그리고 실제로 한국 불교가 어떤 오류를 범하고 있는가에 대해서 나름대로 음미해보고자 한다.

이런 세 가지 관점에서 다음의 차례로 본 책을 엮는다.

1. 산스끄리뜨 원문, 2. 구마라집역본, 3. 현장역본, 4. 번역, 5. 대역, 6. 주해.

이들 중에서 물론 역자의 수고(手苦)가 들어간 부분이 '번역'과 '대역'과 '주해'이다.

특히 '대역'에서는 범어 원문의 단어 배열과 문장 구조를 한 부분도 바꾸지 않고 범어 문맥을 그대로 두고 한글로 일대 일로 옮겼다. 그러다 보니 범어가 수동태 문장이 아주 많고 때로는 주어 동사의 위치가 맞지 않아서 한글로 옮기면 아주 어색한 문장이 되지만 그러나 역자는 굳이 그것을 능동태가 주를 이루며 주어 목적어 동사의 구조로 되어있는 우리말로 옮기려 하지 않았다. 영어를 배우면서 자란 세대는 수동태로 된 어색한 한글에도 나름대로 뜻을 쉽게 파악할 수 있고 무엇보다도 산스끄리뜨의 원어의 맛을 될 수 있으면 우리말로 그대로 나타내어 보고 싶어서이다. 독자들의 이해를 구한다. 차분히 읽어보면 알겠지만 산스끄리뜨 문맥 그대로 읽어 내려가도 우리말로 쉽게 뜻이 전달된다는 점을 독자들은 알 것이다.

그리고 대역을 하면서 구마라집역과 현장역을 같이 옮겨 놓았다. 범어 원문을 두 역경의 천재들이 어떻게 옮기고 있는가를 쉽게 파악할 수 있게 하기 위해서이다. 이를 통해서 구마라집 스님은 어떻게 영감을 가지고 멋진 한문으로 의역을 하고 있으며 현장 스님은 어떻게 한 자라도 안 빠트리고 직역을 하려고 애를 쓰고 있는가를 조금은 느낄 수 있으리라고 본다. 그리고 중요한 술어들은 그에 해당하는 영어를 취해서 옮겨 놓았다. 영어 세대들이 더 쉽게 의미를 파악하고 나아가서 서양 학자들이 어떻게 불교를 이해하는가를 보여주기 위해서이다.

역자가 이런 시도를 하는 이유는 이 시점에서 1600여 년 전에 번역된 구마라집 번역본에만 준해서 금강경을 읽고 이해하고 설하는 우리의 안목을 더 넓혀보자는 의미에서다. 물론 구마라집 스님과 구마라집 문하의 4철(四哲)이라 불리는 중국 불교사의 천재들이 팀을 이루어 혼을 불어넣어 행한 그 번역의 위대성은 역자도 큰 감동으로 접하고 있다. 그러나 그렇기 때문에 우리는 더욱 더 그 분이나 그 팀의 이해를 초월하려는 노력을 해야 할 것이다. 그렇지 않으면 금강경에서 고구정녕히 설하고 계신 산냐를 벗어나지 못하기 때문이다.

'번역'에서는 가급적이면 한글로 쉽게 뜻이 통하게 하는 데 주안점을 두려 했다. '대역'에서 원어의 맛은 충분히 볼 수 있다고 생각하기 때문이다. '주해' 부분에서는 시중에 많이 나와 있는 금강경 번역본에서 이미 많은 주해를 시도하고 있어서 역자는 가급적이면 그런 관점은 피하고 산스끄리뜨 원어의 어원을 분석하려 시도하고 그 단어의 일차적인 의미가 무엇인가를 파악하는 데 중점을 두었으며, 특히 초기불교 언어인 빠알리어와의 연관성을 보여주는 데 초점을 맞추려 시도했다.

그리고 금강경에서 고구정녕히 설하신 산냐를 척파하고 산냐를 극복하라는 부처님의 메시지를 여러 문맥에서 나름대로 해설하려 노력했다. 모든 논지는 처음에 밝힌 세 가지 이유에 초점을 맞추어 진행하려 노력하였다. 때로는 역자의 과격한 안목과 견해가 있을 수도 있겠으나 그 부분까지 독자 제위들이 잘 섭수해 주신다면 감사하겠다.

그리고 전체 경의 분절(分節)은 옛부터 지금까지 널리 통용되고 있는 양나라 소명 태자가 나누었다고 전해오는 32분절의 형태를 그대로 유지했다. 우리 나라에 절대적으로 통용되고 있으므로 독자들의 이해를 돕기 위해서이다. 그리고 역자의 판단에 따라서 분절을 세분하여 나눈 곳도 많은데 꼰즈의 영역본을 참고하면서 역자의 안목에 따라서 시도했다. 아울러 소명태자가 붙인 각 분절의 과목은 과감히 배제하여 한글로 옮기지 않았다. 이 과목을 그대로 한글로 옮기면 귀중한 금강경의 가르침의 대의가 약해져버리며 그렇게 되면 산스끄리뜨 원어를 직접 한글로 옮기는 의미가 사라져 버린다고 판단했기 때문이다. 역자가 붙인 한글 과목은 순전히 역자의 개인적인 안목에서 나온 것이니 독자 여러분들이 음미해보시고 많은 질책을 해주시기 바란다.

이런 이유와 이런 방법으로 감히 역자는 금강경 번역과 주해라는 시도를 해보고자 한다. 역자의 안목과 견해가 타당한가는 차치해 두고 이런 시도 자체가 의미가 있다고 판단해서이다. 이 책이 우리 불자님들이 부처님의 근본 가르침에 대한 관심과 이해를 더 깊게 하는 데 조그마한 보탬이 되기를 바란다.

## 차 례

서문

일러두기

0. 경의 이름 17

1. 법문을 하시기까지 23

2. 수보리의 질문 - 발심한 보살은 어떻게 수행해야 합니까 46

3. 중생제도의 산냐를 세우지 말라 - 산냐를 세우는 자는 보살이라 할 수 없다 63

4. 니밋따(겉모양) 산냐에 머무르지 말고 보시를 하라 86

5. 32가지 대인상을 구족했기 때문에 여래가 되었다는 산냐에 빠지지 말라 97

6. 미래세에도 참된 보살이라면 결코 산냐에 떨어지지 않는다 104

7. 보살은 법이라는 산냐를 세우지 않는다 142

8. 위없는 바른 깨달음도 산냐를 여의라는 이 가르침 때문에 가능하다 149

9. 과위(果位)에 대한 산냐에 집착하지 않기에 성자라 이름한다 161

9-1. 수다원은 '흐름에 들었다' 는 산냐를 내지 않는다 161

9-2. 사다함은 '한 번만 더 돌아온다' 는 산냐를 내지 않는다 170

9-3. 아나함은 '다시는 돌아오지 않는다' 는 산냐를 내지 않는다 173

9-4. 아라한은 '나는 아라한이다' 라는 산냐를 내지 않는다 176

9-5. 아라한이라는 산냐가 없기에 세존께서 수보리는
무쟁삼매를 얻었다고 인가하셨다 179

10-1. 여래도 법을 증득했다는 산냐를 내지 않는다 182

10-2. 불국 건설의 산냐를 초탈한 자가 진정한 보살이다 185
10-3. 산냐를 여의어서 대상에 머물지 않는 마음을 내는 자가
참다운 보살이다 188
11. 산냐를 벗어나라는 이 가르침의 공덕은 한량이 없다 193
12. 산냐를 여의라는 이 가르침을 실천하는 곳이 진정한 불국토이다 199
13-1. 산냐를 극복하라는 이 가르침이야말로 진정한 반야바라밀 법문이다 206
13-2. 여래가 설한 법이 있다는 산냐를 가지지 말라 209
13-3. 세계와 세계를 구성하는 미진이 있다는 산냐를 가지지 말라 210
13-4. 32가지 대인상을 구족했기 때문에 여래이다 라는 산냐를 가지지 말라 213
13-5. 산냐를 세우지 말라는 이 가르침의 공덕은 참으로 뛰어나다 219
14-1. 산냐를 초극하는 이 가르침은 최상승과 최수승승에
확고부동한 자들을 위한 가르침이다 221
14-2. 산냐를 여의라는 이 가르침을 실천하는 미래세의 중생들은
최고로 경이로운 자들이다 228
14-3. 산냐를 멀리 여의었기에 제불세존이다 231
14-4. 산냐를 여의라는 것이 제불세존이 설하는
최고(parama)의 바라밀이다 234
14-5. 산냐를 여의었기에 참다운 인욕바라밀이다 238
14-6. 그러므로 일체 산냐를 버리고서 발보리심(發菩提心)하라 245
14-7. 산냐를 여의고 중생의 이익을 위해 보시를 행하라 250

14-8. 참다운 법은 진실과 거짓이라는 산냐를 넘어섰다 254

14-9. 산냐를 여의라는 이 가르침을 실천하는 공덕은 헤아릴 수 없다 262

15-1. 산냐를 여의라는 이 가르침을 듣고 비난하지만 않아도
그 공덕은 아주 크다 264

15-2. 산냐를 여의라는 이 가르침을 수용하는 자야말로 진정한 대장부다 269

15-3. 산냐를 여의라는 이 가르침이 있는 곳이 참다운 불국토이다 277

16-1. 산냐를 버리라고 가르쳐 수모를 받더라도
그로 인해 오히려 업장을 벗고 깨달음을 얻을 것이다 280

16-2. 산냐를 여의라는 이 가르침을 신해하는 것이
수억의 부처님을 시봉하는 것보다 수승하다 295

16-3. 산냐를 여의라는 이 가르침을 들으면
하근 중생들은 마음이 광란하게 된다 301

17-1. 산냐를 가지면 그는 보살이 아니다 305

17-2. 깨달은 법이 있다는 산냐가 없었기에 석가모니라 수기를 받았다 310

17-3. 여래의 진정한 의미 315

17-4. 법이라는 산냐를 여의었기에 일체 법이 불법이다 318

17-5. 법에 대한 모든 산냐를 여의라 324

17-6. 불국 건설의 산냐를 가지면 진정한 보살이 아니다 327

17-7. 제법무아를 확신하는 자를 일러 보살이라 한다 329
18-1. 여래에게는 오안(五眼)이 있다 332
18-2. 여래는 오안으로 중생들의 마음의 흐름을 다 알지만
마음의 흐름이라는 산냐를 가지지 않는다 338
19. 공덕의 무더기라는 산냐를 가지지 말라 347
20-1. 색신을 구족했기 때문에 여래라는 견해를 가지지 말라 350
20-2. 32가지 대인상을 구족했으므로 여래라는 견해를 가지지 말라 353
21-1. 여래가 법을 설하였다는 산냐를 가지지 말라 355
21-2. 산냐를 가지지 말라는 이런 법문을 듣고 수승한 믿음을 내는 자는
이미 중생이 아니다 359
22. 무상 정등각이라 할 어떤 법이 있다는 산냐를 가지지 말라 362
23. 무상 정등각은 꾸살라 담마[善法]에 의해서 깨달아진다 365
24. 복을 감히 산냐를 여의라는 이 가르침에 견주랴 369
25. 여래가 해탈케 한 중생이 있다는 산냐를 세운다면
그것은 집착일 뿐이다 371
26. 모양을 떠나 법으로써 여래를 보라 376
27. 산냐를 세우지 말라 한다 해서 단멸을 가르친다는 소견을 가지지 말라 386

28. 무아를 통달하는 것이 더 큰 공덕이지만
굳이 공덕의 무더기를 국집하지 말라 390
29. 행주좌와(行住坐臥)라는 산냐로 여래를 보지 말라 398
30-1. 원자의 모음이라는 산냐를 세워 세계를 보지 말라 400
30-2. 삼천대천세계란 단지 원자들이 한 덩어리로 뭉쳐진 것(一合相)
이라는 산냐를 세우지 말라 405
31-1. 견해를 세우지 말라 409
31-2. 법이라는 산냐를 일으키지 말고 제법을 알고 보고 확신하라 415
32-1. 산냐를 세우지 말라는 이 가르침의 공덕은 크다,
형성된 것(諸行)을 떠나 있으므로 419
32-2. 산냐를 여의라는 이 가르침을 듣고 대중은 환희용약하였다 428

부록 435
후기 455
색인 457

## 일러두기

1. 본 번역의 저본으로 삼은 原書는 다음과 같다.

산스끄리뜨 原典: Conze, E., *Buddhist Wisdom Books*(London, 1958)

• 鳩摩羅什 譯 懸吐本: 無比 감수, 승가대학원 편, 《金剛經全書》(서울:민족사, 1997)

• 玄奘 譯本: 《大正新修大藏經》 제7권 般若部三, pp.980~985

2. 이 자료들은 이승훈 님이 천리안 부처님나라 자료실에 올린 파일을 근간으로 했으나 잘 못 입력되었거나 애매한 부분은 역자가 인도의 Mithila Institute에서 간행된 Buddhist Sanskrit Texts Series의 데와나가리본과 한문본들을 직접 대조하면서 몇 번을 수정하였다. 이승훈 님께 감사드린다.

3. 본서에 인용된 빠알리경은 모두 경의 번호를 뜻한다. 즉 D2는 장부(Dīghānikāya) 제 2경을, M111은 중부(Majjhimanikāya) 제 111경을 나타내며, S12.61은 상응부(Saṃyuttanikāya)의 12번째 상응의 61번째 경이라는 의미이다.

4. '대역'과 '주해'에서 산스끄리뜨의 연음(산디)은 모두 풀어서 적었다. 그리고 합성어는 대부분 두 단어의 중간에 대쉬(-)를 넣어 이해하기 쉽도록 했다.

5. 본 경의 키워드인 saṃjñā는 한글로 뜻풀이를 하지 않고 그냥 산냐로 음역을 하였다. 중요한 술어인 만큼 적당한 역어를 찾기 힘들어서이다. 산즈냐나 삼갸 등으로 산스끄리뜨식 표기를 해야 하겠으나 초기경에서 아주 중요하게 다루어지는 술어라서 빠알리어식 표기로 산냐로 옮겼다.

6. 역자가 인용하고 있는 범어는 가급적이면 모두 빠알리어로 표기하려 하였다. 빠알리어가 산스끄리뜨보다도 부처님이 직접 사용하신 음운에 더 가깝다고 판단하기 때문이며, 한문으로 음역한 술어들도 지혜를 뜻하는 prajñā를 반야(般若)라고 옮겼듯이 초기에는 빠알리어에서 음역한 경우가 많았기 때문이기도 하다.

7. 그리고 요니소 마나시까라(yoniso manasikāra), 윈냐나(viññāṇa) 등 중요한 술어들은 가능하면 많이 한글로 음사하려 애썼다. 결국은 중요한 전문 술어들은 한글로 음역이 되어서 정착되어야 한다고 판단하기 때문이며 그래서 독자들에게 조금씩 친숙하게 만들고 싶어서이다. 물론 산스끄리뜨가 아닌 빠알리어를 한글로 음사하고 있다. 그러나 다르마(dharma)나 까르마(karma)처럼 이미 많이 사용되고 있는 술어들은 가급적이면 그대로 두려 했으며 필요에 따라서는 담마나 깜마처럼 빠알리어식 표기를 했다.

8. 어느 장을 읽어도 이해가 쉽도록 하기 위해서 주해를 여러 곳에서 중복 설명했다. 본 금강경의 전개 방법도 그러하지만 한 주제를 전달하는 데는 반복해서 설명하는 것 이상 좋은 방법은 없으리라 판단해서이다.

# 금강경 역해

역자는 이런 금강경의 말씀을 공(空, śūnya)이라는 거창한 명제로써
설명하는 대승불교의 관점을 너무나 이데올로기적인 해석이라 간주한다.
금강경은 공을 설하신 게 아니고 초기불교에서 부처님께서 고구정녕히 설하신
'산냐를 극복하라(saññānaṃ uparodhana)' 는 말씀을
따르는 경이라고 받아들인다.
공관의 지혜를 설하기에 반야바라밀이 아니고
산냐를 뛰어넘는 참 지혜를 설하기에 반야바라밀이요,
본 경 14-4장에서 설하는 바 최고의(parama) 바라밀인 것이다.

- 본문 중에서 -

## 0. 경의 이름

**[원문]**

Vajracchedikā Prajñāpāramitā Sūtra

Namo Bhagavatyai Āryaprjñāpāramitāyai.

**[鳩摩羅什]**

金剛般若波羅蜜經

姚秦天竺三藏鳩摩羅什譯

**[玄奘]**

大般若波羅蜜多經第五白七十七

三藏法師玄奘奉詔譯

第九能斷金剛分

**[번역]**

금강반야바라밀경

복덕구족하며 고귀한 반야바라밀에 귀의합니다.

**[대역]**

Vajracchedikā금강[1] Prajñāpāramitā반야바라밀[2] Sūtra경[3]

Namo귀의합니다[4] Bhagavatyai복덕구족하며[5] Āryaprajñāpāramitāyai고귀한[6] 반야바라밀에!

**[주해]**

1) **금강(Vajracchedikā):** vajra는 √vaj(to be strong)에서 파생된 명사로 간주한다. 베다에서는 '벼락'이나 '번개'를 뜻했으며 산스끄리뜨 일반에서도 이런 의미로 많이 쓰인다. 특히 신들의 왕이라 불리는 인드라(Indra, Sakka라고도 하며 불교에서 호법선신으로 받아들여져서 중국에서는 제석 혹은 제석천왕이라 옮겨 부르고 있다)의 제일의 무기로 베다에 나타난다. 자연계에서 제일 위력적인 벼락을 고대 아리야족들은 신들의 왕인 인드라의 무기로 자연스럽게 받아들인 것이다. 그리고 다른 뜻으로 많이 쓰이는 것이 '다이아몬드' 즉 금강석이며 그래서 중국에서는 금강(金剛)으로 옮기며 본 경에서도 이 뜻으로 쓰였다고 간주한다. 다이아몬드는 제일 귀한 보석으로 보석 중의 왕이며 제일 단단한 물질이다.

그래서 본 경도 부처님의 말씀 중에서 제일 값지고 귀중한 가르침일 뿐 아니라 다른 경전들이나 세상의 모든 사상이나 종교를 갈아서 검증해볼 수 있는 최고로 수승한 가르침이요, 이 가르침으로 저 아·인·중생·수자로 대표되는 산냐를 철저히 척파하여야 무상정등각을 실현하게 된다는 의미가 들어있다 하겠다. chedika는 √chid(to cut)의 명사 cheda(자름, 부숨)에다가 '~하는 것'을 뜻하는 '-ika' 접미어를 붙여서 만든 명사이다. '자르는 것'이라는 뜻이다. 뒤의 prajñāpāramitā(반야바라밀)가 여성 단수로 쓰였으므로 vajracchedikā도 여성 단수어미를 취해서 쁘랏냐빠라미따의 수식어로 쓰였다.

그래서 vajracchedika는 여러 가지로 해석해 볼 수 있겠는데 먼저 와즈라를 금강 즉 다이아몬드로 간주하면, 첫째가 와즈라와 체디까를 동격으로 취급해서 '[무엇이든] 자를 수 있는(chedika) 금강석(vajra)'이라고 해석해 볼 수 있다. 둘째는 '금강석마저도(vajra) 능히 잘라 버릴 수 있는 것(chedika)'이라고 해석해 볼 수도 있겠는데 첫 번째의 의미가 가장 적합한 뜻이라 하겠다. 현장은 능단(能斷, 능히 잘라버릴 수 있는) 금강이라고 경의 제목을 옮겼는데 '자름'을 의미하는 체디까의 뜻을 적극적으로 살린 번역이라 하겠다. 구마라집은 그냥 금강이라 옮겼는데 금강석은 당연히 모든 것을 잘라버릴 수 있는 물질이라서 '능히 잘라버릴 수 있는'의 의미를 굳이 옮기지 않고 생략했다고 보여진다. 그리고 와즈라를 벼락의 의미로 파악한다면 벼락이 번쩍하는 섬광과 천둥소리와 함께 아무리 견고한 것이라도 찰나에 잘라버리듯이 아무리 정교하고 견고한 산냐일지라도 이 가르침으로 능히 다 잘라버린다는 뜻이라 하겠다. 아무튼 이 가르침 - 그것을 벼락이 하든 금강석이라 부르든 - 으로 저 인간이 가질 수 있는 모든 산냐를 잘라버린다는 의미라 하겠다. 그리고 이 '자름'을 의미하는 chedika는 '산냐를 부숨'이나 '산냐의 척파'를 뜻하는 최초기경 숫따니빠따 3장의 saññānam uparodhana와 같은 의미를 지녔다. 이런 의미에서 이 금강경의 가르침은 부처님 최초기 가르침과 일맥상통한다 하겠다.(여기에 대해서는 6장 21번 주와 부록 등을 참조할 것)

2) **반야바라밀(Prajpramit):** prajñā는 접두어 pra(앞으로)+√jñā (to know)의 명사형으로 지혜(智慧)라 옮기기도 하고 반야(般若)라 음역하기도 한다. (여기에 대해서는 6장 14번과 27번 주해를 참조할 것) pāramitā는 '최상의, 최고의'를 뜻하는 형용사 parama의 추상명사형이다. '완성, 완결, 완전, 궁극'을 뜻한다. 대승불교에서는 여섯 가지를 정하여서 보살의 서원을 가진 자가 반드시 실천궁행해야 하는 덕목으로 가르치고 있다. 너무 잘 알려진 개념이라서 설명은 생략한다. 빠알리어는 pāramī인데 최고층의 부처님 가르침으로 알려진 숫따니빠따 5장에 나타나고 있다.(K. R. Norman 같은 학자들은 pāramī가 나타나는 이 5장의 서문 부분은 조금 후대에 편집된 것이라고 주장하기

도 한다) 한편 자따까와 빠알리경 주석서들에는 부처님이 전생에서부터 수행해왔던 10가지 바라밀을 설하고 있는데 ① dāna(보시), ② sīla(지계), ③ nekkhamma(출리), ④ paññā(지혜), ⑤ viriya(정진), ⑥ khanti(인욕), ⑦ sacca(진실), ⑧ adhiṭṭhāna(결단), ⑨ mettā(자비), ⑩ upekhā(捨, 평온)이다. 대승불교의 6바라밀이나 10바라밀과 비교해보기 바란다.

반야바라밀은 문자 그대로 '지혜의 완성'을 뜻한다. 그런 반야바라밀 가운데서도 이 경을 금강반야바라밀이라 부르는 것은 금강석 즉 다이아몬드가 보석 중의 보석이요, 능히 다른 모든 물질의 강도를 시험할 수 있는 최고로 단단한 물질이듯이 산냐의 척파를 설하는 본 경이야말로 지혜 중의 지혜를 설하며 그런 지혜의 완성을 설하는 가르침이라는 뜻이다. 그리고 본 경 제 14-4장에서 이 가르침을 parama-pāramitā(최고의 바라밀)라고 표현하고 있듯이 최고의 바라밀이요, 최상의 가르침이라는 자신에서 나온 말이라 하겠다.

3) **경(Sūtra)**: sūtra는 √siv/sīv(to sew)의 명사로서 원 의미는 '실'이나 '노끈'을 의미했는데 옛적에 경서들을 대나무 등의 판에 적어서 여러 개를 실로 묶어 지녔기 때문에 이런 이름이 유래되었다. 經이라고 한역된다.(sūtra에 대한 몇 가지 논의는 6장의 6번 주해를 참조할 것)

4) **귀의합니다(namo)**: namas는 √nam(to bend)에서 파생된 중성명사로서 문자적으로 '구부리다'라는 뜻에서 '절하다, 예배하다, 경배하다, 귀의하다'는 뜻으로 쓰인다. 중성명사이지만 대부분 불변사처럼 문두에 놓여서 '~에 귀의합니다'는 귀의문으로 쓰인다. namas는 여격(Dative)을 지배하므로 bhagavatyai āryaprajñāpāramitāyai라고 여격으로 나타난다.

5) **복덕구족하며(Bhagavatyai)**: bhagavatī의 여격으로 bhaga(복, 행운)+vat(~를 가진)의 여성형이다. 뒤의 āryaprajñāpāramitāyai를 수식하고 있다. (bhagavan에 대해서는 1장 3번 주해를 참조할 것.)

6) **고귀한(ārya)**: 학자들은 √ṛ/ṛch(to go)에서 파생된 명사라고 보기는 하나 정확한 어원은 알려지지 않았다. 원의미는 '아리야족에 속하는' 정도의 의미라 하겠다. 빠알리어는 ariya이다. '고귀한'의 뜻이다. 한문으로는 聖으로 옮기고 있다.

잘 알려진 대로 BC 2500~1500여 년 전후에 인도로 이주해 와서 선주민을 정복하여 베다문화를 일으키고 정착시킨 지금 인도의 주류를 이루는 사람들을 통틀어서 아리얀(Aryan)족이라고 부른다. 그래서 이 '아랴(ārya)'라는 말의 원 의미는 그냥 '아리야족에 속하는'이라는 의미라 하겠다. 그래서 초기에 서양 불교학자들은 이 단어를 번역하지 않고 Ariyan이라고 그냥 옮기기도 했다. 예를 들면 사성제(四聖諦, Cattari ariya-saccāni)를 'Four Ariyan truths' 등으로 옮겼다. 아리야족에 속한다는 말 자체가 지배계급에 속한다는 말이고 그래서 '높은 신분, 고귀한 신분'을 뜻했다고 여겨진다.

이 말이 초기부터 불교에 쓰여서 '성스러운, 고귀한, 고결한' 등을 뜻하는 형용사로 쓰인 것이다. 자이나에서도 불교와 거의 같은 의미의 형용사로 쓰이고 있으며 베다에서는 주인이나 바라문의 뜻으로 쓰였고 그래서 후대 클래식 산스끄리뜨의 제 문헌에서도 이런 의미로 쓰이고 있다. 특히 고층 베다에서 이 단어가 이방인이나 손님의 뜻으로도 쓰인 것으로 나오기도 하여 흥미롭다. 사실 아리야족들은 인도 선주민들이 본다면 원래 이민족들 즉 이방인들이었으니까.

우리가 베다 문헌들과 초기자이나교의 문헌들과 초기불교의 문헌들을 비교해서 읽으면 불교의 가장 두드러진 특징이라 할까 그런 것 중의 하나가 초기불교의 용어들이 거의 모두 기존의 바라문이나 사문 전통에 바탕한 용어들을 재음미하고 재해석해서 사용하고 있다는 점이다.

그런 많은 중요한 용어들 중의 하나가 이 ariya이다. 인도 당시에는(지금도 물론 그러하지만) 순수한 아리야 혈통에 대한 자부심, 아리야족의 순종 후예라는 그런 논쟁이 아주 많았던 시대이다. 부처님은 어떤 사람들이 참된 아리야냐, 누가 참된 아리야족의 후예인가 하는데 대한 결론으로 보편적 진리를 따르고 실현하려 노력하는 자들이 참된 아리야들이라고 선언하신 것이다. 육체적인 혈통에 의해서 아리야나 바라문이 된다는 것을 강하게 거부하시고 진리를 구현하는 자야말로 참된 아리야라고 하신 것이다.

아무튼 부처님께서는 참다운 아리야가 되기 위해서는 성스런 삶을 살지 않으면 안 된다는 강한 메시지를 동시대인들과 온 인류에게 선언하신 것이다. 그래서 이 아리야라는 단어가 수식어로 들어가는 가르침은 불교 특유의 아주 중요한 부처님의 가르침이라 보면 틀림이 없겠다. 특히 부처님의 제자는 이런 아리야가 되어야만 한다는 것이다. 그래서 부처님의 제자는 아리야 사와까(ariyasāvaka, 성제자)라고 불리우고, 불교의 근본 가르침인 사성제나 팔정도(정확히 옮기면 八支聖道) 등등의 가르침에는 항상 이 수식어가 따라붙는다. 그래서 본 경에서도 ārya를 반야바라밀에다 붙여서 반야바라밀의 가르침이 수승하고 고귀한 불교 특유의 가르침이라는 것을 강조하고 있다 하겠다.

## 1. 법문을 하시기까지

**[원문]**

1. evaṃ mayā śrutam. ekasmin samaye Bhagavāñ Śrāvastyāṃ viharati sma Jetavane 'nāthapiṇḍadasya ārāme mahatābhikṣusaṃghena sārddham ardhatrayodaśabhir bhikṣuśataiḥ saṃbahulaiś ca bodhisattvair mahāsattvaiḥ. atha khalu Bhagavān pūrvāhṇakālasamaye nivāṣya pātracīvaram āḍāya Śrāvastīṃ mahānagarīṃ piṇḍāya prāvikṣat. atha khalu Bhagavāñ Śrāvastīṃ mahānagarīṃ piṇḍāya caritvā kṛtabhaktakṛtyaḥ paścād bhaktapiṇḍapātapratikrāntaḥ pātracīvaraṃ pratiśāmya pādau prakṣalya nyaṣīdat prajñapta evāsane paryaṅkam ābhujya ṛjum kāyaṃ praṇidhāya, pratimukhīṃ smṛtim upasthāpya. atha khalu sambahulā bhikṣavo yena Bhagavāṃs tenopasaṃkraman upasaṃ kramya Bhagavataḥ pādau śirobhir abhivandya Bhagavantaṃ triṣpradakṣiṇīkṛtyaikānte nyaṣīdan.

**[鳩摩羅什]**

• 法會因由分 第一

如是我聞하사오니 一時에 佛이 在舍衛國祇樹給孤獨園하사 與大比丘衆千二百五十人으로 俱러시니 爾時에 世尊이 食時에 著衣持鉢하시고 入舍衛大城하사 乞食하실새 於其城中에 次第乞已하고 還至本處하사 飯食訖하시고 收衣鉢하시며 洗足已하시고 敷座而坐하시다.

**[玄奘]**

如是我聞. 一時薄伽梵. 在室羅筏. 住誓多林給孤獨園. 與大苾芻衆千二百五十人俱. 爾時世尊於日初分. 整理裳服執持衣鉢. 入室羅筏大城乞食. 時薄伽梵於其城中行乞食已出還本處. 飯食訖收衣鉢洗足已. 於食後時 敷如常座結跏趺坐. 端身正願住對面念. 時諸苾芻來詣佛所. 到已頂禮世尊雙足. 右遶三匝退坐一面. 具壽善現亦於如是衆會中坐.

**[번역]**

1. 이와 같이 나는 들었다.

한 때 세존께서는 슈라와스띠의 제따 숲 급고독원에 많은 비구승가와 함께 머무셨나니, 1250인의 비구들과 많은 보살 마하살들과 같이.

그 때 참으로 세존께서는 옷매무새를 가지런히 하시고 가사와 바루를 수하시고 슈라와스띠 큰 도시로 탁발을 위해서 들어가셨다. 탁발을 마치신 후 공양을 드셨다. 공양 후에는 탁발로부터 돌아오셔서 바루와 가사를 제자리에 내려놓으시고 두 발을 씻고 미리 준비된 자리에 앉으셨다. 가부좌를 결하고, 곧게 몸을 세우고, 전면(前面)에 마음챙김을 확립하시고서.

그 때 많은 비구들이 세존께 나아갔다. 나아가서는 세존의 두 발에 머리를 대고 인사를 드리고서 세존을 오른 쪽으로 세 번 돌고서 한 쪽 곁에 앉았다.

**[대역]**

1. evaṃ이와 같이(Ⓚ=Ⓗ 如是) mayā śrutam나는 들었다[1](Ⓚ=Ⓗ 我聞).

ekasmin samaye한 때[2](Ⓚ=Ⓗ 一時) Bhagavāñ세존[3]께서는(Ⓚ 佛, Ⓗ 薄伽梵) Śrāvastyāṃ슈라와스띠[4]에 viharati sma머무셨나니[5] Jetavane제따 숲[6] anātha-piṇḍadasya ārāme급고독원에[7](Ⓚ 在舍衛國祇樹

給孤獨園, Ⓗ 在室羅筏 住誓多林給孤獨園)

mahatā많은 bhikṣu-saṃghena sārddham비구[8)]상가[9)]와 더불어(Ⓚ 與大比丘衆, Ⓗ 與大苾芻衆) ardha-trayodaśabhir bhikṣu-śataiḥ1250인의 비구들과[10)](Ⓚ=Ⓗ 千二百五十人俱) saṃbahulaiś ca그리고 많은 bodhi-sattvair보살들과 mahāsattvaiḥ마하살들과 더불어서[11)](Ⓚ=Ⓗ ×).

atha khalu그 때 참으로[12)](Ⓚ=Ⓗ 爾時) Bhagavān세존께서는 (Ⓚ=Ⓗ 世尊) pūrvāhṇa-kāla-samaye오전에[13)](Ⓚ 食時, Ⓗ 於日初分) nivāṣya옷매무새를 가지런히 하시고[14)](Ⓚ ×, Ⓗ 整理裳服) pātra-cīvaram āḍāya바루와 가사를 수하시고[15)](Ⓚ 著衣持鉢, Ⓗ 執持衣鉢)

Śrāvastīṃ슈라와스띠 mahā-nagarīṃ큰 도시로 piṇḍāya탁발을 위해서[16)] prāvikṣat들어가셨다.[17)](Ⓚ 入舍衛大城 乞食, Ⓗ 入室羅筏大城乞食)

atha khalu그 때 참으로 Bhagavāñ세존께서는(Ⓚ ×, Ⓗ 時薄伽梵) Śrāvastīṃ mahā-nagarīṃ슈라와스띠 큰 도시에서(Ⓚ=Ⓗ 於其城中) piṇḍāya caritvā탁발을 하시고서[18)](Ⓚ 次第乞已, Ⓗ 行乞食已) kṛta-bhakta-kṛtyaḥ공양을 드셨다[19)](Ⓚ=Ⓗ ×).

paścād-bhakta공양을 드신 후에(Ⓚ=Ⓗ 飯食訖)[20)] piṇḍapāta-pratikrāntaḥ탁발로부터 돌아오셔서[21)](Ⓚ 還至本處 H, 出還本處)

pātra-cīvaraṃ pratiśāmya바루와 가사를 제자리에 내려놓으시고서[22)](Ⓚ=Ⓗ 收衣鉢)

pādau prakṣalya두 발을 씻고[23)](Ⓚ=Ⓗ 洗足已) nyaṣīdat앉으셨다 prajñapta미리 준비된 eva오직 āsane자리에[24)] (Ⓚ 敷座而坐, Ⓗ 敷如常座), paryaṅkam가부좌를[25)] ābhujya결하고[26)](Ⓚ ×, Ⓗ 結跏趺坐), ṛjum곧게 kāyaṃ몸을 praṇidhāya세우고[27)](Ⓚ ×, Ⓗ 端身正願),

pratimukhīṃ전면(前面)에 smṛtim마음챙김을 upasthāpya확립하시

고서[28](Ⓚ ×, Ⓗ 住對面念).[29), 30]

atha khalu그 때[31] 참으로 sambahulā많은 bhikṣavo비구들이 yena Bhagavāṃs tena upasaṃkraman세존께 나아갔다[32](Ⓗ 時諸苾芻 來詣佛所).

upasaṃkramya나아가서는(Ⓗ 到已) Bhagavataḥ세존의 pādau두 발에 śirobhir머리로써 abhivandya예배드리고서(Ⓗ 頂禮世尊雙足) Bhagavantaṃ세존을 triṣ-pradakṣiṇīkṛtya오른쪽으로 세 번 돌고서[33](Ⓗ 右遶三匝) ekānte한 편에 nyaṣīdan앉았다(Ⓗ 退坐一面).

**[주해]**

1) **이와 같이 나는 들었다(evaṃ mayā śrutam)**: evam은 부사로서 '이와 같이, 이처럼'의 뜻으로 쓰이며 영어의 'thus'가 적합한 뜻이라 하겠다. 如是로 모든 경에서 한역되고 있다. mayā는 '나'를 뜻하는 일인칭 대명사 asmad의 도구격(Instrumental) 단수형이다. '나에 의해서'라는 뜻이다. śrutam은 √śru(to hear)의 과거분사로 쓰였다. '들어진'의 뜻이라 하겠다.

그래서 원문은 수동태의 문장으로 '이와 같이 나에게 들리었다'는 뜻인데 남방 북방 즉 상좌부와 대승의 양 전통에 속하는 경전들은 모두 이 말로 시작된다. 구마라집과 현장은 如是我聞으로 옮기고 있으며 다른 한역경전들에서도 모두 如是我聞으로 옮기고 있다. 빠알리어는 evam me sutam이다. 여기서 '이와 같이'라는 '이 경에 설해진 그대로'라는 뜻이고 '나'는 아난(Ananda) 존자를 말한다. 남북 전통에서 모두 일차 결집(結集) - 결집이라는 말보다 합송(合誦, saṅgīti, 상기띠)[1]이라는 단어가 원문에 더 충실한 번역이라 하겠다 - 에서 아난 존자가 경(經)을, 우바리(Upāli) 존자가 율(律)을 먼저 외우

---

1) saṃ(함께)+√gai(to sing)에서 파생된 명사로서 '함께 외운다'는 뜻이다.

고 그 곳에 모인 오백 아라한들이 그것을 함께 외워서(saṅgīta) 부처님 말씀으로 인정하는 과정을 거쳐서 경과 율로 확정되었다고 받아들이기 때문에 후대에 결집된 대승경전도 모두 이런 표현으로 시작해서 경의 권위를 확보하고 있다. 즉 후대에서 역출된 것이 아닌 아난 존자가 직접 세존의 금구(金口)로부터 들은 말씀이라는 의미가 내포되어 있다 하겠다.

여기서 우리가 주목해야 할 사실은 아난과 우바리 존자 두 분이 부처님과 동향인 까삘라왓투(Kapilavatthu)의 사꺄(Sakya, Sk. Śakya)족 출신이라는 점이다. 부처님이 무슨 언어로 설법하셨는가 하는 점은 학자들의 관심거리인데 아무튼 지금 빠알리어와 유사한 쁘라끄리뜨(인도 방언)로 설법하셨을 것이고 이런 부처님의 말씀을 같은 언어를 쓰고 같은 사유체계를 가진 동향의 두 스님이 외워서 결집을 했다는 것을 주목할 필요가 있는 것이다. 이런 측면에서 아난 존자와 가섭 존자를 위시한 비동향 바라문 출신 스님들간에 결집에서 마찰이 있었다는 것은 의미심장한 일이다. 이런 관점에서 본다면 세존께서 말년 22여 년간을 아난 존자를 시자로 두어서 당신의 말씀을 잘 기억해서 전승하게 하셨다는 것도 아주 의미가 크다 하겠다.

그리고 śrutam(√śru to hear)의 의미를 한 번 음미해볼 필요가 있다. 우리는 그냥 '들었다'로 이해하지만 불교뿐만 아니라 바라문교나 자이나교 등 고대 인도의 전통에서는 듣는다는 의미는 단순히 듣는다는 의미 이상으로 배웠다는 뜻이 강하게 내포되어 있다. 모든 가르침은 문자로 전승된 것이 아니라 모두 스승의 입에서 제자들에게로 구전되어 왔기 때문이다. 예를 들어 실제로 초기경에서 많이 나타나는 bahussuta(바후수따, 多聞)는 영어로도 'very learned'라고 번역되듯이 많이 들었다는 의미보다는 많이 배워 지식과 학문과 수행과 인격이 고상하다는 뜻이다. 그리고 또 초기경에 아주 많이 나타나는 말이 'assutavā puthujjano'인데 '배우지 못한 범부'라고 번역되듯이 많이 배워서 향상하지 못한 사람들이라는 뜻이다. 이 반대되는 개념이 '잘 배운 성스러운 제자(sutavā ariyasāvaka)'로서 부처님의 제자를 초기경에서는 이렇게 표현하고 있다. 이 사와까(sāvaka, Sk. śrāvaka)라는 말 자체가 聲聞으로 번역하고 있는 술어인데 이 단어 역시 √śru(to hear)에서 파생된 말로서 부처님의 금구로부터 직접 듣고 배운 분들이라는 의미이다.(25장 2번 범부 pṛthagjana에 대한 주해 참조)

2) **한때(ekasmin samaye):** eka는 '하나'를 samaya는 '시간'을 뜻한다. 처소격이고 그래서 '어느 때에'의 뜻이며 이 경이 설해진 시기를 이렇게 표현했다. 빠알리어는 ekam samayam으로 시간을 나타내는 목적격으로 표현하고 있다. 구마라집과 현장 모두 一時라고 옮겼다.

3) **세존:** Bhagavān의 역어이다. 원어의 의미는 '바가(bhaga)를 가진 분(-vat)'이며 주격 단수로 쓰였다. 여기서 바가란 '복', '행운'을 뜻하는 말로서 베다에서부터 사용되던 말이다. 중국의 역경사들이 세존으로 옮기고 있는데 원의미는 복자(福者)로 이해하면 좋을 듯하다. 흥미로운 점은 지금 인도에서는 인도의 여러 신들을 bhagavan으로 부르고 있다. 즉 신들에 대한 존칭어로 쓰이고 있다. 구마라집은 佛로 옮겼고 현장은 薄伽梵으로 음역을 했다.

4) **슈라와스띠(Śrāvastī):** 보통 사위성으로 번역되며 빠알리경에는 Sāvatthī로 나타난다. 부처님 당시 인도 중원의 16국 중 왕사성(라자가하, Rājagaha, Sk. Rājagraha)과 더불어 가장 강대했던 나라였고 세존 말년에는 이 두 나라로 인도 중원이 평정되어가고 있었다. 이 강대했던 두 나라 왕들이 모두 불교를 신봉했고 자연스럽게 이

두 나라를 중심으로 불교는 전법과 수행 활동을 전개해 나갔다. 특히 세존께서 말년 22여 년을 아난 존자를 시자로 하여 이곳의 제따와나 아나타삔디까 아라마(기수급고독원)에 머무시면서 법을 체계화하여 후대로 전승시켜서 지금까지 면면히 전해 내려오고 있으니 불교와는 가장 인연이 깊은 곳이라 하겠다. 구마라집은 舍衛國으로 현장은 室羅筏로 음역하고 있다.

이 슈라와스띠에 있는 사원으로는 이 금강경이 설해진 제따와나 아나타삔디까 승원(jetavana anāthapiṇḍikassa ārāma) 이외에도 초기경들에 동승원의 녹자모 강당(pubbārāmo migāramātu pāsāda)이 많이 나타나고 있다.

5) **머무셨다(viharati sma):** viharati는 vi(분리해서)+√hṛ(to carry)의 동사 3인칭 단수 현재형이다. 문자 그대로 '이리 저리 정하지 않고 자유롭게 편안하게 다니며 머문다'는 뜻이며 스님네들이 인연이 닿는 일정한 곳을 거처로 정해서 일과에 맞추어 평온하게 생활하는 것을 이렇게 표현한다. 구마라집은 在로 현장은 住로 옮겼다. 이 동사에서 승원을 뜻하는 위하라(vihāra)라는 단어가 파생되었는데 승원의 일차적인 의미를 잘 알 수 있다. sma는 √as(to be)를 과거형으로 전환하는 구어체적인 표현으로 현재형 동사 뒤에 붙이면 과거형이 된다.

6) **제따숲(Jetavane):** 제따는 사왓티(Sk. 슈라와스띠)의 왕자 이름으로 √ji(to win)에서 파생되었으며 '승리자'라는 뜻이요, vana는 '숲'을 나타낸다. 그래서 '제따 태자 소유의 숲'이라는 의미이다. 아나타삔디까(급고독) 장자가 자신의 고향인 사왓티에다 승원을 만들려고 이 땅을 구입하기 위해서 수많은 수레 가득히 황금을 가져와서 땅에 깔았고 그래서 그 신심에 감격한 태자가 공동으로 기증해

서 승원을 만들었다는 감동적인 이야기는 불자들이 잘 알고 있다. 구마라집은 祇樹로 현장은 誓多林으로 옮기고 있다.

7) **급고독원에(anāthapiṇḍadasya ārāme)**: anātha는 부정 접두어 a가 nātha(보호자, 의지처)와 결합하여 이루어진 단어로 '무의탁자'를 뜻하며 piṇḍa는 원래 조그만 덩어리로 뭉쳐진 음식이나 과자류를 뜻하는데 주로 손님 접대시에 내어 놓는다. 그래서 바로 뒤에 나오는 삔다빠따(piṇḍapāta)는 걸식 행위를 나타낸다. 영어로는 삔다를 'alms food'로 번역한다. da는 √dā(to give)에서 파생된 말로 '베풂'의 의미로 쓰였다. 이 세 단어가 합성이 되어 단수 소유격어미 -sya가 첨가되어 소유격으로 쓰였다. '무의탁자에게 음식을 보시하는 자'라는 뜻이며, 중국에서 급고독(給孤獨) 장자로 번역되었던 부처님 재세시 제일의 재가 신도의 이름임은 너무도 잘 알고 있다. 빠알리어에는 아나타삔디까(anāthapiṇḍika)로 나타나서 √dā의 의미가 없어졌으나 삔디까라는 말 자체가 삔다를 주는 사람이라는 의미이다.

ārāma는 ā(주위에)+√ram(to rejoice)에서 파생된 말로 '즐거움이 있고 편안함이 있는 곳'이라는 뜻이며 승원을 뜻한다. 지금 남방에서는 아라마라는 말과 위하라(vihāra)라는 말이 같이 사원을 나타내는 말로 쓰이고 있다.

이 제따와나의 아나타삔디까 승원은 우리 나라에서 기원정사(祇園精舍)로 알려진 곳이고 세존께서 말년 22년간을 여기서 보내셨다. 세존이 아난 존자를 시자로 삼으신 것도 여기에 계시기 시작할 무렵이었다. 불교 교단사로 본다면 세존께서 45년간 설법하신 기간의 절반 정도를 특히 말년을 이곳 한 군데서 머무셨다는 것은 의미심장한 일이 아닐 수 없다. 세존이 성도하실 무렵이 35세 정도로 본다면 기원정사에 머물기 시작하실 때가 58세쯤이고 환갑이 되실 연세이셨다. 많은 초기불교 경들이 이 기원정사에서 설해진 것으로 나타나며 특히 중부와 상응부 경들은 절반 가까이 이 곳에서 설해졌다. 상응부 경들이 교리의 체계화에 중점을 둔 짧은 경들이라고 본다면 참으로 세존께서는 말년에 이곳에서 법을 체계화하시는 작업을 하셨다고 봐야 할 것이다. 전반부 20여 년은 법의 전도에 역점을 두셨다면 나머지 20여 년은 이 아늑하고 편안한 기원정사에 머무시면서 제자들과 교법을 체계화하여 불법대계를 도모하셨다고 봐야 할 것이다.

8) **비구(bhikṣu)**: 빠알리어는 bhikkhu로서 √bhikṣ(to beg)에서 파생된 말로 '걸식자'를 뜻하며 일체 생업에 종사하지 않고 세상을 떠나서 수행이나 종교생활에만 전념하는 자라는 뜻이다. 그래서 한문으로는 '걸사(乞士)'라 번역된다. 자이나교에서도 그들 수행자를 부르는 여러 술어 중의 하나로 쓰이고 있다. 구마라집은 比丘로 현장은 苾芻(필추)로 음역하고 있다.

9) **상가(saṃgha)**: saṃ(함께)+ √hṛ(to carry)에서 파생된 술어로서 같은 목적을 가지고 함께 모인 집단을 뜻하며 불교에서는 좁게는 비구 비구니의 승단, 넓게는 비구 비구니 청신사 청신녀의 사부대중의 모임을 뜻한다. 자이나교에서는 상가라는 말 대신 무리를 뜻하는 가나(gaṇa, √gaṇ, to count)라는 술어를 그들의 승단을 나타내는 술어로 사용한다. 구마라집과 현장 모두 衆으로 옮겼다.

10) **1250인의 비구들과(ardha-trayodaśabhir bhikṣu-śataiḥ)**: ardha는 반을 의미하는데 숫자의 앞에 쓰이면 뒷 숫자에서 '반이 모자라는'의 의미로 주로 쓰인다. trayodaśa는 13을 나타낸다. 그래서 전체적으로 '13에서 반이 모자라는'의 의미이다. 여기에다가 śata는 100을 의미해서 12.5×100=1250이 되는 것이다. 이런 수식계산법이

인도 고대어의 주요 특징이다. 전체가 도구격 복수로 쓰였다.

같은 표현이 초기경에도 자주 등장한다. 빠알리어로는 'mahatā bhikkhusaṃghena saddhiṃ aḍḍhateḷasehi bhikkhusatehi(D2)'이다.

11) **많은 보살 마하살들과 같이:** 이 부분은 구마라집역본과 현장역본에는 나타나지 않는다. 원문에 있었는데 번역을 하지 않은 것인지 아니면 이 산스끄리뜨본이 더 후대에 첨가된 것인지는 분명치 않으나 현장이 직역을 중시하고 있는 점을 감안해 볼 때 산스끄리뜨본에 있었던 것을 현장이 일부러 빼지는 않았을 것 같다. 그래서 현장 스님이 저본으로 사용한 범본에는 없었던 것 같으며 더 후대에 첨가된 부분이 아닌가 생각된다.

보살 마하살의 의미에 대해서는 2장 13번, 14번 주해를 볼 것.

12) **그 때 참으로(atha khalu):** 이런 부사나 수식어가 범어 일반에서는 많이 쓰인다. 특히 구어체 문장에서는 많이 나타나며 빠알리 경들에서도 많이 볼 수 있다.

13) **오전에(pūrvāhṇa-kāla-samaye):** pūrva는 '이전'을, ahṇ(a)는 '낮'을, kāla는 '부분'을 samaya는 '시간'을 나타내어서 전체적으로는 오전이라는 말이 된다. 빠알리경에서는 항상 뿝반하 사마얌(pubbaṇha-samayam)이라고 쓰여서 깔라라는 말이 없이 시간을 나타내는 목적격으로 나타난다. 현장은 於日初分이라 옮겼다.

14) **옷매무새를 가지런히 하시고(nivāṣya):** ni(아래로)+√vas(to dress)의 동명사. 동명사는 '~하고서'라 번역되며 영어로는 'having done'으로 번역된다. 초기불교의 승려들은 모두 삼의(三衣, ti-cīvara)를 기본 옷으로 입는다. 원어로는 antarvāsa(Pāli: antara-vāsaka, 하

의), uttarāsaṅga(상의)와 saṅghāṭī(대가사)이다. 더운 지방이라서 이 이상의 옷은 필요가 없다. 물론 비올 때 입고 빗속에서 목욕하는 옷 등은 예외로 한다. 지금 남방에서도 이 전통을 따라서 산다. 거처에 머물 때는 상의와 하의만 입고 있다가 외출하거나 대중처소로 나가거나 할 때는 대가사를 수한다. 대가사를 수하기 전에 상·하의를 가지런히 하는 표현이다. 초기경에서는 nivāsetvā로 나타난다. 구마라집은 옮기지 않았으며 현장은 整理裳服이라 옮겼다.

15) **바루와 가사를 수하시고(pātracīvaram āḍāya)**: pātra는 그릇을 뜻하며, cīvara는 옷을 뜻하는데 불교에서는 비구들의 삼의(ti-cīvara)를 말한다. āḍāya는 ā+√dā(to give)의 동명사로 √dā에다 접두어 ā를 붙이면 to take의 뜻이다. 즉 비구가 항상 소지해야 하는 삼의일발(三衣一鉢)을 입고 지니고 외출한다는 구문이다. 이 pātra-cīvaram āḍāya는 정형화된 구문으로 세존이나 비구들이 출타할 때는 항상 이런 구문이 따라온다. 빠알리어는 pattacīvaram ādāya이다. 구마라집은 著衣持鉢로 현장은 執持衣鉢로 옮겼다.

16) **탁발을 위해서(piṇḍāya)**: piṇḍa의 여격 단수이다. 그래서 '삔다를 위해서'라는 뜻이다. 삔다는 원래 덩어리를 뜻했고 덩어리로 뭉친 음식이나 과자류 일반을 삔다라 불렀다. 특히 인도에서 손님 접대시에는 반드시 이 삔다를 내어 놓았고 그래서 삔다는 수행자들에게 공양하는 음식을 통칭하게 되었다. 위 7번 주해 참조할 것.

17) **들어가셨다(prāvikṣat)**: pra(앞으로)+√viś(to enter)의 과거 삼인칭 단수. 빠알리어는 pāvisi.

18) **탁발을 하시고서(piṇḍāya caritvā)**: caritvā는 √car(to move)

의 동명사. 원의미는 '삔다를 위해서 다니고'이다. 즉 법도에 따라 음식을 얻기 위해서 일곱 집을 차례로 방문하는 것을 뜻한다 하겠다.

19) **공양을 드셨다(kṛta-bhakta-kṛtyaḥ)**: kṛta는 √kṛ(to do)의 과거분사로 '마쳤다, 했다'는 뜻이다. bhakta는 √bhaj(to divide)에서 파생된 말로 '[자기에게] 분배된 [음식]'이라는 의미에서 '음식'을 뜻하며 특히 '쌀밥'을 뜻한다. 빠알리어로는 bhatta이고 지금도 인도에서는 쌀밥을 밧(뜨)(bhat)이라고 하는데 우리말과 같은 게 흥미롭다. kṛtya는 √kṛ(to do)에서 파생된 명사로서 '일, 사업'을 뜻한다. 그래서 원의미는 '밥 [먹는] 일을 마쳤다'이다.

20) **공양 후에는 탁발로부터 돌아오셔서**: 구마라집역본과 현장역본에는 모두 이 순서가 바뀌어 있다. 즉 탁발하여 식사를 마치신 후 돌아오신 것이 아니라 탁발하여 돌아오신 후에 식사를 마치신 것으로 번역했는데 탁발을 해서 나무 아래나 한적한 곳에서 음식을 먹는 인도의 전통을 중국에 그대로 전하기보다는 중국적인 문화전통에 충실하기 위해서 이렇게 번역한 것 같다. 구마라집과 현장은 같이 飯食訖로 옮겼다.

21) **탁발로부터 돌아오셔서(piṇḍapāta-pratikrāntaḥ)**: piṇḍapāta는 piṇḍa+pāta(√pat, to fall)로 이루어진 단어로서 '[바루에] 들어온 삔다', 즉 '[바루에] 담긴 음식(영어로는 alms food)'을 뜻하며, 그런 음식을 구하는 행위를 뜻하기도 한다. pratikrānta는 prati(대하여)+√kram(to stride)의 과거분사로 '돌아오다'는 의미이다. 구마라집은 還至本處로 현장은 出還本處로 의역을 했다.

22) **제자리에 내려놓으시고서(pratiśāmya)**: prati(대하여)+√śam

(to be quiet)의 사역 동명사로서 '다시 안치하다. 제자리에 놓다'의 뜻이다. 구마라집과 현장은 모두 收衣鉢로 옮겼다.

23) **두 발을 씻고(pādau prakṣalya)**: pāda는 √pad(to go)에서 파생된 말로서 '단어, 사행시의 한 구절, 1/4' 등의 의미도 있으나 여기서는 '발'의 의미로 쓰였고, 양수(兩數)로서 padau로 나타났다. prakṣalya는 pra(앞으로)+√kṣal(to wash)의 사역 동명사로 씻는다는 의미이다. 구마라집과 현장은 같이 洗足已로 옮겼다.

24) **미리 준비된 자리에 앉으셨다(nyaṣīdat prajñapta eva āsane)**: nyaṣīdat는 ni(아래로)+√sad(to sit)의 동사 과거 삼인칭 단수형이다. '앉다'는 뜻이다. prajñapta는 pra(앞으로)+√jñā(to know)의 사역 과거분사로서 '미리 알려진, 선포된, 선언된, 지정된, 마련된' 등의 뜻이 있다. āsana는 √ās(to sit)에서 파생된 명사로서 앉는 자리 일반을 뜻한다. 인도의 풍습에는 존경받는 분들이나 윗사람들의 자리는 항상 준비되고 지정되어 있고 그런 자리에 항상 앉는다. 구마라집은 그냥 敷座而坐로 옮겼고 현장은 敷如常座로 '항상 준비되어 있는 자리'라는 의미를 살려서 옮겼다.

25) **가부좌를 결하고 …** : 이하 1장의 마지막까지는 구마라집역본에는 나타나지 않는다.

26) **가부좌를 결하고(paryaṅkam ābhujya)**: paryaṅka (Pāli: pallaṅka)는 pari(둘레에, 원만히)+√aṅk/añc(to move in a curve)의 명사형으로 가부좌 자세를 뜻한다. ābhujya는 ā(향하여)+√bhuj(to bend)의 동명사이며 '굽히다'는 뜻이다.

27) **곧게 몸을 세우고(ṛjum kāyaṃ praṇidhāya)**: praṇidhāya는 pra(앞으로)+ni(아래로)+√dhā(to put)의 동명사형으로 '내려놓다, 적용하다, 바라다'의 뜻이다. 원문의 의미는 '곧은 몸을 적용시키고'의 뜻이다. 빠알리어는 ujuṃ kāyaṃ paṇidhāya이다.

28) **전면(前面)에 마음챙김을 확립하시고서(pratimukhīṃ smṛtim upasthāpya)**: pratimukhīm은 prati(대하여)+mukha(얼굴, 입)에서 파생된 부사로서 '얼굴을 마주하여'의 의미에서 '마주하여, 반대로'의 뜻으로 쓰인다. smṛti는 √smṛ(to remember)에서 파생된 명사로서 기본의미는 '기억'이지만 불교 특히 초기불교에서는 전혀 기억이라는 의미로 쓰여지지 않는다. 초기경에서 기억이라는 의미를 나타낼 때는 항상 접두어 anu(~를 따라서)를 붙여서 anussati 혹은 anusaraṇa나 동사 anusarati가 쓰임을 명심해야 한다. 중국에서는 念으로 옮기고 있고 후대로 내려오면서 가장 오해하고 있는 술어가 되었으며 아예 대승불교에서는 그 중요한 의미가 잊혀졌다고 해도 과언이 아니다. 요즘 국내에서는 (사)고요한 소리에서 '마음챙김'으로 정착시키고 있는데 좋은 번역이라 하겠다. upasthāpya는 upa(위로)+√sthā(to stand)의 사역 동명사로서 '무엇의 위로 굳게 서는' 것을 의미하며 '확립하다, 제공하다, 시중 들다, 준비하다'의 뜻으로 쓰인다. 전체를 현장은 住對面念으로 직역하고 있다. 이에 상응하는 빠알리어는 parimukhaṃ satiṃ upaṭṭhapetvā이다. 실수행에 관계된 빠알리어 정형구들 중에서도 아주 중요하고 의미가 깊은 문장으로 여겨지면서도 정확한 의미를 파악하기 힘든 구문이다.

그것은 첫째, pratimukhīm(Pāli: parimukham)이 구체적으로 무엇을 나타내는가를 정확히 알기 힘들기 때문이다. 여기서 보듯이 먼저 산스끄리뜨와 빠알리어가 음은 비슷하지만 달리 표현되고 있다. 먼저 빠알리어의 뜻을 음미해본다면 pari가 '~의 주위에'의 뜻을 가진 접두어이므로 'mukha주위에'를 나타내는 부사로 이해한다. (satim을 수식하는 형용사가 아님) 그러면 무카는 무엇을 뜻하는가. 두 가지 뜻이 있다. 하나는 얼굴이요, 다른 하나는 입이다. 그래서 '얼굴 주위에'가 아니면 '입 주위에'의 뜻으로 보면 되겠다. 그러면 전체적으로 '얼굴 주위에(혹은 입 주위에) 마음챙김을 확립하고서'의 의미인데 어떻게 얼굴이나 입 주위에 마음챙김을 확립하는지는 구체적인 언급이 없다. 어떤 자들은 숨이 들어오고 나가는 입술 위의 부분에 마음챙김을 확립하는 것이라고도 하고 얼굴 전체나 입 부위에 마음챙김을 확립하는 것이라고도 말하기도 하나 확실하지 않다. 이 부분의 빠알리어 주석서(Aṭṭhakathā)에 의하면 '명상주제를 향해 염을 두고' 또는 '염(원뜻은 바른 기억)을 [그 반대, 즉 망각으로부터의] 출구를 삼음으로써 [망각을] 제어하고'라고 해석을 하고 있는데 다분히 후대적인 발상이라 하겠으며 사띠의 의미를 제대로 파악하지 못한 설명이 아닌가 싶다.

한편, 본문에서 보듯이 산스끄리뜨본에서는 모두 pratimukhīm으로 나타나는데 prati는 against의 의미이고 무카는 입이나 얼굴이다. 그래서 현장은 對面이라고 번역했다. 그런데 구체적으로 얼굴을 대하여 아니면 무엇을 대하여 어떻게 마음챙김을 일으키는지는 분명치 않다.

그런데 과연 부처님은 parimukham을 말씀하셨을까, 아니면 pratimukhīm을 말씀하셨을까를 언어학적인 관점에서 한 번 살펴보는 것도 불교 술어가 어떻게 정착이 되어왔는지를 아는 좋은 보기가 되겠다. 후대 빠알리어 문헌에서는 paṭimukham으로 나타나기도 한다(빠알리어의 paṭi는 산스끄리뜨의 prati와 상응하며 쁘라끄리뜨에서는 paḍi나 pai로 나타난다). 요즘 초기 불교학자들이 대부분 인정하듯이 빠알리어 삼장 이전에 어떤 모(母) 경전군이 있었다고 한다면 그것은 빠알리어와 유사한 쁘라끄리뜨로 암송되어져 왔을 것이다. 그 암

송으로 전해져온 것의 발음이 paḍimukham이나 parimukham과 비슷했다면 그 음운을 빠알리 전통에서는 parimukham으로 전승했고 후대 산스끄리뜨를 사용한 대승불교나 교단에서는 paḍimukham으로 전승을 해서 그에 상응하는 산스끄리뜨인 pratimukhīm으로 정착되었다고 보여진다.

아무튼 그 원 의미를 파악하기가 쉽지 않은 단어이다.

둘째, 북방불교, 즉 대승불교에서 초기 불교 술어들을 이해할 때 가장 잘 못 이해하거나 소홀히 다룬 술어가 바로 이 sati(Sk. smṛti)라 하겠다. 어원이 √smṛ(to remember)라서(혹은 √smṛ라고 이해했기 때문에) 이 중요한 술어를 단순히 '기억'이나 '생각' 정도로 이해한 것 같다. 그래서 초기 불교 수행에서 가장 중요하게 아니 불교 수행의 전부라고 해도 과언이 아닐 이 용어를 오해 내지는 쉽게, 아니면 간단하게 취급해버린 것 같다. 그래서 8정도의 핵심이라 할 수 있는 정념(正念, 바른 마음챙김, sammā-sati)이 대승불교의 실천도인 6바라밀에서는 상실되어버리고 대승불교 수행의 어느 곳에서도 정념은 강조되지 않는다. 현대의 일본 불교학자를 비롯하여 대부분의 학자들도 정념을 '바른 기억' 정도로 번역하고 넘어가 버린다.

북방에서 이 사띠를 잊어버렸다면 남방은 어떠한가? 역자의 견해로는 남방도 마찬가지라고 본다. 남방에서도 위빠사나(vipassana)라는 테크닉을 지나치게 강조하여서 위빠사나가 다름 아닌 이 사띠라고 역설하다 보니 정작 이 사띠를 잊어버리게 되었다고 역자는 보고 있다. 북방에서는 화두라는 테크닉, 남방에서는 위빠사나라는 테크닉을 중시한 테크니션들이 테크닉을 넘어서 근본 수행법으로 제시한 이 사띠의 의미를 바로 이해하고 테크닉으로서가 아닌 도(道) - 저 팔정도로서 수행을 파악할 때 근본 불교의 수행은 전개된다고 생각한다.

마음챙김(sati)이 왜 중요한지, 아니 마음챙김이 부처님께서 그처럼 강조하셨고 불교 수행의 전부라고 해도 과언이 아닌가를 설명하자면 말이 길어진다. 간략히 말하겠다. 먼저 부처님의 성도과정을 언급한 초기경들(M26, M36 등)을 보면 부처님께서 무소유처(無所有處)와 비상비비상처(非想非非想處)라는 당대 인도 정통파 수행자들이 자부하는 최고의 경지까지 마스터하시고도 - 여기에 대해서는 산냐를 설명할 때 다루겠다 - 그것이 구경의 경지가 아님을 아시고 버리고 떠나셔서 고행자의 전통을 따라서 온갖 난행고행을 다하신다. 그러다가 목숨이 넘어가기 직전에 이것으로도 구경의 해탈을 실현하지는 못한다고 아시고 이를 버리고 몸을 회복해서 니련선하에서 편안하게 앉아서 사유하신다. 거기서 유년시절의 농경제 때 좌선을 하시면서 경험하신 그 행복함을 깊이 사유하시고 그래서 초선에서 4선까지 체험하신다. 여기서 그 행복함을 체험하신 그 수행을 사띠(sati)라고 부르고 있다.

부처님이 외도의 선정수행과 고행을 바른 수행이 아니라고 파악하신 것은 그 수행법에는 선정이 있고 테크닉이 있지만 정념(正念, sammā-sati)이 없다는 것이 핵심이다. 정념이 없는 선정(사마디)은 삼마사마디(sammā-samādhi) 즉 정정(正定)이 아니다. 정념이 있는 사마디야말로 바른 사마디라고 역설하는 것이 불교 수행의 핵심이라고 생각한다. 그럼 정념이 있다는 의미는 도대체 무엇인가. 정념이 있기에 극도로 미세한 느낌[受, vedanā]과 산냐[想, saññā]에 속지 않고 걸리지 않고 구경의 심해탈을 성취하게 될 것이다. 이 문제는 이런 간단한 말로써는 논의할 개재가 아니므로 여기서는 그냥 문제의 제기만 하고 본 경을 주해하면서 기회 있을 때마다 거듭해서 이 문제를 음미해보려 한다. 우리 불교계에 이런 문제를 제기하는 것 자체만으로도 의미가 있다고 생각해서다. 아무튼 이 사띠가 있기에 불교수행이 불교수행인 것이다.

그리고 역자가 조사해본 바로는 베딕(Vedic)이나 클래식(Classic) 산스끄리뜨 문헌에서 사띠가 수행용어로 나타나는 적은 없었다. 산스끄리뜨 스므르띠(smṛti)는 천계서(天啓書)로 번역되는 슈라우띠(śrauti)[2]에 반대되는 개념으로 '인간의 기억으로 편찬한 가르침'이라는 의미이며 마누법전을 마누스므르띠라 부르는 등 슈라우따 문헌의 다음 단계의 제 문헌들을 의미하는 용어로 쓰인다. 그리고 후대 6파철학 등의 문헌에서는 기억이라는 의미로 쓰인다. 자이나교에서도 초기 문헌으로 간주하는 아르다마가디 문헌에는 스므르띠라는 용어에 해당하는 아르다마가디가 수행용어로 쓰인 적은 없다 해야 하겠다. 흥미롭게도 자이나 공의파(空衣派, Dig-ambara)와 백의파(白衣派, Śveta-ambara)에서 다 같이 경전으로 인정하는 유일한 문헌이며 그만큼 중요하게 취급하는 Tattvārtha-adhigāma-sūtra에서 smṛti-anupasthāna라는 용어가 수행을 설명하는 장에 나타나지만 불교에서처럼 심도 깊게 다루어지지 않고 있다. 역자가 과문한 탓인지는 모르나 이 이외에는 수행용어로 나타나는 적이 없는 것으로 조사되었다. 이런 점만 봐도 부처님께서 구경의 해탈 열반을 실현하는 유일한 길(ekayāna, D22 대념처경에 나타나는 말임)로서 새롭게 제시하신 것임에 분명하다 하겠다.

사띠에 대한 중요한 점 두 가지를 언급하고자 한다.

첫째, 아나빠나사띠숫따(Ānapāṇasatisutta, 출입식념경, 出入息念經)를 2세기에 안세고는 [불설대]안반수의경(佛說大安般守意經)으로 옮기고 있다. 여기서 안세고는 아나빠나(出入息)를 안반으로 음사하고 있으며 사띠는 念이 아닌 수의(守意) 즉 마음(意, mano)을 지키는 기

2) śrauti: √śru(to hear)에서 파생된 명사로서 '들은 것'이라는 의미이고 인간의 기억(smṛti)에 의해서 만들어진 것이 아닌 신들의 계시를 직접 듣고서 편찬한 가르침이라는 의미로서 베다 본집(saṃhitā), 브라흐마나, 아란냐까, 우빠니샤드나 이를 수뜨라 형태로 간결하게 정리한 슈라우따 수뜨라 등을 의미한다.

능으로 의역하고 있는데 참으로 고결한 안목이라 아니 할 수 없다. 의는 의근(意根) 즉 마노인드리야(mano-indriya)를 뜻하며 우리가 법을 이해하고 그것을 바탕으로 향상일로로 나아가게 하는 기능이다. 바로 이 기능을 지키고 챙기는 것이 바로 사띠이다.(역자는 본 경을 주해하면서 거듭해서 마노의 중요성을 역설하고 있다.)

둘째, 이것은 그냥 안세고가 자신의 생각으로만 선택한 번역어는 아니라고 본다. 너무도 중요한 경이 상응부에 나타나기 때문이다(S48.42). 여기서 세존께서는 Uṇṇābha(운나바)라는 바라문 수행자에게 안·이·비·설·신·의 5근은 마노(제6근)를 의지처로 하고(paṭisaraṇa) 마노는 사띠를 의지처로, 사띠는 저 해탈을, 해탈은 열반을 의지처로 한다고 고구정녕하게 가르치고 계신다. 여기서만 봐도 사띠가 얼마나 중요한 불교 술어인가를 알 것이다.

세존께서도 이 운나바 바라문의 질문에 대해 아주 칭송하여 "비구들이여, 운나바 바라문의 믿음은 여래에 들어갔고 뿌리 깊이 들어가서는 굳건하여(tathāgate saddhā niviṭṭhā mūlajātā patiṭṭhitā daḷhā) 사문 바라문 신 마라 범천이나 이 세상의 무엇도 빼앗아 갈 수 없다(asaṃhāriyā). 비구들이여, 설령 지금 운나바 바라문이 죽는다 하더라도 그 어떤 족쇄도 운나바 바라문을 이 세상으로 돌아오게 하지는 못한다."라고 다른 경에서는 보기 드문 칭찬을 하고 계신다. 그러나 한역 아함경에는 이 내용이 나타나지 않는다.

최초기경에 속하는 숫따니빠따 4장과 5장 특히 당대의 16명의 진실한 수행자들과의 문답을 적은 5장 Parāyanavagga - 피안에 이르는 길에서 거듭 세존께서 강조하여 쓰시는 술어가 이 사띠임을 주목해야 한다. 거듭 강조하지만 사띠(마음챙김)의 참된 의미를 바르게 이해할 때 부처님의 초기 가르침은 생생하게 우리에게 다가온다고 역자는 확신한다.(역자는 본 경을 주해하면서 이 사띠의 중요성을 거듭해서 강조하고 있다. 관심을 가지고 읽어주시기 바란다.)

29) **가부좌를 결하고, 곧게 몸을 세우고, 얼굴을 대하여 마음챙김을 확립하시고서:** 여기서 우리는 왜 구마라집역본에는 이 부분이 빠져 있을까를 생각해 볼 필요가 있다.

먼저 구마라집이 대본으로 사용한 범어원전에도 이 부분이 빠져 있었다고 유추할 수 있다. 그러나 빠알리어 경들에 의하면 이 부분은 정형구로 앞부분의 정형구와 예외 없이 항상 같이 나타나고 있고 직역과 일대일 대역을 중시하는 현장본과 진제나 보리유지 등의 다른 한역 금강경본에도 모두 번역이 되고 있음을 볼 때 이 가능성은 희박하다 하겠다.

그러면 구마라집은 왜 이 부분을 번역에서 제외했을까? 무엇보다도 사띠의 의미를 오해했다고 볼 수 있겠다. 부처님은 이미 깨달은 분인데 좌정하고 앉아서 어떤 식이든 마음챙김을 하든 아니면 무엇을 억지로 기억하고 있었다고 이해했다면 그렇게 무엇을 기억하고 계셨다는 것을 인정할 수 없었지 않았을까 싶다. 만일 그렇게 이해했다면 이것이야말로 사띠에 대한 크나큰 오해요, 부처님의 경지를 이해함에 큰 실수를 범하고 있다고 감히 말하고 싶다.

중부 제 111경 Anupadasutta에 보면 아주 중요한 내용이 들어있다. 사선과 사처 - 후대 주석서나 대승불교 따위에서 소위 말하는 색계 사선(四禪)과 무색계 사선 - 와 상수멸(想受滅)의 9차제정(九次第定)을 사리불 존자에게 부처님이 설하시면서 이런 경지의 선(禪)에 들었다가 여기서 벗어날 수 있는 것은 사띠의 힘이라고 하신다. 그만큼 사띠는 전 수행과정, 소위 말하는 열반의 경지에서까지도 튼튼히 유지되어 가는 그 무엇이다. 이 사띠를 순간이라도 잃어버리면 그것은 깨달음도 아니요, 바른 선정도 아니요, 참 지혜도 아니다.

그런데도 "부처님의 경지에는 기억 정도로 이해되거나 잘 해야 4

선에서 유지되는 정도인 그런 사띠라는 것은 있을 수 없다. 더군다나 앉아서 선정에 드셨는데 사띠를 확립한다는 것은 있을 수 없다." 라고 하여 등한시한다면 이것이야말로 2600년 전 불교사에서 가장 큰 비극이 아닐 수 없다고 생각한다. 사띠에 관심을 가지고 초기경들을 읽어 보라. 얼마나 엄청난 새로움과 경이로움으로 초기경이 마음에 다가오는 지를 알게 될 것이다! 최초기경에 속하는 숫따니빠따 4장과 5장을 사띠에 관심을 두고 읽어 보라. 초기 부처님 가르침이 가슴속으로 파고 들 것이다.

30) 중국 선종에서 금강경을 근본경으로 했기 때문에 금강경에 대한 선해(禪解)가 많이 전해 내려온다. 대부분의 선사들의 주석에서 부처님께서 아침에 의발을 수하고 걸식하고 돌아오셔서 발을 씻고 자리에 앉으셨다는 이 경지야말로 최고의 경지요, 최상의 설법이다, 이것으로 금강경은 다 설해마친 것이라고 하고 있다. 그런데 비슷한 경우를 나타내고 있는 흥미있는 초기경이 있다. 바로 중부 제32 경인 Mahāgosiṅgasālasutta이다.

여기서 사리불(Sārīputta) 존자는 아난다(Ānanda), 레와따(Revata), 아누룻다(Anuruddha), 대가섭(Mahākassapa), 목련(Mahāmoggallāna) 존자에게 "벗이여, 고싱가 살라 숲은 멋집니다. 달빛 비추는 밤에다가 살라 꽃은 만개하였고 천상의 향기는 두루 퍼져있다고 여겨집니다. 어떤 모양새의 비구가 이 고싱가 살라 숲을 빛나게 합니까?"라고 차례로 묻는다. 먼저 아난 존자는 "사리불 스님, 여기 비구가 있어 많이 듣고 들은 것을 잘 호지하고 들은 것을 잘 축적합니다. 처음도 좋고 중간도 좋고 마지막도 좋으며 뜻과 의미를 갖춘 완전히 성취되고 청정한 범행을 설하는 모양새의 법들을 많이 배우고 호지하고 말로써 친숙하게 하고 마음으로 반조하고 견해로써 잘 관통합니다. 이런 모양새의 비구가 있어 고싱가 살라 숲은 빛이 납니다."라고 대답한다.

레와따 존자는 "여기 비구가 한거(閑居)를 즐겨합니다. 한거를 즐겨하여 안으로 마음의 삼매에 계합하여 선(禪)을 버리지 않고 위빠사나를 구족하며 빈집에 '머묾을' 증득한 자입니다. 이런 비구가 고싱가 살라 숲을 빛나게 합니다."라고 대답한다.

아누룻다 존자는 "여기 비구는 인간의 능력을 넘어선 청정한 하늘 눈으로 1000의 세계를 봅니다. 마치 하늘 눈을 가진 자가 궁궐의 옥상에 올라가서 하늘 마차의 바퀴를 보듯이 그와 같이 비구는 인간의 능력을 넘어선 청정한 하늘 눈으로 하늘 세계를 봅니다. 이런 비구가 있어 고싱가 살라 숲은 빛이 납니다."라고 대답한다.

대가섭 존자는 "여기 비구는 걸식을 하고 걸식을 찬탄합니다. 분소의를 입고 … 찬탄하고, 삼의를 … 소욕을 … 지족을 … 노지에 머무는 것을 … 대중처 살지 않는 것을 … 스스로 가행정진하고 가행정진을 찬탄합니다. 스스로 계(戒)를 구족하고 계를 구족함을 찬탄합니다. 정(定)의 구족 … 혜(慧)의 구족 … 해탈의 구족 … 스스로 해탈지견을 구족하고 해탈지견의 구족을 찬탄합니다. 이런 비구가 있어 고싱가 살라 숲은 빛이 납니다."라고 답한다.

목련 존자는 "여기 두 비구가 있어 법담을 나누는데 그들은 서로서로 질문을 하고 서로서로 질문을 풀이하여 중지함이 없어서 그들의 법담이 지속됩니다. 이러한 비구가 있어 고싱가 살라 숲은 빛이 납니다."라고 대답한다.

다시 목련 존자가 사리불 존자에게 같은 질문을 하자 사리불 존자는 "여기 비구는 마음을 제어하여 마음의 제어를 받지 않습니다. 오전에 머무름의 등지(等持, samāpatti)로 머무르기를 원하면 오전에 머무름의 등지로 머무릅니다.(같이하여 … 한낮 … 해거름 … ) 마치 왕이나 왕의 대신이 여러 가지로 염색된 옷상자가 가득 차 있어서 언제든지 아침나절에 옷을 입기를 원하기만 하면 그 옷을 아침나절에 입습니다. … 한낮에 … 해거름에 … 그러하듯이."라고 대답한다.

그러자 비구들은 세존의 견해를 듣기로 하고 세존께 가서 여쭙자 세존께서는 모두가 다 잘 말했다고 하시면서 바로 이 정형구로 당신이 생각하시는 고싱가 살라 숲을 빛나게 하는 비구를 말씀하셨다. "여기 비구는 걸식에서 돌아와서 공양을 마치고 앉는다. 가부좌를 하고 곧게 몸을 세우고 전면에 염을 확립하고서, '나는 내 마음이 취착을 여의어 번뇌로부터 해탈하지 않는 한 이 가부좌를 풀지 않으리라'고 결심하면서. 이런 비구가 있어 고싱가 살라 숲은 빛이 난다."라고.

인용이 길었는데, 후대에 부처님의 10대 제자에 들어가는 이들의 경지를 가늠해 볼 수 있는 좋은 구절이라서 모두 다 인용해 보았다.

그리고 본 금강경에 나타나는 여기까지의 구절은 초기경에 아주 많이 등장하는 정형구이다. 많은 빠알리경들과 단어 하나 다르지 않고 일치하고 있다. 그만큼 금강경은 초기경의 결집형태를 충실히 따르고 있는 것이다.

31) **그 때 많은 비구들이 세존께 나아갔다:** 이하 1장의 끝까지도 구마라집역본에는 빠져 있다.

32) **세존께 나아갔다(yena Bhagavāṃs tena upasaṃkraman):** yena X tena 구문은 고대 인도어 일반에 나타나는 구문으로 'X에게로 [다가가다]'의 의미로 쓰인다. upasaṃkraman은 upa(위로)+saṃ(함께) +√kram(to stride)의 과거형이며 '다가가다, 나아가다'는 의미이다. 현장은 來詣佛所라 옮겼다.

33) **오른쪽으로 세 번 돌고서(triṣ-pradakṣiṇīkṛtya):** tri(s)는 3을 의미하고 pradakṣiṇīkṛtya는 오른쪽이나 남쪽을 뜻하는 명사 dakṣi-

ṇa에 접두어 pra(앞으로, 향하여)를 붙이고 이것을 동사로 만들기 위해서 -ī+√kṛ(to do)를 붙여서 '오른쪽으로 돌다'는 동사를 만들었다. 범어 일반에서 명사를 동사로 만드는 법이다. 여기서는 동명사로 쓰였다. 현장은 右遶三匝으로 옮겼다.

## 2. 수보리의 질문 - 발심한 보살은 어떻게 수행해야 합니까

**[원문]**

2. tena khalu punaḥ samayena āyuṣmān Subhūtis tasyām eva parṣadi sannipatito 'bhūt sanniṣaṇṇaḥ. atha khalv āyuṣmān Subhūtir utthāya āsanād, ekāṃsam uttarāsaṅgaṃ kṛtvā dakṣiṇaṃ jānumaṇḍalaṃ pṛthivyāṃ pratiṣṭhāpya, yena Bhagavāṃs tena añjaliṃ praṇamya Bhagavantam etad avocat:

āścaryaṃ Bhagavan parama-āścaryaṃ Sugata, yāvad eva Tathāgatena arhatā samyaksambuddhena bodhisattvā mahāsattvā anuparigṛhītāḥ parameṇa anugraheṇa. āścaryaṃ Bhagavan yāvad eva Tathāgatena arhatā samyaksambuddhena bodhisattvā mahāsattvāḥ parīnditāḥ paramayā parīndanayā. tat kathaṃ Bhagavan bodhisattvayāna-samprasthitena kulaputreṇa vā kuladuhitrā vā sthātavyaṃ kathaṃ pratipattavyaṃ kathaṃ cittaṃ pragrahītavyam?

evam ukte Bhagavān āyuṣmantaṃ Subhūtim etad avocat: sādhu sādhu Subhūte, evam etad yathā vadasi. anuparigṛhītās Tathāgatena bodhisattvā mahāsattvāḥ parameṇa anugraheṇa, parīnditās

Tathāgatena bodhisattvā mahāsattvāḥ paramayā parīndanayā. tena hi Subhūte śṛṇu sādhu ca suṣṭhu ca manasikuru, bhāṣiṣye 'haṃ te yathā bodhisattvayānasamprasthitena sthātavyaṃ yathā pratipattavyaṃ yathā cittaṃ pragrahītavyam. evaṃ Bhagavann ity āyuṣmān Subhūtir Bhagavataḥ pratyaśrauṣīt.

**[鳩摩羅什]**

• 善現起請分 第二

時에 長老須菩提가 在大衆中이라가 卽從座起하사 偏袒右肩하시며 右膝著地하시고 合掌恭敬하사 而白佛言하사대 希有世尊하 如來가 善護念諸菩薩하시며 善付囑諸菩薩하시나니 世尊하 善男子善女人이 發阿耨多羅三藐三菩提心하니는 應云何住며 云何降伏其心하리잇고 佛言하사대 善哉善哉라 須菩提야 如汝所說하야 如來가 善護念諸菩薩하며 善付囑諸菩薩하노니 汝今諦聽하라 當爲汝說호리라 善男子善女人이 發阿耨多羅三藐三菩提心하니는 應如是住하며 如是降伏其心이니라 唯然世尊하 願樂欲聞하노이다.

**[玄奘]**

爾時衆中具壽善現從座而起偏袒一肩. 右膝著地合掌恭敬 而白佛言. 希有世尊乃至如來應正等覺. 能以最勝攝受. 攝受諸菩薩摩訶薩乃至如來應正等覺. 能以最勝付囑. 付囑諸菩薩摩訶薩. 世尊. 諸有發趣菩薩乘者. 應云何住. 云何修行. 云何攝伏其心. 作是語已. 爾時世尊告具壽善現曰. 善哉善哉. 善現. 如是如是. 如汝所說. 乃至如來應正等覺. 能以最勝攝受. 攝受諸菩薩摩訶薩乃至如來應正等覺. 能以最勝付囑. 付囑諸菩薩摩訶薩. 是故善現. 汝應諦聽 極善作意. 吾當爲汝分別解說. 諸有發趣菩薩乘者. 應如是住. 如是修行. 如是攝伏其心. 具壽善現白佛言. 如是如是世尊. 願樂欲聞.

**[번역]**

2. 그 때 수보리 존자가 그 곁에 앉아 있었다. 앉아 있던 수보리

존자는 자리에서 일어나 한 쪽 어깨로만 상의를 입고서 오른쪽 무릎을 땅에 대고서 세존을 향해서 합장하여 인사드리고 세존께 이렇게 말씀드렸다.

"경이롭습니다, 세존이시여. 최고로 경이롭습니다, 선서시여. 여래 아라한 정등각에 의해서 보살 마하살들은 최상의 은총으로 감싸여 있습니다. 경이롭습니다, 세존이시여. 여래 아라한 정등각에 의해서 보살 마하살들은 최상의 부촉으로 부촉되어 있습니다.

그런데 세존이시여, 보살승에 굳게 나아가는 선남자나 선여인은 어떻게 머물러야 하고 어떻게 수행해야 하며 어떻게 마음을 조복받아야 합니까?"

이와 같이 여쭈었을 때 세존께서는 수보리 존자에게 이렇게 말씀하셨다. "선재 선재라 수보리여, 참으로 그대가 말한 바와 같다. 여래 아라한 정등각에 의해서 보살 마하살들은 최상의 은총으로 감싸여 있다. 여래 아라한 정등각에 의해서 보살 마하살들은 최상의 부촉으로 부촉되어 있다.

그러니 참으로 수보리여, 잘 들어라. 그리고 마음에 잘 새기라. [이제] 보살승에 굳게 나아가는 선남자나 선여인이 어떻게 머물러야 하고 어떻게 수행해야 하며 어떻게 마음을 조복받아야 하는지를 나는 그대에게 설하리라."

"그러겠습니다, 세존이시여."라고 수보리 존자는 세존께 대답했다.

**[대역]**

2. tena그러자 khalu참으로 punaḥ다시 samayena그 시간에(Ⓚ 時, Ⓗ 爾時), āyuṣmān존자[1](Ⓚ 長老, Ⓗ 具壽) Subhūtis수보리[2]가(Ⓚ 須菩提, Ⓗ 善現) tasyām eva parṣadi그 곁에 sannipatito abhūt앉아 있었다[3](Ⓚ 在大衆中, Ⓗ 衆中).

sanniṣaṇṇaḥ앉아있던[4] atha khalu그 때 참으로 āyuṣmān존자 Subhūtir수보리는 utthāya āsanād자리로부터 일어나서[5](Ⓚ 卽從座起, Ⓗ 從座而起), ekāṃsaṃ한 쪽 어깨로만 uttarāsaṅgaṃ상의를 kṛtvā만들고서[6](Ⓚ 偏袒右肩, Ⓗ 偏袒一肩), dakṣiṇaṃ오른쪽 jānu-maṇḍalaṃ무릎을 pṛthivyāṃ땅에 pratiṣṭhāpya대고서[7](Ⓚ=Ⓗ 右膝著地),

yena Bhagavāṃs tena세존께 향하여 añjaliṃ합장하고 praṇamya인사드리고서(Ⓚ=Ⓗ 合掌恭敬), Bhagavantam세존께 etad이렇게 avocat말씀드렸다(Ⓚ=Ⓗ 而白佛言):

āścaryaṃ경이롭습니다,[8] Bhagavan세존이시여, parama-āścaryaṃ최고로 경이롭습니다, Sugata선서[9]시여(Ⓚ=Ⓗ 希有世尊),

yāvad eva즉 Tathāgatena여래[10] arhatā아라한[11] samyaksambuddhena정등각에 의해서[12](Ⓚ 如來, Ⓗ 乃至如來應正等覺), bodhisattvā보살[13] mahāsattvā마하살들이[14] anuparigṛhītāḥ감싸여 있습니다 parameṇa anugraheṇa최상의 은총으로[15](Ⓚ 善護念諸菩薩, Ⓗ 能以最勝攝受 攝受諸菩薩摩訶薩).

āścaryaṃ Bhagavan경이롭습니다, 세존이시여.(Ⓚ=Ⓗ×)

yāvad eva Tathāgatena arhatā samyaksambuddhena여래 아라한 정등각에 의해서(Ⓚ ×, Ⓗ 乃至如來應正等覺) bodhisattvā mahāsattvāḥ보살 마하살들이 parīnditāḥ paramayā parīndanayā최상의 부촉으로 부촉되어 있습니다[16](Ⓚ 善付囑諸菩薩, Ⓗ 能以最勝付囑. 付囑諸菩薩摩訶薩).

tat그런데 kathaṃ어떻게(Ⓚ=Ⓗ 應云何) Bhagavan세존이시여(Ⓚ=Ⓗ 世尊) bodhisattva-yāna-samprasthitena보살승에 굳게 나아가는[17] kula-putreṇa선남자와 vā혹은 kula-duhitrā vā선여인이[18](Ⓚ 善男子

善女人 發阿耨多羅三藐三菩提心, Ⓗ 諸有發趣菩薩乘者) sthātavyaṃ머물러야 하고[19](Ⓚ=Ⓗ 住)

kathaṃ어떻게 pratipattavyaṃ수행해야 하고[20](Ⓚ ×, Ⓗ 云何修行)

kathaṃ어떻게 cittaṃ마음을 pra- grahītavyaṃ조복받아야[21] 하겠습니까(Ⓚ 云何降伏其心, Ⓗ 云何攝伏其心)?

evam이와 같이 ukte말했을 때[22](Ⓚ ×, Ⓗ 作是語已) Bhagavān세존께서는 āyuṣmantaṃ Subhūtim존자 수보리에게 etad avocat이렇게 말씀하셨다(Ⓚ 佛言, Ⓗ 爾時世尊告具壽善現曰).

sādhu sādhu Subhūte선재[23] 선재라 수보리여(Ⓚ 善哉善哉 須菩提, Ⓗ 善哉善哉. 善現), evam etad yathā vadasi참으로 그대가 말한 바와 같다(Ⓚ 如汝所說, Ⓗ 如是如是 如汝所說).

anuparigṛhītās Tathāgatena bodhisattvā mahāsattvāḥ parameṇa anugraheṇa여래에 의해서 보살 마하살들은 최상의 은총으로 감싸여 있고(Ⓚ 如來 善護念諸菩薩 Ⓗ 乃至如來應正等覺. 能以最勝攝受. 攝受諸菩薩摩訶薩),

parīnditās Tathāgatena bodhisattvā mahā-sattvāḥ paramayā parīndanayā여래에 의해서 보살 마하살들은 최상의 부촉으로 부촉되어 있다(Ⓚ 善付囑諸菩薩, Ⓗ 乃至如來應正等覺. 能以最勝付囑. 付囑諸菩薩摩訶薩).

tena그러니 hi참으로 Subhūte수보리여 śṛṇu sādhu ca잘 들어라[24](Ⓚ 汝今諦聽, Ⓗ 是故善現. 汝應諦聽) suṣṭhu ca manasikuru그리고 잘 마음에 새기라[25](Ⓚ ×, Ⓗ 極善作意),

bhāṣiṣye말하리라[26] ahaṃ나는 te그대에게(Ⓚ 當爲汝說, Ⓗ 吾當爲汝分別解說), yathā어떻게 bodhisattva-yāna-samprasthitena보살승

에 굳게 나아가는 자가 sthātavyaṃ머물러야 하고 yathā어떻게 pratipattavyaṃ수행해야 하고 yathā어떻게 cittaṃ마음을 pragrahītavyam조복받아야 하는가를(Ⓚ 善男子善女人 發阿耨多羅三藐三菩提心 應如是住 如是降伏其心, Ⓗ 諸有發趣菩薩乘者 應如是住 如是修行 如是攝伏其心).

evaṃ그러겠습니다, Bhagavan세존이시여 iti라고 āyuṣmān Subhūtir존자 수보리는 Bhagavataḥ세존께 pratyaśrauṣīt대답했다[27](Ⓚ 唯然世尊 願樂欲聞, Ⓗ 具壽善現白佛言 如是如是世尊 願樂欲聞).

**[주해]**

1) **존자(āyuṣmān):** 원어의 의미는 '아유스(āyus)를 가진 자(-mat)'이다. āyus는 '생명, 수명, 긴 수명'을 뜻한다. 그래서 현장은 具壽로 옮기고 있다. 구마라집은 長老로 옮겼다. 빠알리어는 āyasman이다. 한편 이 āyasman이 호격으로는 āvuso로 나타나는데 스님들끼리 상대를 높여서 부르는 존칭어이다. 초기 경전에서 보면 āvuso(아부소)는 도반이나 조금 연장자들을 존칭하는 말이고 bhante는 아주 연장자나 큰스님들을 호칭하는 말이다. 지금도 남방, 특히 스리랑카와 인도에서는 스님들을 반떼(bhante) 혹은 더 높여 반떼지(bhantejī)라 부른다. 주의 깊게 보아야 할 점은 초기경전에 의하면 그 당시의 스님들은 부처님께도 bhante라는 호칭을 썼고 후대로 내려오면서 즉 불멸 후 bhagavan(세존)이라는 단어가 부처님께만 적용되는 술어로 정착이 되었다는 것이다.

2) **수보리(Subhūti):** 부처님 10대 제자의 한 분으로 북방불교의 전통에 의하면 해공(解空)제일 즉 공의 이치에 가장 통달한 분이라고 한다. 이름이 가진 의미를 보면 su(좋은)+√bhū(to become)에서

파생한 명사로서 '착한 존재'라는 뜻이라 하겠다. 그래서 현장은 선현(善現)이라고 옮기고 있다.(무쟁삼매와 수보리 존자에 대해서는 9-5장 1번 주해 참조)

3) **앉아 있었다(sannipatito abhūt)**: saṃ(함께)+ni(아래로)+√pat(to fall)의 과거분사로 '앉다'라는 의미다. abhūt는 √bhū(to be, be come)의 동사 과거 삼인칭 단수형이다.

4) **앉아 있었다. 앉아서는 … (sannipatito abhūt. sanniṣaṇṇaḥ)**: 산스끄리뜨나 빠알리어, 기타 다른 쁘라끄리뜨 등 인도 고어에서는 이런 중복된 표현이 아주 많이 쓰인다. 본 경에서도 아주 많이 나타나고 있다. 구마라집은 중복된 문구는 거의 생략하고 있고 현장은 가급적이면 다 살려서 번역하고 있으며 역자도 가급적이면 다 살려서 번역하려 한다.

5) **자리로부터 일어나서(utthāya āsanād)**: utthāya는 ud(위로)+√sthā(to stand)의 동명사로 '위로 일어서다'는 뜻이고 āsana는 ā(향하여)+√sad(to sit)의 명사로서 '앉는 곳' 즉 '자리, 의자' 등을 뜻하며 여기서는 탈격어미 -at를 붙여 탈격으로 쓰였다.

6) **한쪽 어깨로만 상의를 입고서(ekāṃsam uttarāsaṅgaṃkṛtvā)**: ekāṃsam은 eka(하나)+aṃsa(어깨)의 합성어로 uttarāsaṅgam의 수식어로 쓰여서 '한 쪽 어깨를 드러나게'라는 뜻이다. uttarāsaṅgaṃ은 uttara(위)+āsaṅga(ā+√sañj, to cling, 즉 [몸에] 붙어 있는 것 = 옷)에서 파생되어 '웃옷'이라는 의미이다. 즉 비구의 삼의(三衣, ti-cīvara) 중 웃옷을 말한다. kṛtvā는 √kṛ(to do)의 동명사형이다.

지금도 남방의 스님들은 대중처소에 간다든지 법당에 간다든지 윗 스님을 만난다든지 외출을 한다든지 하면 전부 이렇게 한 어깨(실제로는 오른쪽 어깨)가 드러나게 가사를 입는다. 북방에서 오른쪽 어깨가 드러나게 가사를 수하는 법도 모두 여기서 유래된 것이다.

7) **오른쪽 무릎을 땅에 대고서:** 지금도 남방에서는 스님들이나 불자들이 탑전에서 가끔 이런 자세로 예배를 하는 것을 볼 수 있다.

8) **경이롭습니다(āścaryaṃ):** 학자들은 이 말이 ā(향하여)+√car(to carry)에서 유래된 것으로 보는데 어원은 분명치 않다. 빠알리어는 acchariya인데 초기경에서도 아주 많이 등장하는 단어이다. 희유하고 경이롭고 놀라울 때 쓰는 말이며 빠알리어에서는 acchariya vata vo의 정형구로 나타나는데 vata vo는 '오, 참으로'의 뜻이다.
초기경에서는 "경이롭습니다 존자시여, 희유합니다 존자시여.(acchariyaṃ bhante abbhūtaṃ bhante)"라는 형태로 많이 나타난다.

9) **선서(善逝, Sugata):** su(잘)+√gam(to go)의 과거분사형으로 명사로 쓰였다. 부처님의 열 가지 명호 중의 하나로 '[피안에] 잘 이른 분'이라는 의미이다. 한역에서는 善逝로 옮기고 있다.

10) **여래(Tathāgatena):** tathā(그러하게)+āgata(온)[3]로 분석이 되고 명사로 쓰여서 '아무런 걸림이 없이 온 분'이라는 뜻이다. 그래서 여래(如來)라고 한역하고 있다. 초기경에서도 아주 많이 나타나는 술어이며 세존 스스로가 자신을 여래라고 부르고 있다. 초기 자이나 경전에도 간혹 그들의 수행을 완성한 자를 부르는 용어로 나타나기도 한다. 여래십호(如來十號)의 첫 번째로 정형화해서 나타나기도 한다. 빠알리어도 tathāgata이다.

---

3) āgata는 ā(이쪽으로 향하여)+√gam(to go)의 과거분사이다.

11) **아라한(arhatā)**: arhan의 도구격으로 쓰였다. 동사 √arh(to deserve)의 현재분사형을 취해서 명사화했다. '대접과 존경을 받을 만한 분'이란 뜻이다. 이 단어는 이미 브라만 제의서 중의 하나인 샤따빠타브라흐마나(Śatapathabrāhmaṇa) 등 베다문헌에도 등장하고 있는데 샤따빠타브라흐마나에 보면 마치 아라한 즉 존경받아야 할 분이 그 마을을 방문하면 소를 잡아서 대접하는 것과 같다는 문구가 나타난다. 자이나 문헌에도 나타나며 이렇게 고대인도 일반에서 쓰이던 용어인데 불교에서 자연스럽게 받아들여져서 불교적인 해석을 하게 된다. 즉 모든 번뇌를 멸한 자야말로 참으로 대접과 존경을 받아야 할 자라고 정의하며 4쌍8배의 마지막 단계로서 수행으로 도달할 수 있는 최고의 경지를 아라한으로 표현하고 있다. 물론 대승불교가 흥기하면서 여기에 수긍하지 않고 최고의 경지는 역시 부처라고 주장하고 아라한이 되기 위해서가 아닌 부처가 되기 위해서 노력해야 하며 그 노력은 다름 아닌 육바라밀이라고 이론체계를 갖추어 나간다. 그러나 초기 불교의 측면에서 보면 부처와 아라한은 다른 것이 하나도 없다.

초기경에 의하면 부처님과 아라한의 오직 다른 점 하나는 부처님은 법을 펴신 분이고 아라한은 그 법에 의지해서 깨달음을 성취한 분이라는 것이다. 초기 불교적인 관점에서 본다면 우리는 석가모니 부처님이 체계화한 법에 의해서 수행해서 깨달음을 성취하려는 자들이기 때문에 부처가 된다는 말은 조금은 이치에 맞지 않다고 본다. 부처는 교법체계가 없는 세상에서 법을 설하여 법을 펴는 분을 의미하기 때문이다. 물론 남방에서 아라한을 너무 도식화해서 하나의 틀로 정형화해서 이해하는 것도 문제가 많다.

부처냐 아라한이냐를 가지고 대승이냐 소승이냐를 거론하고 부처가 되는 게 이상이기에 대승이고 아라한이 목표이기에 소승이라고 하는 것은 참으로 말에 떨어진 것이 아닌가 한 번쯤 반성해봐야겠다. 이것을 가지고 대 소승을 논하기 이전에 참으로 부처는 무엇이고 아라한은 무엇이며 아니 깨달음은 무엇이고 어떻게 해야 깨달을 수 있는가, 그 방법은 무엇인가, 화두만 타파하면 무조건 깨달음이고 부처인가, 위빠사나야말로 부처님이 가르치신 수행법이며 이 방법으로만 아라한이 되는가, 한 번쯤은 금강경의 주제인 그러한 산냐에 빠지지 말고 점검을 해봐야겠다.

12) **정등각에 의해서(samyaksambuddhena)**: samyaksambuddha의 도구격. 어원은 samyak(바르게, 正)+saṃ(같이, 等)+√budh(to enlighten, 覺)의 과거분사형을 취해서 명사로 쓰였다. 그래서 正等覺 혹은 正等覺者로 한역한다. 여래십호의 세 번째로 정형화되어 나타난다. 빠알리어는 sammāsambuddha이다.

그리고 부처님을 여래십호로 부르는 경우도 있지만 초기경에서도 이 세 가지 용어 즉 여래·아라한·정등각으로서 부처님을 높여서 부르는 경우가 많이 등장하고 있다.

13) **보살(bodhisattvā)**: bodhi(覺, √budh, to enlighten)와 sattva(有情, √as, to be)의 합성어. 여기서는 복수형태로 쓰였다. 그래서 覺有情으로 옮기고 원음 보디사뜨와를 보리살타(菩提薩埵)로 음역한 것을 다시 보살(菩薩)로 줄여서 부른다. 원 의미는 '깨달음을 추구하는 존재'이고 초기경전들에서는 부처님이 깨달음을 성취해서 붓다라고 불리기 이전의 상태를 보살 즉 보디삿따(bodhisatta)로 부르고 있다. 그리고 이 개념은 자따까(Jātaka, 본생담) 문헌에서 금생만을 보살이라 부르는 것이 아니고 부처님의 모든 전생을 다 보살이라고 부르기 시작했다.

대승불교 운동을 주도하던 사람들은 이 점을 중시하여 보살이라는 개념을 보편화시키기 시작했다고 생각한다. 즉 석가모니 부처님한 분의 깨달음을 추구하는 과정을 보살이라 한다면 당연히 깨달음을 성취하기 위해서 노력하는 모든 생명체들도 보살이라 불러야 한다는 아주 설득력 있는 주장을 하게 되고, 이렇게 보살이라는 개념을 보편화시키는 데(universalize) 성공하여 대승불교 운동은 도도한 흐름을 타고 지금까지 전개되고 있는 듯 싶다.

그리고 당연히 보살에게 있어서 가장 중요한 것은 지금 수보리가 세존께 묻고 있듯이 '보리심을 내는 것(發菩提心, bodhicitta-upa-sthāna, 더 줄여서 發心이라고도 함)'이다. 바로 이러한 깨달음의 마음을 내는 자야말로 참다운 보살이다. 보살이 깨달음이라는 근본 명제를 버려버린다면 아무리 난행고행을 하고 중생을 구제하고 불국토를 건설한다 해도 보살이라 할 수 없다. 초기불교에서는 발보리심이라는 술어가 등장하지 않는다. 물론 이 단어를 태동시킬 바탕은 다 갖추고 있었다. 대승불교 운동이 성공할 수 있었던 사상적인 배경을 찾는다면 역자는 이 보살이라는 개념의 보편화와 발보리심을 근본 모토로 제시했다는 점을 들고 싶다.

그런 참다운 보살의 마음을 낸 자, 참다운 보리심을 발한 자는 어떻게 머무르고 어떻게 수행하고 어떤 마음가짐을 가져야 하는가가 보살에게는 제일 중요하고 그 제일 중요한 질문을 수보리는 하고 있다. 그리고 그 제일 중요한 질문에 '산냐를 세우지 말라'는 사자후를 토하시는 것이 바로 이 금강경이다. 이렇게 초기 불교가 지향하는 깨달음의 문제를 보편화시키고 그 보편적인 깨달음을 추구하는 자로 보살을 설정하고 그 보살의 궁극적인 태도를 산냐의 극복에다 두는 것이 금강경인 것이다.

물론 대승불교가 정착이 되자 보살이라는 개념이 깨달음을 추구하는 존재가 아닌 '깨달음을 이미 성취했으나 일체 중생의 성숙을 위해서 중생으로 남아서 화광동진(化光同塵)하는 존재'들을 설정하고 그런 존재들도 보살이라 불렀다. 그리하여 문수보살, 보현보살,

관세음보살, 지장보살 등 무수한 보살들이 등장하는 것이다. 이렇게 해서 대승불교에서는 보살이라는 개념이 시공을 확장해나가면서 발전되고 전개되어 내려와서 중생들의 향상과 성숙을 위한 발심(發心)을 일깨워왔음은 주지의 사실이다.

14) **마하살들이(mahāsattvā)**: mahā(大)+sattva(有情)의 합성어로 보살의 별칭이다. 초기경전에서는 나타나지 않는다. 구마라집은 옮기지 않았고 현장은 摩訶薩이라 옮겼다.

15) **최상의 은총으로 감싸여 있다(anuparigṛhītāḥ parameṇa anugraheṇa)**: anuparigṛhītāḥ는 anu(따라)+pari(둘레에, 원만히)+√grah(to seize, 붙잡다)의 과거분사로 여기서는 주격 복수로 쓰였다. 현장은 섭수(攝受)로 번역하였고 원어의 일차적 의미를 살려 '감싸다'로 옮겼다. parama는 '최고의, 최상의'를 뜻하며 anugraha는 anu(따라)+√grah(to seize)의 명사형이다. anuparigṛhīta와 같은 동사에서 파생된 단어이다. 세존께서 제자들을 잘 감싸주시고 거두어주시는 것을 말한다. 빠알리경들에도 많이 등장하는 단어로 빠알리어로는 anuggaha이다. '자비, 사랑, 은총'을 뜻하는 단어이다. 구마라집은 이 세 단어를 합하여 善護念으로 번역하고 있다.

16) **최상의 부촉으로 부촉되었다(parīnditāḥ paramayā parīndanayā)**: parīndita는 어원이 분명치는 않으나 pari(둘레에, 원만히)+√ind(to be powerful)의 과거분사로 보는 것이 좋을 듯하다. 불교에서 제석천으로 옮기고 있으며 인도 신화에서 신들의 왕이라는 인드라(Indra)의 어근도 바로 이 √ind(to be powerful)로 본다. 아니면 pari+√und(to wet)로 볼 수도 있겠다. 대승불교 경전에만 나타나는 단어이고 빠알리어나 일반 산스끄리뜨나 자이나 성전의 언어인 아

르다마가디 등에서는 찾아보기 힘든다. 어근을 √ind로 본다면 '힘을 실어준다', √und로 본다면 '스며들게 해준다' 등의 뜻에서 '전수하다'는 뜻이 되겠다. 구마라집과 현장은 付囑으로 옮겼다. parama는 '최상, 최고'를 뜻하고 parīndanā는 parīndati의 명사이고 parīndanayā는 여성 도구격으로 쓰였다. 이렇게 '부촉을 부촉하다'는 식의 구문은 범어 일반의 특징으로 우리말과 유사점이 있다 하겠다.

17) **보살승에 굳게 나아가는(bodhisattva-yāna-samprasthitena)**: yāna는 √yā(to go)에서 파생된 명사로 '탈 것(vehicle)' 일반을 뜻한다. 소위 말하는 대승은 그래서 mahāyāna요, 소승은 hīnayāna이다. 그래서 bodhisattvayāna는 현장에 의해서 菩薩乘으로 번역되고 있다. 이 yāna라는 단어가 이런 해탈도 위에서 수행자들을 실어 나르는 도구의 의미로 제일 먼저 나타나는 것은 아마도 초기경전들 중에서는 염처경이나 대염처경을 들어야 할 것이다. 여기서 신·수·심·법(身受心法, kāya, vedanā, citta, dhammā - 몸, 느낌, 마음, 마음의 대상)을 바탕으로 하는 사띠(sati, 正念, 마음챙김) 수행이야말로 바로 일승(一乘) 즉 에까야나(eka-yāna) 즉 해탈로 나아가는 오직 하나의 의지해야 할 것, 오직 하나의 방편이라고 세존께서는 설하고 계신다.

흥미롭게도 금강경에서는 대승(mahāyāna)이라는 단어는 나타나지 않는다. 대신에 이 bodhisattva-yāna(보살승)나 슈레스티야나(śreṣṭhi-yāna, 殊勝乘) 등의 단어가 나타난다. 공(空, śūnya, 28장 3번 주해를 참조할 것)이라는 단어도 등장하지 않고 대승이라는 말도 등장하지 않고 하는 등등 때문에 금강경을 대승이라는 개념이 정착되기 전에 결집된 경전으로 간주하는 것이다.

samprasthita는 saṃ(함께)+pra(앞으로)+√sthā(to stand)의 과거분사로 '나아가다, 시작하다'의 의미로 쓰인다. 현장은 發趣로 옮기고 있다.

구마라집은 이 '보디사뜨와야나 삼쁘라스티따'를 이 경 전체에서 發阿耨多羅三藐三菩提心으로 의역하여 옮기고 있음을 주의해서 봐야 한다. '보살승에 굳게 나아가는 자'야말로 '보리심을 발한 자'라고 이해하여 주제를 더 분명히 하기 위함일 것이다.

18) **선남자나 선여인이(kulaputreṇa kuladuhitrā vā)**: 꿀라는 '가족, 가문'을 의미하고 뿌뜨라는 '아들'을 뜻한다. 여기서는 도구격으로 쓰였다. 그래서 '좋은 가문 [출신의] 아들'이라는 뜻으로 초기불교에서도 수없이 등장하는 단어이다. 빠알리어로는 kulaputta이다. 초기불교 경전에 의하면 꿀라는 불교집안을 의미하며 그래서 꿀라뿟따는 불자(佛子)라는 말이 된다. 구마라집과 현장은 별다른 경우가 아닌 한 善男子로 옮기고 있다. 여기서는 도구격으로 쓰였다.

kuladuhitā의 duhitā는 √duh(to milk)에서 파생된 명사 duhitṛ의 주격 단수형이다. 리그베다부터 등장하는 말로서 옛날 인도-아리아족들에게서 딸의 역할은 소의 젖을 짜는 것이었음을 알 수 있다. 그래서 꿀라두히따는 '좋은 가문의 딸'이라는 말이고 비구니나 여신도들을 뜻한다. 善女人으로 한역된다. 그런데 초기경전에서는 이 kuladuhitā라는 단어는 나타나지 않는다. 물론 후대의 남방의 주석서에는 나타난다.

19) **머물러야 하고(sthātavyaṃ)**: √sthā(to stand)의 Pot. 분사로 '머물러야 하는'의 의미이다. 앞의 kathām(어떻게)과 걸려서 보살승에 굳게 나아가려고 발심한 자는 어떻게 머물러야 하나 즉 어떤 태도나 마음가짐으로 보살도를 행해야 하나 하는 질문이다. 구마라집과 현장은 같이 住로 옮겼다.

20) **수행해야 하고(pratipattavyaṃ)**: prati(對하여)+√pad(to go)의 Pot. 분사로 쓰였다. '길을 따라 걸어가는 것'을 뜻한다. 초기경에서는 이런 동사의 형태는 나타나지 않고 명사의 형태로 나타난다. pratipatti(Pāli. paṭipatti)는 '수행'이나 '도'를 뜻하는 술어로 자주 나타난다. 본 경에서 구마라집은 번역을 생략하고 있고 현장은 修行으로 옮기고 있다. 일본학자들은 行道로 번역하고 있다.

같은 어원에서 파생된 유명한 술어가 pratipadā(Pāli. paṭipadā)로서 중도(中道)라 할 때 madhyamā-pratipadā(Pāli. majjmajjhimā-paṭipadā)로 나타나는 바로 그 단어이다.

21) **마음을 조복받아야(cittaṃ pragrahītavyam)**: citta는 √cit(to think)에서 파생된 명사로 우리의 사고작용, 생각 일반을 뜻한다. 우리말로 마음이라고 번역되는 두 불교용어가 있으니 바로 이 citta(Pāli도 같음)와 manas(Pāli. mano)라 하겠다. 한문으로는 각각 心과 意로 번역하는데 오히려 현재 우리가 이해하는 한문으로는 그 뜻이 더 혼동된다 하겠다. 결론적으로 말해서 초기불교에서는 citta(찟따)는 우리의 사고나 생각 일반(나아가서는 심적 성향까지도 포함해서)을 뜻하며 mano(마노)는 그런 사고작용을 주관하는 기관이나 기능의 의미로 나타난다. 즉 마노는 여섯 감각기관(六根)의 마지막 여섯 번째인 의근(意根, mano-indriya)이나 의처(意處, 意入, mano-āyatana)라는 개념으로 나타난다. 이 의근이나 의처가 법(dhamma)으로 표현되는 의근의 대상을 만나서 생겨나고 사라지고 하는 여러 사고작용들을 citta라 한다고 이해하면 되겠다.

후대의 남방과 북방불교에서 이구동성으로 citta(心), mano(意), viññāṇa(識)는 같은 뜻의 다른 표현이라고 하고 있지만 부처님께서는 결코 같은 뜻을 다른 용어로 표현하시지 않았다는 게 역자가 지금까지 초기경을 원어로 읽으면서 느낀 점이다. 남방에서는 상응부에 나타나는 'yam ca kho bhikkhave vuccati cittam iti pi mano iti pi viññāṇam. - S12. 61'을 두고 이렇게 심·의·식은 같은 것이라고 주장하는데 오직 이 한 군데만 나타나는 문구를 가지고, 그것도 전체 문맥에서 보면 전혀 동의어라고 볼 수 없는 문장을 가지고 세존께서 그렇게 말씀하셨다고 주장하는 것은 무리가 많다고 본다.

좀 더 넓혀서 문맥을 보면, "이 심(心)이라고 의(意)라고 식(識)이라고 불리는(yam ca kho etam bhikkhave vuccati cittam iti pi mano iti pi viññāṇam iti pi) 여기에 대해서 범부는 염오하지 못하고 이욕하지 못하고 벗어나지 못한다(nālam nibbinditum … virajjitum … vimuccitum … ). 무슨 이유인가? 배우지 못한 범부는 집착하고(ajjhositam) 내것으로 삼고(mamāyitam) 취착하여(parāmaṭṭham) '이것은 내것이다(etam mama). 나는 이것이다(eso ham asmi). 이것이 나의 자아다(eso me attāti)'라고 여기기 때문이다." 이 문맥에서 보면 심·의·식을 동의어로 썼다기보다는 우리의 심적 부분을 말하는 것 즉 '심이니 의니 식이니 하는 것을 범부들은 나라고 집착한다'는 뜻으로 봐야지 심의식이 같다고 한 말씀은 전혀 아니다.

pragrahītavyam은 pra(앞으로)+√grah(to seize)의 Pot.분사이고 마음이나 생각을 잘 움켜잡아서 엉뚱한 방향으로 가지 못하게 하는 것을 연상하면 되겠다. 그래서 구마라집은 降伏으로 현장은 攝伏으로 옮기고 있다.

이 √grah 동사에서 파생된 여러 용어들이 본 경에 나타나며, 대부분 움켜쥔다는 의미에서 집착의 뜻으로 나타난다.

22) **말했을 때(ukte)**: √vac(to speak)의 과거분사이며 처소격(Locative)으로 쓰여서 '~했을 때'라는 뜻을 나타낸다. 빠알리어는 utta이며 같은 형식의 evam utte라는 구문이 초기경에 아주 많이 나타난다.

23) **선재(sādhu)**: √sādh(to accomplish, 성취하다)에서 파생된 형용사로서 '모든 것이 다 이루어진, 선한, 좋은' 등의 뜻이다. 그래서 구마라집도 현장도 善哉라고 옮겼다. 상대방의 말을 인정하고 같이 환희심을 낼 때 쓰는 말이다. 초기경에서도 아주 많이 등장하는 구문이다. 특히 요즘도 남방에서는 스님들의 법문이 끝나면 음율을 맞추어서 '사-두, 사-두, 사~두~'라고 세 번을 대중들이 합창한다.

24) **들어라(śṛṇu)**: √śru(to hear)의 명령형. 빠알리어는 sunātu이다. 구마라집과 현장은 같이 諦聽으로 옮겼다.

25) **잘 마음에 새겨라(suṣṭhu ca manasikuru)**: suṣṭhu는 부사로서 '잘'이라는 뜻이다. manasikuru는 manasikaroti의 명령형이며 ma- nas(마음, 意)의 처소격을 만들어 거기에 √kṛ(to do)를 붙여서 말 그대로 '마음에 만든다, 마음에 둔다, 마음에 새긴다'는 뜻을 나타낸다. 구마라집은 생략했고 전체를 현장은 極善作意로 옮겼다. 이와 유사한 형태인 manasīkāra, manaskāra 같은 형태의 명사나 동사형이 나타나기도 한다. 빠알리어도 같은 형태인 manasikāra(명사)나 manasikaroti(동사)의 형태로 아주 많이 나타난다.

여기서 강조하고 싶은 점은 이것은 순수한 불교 용어라서 일반 산스끄리뜨에서는 전혀 나타나지 않는다는 것이다. 특히 본 경에서도 16-1장에 나타나는데 요니소 마나시까라(yoniso manasikāra, 如理作意, 지혜로운 주의, 16-1장 1, 2번 주해 참조)는 초기불교에서 아주 중요하게 취급되는 불교에서만 나타나는 전문 술어이다.

인도에서 공부할 때 세계적인 권위를 가진 산스끄리뜨 교수님과 불교 논서를 읽은 적이 있는데 이 요니소 마나시까라가 무슨 말인지를 몰라서 당황하던 것을 본 적이 있다.

26) **말하리라(bhāṣiṣye)**: √bhāṣ(to speak)의 동사 미래 일인칭으로 쓰였다. 구마라집은 說로 현장은 分別解說로 옮겼다.

27) **대답했다(pratyaśrauṣīt)**: prati(對하여)+√śru(to hear)의 과거형으로 '귀를 기울이다, 동의하다'의 뜻으로 쓰인다. 구마라집과 현장 모두 願樂欲聞이라고 멋있게 옮겨서 pratiśrunoti의 의미를 잘 전달하고 있다.

## 3. 중생제도의 산냐를 세우지 말라 - 산냐를 세우는 자는 보살이라 할 수 없다

**[원문]**

3. Bhagavān etad avocat: iha Subhūte bodhisattvayānasampra-sthitena evaṃ cittam utpādayitavyam: yāvantaḥ Subhūte sattvāḥ sattvadhātau sattvasaṃgraheṇa saṃgṛhītā aṇḍajā vā jarāyujā vā saṃsvedajā vaupapādukā vā rūpiṇo vā arūpiṇo vā saṃjñino vā asaṃjñino vā naiva saṃjñino nāsaṃjñino vā yāvan kaścit sattva-dhātuprajñapyamānaḥ prajñapyate, te ca mayā sarve 'nupadhiśeṣe nirvāṇadhātau parinirvāpayitavyāḥ. evam aparimāṇan api sattvān parinirvāpya na kaścit sattvaḥ parinirvāpito bhavati. tat kasya hetoḥ? sacet Subhūte bodhisattvasya sattvasaṃjñā pravarteta, na sa bodhisattva iti vaktavyaḥ. tat kasya hetoḥ? na sa Subhūte bodhi-sattvo vaktavyo yasya ātmasaṃjñā pravarteta, sattvasaṃjñā vā jivasaṃjñā vā pudgalasaṃjñā vā pravarteta.

**[鳩摩羅什]**

• 大乘正宗分 第三

佛이 告須菩提하사대 諸菩薩摩訶薩이 應如是降伏其心이니 所有一切衆生之類인 若卵生과 若胎生과 若濕生과 若化生과 若有色과 若無色과 若有想과 若無想과 若非有想非無想을 我皆令入無餘涅槃하야 而滅度之호리니 如是滅度無量無數無邊衆生호대 實無衆生得滅度者니라 何以故오 須菩提야 若菩薩이 有我相人相衆生相壽者相하면 卽非菩薩이니라

**[玄奘]**

佛言善現. 諸有發趣菩薩乘者. 應當發趣如是之心. 所有諸有情. 有情攝所攝. 若卵生若胎生. 若濕生若化生. 若有色若無色. 若有想若無想. 若非有想若非無想. 乃至有情界. 施設所施設. 如是一切. 我當皆令於無餘依妙涅槃界而般涅槃. 雖度如是無量有情令滅度已. 而無有情得滅度者. 何以故. 善現. 若諸菩薩摩訶薩有情想轉不應說名菩薩摩訶薩. 所以者何. 善現. 若諸菩薩摩訶薩不應說言有情想轉. 如是命者想. 士夫想. 補特伽羅想. 意生想. 摩納婆想. 作者想. 受者想轉當知亦爾. 何以故. 善現. 無有少法名爲發趣菩薩乘者.

**[번역]**

3. 세존께서 이렇게 말씀하셨다.

"수보리여, 여기 [이 세상에서] 보살승에 굳게 나아가는 자는 이렇게 마음을 내어야[發心] 한다. 수보리여, 중생들은 중생의 세계에서 중생이라는 무리로 무리지어져 있나니, 알에서 태어나는 것, 태에서 태어나는 것, 습기에서 태어나는 것, 화현하여 태어나는 것, 형상이 있는 것, 형상이 없는 것, 인식작용이 있는 것, 인식작용이 없는 것, 인식작용이 있는 것도 인식작용이 없는 것도 아닌 것, 그리고 다시 [다른] 어떤 중생의 세계가 더 있다고 하더라도 나는 그들을 모두 무여 열반의 경지로 완전히 열반에 들게 하리라. [그러나] 이렇게 헤아릴 수 없이 [많은] 중생들을 완전히 열반에 들게 했다 하더

라도 어떠한 중생도 완전히 열반에 든 자는 없다.

그것은 무슨 이유에서인가? 만일 수보리여, 보살에게 중생이라는 산냐가 생긴다면 그는 보살이라고 말할 수 없기 때문이다. 그것은 [또] 무슨 이유에서인가? 수보리여, 자아(自我)라는 산냐가 생기거나 중생이라는 산냐나 영혼이라는 산냐나 개아(個我)라는 산냐가 생긴 자는 보살이라고 말할 수 없기 때문이다."

**[대역]**

3. Bhagavān세존께서 etad이렇게 avocat말씀하셨다(Ⓚ 佛이 告須菩提, Ⓗ 佛言善現):

iha여기 [이 세상에서][1] Subhūte수보리여 bodhisattva-yāna-samprasthitena보살승에 굳게 나아가는 자에 의해서(Ⓚ 諸菩薩摩訶薩, Ⓗ 諸有發趣菩薩乘者) evaṃ이렇게 cittam마음을 utpādayitavyam내어야 한다[2](Ⓚ 應如是降伏其心, Ⓗ 應當發趣如是之心):

yāvantaḥ Subhūte수보리여 sattvāḥ중생들은 sattvadhātau중생의 세계에서 sattva-saṃgraheṇa중생의 무리로 saṃgṛhītā무리지어져 있나니[3](Ⓚ 所有一切衆生之類, Ⓗ 所有諸有情 有情攝所攝),

aṇḍa-jā vā알에서 태어나는 것, jarāyu-jā vā태에서 태어나는 것, saṃsveda-jā vā습기에서 태어나는 것, upapādukā vā화현하여 태어나는 것[4](Ⓚ=Ⓗ 若卵生 若胎生 若濕生 若化生)

rūpiṇo vā형상이 있는 것, arūpiṇo vā형상이 없는 것[5](Ⓚ=Ⓗ 若有色 若無色),

saṃjñino vā인식작용이 있는 것, asaṃjñino vā인식작용이 없는 것(Ⓚ=Ⓗ 若有想 若無想), naiva saṃjñino na asaṃjñino vā인식작용이 있는 것도 인식작용이 없는 것도 아닌 것[6](Ⓚ 若非有想非無想, Ⓗ 若非有想若非無想),

yāvan kaścit그리고 어떤 sattvadhātu-prajñapyamānaḥ중생의 세

계로 인정되는 것이 prajñapyate인정되더라도[7](Ⓚ ×, Ⓗ 乃至有情界. 施設所施設), te그들도 ca또한 mayā나에 의해서 sarve모두 an-upadhiśeṣe무여[8] nirvāṇa-dhātau열반의 경지에[9] parinirvāpayita-vyāḥ완전히 열반에 들게 해야 한다[10](Ⓚ 我皆令入無餘涅槃 而滅度之, Ⓗ 如是一切 我當皆令於無餘依妙涅槃界 而般涅槃).

evam이렇게 aparimāṇan헤아릴 수 없는[11] api그러한 sattvān중생들을 parinirvāpya완전히 열반에 들게 하고서도(Ⓚ 如是滅度無量無數無邊衆生, Ⓗ 雖度如是無量有情令滅度已), na kaścit어떤 sattvaḥ중생도 parinirvāpito완전히 열반에 든 자는 bhavati없다(Ⓚ 實無衆生得滅度者, Ⓗ 而無有情得滅度者).

tat그것은 kasya무슨 hetoḥ이유에서인가(Ⓚ=Ⓗ 何以故 須菩提, Ⓗ 何以故. 善現)?

sacet만일 Subhūte수보리여 bodhisattvasya보살에게 sattvasa-ṃjñā중생이라는 산냐가[12] pravarteta생긴다면[13] na sa그는 bodhi-sattva보살이다 iti라고 vaktavyaḥ말해져서는[14] 안 되기 때문이다(Ⓚ ×, Ⓗ 若諸菩薩摩訶薩 有情想轉 不應說名菩薩摩訶薩).

tat kasya hetoḥ그것은 무슨 이유에서인가(Ⓚ ×, Ⓗ 所以者何 善現)?

na sa그는 Subhūte수보리여 bodhisattvo보살이라고 vaktavyo일컬을 수 없기 때문이니 yasya그에게 ātma-saṃjñā자아라는 산냐[15]가 pravarteta생기거나 sattva-saṃjñā vā중생이라는 산냐[16]나 jīva-saṃjñā vā영혼이라는 산냐[17]나 pudgala-saṃjñā vā개아라는 산냐[18]가 pravarteta생긴다면(Ⓚ 若菩薩 有我相人相衆生相壽者相 卽非菩薩, Ⓗ 若諸菩薩摩訶薩 不應說言 有情想轉 如是命者想 士夫想 補特伽羅

想 意生想 摩納婆想 作者想 受者想轉[19] 當知亦爾 何以故 善現 無有少法 名爲發趣菩薩乘者).

**[주해]**

1) **여기 이 세상에서(iha):** iha는 부사로서 '여기'라는 뜻이다. 초기경에서도 많이 나타나는 술어이다. 그러나 '여기'를 단순히 부사로서의 의미만 있다고 생각하면 안 된다. 초기경에서의 여기란 '바로 여기 이 세상(iha loka)'을 뜻한다.

2) **마음을 내어야(發心) 한다(cittam utpādayitavyam):** 앞에서 citta는 우리의 생각 일반을 뜻한다고 했다. utpādayitavyam은 ud(위로)+√pad(to go)의 사역 Pot. 분사로 쓰였다. 명사는 utpāda이다. '일으키다, 내다, 발생하다'의 뜻이다. 빠알리어는 uppāda이다. 이 두 단어를 합치면 불교에서 많이 쓰는 발심이라는 말 그대로이다. 구마라집은 降伏其心으로 의역을 했는데 앞의 '어떻게 마음을 조복받는가'에 대한 답이라는 의미에서 이렇게 옮겼다고 본다. 현장은 發趣如是之心으로 옮겼다.

조금 더 응용해서 살펴보면, 이 citta에다 깨달음을 뜻하는 bodhi를 덧붙이면 보디찟따(bodhi-citta)가 되고 대승불교에서 가장 중요한 술어 중의 하나인 보리심(菩提心)으로 번역할 수 있다. 여기다가 다시 anuttara-samyak-sam이라는 접두어를 붙이면 바로 아뇩다라삼먁삼보리심, 즉 '무상정등정각(無上正等正覺)을 향하는 마음'이 되는 것이다. 여기다가 다시 utpāda를 붙여 bodhicitta-utpāda가 되면 발보리심이 되고 anuttara-samyaksambodhi-citta-utpāda가 되면 발아뇩다라삼먁삼보리심이 되는 것이다.

물론 초기경들에서는 보리심(bodhicitta)이나 '보리심을 발한다(bodhicitta-uppāda)'는 말은 전혀 나타나지 않는 대승불교의 독창적인 술어이다. 그러나 cittam uppannam(마음이 일어난다)이라는 말은 초기경들에 나타나며 특히 남방의 칠론(七論) 중의 처음인 담마상가니(Dhammasaṅgaṇi, 法集論)에서는 거듭해서 "[욕계의 선한] 마음이 일어날 때(yasmin samaye [kāmāvacaraṃ kusalaṃ] cittaṃ uppannaṃ hoti), 그 때 이러한 것들이 따라서 일어난다(tasmin samaye … hoti.)"라는 구문으로 욕계, 색계, 무색계의 심리 상태를 설명하고 있다. 역자는 이런 아비담마적인 구문이 나중에 발보리심이라는 구문으로 자연스럽게 발전되어간 게 아닌가 보고 있다.

그래서 본 경에서 '이렇게 마음을 내어야 한다'는 말은 깨달음을 삶의 최고의 가치로 두고 그 실현을 위해 살아가는 사람, 즉 보살은 이와 같이 발심 = 발보리심 = 발아뇩다라삼먁삼보리심을 해야 한다고 세존께서는 고구정녕히 말씀하고 계시는 것이다. 그리고 그것은 다름 아닌 산냐, 우리의 피를 끓게 하는 저 이념, 이상 내지는 어떤 경계, 관념, 고정관념, 아니면 마음속으로 만들어 가지고 있는 어떠한 이미지 나아가서 인식, 통각 등등 그 모든 것을 세우지 말고 설령 그런 것이 마음에 있다 하더라도 그것에 연연하지도 말고 내세우지도 말고 집착하지도 말고 그것을 뛰어넘을 것을 가르치고 계신 것이다. 이제 하나하나 부처님의 메시지를 살펴보자.

3) **중생의 세계에서 중생의 무리로 무리지어져 있다(sattva-dhātau sattva-saṃgraheṇa saṃgṛhītā)**: sattva는 중생 혹은 유정으로 번역되고 dhātu는 한문으로 계(界)로 번역되어 전체는 중생계라는 말이 되는데 여기서는 처소격으로 쓰였다.

dhātu는 초기불교에서도 중요한 술어로 나타난다. 제일 잘 알려진 경우가 오온(蘊, khanda, 칸다), 12처(處, āyatana, 아야따나)와 같이 18계(界, dhātu)로 나타나고, 4대(大)라고 불리는 지수화풍도 원어는 이 다뚜를 쓰기도 하고 mahā-bhūta(마하부따, 大種)를 쓰기도 한다.

그리고 삼계(三界)의 계(界) 역시 이 다뚜의 번역이다. '제일 기본이 되는 요소'라는 뜻으로 쓰이고 있다.

saṃgraha는 saṃ(함께)+√grah(to seize)에서 파생된 명사로서 함께 뭉쳐져 있는 모습을 나타내어 '무리, 군, 집합' 등으로 번역된다. '무리로 무리지어져 있다'는 표현 역시 영어에서는 어색한 문장이나 범어 일반과 우리말에서는 통용되는 어법이다.

4) **알에서 태어나는 것, 태에서 태어나는 것, 습기에서 태어나는 것, 화현하여 태어나는 것(aṇḍa-jā vā jarāyu-jā vā saṃsveda-jā vā upapādukā vā):** 이를 사생(四生)이라 한다. aṇḍa는 모든 종류의 알을 뜻한다. 요즘도 인도에서는 계란을 aṇḍa(안다)라 한다. jā는 √jan(to be born)의 명사형으로서 생(生)으로 번역한다. 그래서 aṇḍa-jā는 난생(卵生)을 의미한다. jarāyu는 √jṝ(to be old)의 명사로서 태(胎)를 의미하고 그래서 jarāyujā는 태생(胎生)을 의미한다. saṃsveda는 saṃ(함께)+√svid(to sweat)의 명사형으로 습기를 의미하며 jā를 붙여서 濕生으로 번역한다. 습기가 있는 데서 태어나는 것을 고대인도에서는 습생이라 했다. 모기, 지렁이 등이 이에 속한다.

upapāduka는 upa(위로)+√pad(to go)의 명사형으로 '그 위로 가서 바로 태어나는 것' 정도의 의미로 보면 되겠다. 다른 대승경에서는 aupapāduka로도 나타나는데 모두 빠알리어 opapātika의 하이브릿화된 산스끄리뜨로 보면 되겠다. 빠알리어 opapātika는 upapatti의 곡용형(워룻디)인데 upapatti는 재생(再生) 즉 다음 생을 받는 것을 의미한다. 어쨌든 upapāduka는 모태 등 태어나는 원인을 빌리지 않고 그대로 다음 생을 받는 것을 의미하며 화생(化生)이라 옮기고 있다. 천상의 신들, 지옥의 중생들이 여기에 속한다고 보면 된다.

참고로 자이나경들에서도 이 4생을 인정하고 있다.

5) **형상이 있는 것, 형상이 없는 것(rūpiṇo vā arūpiṇo vā)**: rūpa는 형상이나 빛깔을 의미하고 여기에다 '~를 가진'을 뜻하는 접미어 '-in'을 붙여서 만든 단어이다. 각각 有色, 無色으로 한역하고 있다. 욕계(欲界, kāma-avacara, kāma는 욕망을 avacara는 ava+√car, to move에서 파생된 명사로서 '~에 다니는, ~에 사는'의 의미에서 '界, 영역, 장소'의 뜻으로 쓰인다.), 색계(色界, rūpa-avacara), 무색계(無色界, arūpa-avacara)의 삼계 중 욕계와 색계는 유색(有色)에, 무색계는 무색(無色)에 속한다고 설명한다.

참고로 이 삼계의 개념은 초기 경전들에서는 나타나지 않는다. 아비담마(논장)에서부터 정착된 개념으로 초기경들에 나오는 사선(四禪, jhāna)과 사처(四處, āyatana = 공무변처, 식무변처, 무소유처, 비상비비상처)를 각각 색계 사선, 무색계 사선이라 하여 색계와 무색계라는 개념을 도입하고 있다. 이렇게 불교의 우주론이 정착되고 많은 대소승의 논서들이 사선과 사처를 이렇게 이해하기 시작하면서 마땅히 극복되어야 할 경지인 사처가 무색계라는 중생계의 최고 높은 경지로 자리잡게 된다.

다시 거론하겠지만 이 사처의 경지를 부처님께서는 산냐일 뿐이라고 간파하고 계신다. 부처님께서 일찍이 무소유처와 비상비비상처의 경지를 두 스승 문하에서 터득하시어 인가를 받았지만 이를 인정하지 않고 버리신 이유가 바로 여기 있는 것이다. 불교의 선정은 사선(四禪)이요, 이 사선은 마음챙김(sati)이 행주좌와 어묵동정에 끊이지 않고 지속되는 것이다. 그래서 마침내 제4선에서 평온(upekkhā, 捨)과 마음챙김(sati, 念)이 완전히 청정하게 되며(사념청정, 捨念淸淨, upekkhā-sati-pārisuddhi, 우뻬카사띠빠리숫디), 이 우뻬카와 사띠의 힘으로 저 번뇌를 남김없이 멸한 경지가 바로 부처님이 전하고자 하신 구경의 경지인 것이다.

이런 사선을 삼계의 두 번째인 색계의 경지 정도로 치부해버리는 것이 남방 아비담마 불교요, 북방의 대승불교라 하면 역자의 지나친 억견(臆見)일까? 이처럼 부처님께서 전하신 메시지가 퇴색되어버리는 어처구니없는 현상이 불교교리사의 여러 군데에서 전개되고 있음을 문제 제기하고 싶다.

물론 사선을 색(色, rūpa, 몸)을 바탕한 느낌[受, 웨다나, vedanā]과 느낌에 관계된 상카라[行]를 정화해 가는 과정으로 파악해서 색계선이라 이름하고 사처가 몸이 아닌(arūpa) 정신작용을 바탕한 수행의 경계 등의 여러 관념들(산냐)을 극복해 가는 과정으로 파악해서 무색계선이라 부르는 측면은 의미가 있다고 보지만 이를 수직적이고 도식적으로 천상의 경지로 배대해서 사고하는 후대 아비담마적 견해는 분명히 극복되어야만 부처님께서 설하신 수행의 메시지가 우리 시대에 다시 생생히 살아나게 된다는 점을 강조하고 싶다.

6) **인식작용이 있는 것(saṃjñino), 인식작용이 없는 것(asaṃjñino), 인식작용이 있는 것도 인식작용이 없는 것도 아닌 것(naiva saṃjñino na asaṃjñino)**: saṃjñin은 saṃ(함께)+√jñā(to know)의 명사요, 본 경의 키워드인 saṃjñā에 소유를 나타내는 어미 '-in'을 붙여서 '산냐를 가진'의 뜻이다. 여기에다 다시 부정접두어 'a-'를 붙여서 이루어진 asaṃjñin은 '산냐를 가지지 않은'의 뜻이 된다. naiva는 na(부정)+eva(강조)가 연음된 것으로 '결코 아닌'의 의미이다. 그래서 이 세 가지가 주격 복수의 형태로 나타난 것이다. 이런 개념은 초기경에서도 나타나며 초기 자이나경에서도 나타나는 개념으로 존재하는 모든 것을 이렇게 인식의 측면에서 고찰하고 있다. 남방의 논서나 주석서들에 의하면 색계의 세 번째 천(天)에 무상유정[천](無想有情, asaññā-satta, 인식이 없는 중생들)이 속한다고 하며 장부(Dīgha-nikāya) 제 24경(Pāthika-sutta)에 의하면 이 무상유정천의 신들은 인식작용이 일어나는 순간에 그 세계에서 사라져서 다른 세계

에 태어난다고 하고 있다.(D24) 인식작용이 있는 것도 없는 것도 아닌 유정은 비상비비상처천에 속하는 신들이요, 그 외의 모든 유정들은 인식작용이 있는 중생들이라 하겠다. 그러나 세계를 욕계 색계 무색계로 나누는 이런 분류법 자체가 초기경에서는 나타나지 않고 논서와 주석서들에서부터라는 점을 알아야 할 것이다.

7) **인정되는 것이 인정되더라도(prajñapyamānaḥ prajñapyate):** prajñapyamān는 pra+√jñā(to know)의 사역 현재분사이다. 사역이니까 '알게 하다'는 뜻에서 '미리 알려진, 선포된, 선언된, 지정된, 마련된' 등의 뜻이 있다.(1장 24번 주해참조) 현장은 施設로 옮기고 있다. 여기서 파생된 빠알리어 paññatti는 아비담마의 주제인 명(名, nāma), 색(色, rūpa), 열반(涅槃, nibbāna)에 포함되지 않는 모든 개념들을 나타내는 술어로 쓰인다. 즉 책상, 사람, 아름다움 등은 모두 빤냐띠의 영역에 들어간다.

8) **무여(anupadhiśeṣe):** an(부정접두어)+upa(위로)+√dhā(to put)에다 śeṣa(√śiṣ, to leave)를 더하여서 된 합성어이다. '우빠디가 남아있지 않는'의 뜻이다. 그런데 빠알리어 경에는 anupādisesa(upa+√dā, to give, 이것은 12연기에서 取로 번역하는 upadāna와 같은 동사에서 파생되었다)로 나타난다. 그리고 빠알리어로 upadhi는 조금 다른 뜻이다. 역자는 일단 빠알리경에 나타나는 술어를 중심으로 설명하고자 한다. 어쨌든 무엇에다 마음을 두든(upadhi) 무엇을 움켜잡든(upādi) '무엇이 남아 있는 경지'의 뜻에서 sa-upadhiśeṣa(접두어 sa는 더불어의 뜻임)는 유여(有餘)라 한역되고 anupadhiśeṣa는 '하나도 남아 있지 않는 경지'라는 뜻에서 무여(無餘)로 번역되며 뒤의 열반의 경지(nirvāna-dhātu)를 수식하는 말이다. 그래서 무여열반이니 유여열반이니 하는 말이 성립되는 것이다.

빠알리에서는 upādi는 생명을 지속시켜주는 연료와도 같은 그 무엇의 개념으로 쓰이고 그래서 오온을 뜻하는 것으로 받아들인다. 그래서 현금(現今)에서 열반을 증득하더라도 아직 삶은 지속되니까 이것은 사우빠디세사 니르와나(유여열반)이고 이 몸까지 완전히 소멸된 상태 즉 깨달은 자의 몸까지 죽어서 없어진 경지를 안우빠디세사 니르와나(무여열반)라고 후대에 부르기 시작했다. 이런 구분의 분기점은 세존의 입멸 후가 되는 것으로 봐야 한다.

그런데 여기서 꼭 말해두고 싶은 것은 초기경들에서는 이런 유여열반, 무여열반의 개념이 등장하지 않는다는 점이다. 초기경들 중에서 이 개념이 등장하는 곳은 오직 대반열반경(D 16)과 그 아류에 해당하는 장부의 D29와 증지부의 A4.23 등인데 모두 후대에 결집된 경이라는 인상을 지울 수 없다. 아무튼 세존께서 입멸하시고 나서 생기기 시작한 개념들인 것은 분명하다.

참고로 빠알리어에서 upadhi는 세속 삶의 토대가 되는 것들 즉 집, 아들, 가축 등을 뜻하고 나아가서 여기에 대한 집착을 뜻한다.

9) **열반의 경지에(nirvāṇa-dhātau)**: nirvāṇa는 nis(부정접두어)+√vā(to blow)의 과거분사형인데 명사로 쓰인 것이다. 문자적인 뜻은 '불어서 꺼진'의 뜻이다. 초기경에서는 탐(rāga), 진(dosa), 치(moha)가 완전히 소멸된 상태라고 설명하는데 열반의 가장 적당한 설명인 것 같다. 열반은 흔히 우리가 오해하듯이 죽고 나서 증득되는 어떤 경지가 절대 아니다. 이런 식의 애매한 설명 때문에 귀중한 부처님의 메시지가 잘못 이해되고 있다. 열반의 가장 중요한 측면은 '바로 지금 여기(diṭṭhe vā dhamme, 16-1장 8번 주해 참조)' 이 삶에서 실현하는 것이다. 탐·진·치가 소멸되어서 항상 자・비・희・사가 넘쳐흐르고 지혜가 두루하는 환희로운 삶의 모습을 생각해 보라. 그것이 바로 열반이요, 부처님이 설하신 가르침의 핵심이다. 그런데 이런

메시지가 불멸 후부터 점점 변질되어 갔다. 열반을 우리의 이상향, 이 고통스런 삶 밖에 영원불멸로 존재하는 그 무엇으로 오해하는 자들이 생기기 시작한 것이다. 그래서 무여열반이니 유여열반이니 하는 개념이 생기고 반열반을 잘못 해석해 왔다.

그리고 본 경에서 열반을 열반계(nirvāṇa-dhātu)로 표현하는 것부터가 문제라고 본다. 물론 초기경에서는 앞의 주해에서 말한 대반열반경 등 몇몇 경에서만 이 표현이 나타난다. 그러나 이런 표현을 부처님께서는 초기경의 어떤 곳에서도 쓰지 않으셨다. 부처님께서는 용어 하나하나를 함부로 쓰신 적이 없다고 확신한다. 그런데 이런 식의 표현은 남방에서도 마찬가지다. 남방불교의 부동의 준거가 되는 청정도론(Visuddhimagga)에서도 열반을 열반의 도시(nibbāna-nagara)라고 표현하고 있고, 계・정・혜(戒定慧)를 그 도시에 도달하는 사다리로 표현하고 있다. 물론 시적(詩的)인 표현이고 전체적인 뜻에는 하자가 없는 듯이 보이지만 열반을 형상화, 도식화한다는 것 자체가 열반을 매도하는 처사가 아니겠는가. 바로 본 경에서 지적하는 산냐의 문제에 빠져버리기 때문이다.

힌두교에서의 열반에 대한 도전도 만만치 않다. 사실 열반이라는 단어는 베다 본집(Saṃhita), 제의서(Brāhmaṇa), 삼림서(Āraṇyaka), 초기 우빠니샤드(Upaniśad) 어느 곳에도 나타나지 않는다. 열반에 대한 가장 오래된 언급은 역자가 조사한 바에 의하면 빠니니 문법서인 아슈타다이(Āṣṭhadhyayī)로서 "nis를 접두어로 가진 동사 √vā(to blow)가 바람(vāta)을 '뜻하는 단어를' 주어로 가지지 않을 때 그것의 과거분사형은 nirvāṇa이다."라는 설명이다. 물론 초기 자이나교의 경에는 드물게 나타난다. 열반을 오도한 가장 고의성 짙은 언급은 다름 아닌 힌두교 제일의 성전인 바가왓기따(Bhagavadgīta)이다. 브라흐마니르와나(brahma-nirvāṇa)라는 술어가 바가왓기따의 백미인 2장의 마지막 싯구에 나타난다. 열반과 그들의 최고의 경지인 브라흐마를 하나로 연결하여 브라만[梵]의 경지가 바로 열반의 경지라고 표현하고 있는 것이다. 그래서 그들은 불교 제일의 메시지인 열반을 그들 식으로 이해하고 설명하는 데 성공하였고, 불교를 그들 가치체계 속으로 강제로 흡수할 사상적 기반을 구축한 것이다! 그리고 후대의 우빠니샤드에서는 모두 열반을 이렇게 이해하고 있다.

이렇게 불교 안팎에서 열반이라는 세존의 메시지가 고스란히 담겨있는 말이 형상화, 도식화, 산냐화되는 도전을 받고 있는 것이다. 숫따니빠따 등 초기경에서는 닙바나 삿치끼리야(nibbāna-sacchikiriya, 열반을 눈 앞에 현전시키는 것) – 즉 열반을 여기 이 삶의 현장에서 실현하는 것 – 를 누누이 강조하고 있다. 열반을 산냐화하지 말자. 열반을 탐·진·치가 소멸된 경지, 이 삶에서 실현되는 경지로 받아들이자. 그래서 참 행복을 누리며 지금 여기서 나와 남이 평화롭게(śānti, 샨띠) 살아야 하지 않겠는가.

10) **완전히 열반에 들게 해야 한다(parinirvāpayitavyāḥ)**: pari(둥글게, 원만하게)+nis(부정접두어)+√vā(to blow)의 사역 Pot. 분사이다. 이 단어의 명사가 parinirvāṇa 즉 반열반(般涅槃)이다. 불멸 후부터 열반과 반열반의 차이를 앞의 사우빠디세사 니르와나(saupadhi-śeṣa-nirvāṇa, 유여열반)와 안우빠디세사 니르와나(anupadhiśeṣa-nirvāṇa, 무여열반)의 경우처럼 열반은 살아서 증득한 것이고 반열반은 몸까지 완전히 다 없어진 것, 즉 죽어서 증득하는 최종의 열반이라고 이해하고 있다. 그래서 부처님의 마지막 입멸을 이 빠리니르와나(parinirvāṇa, 반열반)라고 한다. 그러나 초기경에서 보면 이 부처님의 입멸 전후의 사정을 역사적으로 기록한 대반열반경과 그 계통의 몇몇 경전 외에는 parinibbāna(빠리닙바나, parinirvāṇa의 빠알리어)나 이 어원에서 파생된 술어들이 몸까지 완전히 멸한 그러한 상태를 뜻하는 것으로 쓰인 곳이 한 군데도 없다. 그냥 열반을 강조하여 '원만한

열반, 구경의 열반, 완전한 열반' 정도로 쓰이고 있을 뿐이다. 이 단어는 가장 오래된 경인 숫따니빠따를 봐도 살아서 열반을 증득한 분들에게 적용되는 술어로 쓰이고 있다. 본 경에서도 마찬가지다.

11) **헤아릴 수 없이 [많은](aparimāṇam)**: a(부정 접두어)+ pari(둥글게, 원만히, 완전히)+√mā(to measure)의 명사. '다 잴 수 없는'의 뜻으로 여기서는 목적격 복수로 쓰였다. 구마라집은 無量無數無邊이라고 강조해서 옮겼고 현장은 無量이라 옮겼다.

12) **중생이라는 산냐(sattva-saṃjñā)**: saṃjñā는 saṃ(함께)+√jñā(to know)의 명사이다. 어원적으로 보면 '같게 인식하는 것'이라 해야 하겠다. 즉 a1, a2, … 의 경우를 보고 a라고 뭉뚱그려 인식하는 행위라 보면 되겠다. 즉 여러 가지 다른 종류의 종이로 만들었으며 그 안에 글이 적혀 있고 제본이 되어 있는 그 무엇들을 보고 책이라고 이름 붙이면서 개념작용을 일으키는 경우와 같다. 그래서 일차적으로 산냐를 문자 그대로 合知라 이해하면 될 것이다. 대상을 받아들여 개념(notion) 작용을 일으키고 이름 붙이는(naming) 작용을 기본적으로 산냐라 한다고 이해하면 된다.

초기경들에서 산냐는 별달리 정의된 말이 없다. 단지 푸르다고 아는(saṃjānāti) 것, 누르다고 아는 것, 붉다고 아는 것, 희다고 아는 것을 산냐라 한다고 되어 있다. 그래서 영어에서는 perception(인식)으로 옮기고 있다. 그러나 문제는 단순히 인식하는 정도의 영역을 나타내는 데 그치는 것이 아니라 초기경만 봐도 더 깊은 심적인 영역을 나타내는 술어로 쓰이고 있다는 점이다. 심리 용어에 착안하여 요즘 몇몇 서양학자들은 apperception(통각)으로 옮기기도 한다.

역자가 조사한 바로는 초기경장에서만 이 산냐라는 단어가 6800번 이상 나타난다. 그 정도로 많이 쓰이는 술어이다. 물론 이 중에서

3500번 정도는 모두 오온의 세 번째로서의 산냐로 나타나지만 나머지 경우, 특히 합성어로 나타나는 산냐는 주로 수행 중의 경계와 관련되어서 나타난다 할 수 있는데 아주 의미심장한 뜻을 내포하고 있다 하겠다. 초기경에 나타나는 산냐에 대해서는 부록을 참조하기 바란다.

본 경에서도 산냐를 단순히 인식의 차원 정도에서 이해하면 본 경의 키워드인 산냐의 심대한 의미를 제대로 파악하기 어려울 것이다. 구마라집이 산냐의 일반적인 한문 역어인 想으로 옮기지 않고 (현장은 모두 想으로 옮기고 있다) 相으로 옮긴 것은 아주 고심한 끝에 내린 결단이라고 본다. 본 경에서 그냥 想 정도의 의미로만 산냐를 보기에는 더 심오한 뜻이 있기 때문이다. 구마라집이 산냐를 想이 아닌 相으로 옮긴 점은 정말 그 안목이 수승하다.[4] 단순히 인식하고 생각하고 상상하고 마음을 궁글리고 하는 차원을 넘어서서 마음에 어떤 모양[相]을 굳게 그리고 만들어 가지고 있는 상태를 산냐로 파악한 것이다. 그 마음에 굳게 그리거나 만들어 가지고 있는 것을 우리는 다름 아닌 이념, 이상, 관념, 고정관념, 경계 등으로 부를 수 있다. 사실 초기경들에서도 이런 의미로 산냐가 쓰이는 경우가 많다. 특히 합성어로 나타나는 경우는 대부분 다 그렇다.

예를 들면 무색계 사선으로 후대에 인식되고 있는 사처(四處, āyatana)는 모두 이 산냐라는 말로 표현되고 있다. 즉 공무변처(空無邊處, ākāsānañ-c-āyatana)는 다른 말로 공무변처 산냐로 나타난다. 허공이 무한하다는 산냐를 수행 중에 만나서 그 경계에 주저앉아

---

4) 그러나 구마라집 번역의 가장 큰 문제점은 이 산냐도 相으로 옮기고 니밋따(nimitta, 4장 4번 주해 참조)도 相으로 옮기고 있고 락샤나(lakṣaṇa, 5장 1번 주해 참조)도 相으로 옮겨서 원어 없이 한문본만 가지고 보면 아주 오해의 소지가 많다는 점이다. 그래서 한문권 특히 우리 나라에서 금강경의 제일의 사구게로 꼽는 '범소유상 개시허망 약견제상비상 즉견여래'에 나타나는 상은 32가지 대인상 즉 락샤나의 번역어이지 본 경의 키워드인 산냐의 相이 아니다. 그리고 이 부분은 범어 원문에서는 사구게가 아니다.

있는 경우를 말한다. 그래서 이 공무변처 산냐는 다음의 식무변처(識無邊處, viññāṇañcāyatana)로써 극복하고 식무변처에 주저앉아 생기는 식무변처 산냐는 다시 무소유처(無所有處, ākiñcaññāyata)로 극복하고 무소유처에 안주해서 생기는 무소유처 산냐는 비상비비상처(非想非非想處, neva-saññā-na-asaññ-āyatana)로써 극복하고 이 산냐도 산냐 아닌 것도 아닌 비상비비상의 경계는 상수멸(想受滅, saññā-vedayita-nirodha), 즉 산냐와 느낌이 완전히 해소된 경지로써 극복하는 것을 초기경에서는 많이 설하고 있다.

여기서 알 수 있듯이 이 산냐 놀음의 최상은 산냐인 것도 아니고 산냐 아닌 것도 아닌 경지 즉 비상비비상처요, 여기서는 산냐 놀음이 극대화되고 있다(아래 15번 주해 참조할 것). 그래서 세존께서는 이러한 산냐 놀음을 완전히 벗어난 경지로서 산냐웨다이따니로다(saññā-vedayita-nirodha) 소위 말하는 상수멸(想受滅)을 설하셔서 이런 외도선에 빠져 있는 수행자들을 제도하신 것이다. 그 외 수꾸마삿짜산냐(sukuma-sacca-saññā), 즉 진리에 대한 미세한 산냐 등 수행에서 나타나는 경지를 묘사한 경우가 허다하다(부록의 '초기경에 나타나는 산냐'를 참조할 것). 문제는 이런 산냐에 빠져서 헤어나지 못한다는 데 있고 세존 이전의 모든 수행자들이 이 산냐놀음에 빠져서 그 경지가 최상이라 우기고 즐기고 안주하였지만 세존께서는 결연히 그것이 단지 산냐일 뿐임을 철저히 아시고 홀로 길을 찾아나서서 드디어 이 문제를 해결하고 법을 선포하신 것이다. 불교가 불교인 것은 바로 이 산냐에 속지 않고 산냐를 극복했기 때문이라고 말할 수 있다.

본 경에서는 대표적으로 우리가 가질 수 있는 산냐를 4가지로 정리해서 제시한다. 즉 아상 인상 중생상 수자상이다. 그런데 현장은 여기다가 다시 5가지 산냐를 더 넣어서 9가지 산냐를 제시하고 있는데 현재의 범어본에는 단지 네 가지만 나타나고 있다. 4가지든 9

가지든 이 산냐들은 다름 아닌 인도의 제 종교와 사상에서 구경의 경지로 설하고 있거나 아니면 실재로 존재한다고 굳게 집착하고 있는 개념들인 것이다. 그리고 본 경에서 눈여겨 봐두어야 할 점은 이 산냐가 집착(grāha, 그라하)으로 발전하고 이 그라하는 다시 견해(dṛṣti, 드르슈티, Pāli. diṭṭhi, 딧티)로 발전하고 있다는 것이다. 4가지 산냐라는 말과 4가지 그라하라는 말과 4가지 드르슈티라는 말이 차례로 경에서 나타나고 있다.

13) **생긴다면(pravarteta)**: pra(앞으로)+√vṛt(to turn)의 동사 가정형이며 '시작하다, 발생하다, 진행하다'의 의미로 쓰인다. 현장은 轉으로 옮겼다.

14) **말해져야 하는(vaktavyaḥ)**: √vac(to speak)의 Pot. 분사로서 '말해져야 하는'의 뜻이다. 현장은 說明으로 옮겼다.

15) **자아라는 산냐(ātma-saṃjñā)**: 이후 인간이 가장 많이 가질 수 있는 산냐를 4가지로 정리하여 설하고 있다. 인도 사상에서 아뜨만(ātman, 自我)의 문제를 빼버리면 남는 것은 아무 것도 없다 해도 과언이 아니다. 그 사람들이 얼마나 열렬히 자아를 찬미하고 있는가는 인도 고전을 읽어본 사람이면 알 수 있을 것이다. 나고 죽음이 없는 영원한 생명자리인 아뜨만, 비록 이 몸은 윤회전생하지만 이 자아는 생사를 초월해서 생사에 걸리지 않는다는 아뜨만, 이 아뜨만은 몸이라는 한계, 우리의 인식이라는 한계를 초월한 절대적인 존재인데 그것이야말로 브라흐만이어서 이 아뜨만과 브라흐만은 궁극에서 둘이 아니요, 절대적인 하나라고 주장하는 것이 바로 이 아뜨만이다. 학파에 따라서 조금씩 다르게 이론 전개는 할지언정 소위 말하는 인도의 정통파 6파철학과 자이나교가 모두 이런 궁극적 실재

로서의 아뜨만을- 그것을 뿌루샤(puruśa, 眞人)라 하든 지와(jīva, 영혼)라 부르든- 설정하고 인정하고 있다.

그러나 좀 더 깊게 문제를 따져본다면 사실은 우리는 아뜨만을 아는 것이 아니고 '아뜨만이라는 인식 내지는 아뜨만이 있다는 생각이나 아뜨만이라는 개념작용이 일어났음'을 안다고 해야 할 것이다. 나의 한 생각이 일어나지 않고서는 아뜨만이 있는지 없는지 알 수 없기 때문이다.

이렇게 말하면 그는 말할 것이다. "당신은 당신의 인식에 갇혀 있기 때문에 아뜨만을 모른다. 아뜨만은 그런 인식, 그런 생각을 초월한 자리이다."라고.

그러나 다시 이렇게 말할 수 있다. "지금 당신에게는 아뜨만은 인식을 초월해 있다는 생각이 일어났을 뿐이다. 그 생각이 일어나지 않았다면 당신은 결코 아뜨만이라는 존재를 생각도 상상도 제시도 할 수 없다."라고. 얼핏 보기에는 무한 소급으로 올라가는 말같이 될 수도 있지만 결코 그렇지 않다. 아무도 아뜨만을 본 사람이 없다. 생각할 뿐이다. 생각을 초월해 있다는 것도 생각을 초월해 있다는 생각일 뿐이다.

그러면 그는 또 말할 것이다. "자아가 없이 당신은 어떻게 존재하나, 자아를 부정하면 당신 자신의 존재를 부정하는 것 아닌가."라고.

그러나 엄밀히 말하면 자아를 부정하면 당신 자신의 존재를 부정하는 것이라는 그런 생각, 그런 개념작용, 그런 견해가 그대에게 생겨났을 뿐이고 조금 지나면 그런 생각은 또 바뀌어 갈 뿐이다. 거기에는 생각의 일어남(samudaya)과 사라짐(vaya)이 있을 뿐이요, 그 생각 너머를 말하는 것 그 자체도 생각일 뿐이다.

사실 이런 점을 브르하다란냐까 우빠니샤드(Bṛhad-āraṇyaka Upaniśad)의 저자는 잘 알고 있었다고 해야 할 것이다. 그래서 말한다. 아뜨만은 무어라고 표현할 수 없다. 단지 아뜨만에 관한 한 '아니다 아니다'라고 말할 수 밖에 없다(na iti, na iti ātmā)라고. 즉 무어라고 묻고 무어라고 설명해도 그것은 아뜨만이 될 수 없다. 아뜨만은 그것을 초월해 있기 때문이다. 그래서 무엇이든 부정할 수밖에 없는 경지 그것이 아뜨만이라고 말하고 있는 것이다. 그러나 이런 우빠니샤드적인 발상도 엄밀히 말하면 그의 견해일 뿐이다. 언설을 부정할 수밖에 없는 존재로서의 아뜨만을 설정하고 있기 때문이다.

역자는 이런 부정할 수밖에 없는 아뜨만의 경지야말로 불교에서 비상비비상처로 정리해서 4처의 맨 마지막으로 설정한 경지라고 보고 있다. 부정한다는 말은 산냐가 아니라는 말(非想)이요, 그렇다고 해서 아뜨만이 존재하지 않는 것은 아니라고 하니 이것은 산냐가 아님도 아니라는(非非想) 것이라고 부처님은 정리하고 계신 것이다. 그런 경지에 몰입하는 것은 쉬운 일이 아니겠으나 설혹 그런 경지를 증득한다 해도 그것은 구경의 깨달음은 아니요, 아직 산냐의 문제에 걸려 있을 뿐인 것이다.

거듭 말하거니와 자아에 대한 이러한 모든 논의를 부처님께서는 한 마디로 산냐일 뿐이라고 설하신다. 그것은 자아가 있다는 인식이거나 자아를 이념화했거나 자아를 궁극의 이상으로 받아들인 것일 뿐이라는 것이다. 그렇게 되면 맹목적으로 자아라는 관념이나 고정관념을 가지고 그것에 반대하는 자는 허무주의자, 유물론자로 치부하게 되고 나아가서 자아와 하나가 되었다, 나고 죽음이 없는 자리에 계합했다는 경계나 경지에 안주하고 있는 데 지나지 않는 것이다. 참으로 산냐 중에서 가장 먼저 극복해야 할 것이 다름 아닌 이 아뜨마산냐(ātmā-saññā, 我相)요, 그래서 불교에서는 안아뜨만(an-ātman. Pāli. anatta, 아나따, 無我)을 힘주어 강조하고 있다. 아울러 초기경에서는 20가지 유신견(有身見, sakkāya-diṭṭhi)[5]을 극복할 것을

---

5) 유신견 (有身見, sakkāya-diṭṭhi): 오온에 대해서 각각 네 가지로 자아를 상정하는 것. 즉,

누누이 설하고 있으며 이 유신견을 극복한 자야말로 참으로 예류과를 증득한 자, 참으로 저 성자의 반열에 합류한 자라고 하고 있다.

오늘 우리 한국 불교를 돌아보자. 말로는 모두 무아, 무아 하면서도(아니 말로도 무아를 설하지 않는 이들도 너무 많다!) 무아의 참된 의미를 두고 고뇌하거나 사유하는 자는 정말 드물다 할 것이다. 특히 참선하는 이들 가운데서 많은 이들이 부처님께서 설하신 참선이나 수행에 대해서는 고뇌하는 흔적도 보이지 않고 우빠니샤드의 아류적인 곳에 빠져 자성불(自性佛), 참나(眞我), 견성(見性), 자성청정심(自性淸淨心), 내 부처 등을 설하고 그것을 체득하기 위해서 몰입하면서 아뜨만을 거듭 거듭 찬양하고 있는 실정이다. "무아라 해서 아무 것도 없는 것을 설하신 것이 아니다."라고 하면서 그들은 아뜨만을 역설하는 전도사로 변해버렸다.

왜 부처님이 무아를 역설하셨던가는 차치해 두고 부처님이 왜 비상비비상처라는 인도사상과 인도수행에서 최고의 경지라 자부하던 것을 아직 구경의 경지가 아니라 하여 버리고 당신의 수행을 스스로 해나가셨던가에 대해서 불자라면 수행자라면 한 번쯤은 고뇌하고 서로 탁마해봐야 하지 않겠는가? 그냥 대충 얼버무려서 어물쩍 넘어가기 바쁜 게 우리의 현실 아닌가?

금강경을 매일 독송하면서, 무아상을 거듭 거듭 이야기하면서 우리는 모두 아상 저 아뜨마산냐의 노예가 되어가고 있지는 않은가 반성해야 할 것이다.

16) **중생이라는 산냐(sattva-saṃjñā)**: sattva는 √as(to be)에서 파생되었다. 인도어 일반에서는 넓게는 '존재하는 모든 것' 전문적으

---

1-5. 오온을 자아라고 수관(隨觀)하는 것 ([rūpaṃ] attato samanupassati)
6-10. 오온을 가진 것이 자아라고 [수관하는 것] ([rūpa]vantaṃ vā attānaṃ)
11-15. 오온이 자아 안에 있다고 [수관하는 것] (attani vā [rūpaṃ])
16-20. 오온 안에 자아가 있다고 [수관하는 것] ([rūpa]smiṃ vā attānaṃ)을 말함.

로는 '살아있는 모든 것'을 나타내는 단어이며 특히 불교에서는 깨달음을 성취하지 못한 모든 생명체를 의미한다. 그래서 어떤 생명의 당체가 고정되어 있다는 산냐를 가지지 말 것을 부처님께서는 설하고 계신 것이요, 이런 생명의 본체가 저 아뜨만처럼 존재한다는 산냐에 빠지지 말 것을 설하고 계신 것이다. 구마라집은 衆生으로 현장은 有情으로 옮겼다.

17) **영혼이라는 산냐(jīva-saṃjñā)**: 지와는 '목숨'이나 '생명'이라는 말이다. 그래서 구마라집은 壽子로 현장은 命子로 옮겼다. 이 단어는 특히 자이나교에서 생사를 초월해 있는 존재로서 인정하는 개념이다. 자이나교의 교리는 전통적으로 7가지로 요약이 된다. ① jīva(지와, 영혼) ② ajīva(아지와, 비영혼=물질) ③ āsrava(아스라와, 영혼이 물질로 흘러듦) ④ bandha(반다, 영혼이 거기에 묶임) ⑤ saṃvara(삼와라, 제어 – 영혼이 물질에 속박되는 것을 제어하는 것으로 그 방법으로는 고행을 중시함) ⑥ nirjarā(니르자라, 풀려남 – 영혼이 물질의 속박에서 풀려남) ⑦ mokṣa(목샤, 해탈)가 그것이다.

이 지와가 아지와(물질계)에 흘러들어 윤회전생하는데 어떻게 이 지와를 아지와로부터 분리하여 홀로 우뚝 존재하게[獨尊, kevala, 께왈라] 할 것인가 하는 것이 자이나 수행과 교리의 중심체계이다. 자이나교가 지와와 아지와로 존재를 양분해서 상정하는 것은 상캬학파에서 존재를 뿌루샤와 쁘라끄르띠로 설하는 것과 유사하다 하겠으며, 이런 가르침의 체계는 아리야 족들이 인도로 이주하기 이전의 사문들의 사상을 전승하고 있다 하겠다.

아무튼 역자는 본 경에서 이런 불생불멸의 참 생명이 있다는 산냐를 가지지 말라고 설하기 위해서 이 지와산냐를 정형화했다고 간주한다.

18) **개아(個我)라는 산냐(pudgala-saṃjñā)**: pudgala(뿌드갈라, Pāli: puggala뿍갈라)는 불교와 자이나교에서 많이 나타나는 단어이다. 구마라집은 人으로 옮겼고 현장은 補特伽羅로 음사하고 있다. 불교에서는 개인, 인간, 인격 등 집단으로서가 아닌 개인으로서의 인간이라는 개념으로 쓰인다. 자이나에서는 그러나 물질일반을 뜻하는 개념으로 다르게 쓰인다.

그런데 흥미로운 것은 불교사에서 보면 불교의 근본 입장이 오온무아이니까 오온이 아닌 것은 무아가 아니라고 주장하는 부파가 생기는데 그들이 주장하는 근거가 "부처님은 이 뿌드갈라(pudgala)를 설하셨다. 그래서 이 뿌드갈라는 오온이 아니요, 영원한 것이다."라고 유아(有我)적인 입장을 견지하게 된다. 구사론의 맨 마지막 장은 이런 독자부(犢子部, Vatsīputrīya)의 견해를 논파하는 것으로 잘 알려져 있다. 그래서 여기서 뿌드갈라라는 산냐를 가지지 말라는 것은 그 의미가 각별하다 하겠다. 아뜨만 내지는 지와와 같은 선상에 있는 생사를 초월한 영원한 뿌드갈라(개아)가 존재한다는 산냐를 가지지 말라는 말씀이다.

이렇게 산스끄리뜨 원문에서는 자아·중생·영혼·개아(아·중생·수자·인)의 순서로 산냐를 정형화해서 설하고 있는데 구마라집은 아·인·중생·수자로 순서를 바꾸어서 정형화해서 옮기고 있다. 아마 아와 인을 묶어 전제적으로 운율을 맞추기 위해서일 것이다. 그리고 현장은 我想 有情想 命者想 士夫想 補特伽羅想 意生想 摩納婆想 作者想 受者想의 9가지로 정형화해서 본 경 전체에서 옮기고 있다. 그러나 정작 이 곳에서는 我想이 생략되었다. 그리고 같은 문단에서 반복해서 나타날 때는 我 有情 命者 補特伽羅 等으로 4가지만 옮기고 있다.

19) **士夫想 意生想 摩納婆想 作者想 受者想**: 현장은 본 경에서

위 네 가지 산냐 이외에도 士夫想 意生想 摩納婆想 作者想 受者想의 다섯 가지를 더 열거하여 정형화하고 있다. 이 가운데 주목할 만한 것은 사부상(士夫想)이라 하겠다. 본 경에서 puruṣa를 현장은 士夫로 옮기고 있다. 이 뿌루샤의 일반적인 의미가 인간 특히 남자를 뜻하기 때문에 士夫라 옮겼다고 본다. 그런데 이 뿌루샤야말로 뿌루샤숙따(Puruṣasūkta)와 같은 르그웨다(Ṛgveda)와 까타우빠니샤드(Kathā-upaniṣād) 등 고층 우빠니샤드에서 '영원불멸의 근본 인간[原人]'이라는 개념으로 등장하는 인도 사상에서 뺄 수 없는 중요한 술어이다. 그리고 이런 사상은 상캬학파에서 뿌루샤와 쁘라끄르띠(prakṛti)라는 이원론으로 집대성되었음은 주지의 사실이다. 이런 영원불멸의 뿌루샤에 대한 산냐를 가지지 말라는 것은 당연하다 하겠다. 그리고 이런 중요한 개념을 현장은 보특가라(pudgala, 人)보다 앞에 두어 정형화하고 있는데 현장이 사용한 범어 저본에 그렇게 나타나고 있는지 알 수 없지만 그만큼 이 뿌루샤가 뿌드갈라보다는 인도에서 중요하게 다루어지는 개념이라는 것을 알고 있었다고 봐야 할 것이다.

아무튼 현장이 이런 다섯 가지 산냐를 더 열거하고 있는 점만 봐도 본 경에서 아·인·중생·수자 등으로 나타나는 산냐는 모두 - 그것이 자아든 진인(眞人)이든 영혼이든 개아든 마납바든 작자든 수자든 그 무엇이든지 간에 - 여러 가지로 절대적인 존재를 가설하는 것을 정형화한 것이라 하겠다. 궁극적인 존재를 상정하고 그것에 여러 이름을 붙이는 것이야말로 산냐의 극치이기 때문이다. 실재나 존재에 대한 인간의, 특히 지적인 성향이 강한 인간들의 애착이나 갈애는 감각적 욕망을 열렬히 추구하는 것 이상으로 강하다 하겠다.

이하 본 경에서는 깨달음을 삶의 근본으로 삼고 살아가는 불자들이 가질 수 있는 여러 가지 산냐를 들어 보이고 그러한 산냐에 매몰되지 말고 그것을 극복할 것을 거듭 거듭 설하고 있다.

# 4. 니밋따(겉모양) 산냐에 머무르지 말고 보시를 하라

**[원문]**

4. api tu khalu punaḥ Subhūte na bodhisattvena vastupratiṣṭhitena dānaṃ dātavyam, na kvacit pratiṣṭhitena dānaṃ dātavyam, na rūpapratiṣṭhitena dānaṃ dātavyam, na śabdagandharasaspraṣṭavyadharmeṣu pratiṣṭhitena dānaṃ dātavyam. evaṃ hi Subhūte bodhisattvena mahāsattvena dānaṃ dātavyaṃ yathā na nimittasaṃjñāyām api pratitiṣṭhet. tat kasya hetoḥ? yaḥ Subhūte 'pratiṣṭhito dānaṃ dadāti, tasya Subhūte puṇyaskandhasya na sukaraṃ pramāṇam udgrahītum. tat kiṃ manyase Subhūte sukaraṃ pūrvasyāṃ diśy ākāśasya pramāṇam udgrahītum?

Subhūtir āha: no hīdaṃ Bhagavan.

Bhagavān āha: evam dakṣiṇapaścima-uttara-āsvadha-ūrdhvaṃ digvidikṣu samantād daśasu dikṣu sukaram ākāśasya pramāṇam udgrahītum?

Subhūtir āha: no hīdaṃ Bhagavan.

Bhagavān āha: evam eva Subhūte yo bodhisattvo 'pratiṣṭhito dānaṃ dadāti, tasya Subhūte puṇyaskandhasya na sukaraṃ pramāṇam udgrahītum. evaṃ hi Subhūte bodhisattvayānasamprasthitena dānaṃ dātavyaṃ yathā na nimittasaṃjñāyām api pratiti ṣṭhet.

**[鳩摩羅什]**

• 妙行無住分 第四

復次須菩提야 菩薩이 於法에 應無所住하야 行於布施니 所謂不住色布施며 不住聲香味觸法布施니라 須菩提야 菩薩이 應如是布施하야 不住於相이니 何以故오 若菩薩이 不住相布施하면 其福德을 不可思量이니라 須菩提야 於意云何오 東方虛空을 可思量不아 不也니이다 世尊하 須菩提야 南西北方과 四維上下虛空을 可思量不아 不也니이다 世尊하 須菩提야 菩薩의 無住相布施하는 福德도 亦復如是하야 不可思量이니라 須菩提야 菩薩이 但應如所教住니라

**[玄奘]**

復次善現. 若菩薩摩訶薩不住於事應行布施. 都無所住應行布施. 不住於色應行布施. 不住聲香味觸法應行布施. 善現. 如是菩薩摩訶薩如不住相想應行布施. 何以故. 善現. 若菩薩摩訶薩都無所住而行布施. 其福德聚不可取量. 佛告善現. 於汝意云何. 東方虛空可取量不. 善現答言. 不也世尊. 善現如是南西北方四維上下. 周遍十方一切世界虛空可取量不. 善現答言. 不也世尊. 佛言善現. 如是如是. 若菩薩摩訶薩都無所住而行布施. 其福德聚不可取量亦復如是. 善現. 菩薩如是如不住相想應行布施.

**[번역]**

4. "그런데 다시 수보리여, 참으로 보살은 경계에 머물러서 보시를 해서는 안 된다. 그 무엇에 머물러서 보시를 해서는 안 된다. 형상에 머물러서 보시를 해서는 안 되며 소리, 향기, 맛, 감촉, 마음의 대상에 머물러서 보시를 해서도 안 된다. 이와 같이 참으로 수보리여, 보살 마하살은 니밋따(겉모양) 산냐에도 역시 머무르지 않는 그러한 보시를 해야 한다.

그것은 무슨 이유에서인가? 수보리여, 머무르지 않고 보시를 하는 자, 그의 공덕의 무더기는 쉽게 그 양을 잴 수가 없기 때문이다. 이를 어떻게 생각하는가, 수보리여. 동쪽 방향의 허공의 양을 쉽게 잴 수가 있는가?"

수보리가 대답했다. "참으로 그렇지 않습니다, 세존이시여."

세존께서 [다시] 말씀하셨다. "그와 같이 남, 서, 북, 아래, 위의 방위와 간방위들 - 이들 모든 열 가지 방향에서 허공의 양을 쉽게 잴 수가 있는가?"

수보리가 대답했다. "참으로 그렇지 않습니다, 세존이시여."

세존께서 말씀하셨다. "그와 같이 수보리여, 보살이 머무르지 않고 보시를 하는 자, 그의 공덕의 무더기는 쉽게 그 양을 잴 수가 없다. 이와 같이 수보리여, 보살승에 굳게 나아가는 자는 니밋따(겉모양) 산냐에도 역시 머무르지 않는 그러한 보시를 해야 한다."

**[대역]**

4. api tu그런데 khalu참으로 punaḥ다시 Subhūte수보리여(Ⓚ 復次須菩提, Ⓗ 復次善現), na bodhisattvena보살이 vastu-pratiṣṭhitena경계에 머물러서[1] dānaṃ보시를 dātavyam해서는[2] 안 된다(Ⓚ 菩薩 於法 應無所住 行於布施, Ⓗ 若菩薩摩訶薩 不住於事 應行布施), na kvacit그 무엇에도 pratiṣṭhitena머물러서 dānaṃ dātavyam보시를 해서는 안 된다(Ⓚ ×, Ⓗ 都無所住 應行布施),

na rūpa-pratiṣṭhitena형상에 머물러서 dānaṃ dātavyam보시를 해서는 안 되며(Ⓚ 所謂不住色布施, Ⓗ 不住於色應行布施), na śabda-gandha-rasa-spraṣṭavya-dharmeṣu소리 향기 맛 감촉 마음의 대상[3]에 pratiṣṭhitena dānaṃ dātavyam머물러서 보시를 해서도 안 된다(Ⓚ 不住聲香味觸法布施, Ⓗ 不住聲香味觸法應行布施).

evaṃ hi이렇게 참으로 Subhūte수보리여 bodhisattvena mahāsattvena보살 마하살은 dānaṃ dātavyaṃ보시를 해야 하나니(Ⓚ 須菩提 菩薩 應如是布施, Ⓗ 善現 如是菩薩摩訶薩), yathā na nimitta-saṃjñāyām니밋따(겉모양) 산냐[4]에도 api역시 pratitiṣṭhet머무르지

않는(Ⓚ 不住於相, Ⓗ 如不住相想 應行布施).

tat kasya hetoḥ그것은 무슨 이유에서인가(Ⓚ=Ⓗ 何以故)?

yaḥ Subhūte수보리여 apratiṣṭhito머무르지 않고 dānaṃ dadāti 보시를 하는 자(Ⓚ 若菩薩 不住相布施, Ⓗ 善現 若菩薩摩訶薩 都無所住而行布施), tasya그의 Subhūte수보리여 puṇya-skandhasya공덕의 무더기[5]는 na sukaraṃ쉽게 pramāṇam양(量)을 udgrahītum취할[6] 수가 없기 때문이다(Ⓚ 其富德 不可思量, Ⓗ 其福德聚不可取量).

tat그것을 kiṃ무엇이라고 manyase생각하는가[7] Subhūte수보리여 (Ⓚ 須菩提 於意云何, Ⓗ 佛告善現 於汝意云何), sukaraṃ쉽게 pūrvasyāṃ동쪽 diśe방향의[8] ākāśasya허공[9]의 pramāṇam udgrahītum양을 잴 수 있는가(Ⓚ 東方虛空 可思量不, Ⓗ 東方虛空 可取量不)?

Subhūtir āha수보리가 대답했다[10](Ⓚ ×, Ⓗ 善現答言):

no hīdaṃ참으로 그렇지 않습니다,[11] Bhagavan세존이시여(Ⓚ=Ⓗ 不也 世尊).

Bhagavān āha세존께서 말씀하셨다(Ⓚ=Ⓗ ×):

evam그와 같이 dakṣiṇa-paścima-uttara-āsvadha-ūrdhvaṃ남 서 북 아래 위 digvidikṣu방위와 중간 방위 samantād모든 daśasu열 가지 dikṣu방향에서(Ⓚ 須菩提 南西北方 四維上下, Ⓗ 善現 如是南西北方 四維上下 周遍十方 一切世界)

sukaram ākāśasya pramāṇam udgrahītum쉽게 허공의 양을 잴 수 있는가(Ⓚ 虛空 可思量不, Ⓗ 虛空 可取量不)?

Subhūtir āha수보리가 대답했다(Ⓚ ×, Ⓗ 善現答言):

no hīdaṃ Bhagavan그렇지 않습니다 세존이시여(Ⓚ=Ⓗ 不也 世尊).

Bhagavān āha세존께서 말씀하셨다(Ⓚ ×, Ⓗ 佛言善現):

evam eva그와 같이 Subhūte수보리여 yo bodhisattvo보살이 apratiṣṭhito머무르지 않고서 dānaṃ dadāti보시를 행하는 자(Ⓚ 須菩提 菩薩 無住相布施, Ⓗ 如是如是 若菩薩摩訶薩 都無所住 而行布施),

tasya그의 Subhūte수보리여 puṇya-skandhasya공덕의 무더기는 na sukaraṃ pramāṇam udgrahītum쉽게 그 양을 잴 수가 없다(Ⓚ 福德 亦復如是 不可思量, Ⓗ 其福德聚 不可取量 亦復如是).

evaṃ hi Subhūte이와 같이 참으로 수보리여 bodhisattva-yāna-samprasthitena보살승에 굳게 나아가는 자에 의해서 dānaṃ dātavyaṃ보시는 행해져야 하나니 yathā na nimitta-saṃjñāyām api pratitiṣṭhet니밋따(겉모양) 산냐에도 역시 집착하지 않고서(Ⓚ 須菩提 菩薩 但應如所敎住, Ⓗ 善現 菩薩 如是如不住相想 應行布施).

**[주해]**

1) **경계에 머물러서(vastu-pratiṣṭhitena)**: 와스뚜는 √vas(to dwell)에서 파생된 명사로서 장소 일반을 뜻한다. 빠알리어는 vatthu이다. 구마라집은 法이라는 일반적인 용어로 옮겼고 현장은 事라고 옮겼다. 본 경에서는 다음에 나오듯이 육근의 대상인 육경(六境)을 통칭하는 것으로 보면 되겠다. pratiṣṭhita는 prati(對하여)+√sthā(to stand)의 과거분사이며 도구격으로 쓰였다. 무엇을 '딛고 선다'는 뜻에서 무엇에 머무르거나 국집하는 것을 나타낸다. 빠알리어는 patiṭṭhita이다. 구마라집과 현장은 住라고 옮겼다.

2) **보시를 해서는(dānaṃ dātavyam)**: dāna는 √dā(to give)의 명사형으로서 '베풂, 줌'의 뜻이고 한역으로는 보시(布施)로 정착되었다. dātavyam은 같은 어근의 Pot. 분사로서 '주어져야 하는'의 뜻이

다. 이처럼 보시한다는 구문은 앞에서도 언급했듯이 범어일반에 아주 잘 쓰이는 구문이다.

3) **형상 · 소리 · 향 · 맛 · 감 · 마음의 대상(rūpa-śabda-gandha-rasa-spraṣṭavya-dharma):** 여섯 감각 기관(눈 귀 코 혀 몸 마음, 眼耳鼻舌身意)의 대상이다. 한문에서는 육경(六境)이나 육진(六塵)이라는 말로 표현하지만 초기불교에서는 이런 표현은 쓰지 않는다. 다만 육내입(혹은 처)(六內入處, ādhyātmika-āyatanāni, Pāli. ajjhattikāni āyatanāni)[6]라 하여 안·이·비·설·신·의를 나타내고 육외입(혹은 처), (六外入[處], bāhya-āyatanāni, Pāli. bāhirāni āyatanāni)라 하여 이 색·성·향·미·촉·법을 표현한다. 영어로는 sense-object로 표현한다. 그리고 이 여섯 감각기능 자체를 말할 때는 indriya라는 술어로 나타낸다. 이것은 인드라(Indra)라는 단어에서 파생되었는데 인드라는 다름 아닌 인도의 만신(萬神)들 중의 왕(ruler)이라 불리는 힘의 상징이다. 그런 힘을 가진 것을 감각기능이라 표현한 것이다. 한문으로는 의미심장하게 근(根)으로 옮기고 있다. 영어로는 sense organ이라는 표현보다는 sense faculty라 정착되고 있다.

우리가 깊이 사유해 보아야 할 것은 왜 부처님께서는 같은 감각기능을 아야따나(āyatana, 處, 入)라는 술어와 인드리야(indriya, 根)라는 술어로 표현하고 계신가 하는 점이다. 이것은 초기불교를 이해하는 중요한 키포인트가 된다고 본다. 그러기 위해서는 아야따나와 인드리야가 다른 문맥에서는 어떻게 쓰이나 하는 것을 잘 살펴봐야 하겠다. 간략히 소견을 피력한다면, 먼저 우리가 8정도로써 극복해야 할 12연기의 각지에서 아야따나는 육입(六入, saḷāyatana)으로 육

---

6) āyatana는 ā(이리로)+yat/yam(to strech, to move)에서 파생된 중성명사이다. 중국에서는 어원을 중시하여 入으로 번역하기도 하고 이 단어가 base, sphere의 의미로 쓰이므로 處라고 옮기기도 한다. 보통 12연기에서는 [六]入으로 공무변처 등은 處로 옮기고 있다.

근(인드리야) 대신에 나타나고 있음을 주목해야 한다. 그리고 인드리야라는 단어는 신(信, saddhā, 믿음), 정진(精進, viriya), 염(念, sati, 마음챙김), 정(定, samādhi, 마음집중), 혜(慧, paññā, 지혜)의 초기 불교 수행의 중요한 체계인 오근(根, indriya, 인드리야), 오력(力, bala, 발라)으로 나타나며 22가지 향상의 근으로도 나타난다. 이렇게 본다면 아야따나는 극복되어야 할 개념으로서 즉 우리가 대상에 빠져들고 움켜쥐고 연연하고 하는 그런 장(場, field - 실제 베다의 제의서에서 아야따나는 제사 지내는 장소라는 의미로 쓰인다)의 개념으로 쓰였고 인드리야는 바로 우리가 향상하는 막강한 힘을 가진 기능이라고 봐야 한다. 그래서 중국에서는 뿌리 根으로 옮기고 있다.

이런 의미에서 아야따나의 기능 대신에 인드리야의 기능을 개발하는 것이야말로 수행의 중요한 측면일 것이다. 그러면 어떻게 아야따나 대신에 인드리야를 개발할 것인가? 내적인 아야따나(내입처)와 외부의 아야따나(외입처)가 서로 얽혀드는 게 윤회의 장(아야따나)이고 사바세계의 현주소이다. 그런 것을 신·정진·념·정·혜 등의 선법(善法, kusala-dhamma, 23장 3번 주해 참조)을 개발하여 그 힘(bala, 力)으로 잘 통치할 때 아야따나로서의 기능은 중지되고 인드리야의 기능은 개발되는 것일 것이다.

나아가서 이런 측면에서 소위 말하는 무색계 사선 즉 공무변처, 식무변처, 무소유처, 비상비비상처를 처(處) 즉 아야따나로 부처님이 표현하고 계시다는 것은 그 시사하는 바가 참으로 크다 하겠다. 이 경지는 수행자가 반드시 극복해야 하는 것이기에 아야따나로 표현하신 것이다! 그리고 거듭 말하지만 이 4처를 세존은 수행자가 반드시 극복해야 하는 본 경의 키워드인 산냐로 결론지었다는 점도 분명히 알아야 하겠다. 이런 경지를 극복했기에 부처님이 부처님인 것이며 불교가 불교인 것이다.

우리는 지금 간화선이야말로 최상승선이라 자부하면서도 실상은 세존께서 고구정녕히 극복하라고 하신 저 자아를 두고 대아니 본성이니 자성이니 자성불이니 마음이니 불성이니 여래장이니 본자청정이니 운운하면서 이처럼 4처로 부처님께서 정리하신 저 힌두나 우빠니샤드의 아류적인 선정에 빠져 있지는 않는지 한 번 반성해 볼 시점이라 생각한다. 우리는 아야따나 놀음과 산냐 놀음을 언제나 그치고 저 세존께서 말씀하신 바른 마음챙김[正念, sammā-sati]과 바른 선정[正定, sammā-samādhi]을 실수(實修)할 것인가. 아니 저 고귀한 팔정도(八正道)를 언제나 걸어 갈 것인가?

4) **니밋따(겉모양) 산냐(nimitta-saṃjñāyām)**: nimitta는 ni(아래로)+√mā(to measure)의 명사로 '결정된 크기나 모양을 가진 것'이라는 의미를 가지며 '표식, 모습, 모양, 외관, 형태' 등의 뜻으로 쓰인다. 한역에서는 相으로 번역되고 이런 산냐를 현장은 직역하여 相想이라 옮기고 있고 구마라집은 그냥 相으로 옮기고 있다.

초기경전에서 보면 이 니밋따라는 단어는 다양하게 쓰이고 있다. 정형구로 나타나는 경우가 "눈으로 형상을 보고서 상을 취하지 않고 그 상에 부속되는 표식(別相)을 취하지 않는다.[7] [같이하여] 귀·코·혀·몸·마음으로도 그 대상들에 대해서 상과 부속되는 표식을 취하지 않는다."라는 구문인데 색·성·향·미·촉·법의 외육처를 대하면서 그 외관이나 표식을 보고 그것에 대해서 여러 가지 모양이나 외관에 대한 산냐를 취하지 말고 보시를 행하라는 본 경의 이 구절과 유사하다 하겠다. 본 구절을 전통적으로는 보시를 하면서 보시하는 사람, 보시 받는 사람, 보시물에 대해서 좋다, 나쁘다, 받는 사람이 건방지다, 보시하니 즐겁다 등등의 산냐를 일으키지 말고 보시를 행하라는 뜻이라고 설명한다.

그리고 또 초기경에 많이 등장하는 경우가 마음에 니밋따를 만드

7) cakkhunā rūpaṃ disvā na nimittaggāhī hoti nānubyañjanaggāhī.

는 것을 들 수 있겠다. 흥미롭게도 수행을 위해서 선한 니밋따를 만들어 가지는 것이 언급되고 있고[8], 그런 '니밋따가 완전히 사라진 심해탈(animittā cetovimutti)'을 언급하는 구절도 있다.(M43) 이런 측면에서 니밋따는 산냐와 유사한 측면이 아주 많다 하겠는데 산냐는 마음에 무엇이 형상화된 것이 아니라 개념화되고 이념화, 이상화 내지는 음운화(verbalization), 관념화된 것인 반면 니밋따는 마음에 어떤 것이 형상화(visualization)된 것이라 할 수 있겠다. 예를 들면 수행자가 성불이라는 개념이나 이념을 만들어낸다면 그것은 산냐라 할 것이고, 마음에 극락세계를 칠보로 장엄이 되고 고대광실 기와집이 있는 것으로 형상화한다면 그것은 니밋따라 하겠다. 어쨌든 비슷한 개념이고 그래서 구마라집은 산냐도 相으로 니밋따도 相으로 락샤나도 相으로 옮기고 있는 것 같다. 그러나 앞에서 지적했듯이 구마라집이 이렇게 이 중요한 단어들을 모두 相으로 옮긴 것은 물론 여러 정황을 감안해서 한 시도이겠지만 정확한 원어의 의미를 전달하지 못하고 오해의 소지를 남겼다 하겠다. 이런 이유 때문에 250여년 후에 현장이 다시 직역에 충실한 번역을 시도했다고 보여진다.

5) **공덕의 무더기(puṇya-skandha)**: punya(Pāli. puñña)는 구마라집과 현장이 모두 福德으로 옮기고 있고 영어로는 merit로 정착되고 있다. skandha는 蘊으로 번역되는 바 오온이라 할 때도 이 술어가 쓰이고 있다.(오온에 대해서는 부록편을 참조할 것) puṇyaskandha를

---

8) 그런 나쁜 니밋따와는 다른 선(善, 꾸살라)과 연결된 니밋따를 마음에 잡도리하는 그 비구에게 사악하고(빠빠) 나쁘며(아꾸살라) 욕망과 연결되고 성냄과 연결되고 미혹과 연결된 생각(위딱까, 尋)들이 버려지고 사라진다. 그것들이 버려지기에 안으로 마음이 확립되고 가라앉고 하나로 되고 삼매에 든다(tassa tamhā nimittā aññam nimittam manasikaroto kusalūpasanñhitam ye pāpakā akusalā vitakkā chanduupasañhitāpi dosūpasañhitāpi mohūpasañhitāpi te pahīyanti te abbhattham gacchanti, tesam pahānā ajjhattameva cittam santiṭṭhati sannisīdati ekodibhoti samādhiyati). -M20.

현장은 福德聚로 옮기고 있다.

여기서 언급해두어야 할 점은 이 뿐냐의 반대말은 pāpa(빠빠)로서 惡으로 번역된다. 이런 의미에서 뿐냐는 善의 개념이다. 우리가 흔히 善으로 옮기고 있는 범어는 kuśala(Pāli. kusala)이고 이 반대말은 不善으로 옮기고 있는 akuśala인데 한문이나 우리말이 가지고 있는 善이라는 개념과는 부합되지 않는 측면이 많다.(kuśala에 대해서는 6장 11번 주해 참조할 것)

6) **양(量)을 취하다(pramāṇam udgrahītum)**: pramāṇa는 pra(앞으로)+√mā(to measure)의 명사로서 잴 수 있는 것 즉 양(量)을 뜻한다. udgrahītum은 ut(위로)+√grah(to seize)의 부정사로 꽉 움켜쥐는 것을 나타내며 그래서 현장은 取로 옮기고 있다. ud+√grah는 본 경에서 많이 나타나는 어근인데 6장에서 'dharma udgrahītavyo(법이 국집되어서도)'로 그리고 14장 등등에서 'dharma-paryāyaṃ(법문을) udgrahīṣyanti(배우고)' 등으로 나타난다.

7) **생각하다(manyase)**: √man(to think)의 동사 현재 2인칭 단수형이다. 본 경에 많이 나타나는 이 'tat kim manyase'는 빠알리경에서도 'taṃ kiṃ maññasi'로 아주 많이 나타나는 어법이다.

생각하다를 표현하는 동사를 몇 가지 들어보면 첫째, 이 √man의 동사인 maññati로 일반적으로 '생각하다'는 의미로 쓰인다. √cit(to observe)의 동사인 cinteti는 '신중히 생각하다, 고려하다, 곰곰이 생각하다' 등의 의미로 의도작용이 많이 개입된 표현이라 보면 되겠다. 그리고 etad(evam) bhavati(Pāli. etad hoti - 실제로는 etad ahosi라는 과거형으로 거의 많이 나타난다) 등을 들 수 있겠다. 이 'etad bhavati'는 본 경에서도 자주 나타나는 구문으로 '[문득] 이런 [생각이] 생겨났다'는 의미이다. 여기에 대해서는 9-1장 2번 주해 참조할 것.

8) **동쪽 방향에(pūrvasyāṃ diśe)**: pūrva는 '앞'이라는 뜻과 '동쪽'이라는 뜻이 있다. diśe는 '방위'라는 단어 dik의 처소격 단수형이다. pūrva가 앞도 되고 동쪽도 되는 이유는 인도의 전통적인 제사(yajña, 얏냐) 법도에서 찾아야 할 것이다. 바라문 제의서들에 의하면 제단은 항상 동쪽을 보고 만들어야 한다. 그래서 동쪽이 앞쪽이 되는 것이다. 서쪽은 paścima인데 그래서 뒤쪽이라는 뜻도 된다. 남쪽은 dakṣiṇa인데 같이하여 오른쪽이 되고 북쪽은 uttara인데 왼쪽으로도 쓰이는 것이다.

9) **허공(ākāśa)**: ā(향하여, ~로부터)+√kāś(to appear)에서 파생된 명사로 간주하며 虛空이라고 한역한다.

10) **대답했다(āha)**: 서양의 문법학자들은 √ah(to speak)의 동사 과거형(대과거, Perfect)으로 간주하지만 전통적으로는 √vac(to speak)의 동사 대과거형으로 간주한다. 이 형은 오직 대과거 단수와 복수로만 나타난다. 산스끄리뜨와 쁘라끄리뜨 일반에 많이 나타나는 단어이다. 빠알리어에서도 같은 형태로 나타난다.

11) **참으로 그렇지 않습니다(no hīdaṃ)**: no는 na+u로 분해되며 u는 강조를 나타내는 어미이다. 강하게 그렇지 않다는 표현이다. hīdam은 hi와 idam의 접변이고 hi는 '참으로'의 뜻을 가진 독립사이며 idam은 '이것은'을 나타내는 대명사이다. 그래서 '참으로 그것은 그렇지 않다'는 의미이다.

## 5. 32가지 대인상을 구족했기 때문에 여래가 되었다는 산냐에 빠지지 말라

**[원문]**

5. tat kiṃ manyase Subhūte lakṣaṇasampadā Tathāgato draṣṭavyaḥ?

Subhūtir āha: no hīdaṃ Bhagavan, na lakṣaṇasampadā Tathāgato draṣṭavyaḥ. tat kasya hetoḥ? yā sā Bhagavan lakṣaṇasampat Tathāgatena bhāṣita saiva alakṣaṇasampat. Evam ukte Bhagavān āyuṣmantaṃ Subhūtim etad avocat: yāvat Subhūte lakṣaṇasampat tāvan mṛṣā, yāvad alakṣaṇasampat tāvan na mṛṣeti hi lakṣaṇa-alakṣaṇatas Tathāgato draṣṭavyaḥ.

**[鳩摩羅什]**

• 如理實見分 第五

須菩提야 於意云何오 可以身相으로 見如來不아 不也니이다 世尊하 不可以身相으로 得見如來니 何以故오 如來所說身相은 卽非身相이니이다 佛이 告須菩提하사대 凡所有相이 皆是虛妄이니 若見諸相非相하면 卽見如來니라

**[玄奘]**

佛告善現. 於汝意云何. 可以諸相具足觀如來不. 善現答言. 不也世尊. 不應以諸相具足觀於如來. 何以故. 如來說諸相具足卽非諸相具足. 說是語已佛復告具壽善現言. 善現. 乃至諸相具足皆是虛妄. 乃至非相具足皆非虛妄. 如是以相非相應觀如來.

**[번역]**

5. "이를 어떻게 생각하는가, 수보리여. [32가지 대인]상을 구족했기 때문에 여래라고 봐야 하는가?"

수보리가 대답했다. "참으로 그렇지 않습니다, 세존이시여. [32가지 대인]상을 구족했기 때문에 여래라고 보아서는 안 됩니다. 그것은 무슨 이유에서인가 하면, 세존이시여, [32가지 대인]상을 여래께서 설하신 것, 그것은 [32가지 대인]상을 구족한 것이 아니기 때문입니다."

이와 같이 대답하자 세존께서 수보리 존자에게 이렇게 말씀하셨다. "[32가지 대인]상을 구족[했으므로 여래라고 보면] 그것은 거짓이다. [32가지 대인]상을 구족[했으므로 여래라고 보지] 않으면 그것은 거짓이 아니다. 참으로 이와 같이 [32가지 대인]상과 [32가지 대인]상이 아니라는 [두 측면에서] 여래를 보아야 한다."

**[대역]**

5. tat kiṃ manyase Subhūte이를 어떻게 생각하는가, 수보리여(Ⓚ 須菩提 於意云何, Ⓗ 佛告善現. 於汝意云何), lakṣaṇa-sampadā[32가지 대인]상을 구족한 것으로서[1] Tathāgato여래는 draṣṭavyaḥ보여져야 하는가[2](Ⓚ 可以身相 見如來不, Ⓗ 可以諸相具足 觀如來不)

Subhūtir āha수보리가 대답했다(Ⓚ ×, Ⓗ 善現答言):

no hīdaṃ Bhagavan참으로 그렇지 않습니다 세존이시여(Ⓚ=Ⓗ 不也世尊), na lakṣaṇa-sampadā Tathāgato draṣṭavyaḥ[32가지 대인]상을 구족한 것으로써 여래는 보여져서는 안 됩니다(Ⓚ 不可以身相으로 得見如來, Ⓗ 不應以諸相具足觀於如來).

tat kasya hetoḥ그것은 무슨 이유에서인가 하면(Ⓚ=Ⓗ 何以故),

yā sā Bhagavan세존이시여 lakṣaṇa-sampat[32가지 대인]상을 구족한 것은 Tathāgatena여래에 의해서 bhāṣita설해진(Ⓚ 如來所說身相, Ⓗ 如來說諸相具足), sā eva그것이 그대로 alakṣaṇa-sampat[32가

지 대인]상을 구족하지 않은 것[3]이기 때문입니다(Ⓚ 卽非身相, Ⓗ 卽非諸相具足).

Evam ukte이와 같이 말했을 때(Ⓚ ×, Ⓗ 說是語已)

Bhagavān세존께서는 āyuṣmantaṃ Subhūtim존자 수보리에게 etad avocat이렇게 말씀하셨다(Ⓚ 佛 告須菩提, Ⓗ 佛復告具壽善現言):

yāvat Subhūte수보리여 lakṣaṇa-sampat[32가지 대인]상의 구족에 관한 한 tāvan그러한 한 mṛṣā거짓이며[4](Ⓚ 凡所有相 皆是虛妄, Ⓗ 善現 乃至諸相具足 皆是虛妄), yāvad alakṣaṇa-sampat32상 구족이 아닌 한 tāvan na mṛṣā그러한 한 거짓이 아니다(Ⓚ ×, Ⓗ 乃至非相具足 皆非虛妄).

iti hi참으로 이렇게 lakṣaṇa-alakṣaṇatas[32가지 대인]상과 [32가지 대인]상 아닌 [두 측면으로]부터[5] Tathāgato여래는 draṣṭavyaḥ 보여져야 한다(Ⓚ 若見諸相非相 卽見如來, Ⓗ 如是 以相非相 應觀如來).

**[주해]**

1) **[32가지 대인]상을 구족한 것으로서(lakṣaṇa-sampadā):**

lakṣaṇa는 √lakṣ(to mark)의 명사형이다. 빠알리어는 lakkhaṇa이다. 구마라집은 身相으로 현장은 諸相으로 옮기고 있다. 앞에서 나온 니밋따도 相으로 옮기고 있는데 니밋따가 형상, 표식 등의 일반적인 相의 뜻이라면 이 락샤나는 그 대상만이 가지고 있는 '특별한 상', 혹은 '독특한 상'이라 하겠다. 그런 의미에서 特相이라 번역할 수 있을 것이다. 그런데 여기서 '구족하다, 갖추다'는 의미를 나타내는 sampad(sam+√pad, to fall의 명사로 본문에서는 도구격으로 쓰였다)와 함께 쓰여서 부처님이 구족하신 것으로 나타나기 때문에 부처님이나 전륜성왕이 완전히 갖추고 있다는 32가지 대인상(大人相, 32가지 대인상에 대해서는 13-4장 1번 주해를 참조할 것)을 의미한다. 이 삼십이상을 설한 경이 빠알리어 장부 제 30경(Lakkhaṇasutta, 락카나 숫따)에 나타난다. 금강경이 설해진 사위성 급고독원에서 비구들에게 설하신 경이다.

초기경들에서는 이 락샤나가 몸에 나타나는 여러 가지 상을 뜻하기도 한다. 소위 말하는 얼굴 상, 수상, 족상, 꿈, 몸의 조짐 등등을 들고 있는데 부처님께서는 비구들이 해서는 안 될 것으로 이러한 관상을 보는 것들을 열거하고 계신다.(D1 등)

앞의 4장에서는 니밋따 산냐를 가지지 말 것을 설하셨고 본 장에서는 그것의 연장선상에서 여래가 32상을 구족했기에 여래가 되었다는 산냐를 세우지 말 것을 당부하고 계신다. 예나 지금이나 외모와 외관에 대한 인간의 관심은 지대하다 하겠다. 외모나 외관은 인간의 조건에 따라서 다를 수밖에 없는데 이것을 가지고 구경의 경지를 논한다면 그것은 보편적인 진리는 될 수 없는 것이다. 그래서 인간이 제일 기본적으로 가지고 있는 이런 산냐를 본 경에서는 먼저 들어서 척파(uparodhana)하고 있으며 다음에도 계속해서 세 번을 더 문장을 바꾸어가면서 설하고 있다.

2) **보여져야 한다(draṣṭavyaḥ)**: √dṛś(to see)의 수동 pot. 분사형이다. 여기서 강조하고 싶은 것은 불교 특히 초기경들에서 '본다'는 말이 일반적인 개념으로 본다는 것 이외에 쓰일 때는 단순히 본다는 차원이 아니고 '견해로서 확립이 되었다'는 뜻이다. 특히 jānāti (알다)와 같이 쓰여서 jānāti … passati(√dṛś, to see의 동사현재형)의 '알고 본다'는 구문으로 쓰이면 '알아서 완전히 견해로 확립이 되었다'는 뜻이다. 이 jānāti … passati 구문은 초기경에서 아주 많이 나타나는 것으로서 이것이 명사화되어서 합성어로 나타난 것이 ñāṇa-dassaṇa(Sk. jñāṇa-darśana) 즉 知見으로 한역되는 술어이다.

흥미로운 점은 베딕문헌이나 육파철학 등 정통파 문헌에서는 이

jānāti … passati 구문은 나타나지 않고 대신에 제의서나 고층 우빠니샤드에서는 'evam veda(이렇게 안다)'로 안다는 개념을 √vid(to know)를 써서 표현하고 있다. 초기 자이나 문헌에 의하면 자이나교나 아지와까 등의 사문 계통에서는 이 jānāti … passati 구문을 자주 사용하는 것으로 나타나는데 이는 사문 전통에서는 그만큼 知見이나 자기 스스로가 알고 본다는 개념을 중시했던 것 같고, 같은 사문 전통에 속하는 불교에서도 자연스럽게 채용되어서 해탈지견(解脫知見, vimutti-ñāṇadassana) 등의 불교 특유의 술어로 정착되었다. 대신에 불교에서는 √vid(to know)를 경험한다, 특히 '몸으로' 직접 생생하게 느끼고 체험해서 안다는 의미로 사용하고 있으며(물론 산스끄리뜨 일반과 자이나 문헌도 이렇게 볼 수 있다) 이런 측면에서 고(苦, dukkha)가 생겨나는 중요한 고리로 강조하고 있는 느낌(vedanā, 웨다나)이 이 동사에서 파생되었음을 주목해야 한다. 특히 고가 생겨나는 근본원인을 뜻하는 무지(無知, 無明, avijjā)마저도 √jñā가 아닌 이 √vid에서 파생된 술어를 취하여 사용하고 있음을 깊이 음미해야 할 필요가 있다고 생각한다.

3) **[32가지 대인]상을 구족하지 않은 것(alakṣaṇa-sampat):** 32가지 대인상을 구족했다는 것은 하나의 산냐일 뿐이다. 그것은 밖으로 나타나 보이는 몸, 오온에서 말하면 형상(rūpa, 色)일 뿐이다. 그래서 엄밀히 말하면 32상이라는 것은 우리의 인식작용이나 개념작용이 없으면 의미가 없어지는 것이다. 그래서 락샤나(lakṣaṇa, Pāli, lakkhaṇa)라 하지만 실제로는 락샤나라는 실체가 없는 것이다. 우리가 그냥 편의상(vyavahāra) 방편으로 락샤나라는 이름을 붙였을 뿐이다. 산냐는 어떤 특정 현상에 이름을 짓는 작용(notion)이 기본 출발이다. 그래서 인도의 전통문법서인 빠니니의 아슈타다이에서는 어문작용에 나타나는 특별한 현상을 정의하는 것을 산냐라고 부르

고 있음은 주목할 만하다.

앞에서 12처를 말했지만 형상이란 눈에 대한 대상일 뿐이고 그 대상이 좋다 나쁘다 잘 생겼다 못생겼다 하는 것은 앞에서 언급한 니밋따 산냐요, 그것이 32가지 대인상을 구족했다든지 하는 것은 락샤나에 대한 산냐일 뿐이다. 눈에 대한 대상이 있다, 그 대상은 변하는 것이요[無常, anicca, 아닛짜], 변하기에 두카(dukkha, 苦)를 수반하는 것이요, 변하고 두카이기에 그것을 '나'라든지 '내 것'이라고는 결코 주장할 수 없는 것이다[無我, anatta, 아나따]. 나아가서 소리, 냄새, 맛, 촉감, 마음의 대상에 대해서도 그것이 어떠한 것일지라도 이렇게 보고 이렇게 직관하는 것을 여실지견(如實知見, yathābhūtam pajānāti, 야타부땀 빠자나띠)이라 한다. 그렇지 않고 다른 니밋따나 락샤나를 세우는 것은 산냐의 작용이요, 이 산냐야말로 여실지견을 방해하는 가장 큰 장애물인 것이며 이것은 수행자의 경우에도 끝까지 따라붙는 것이다. 아니 여실지견이 아니고 관념이 조금이라도 붙어 있는 한 비상비비상처까지 나아가게 되는 것이요, 상수멸을 통해서 비로소 극복이 되는 것이다.(3장 12번 주해 참조)

참고로 부처님께서는 여러 종류의 앎[知, 智, jñāna, 냐나]을 설하셨다. 극복되어야 할 앎으로는 윈냐나(vijñāna, 識)와 산냐[想]를 설하셨고 개발해야 할 것으로는 쁘랏냐(prajñā, 반야, 慧), 삼쁘랏냐(samprajñā), 아빈냐(abhijñā, 超凡智), 빠린냐(parijñā, 洞智), 앗냐(ājñā, 圓智) 그리고 냐나닷샤나(jñāna-darśaṇa, 知見)까지 많은 종류의 지 혹은 지혜를 설하셨다.(6장 27번 주해 참조) 후대에 대승불교에 오면서 개발해야 할 것으로서 혹은 최고의 지혜로서 쁘랏냐 = 빤냐 = 반야 하나만이 강조되고 있는 것은 참으로 유감이라 하겠다.

4) **거짓이며(mṛṣā)**: √mṛṣ(to heedless)의 명사형이다. 베다에서는 '부주의한'이라는 뜻으로 쓰였는데 거짓에 대해서 시사하는 바가 크

다 하겠다. 빠알리어는 musā이다. 거짓말은 빠알리어로 musā vadā이다.

32대인상에 관한 한 그것은 거짓이라고 단언하고 계신다. 단지 색의 한 모습일 뿐 실체가 없기 때문이다. 부처님께서 이렇게 단언하실 만큼 인간들의 외모나 외관에 대한 집착은 크다 하겠다.

5) **[32가지 대인]상과 [32가지 대인]상이 아닌 [두 측면으로]부터(lakṣaṇa-alakṣaṇatas):** 원문은 탈격(Ablative, '~로부터'의 의미)으로 쓰였다. 그래서 '이런 두 측면으로부터 여래를 봐야 한다', 즉 '이런 두 측면을 다 고려하여서 여래라는 견해를 가져야 한다'는 것이 기본적인 의미라 하겠다. 구마라집 역본에서 제일 논란을 불러일으킬 소지가 많은 곳이 이 부분이라 할 수 있다. 구마라집은 '범소유상 개시허망 약견제상비상 즉견여래'라고 의역하고 있는데 여기서 상이 락샤나(lakṣaṇa)의 번역인 줄 알아서 32상으로 이해한다면 '여래가 가지고 있는 32상 등 수승한 상이 모두 사실은 허망한 것이다. 그래서 그런 상이 허망하여 실재가 없는 것으로 여래를 봐야 한다(즉견여래)'라고 이해할 수 있으니 무리가 없는 번역이라 할 수도 있을 것이다. 그러나 범소유상을 원문 없이 해석한다면 무릇 이 세상에 존재하는 모든 상, 게다가 이 경의 키워드인 모든 산냐로 이해하고 나아가서 산냐든 니밋따(겉모양)든 락샤나(32상)든 이런 것들은 참으로 허망한 것이다. 그러니 그 상이 상이 아님을 알 때 참으로 여래를 아는 것이 된다고 이해한다면 원문의 의미를 넘어서 버린 해석이라 아니 할 수 없다.

그러나 참으로 구마라집을 천재라 아니할 수 없고 그의 번역팀들이 뛰어난 분들이라 아니 할 수 없는 것은 이러한 단순한 듯한 구문을 통해서 금강경이 설하고자 하는 근본을 멋지게 표현해내어 금강경을 대표하는 구절로 승화시키고 있다는 점일 것이다. 이런 의역이 잘 된 것인지 잘못 된 것인지 아니 필요한 것인지 너무 앞서간 것인지는 독자들이 판단할 문제이다.

아무튼 이런 축자적이고 운율과 깊은 의미까지 갖춘 금강경 번역본이었기에 1600년이란 세월 동안 불자들의 사랑과 영감과 귀의를 받아왔고 요즘은 이 '구마라집본' 금강경에는 엄청난 에너지가 있으니 매일 몇 독(讀)씩 하면 무병장수에 지혜가 생기고(뜻은 전혀 몰라도 상관없음) 귀신들이 보이고 천도되고 운운하면서 정말 이상한 산냐를 만들어가기까지 하는 것 같아 유감천만이다.

## 6. 미래세에도 참된 보살이라면 결코 산냐에 떨어지지 않는다

**[원문]**

6. Evam ukte āyuṣmān Subhūtir Bhagavantam etad avocat: asti Bhagavan kecit sattvā bhaviṣyanty anāgate 'dhvani paścime kāle paścime samaye paścimāyāṃ pañcaśatyāṃ saddharmavipralopa kāle vartamāne, ya imeṣv evaṃrūpeṣu sūtrāntapadeṣu bhāṣyamāṇeṣu bhūtasaṃjñām utpādayiṣyanti?

Bhagavān āha: mā Subhūte tvam evaṃ vocaḥ, asti kecit sattvā bhaviṣyanty anāgate 'dhvani paścime kāle paścime samaye paścimāyāṃ pañcaśatyāṃ saddharmavipralope vartamāne, ya imeṣv evaṃrūpeṣu sūtrāntapadeṣu bhāṣyamāṇeṣu bhūtasaṃjñām utpādayiṣyanti. api tu khalu punaḥ Subhūte bhaviṣyanty anāgate 'dhvani bodhisattvā mahāsattvāḥ paścime kāle paścime samaye paścimāyāṃ pañcaśatyāṃ saddharmavipralope vartamāne guṇavantaḥ śīlavantaḥ prajñavantaś ca bhaviṣyanti, ya imeṣv evaṃrūpeṣu sūtrāntapadeṣu bhāṣyamāṇeṣu bhūtasaṃjñam utpādayiṣyanti. na khalu punas te Subhūte bodhisattvā mahāsattvā eka buddhaparyupāsitā bhaviṣyanti, na ekabuddhāvaropitakuśalamūlā bhaviṣyanti, api tu khalu punaḥ Subhūte anekabuddhaśatasahasraparyupāsitā anekabuddha-śatasahasrāvaropitakuśalamūlāste bodhisattvā mahāsattvā bhaviṣyanti, ya imeṣv evaṃrūpeṣu sūtrānatapadeṣu bhāṣyamāṇeṣv ekacittaprasādam api pratilapsyante. jñātās te Subhūte Tathāgatena buddhajñānena, dṛṣṭās te Subhūte Tathāgatena buddhacakṣuṣā, buddhās te Subhūte Tathāgatena. sarve te Subhūte 'prameyam asaṃkhyeyaṃ puṇyaskandhaṃ prasaviṣyanti pratigrahīṣyanti.

tat kasya hetoḥ? na hi Subhūte teṣāṃ bodhisattvānāṃ mahāsattvānām ātmasaṃjñā pravartate na sattvasaṃjñā na jīvasaṃjñā na pudgalasaṃjñā pravartate. nāpi teṣāṃ Subhūte bodhisattvānāṃ mahāsattvānāṃ dharmasaṃjñā pravartate, evaṃ na adharmasaṃjñā. na api teṣāṃ Subhūte saṃjñā na asaṃjñā pravartate.

tat kasya hetoḥ? sacet Subhūte teṣāṃ bodhisattvānāṃ mahāsattvānāṃ dharmasaṃjñā pravarteta, sa eva teṣāṃ ātmagrāho bhavet, sattvagrāho jīvagrāhaḥ pudgalagrāho bhavet. saced adharmasaṃjñā pravarteta, sa eva teṣāṃ ātmagrāho bhavet, sattvagrāho jīvagrāhaḥ pudgalagrāha iti.

tat kasya hetoḥ? na khalu punaḥ Subhūte bodhisattvena mahāsattvena dharma udgrahītavyo na adharmaḥ. tasmād iyaṃ Tathāgatena sandhāya vāg bhāṣitā: kolopamaṃ dharmaparyāyam ājānadbhir dharmā eva prahātavyāḥ prāg eva adharmā iti.

**[鳩摩羅什]**

• 正信希有分 第六

須菩提가 白佛言하사대 世尊하 頗有衆生이 得聞如是言說章句하사옵고 生實信不잇가 佛이 告須菩提하사대 莫作是說하라 如來滅後後五百歲에 有持戒修福者가 於此章句에 能生信心하야 以此爲實하리니 當知是人은 不於一佛二佛三四五佛에 而種善根이라 已於無量千萬佛所에 種諸善根하야 聞是章句하고 乃至一念生淨信者니라 須菩提야 如來가 悉知悉見하노니 是諸衆生이 得如是無量福德이니라 何以故오 是諸衆生이 無復我相人相衆生相壽者相하며 無法相하며 亦無非法相이니라 何以故오 是諸衆生이 若心取相하면 則爲著我人衆生壽者니 何以故오 若取法相이라도 卽著我人衆生壽者며 若取非法相이라도 卽著我人衆生壽者니라 是故로 不應取法이며 不應取非法이니라 以是義故로 如來가 常說호대 汝等比丘가 知我說法을 如筏喩者라하노니 法尙應捨어든 何況非法가

**[玄奘]**

說是語已. 具壽善現復白佛言. 世尊. 頗有有情. 於當來世後時後分後五百歲正法將滅時分轉時. 聞說如是色經典句生實想不. 佛告善現. 勿作是說. 頗有有情於當來世後時後分後五百歲. 正法將滅時分轉時. 聞說如是色經典句生實想不. 然復善現. 有菩薩摩訶薩於當來世後時後分後五百歲. 正法將滅時分轉時. 具足尸羅具德具慧. 復次善現. 彼菩薩摩訶薩非於一佛所承事供養. 非於一佛所種諸善根. 然復善現. 彼菩薩摩訶薩於其非一百千佛所承事供養. 於其非一百千佛所種諸善根乃能聞說如是色經典句. 當得一淨信心. 善現. 如來以其佛智悉已知彼. 如來以其佛眼悉已見彼. 善現. 如來悉已覺彼. 一切有情當生無量無數福聚. 當攝無量無數福聚. 何以故. 善現. 彼菩薩摩訶薩. 無我想轉無有情想. 無命者想. 無士夫想. 無補特伽羅想. 無意生想. 無摩納婆想. 無作者想. 無受者想轉. 善現. 彼菩薩摩訶薩無法想轉無非法想轉. 無想轉亦無非想轉所以者何. 善現. 若菩薩摩訶薩有法想轉. 彼卽應有我執. 有情執. 命者執. 補特伽羅等執. 若有非法想轉. 彼亦應有我執. 有情執. 命

者執. 補特伽羅等執. 何以故. 善現. 不應取法不應取非法. 是故如來密意而說筏喻法門. 諸有智者法尙應斷何況非法.

**[번역]**

6. 이와 같이 말씀하시자 수보리 존자가 세존께 이렇게 여쭈었다. "세존이시여, 어떤 중생들이 있어서 미래세의 후오백세에 정법이 쇠퇴할 시기가 되었을 때에 이런 경전의 말씀들이 설해지면 참되다는 산냐를 일으키기나 하겠습니까?"

세존께서 말씀하셨다. "수보리여, 그대는 그렇게 말하지 말라. 어떤 중생들이 있어서 미래세의 후오백세에 정법이 쇠퇴할 시기가 되었을 때에 이런 경전의 말씀들이 설해지면 참되다는 산냐를 일으킬 것이다. 그리고 참으로 다시 수보리여, 미래세에 보살 마하살들이 있어서 미래세의 후오백세에 정법이 쇠퇴할 시기가 되었을 때에 [그들은] 공덕을 쌓고 계를 지니고 지혜가 있어서 이런 경전의 말씀들이 설해지면 참되다는 산냐를 일으킬 것이다.

참으로 다시 수보리여, 그들 보살 마하살들은 한 부처님만을 섬기고 한 부처님 밑에서만 선근을 심은 자가 될 뿐만 아니라 참으로 다시 수보리여, [그들은] 몇 십만의 부처님을 섬기고 몇 십만의 부처님 밑에서 선근을 심은 그런 보살 마하살들이 되리니, 이런 형태의 경전의 말씀들이 설해질 때에는 한 마음으로 청정한 믿음을 역시 얻게 될 것이다.

수보리여, 여래는 부처의 지혜로써 그들을 안다. 수보리여, 여래는 부처의 눈으로써 그들을 본다. 수보리여, 여래는 그들을 깨달아 [안다]. 그들 모두는 수보리여, 측량할 수 없고 헤아릴 수 없는 공덕의 무더기를 쌓고 얻게 될 것이다[라고].

그것은 무슨 이유에서인가? 수보리여, 그들 보살 마하살들에게는 자아라는 산냐가 일어나지 않기 때문이다. 중생이라는 산냐, 영혼이라는 산냐, 개아라는 산냐가 일어나지 않기 때문이다. 수보리여, 또한 그들 보살 마하살들에게는 법이라는 산냐도 법이 아니라는 산냐도 생겨나지 않기 때문이다. 그들에게는 역시 수보리여, 산냐도 산냐 아님도 생겨나지 않기 때문이다.

그것은 [다시] 무슨 이유에서인가? 만일 수보리여, 그들 보살 마하살들에게 법이라는 산냐가 생겨난다면 그것은 그들의 자아에 대한 집착이며, 중생에 대한 집착이요, 영혼에 대한 집착이요, 개아에 대한 집착이기 때문이다. 만일 법이 아니라는 산냐가 생겨난다면 그것도 단지 자아에 대한 집착일 뿐이며, 중생에 대한 집착이요, 영혼에 대한 집착이요, 개아에 대한 집착일 뿐이기 때문이다.

그것은 [다시] 무슨 이유에서인가? 참으로 다시 수보리여, 보살은 법을 국집해서도 안 되고 법이 아닌 것을 [국집해서도] 안 되기 때문이다. 그래서 이것을 두고서 여래는 설하였다. '법문이란 뗏목과 같은 것이라고 깊게 아는 자들은 법들도 반드시 버려야 하거늘 하물며 법이 아닌 것임에랴'라고."

**[대역]**

6. Evam ukte이와 같이 말씀하시자(Ⓚ ×, Ⓗ 說是語已) āyuṣmān Subhūtir존자 수보리는 Bhagavantam etad avocat세존께 이렇게 여쭈었다(Ⓚ 須菩提 白佛言, Ⓚ 具壽善現復白佛言):

asti Bhagavan세존이시여 kecit어떤 sattvā중생들이 bhaviṣyanti 있어서(Ⓚ 世尊 頗有衆生, Ⓗ 世尊 頗有有情) anāgate adhvani미래세[1]의 paścime kāle다음 시간 paścime samaye다음 시기[2]의 paścimā-yāṃ pañca-śatyāṃ다음 오백세에[3](Ⓚ ×, Ⓗ 於當來世 後時後分 後五百歲) sad-dharma-vipralopa-kāle vartamāne정법이 쇠퇴할 시기가 되었을 때[4](Ⓚ ×, Ⓗ 正法將滅 時分轉時),

ye imeṣu이들 evaṃrūpeṣu이런 형태[5]의 sūtrānta-padeṣu경전의

말씀[6]들이 bhāṣyamāṇeṣu설해질 때에(Ⓚ 得聞如是言說章句, Ⓗ 聞說如是色經典句) bhūta-saṃjñām참되다는 산냐[7]를 utpādayiṣyanti일으키겠습니까(Ⓚ 生實信不, Ⓗ 生實想不)?

Bhagavān āha세존께서 말씀하셨다(Ⓚ 佛告須菩提, Ⓗ 佛告善現):

mā Subhūte수보리여 tvam그대는 evaṃ vocaḥ그렇게 말하지 말라(Ⓚ 莫作是說, Ⓗ 勿作是說),

asti kecit sattvā bhaviṣyanti어떤 중생들이 있어서 anāgate adhvani paścime kāle paścime samaye paścimāyāṃ pañcaśatyāṃ sad-dharma-vipralope vartamāne미래세의 다음 시기 다음 시간의 다음 오백세에 정법이 쇠퇴할 시기가 되었을 때(Ⓚ 如來滅後後五百歲有持戒修福者[8], Ⓗ 頗有有情 於當來世 後時後分 後五百歲. 正法將滅時分轉時),

ye imeṣu evaṃrūpeṣu sūtrāntapadeṣu bhāṣyamāṇeṣu이들은 이런 모습의 경전의 말씀들이 설해질 때에(Ⓚ 於此章句, Ⓗ 聞說如是色經典句) bhūta-saṃjñām utpādayiṣyanti참되다는 산냐를 일으킬 것이다(Ⓚ 能生信心 以此爲實. Ⓗ 生實想).

api tu khalu punaḥ그리고 참으로 다시 Subhūte수보리여(Ⓚ ×, Ⓗ 然復善現), bhaviṣyanti anāgate 'dhvani bodhisattvā mahāsattvāḥ미래세에 보살 마하살들이 있으리니(Ⓚ ×, Ⓗ 有菩薩摩訶薩)

paścime kāle paścime samaye paścimāyāṃ pañca-śatyāṃ sad-dharma-vipralope vartamāne미래세의 다음 시기 다음 시간의 다음 오백세에 정법이 쇠퇴할 때에(Ⓚ ×, Ⓗ 於當來世 後時後分後五百歲. 正法將滅時分轉時)

guṇavantaḥ[그들은] 공덕을 쌓고 śīlavantaḥ계를 지니고 prajñavantaś ca bhaviṣyanti지혜를 가진 자들이리니[9](Ⓚ ×, Ⓗ 具足尸羅

具德具慧), ye imeṣu evaṃrūpeṣu sūtrānta-padeṣu bhāṣyamāṇeṣu bhūta-saṃjñam utpādayiṣyanti이들 이런 모습의 경전의 말씀들이 설해질 때에 참되다는 산냐를 일으키게 될 것이다(Ⓚ=Ⓗ ×).

na khalu punas참으로 다시 te그들 Subhūte수보리여(Ⓚ ×, Ⓗ 復次善現) bodhisattvā mahāsattvā보살 마하살들은 eka-buddha-paryupāsitā한 부처님만을 섬기는 자[10]가 bhaviṣyanti아니요(Ⓚ ×, Ⓗ 彼菩薩摩訶薩 非於一佛所 承事供養),

na eka-buddha-avaropita-kuśala-mūlā한 부처님 밑에서만 선근을 심은[11] 자가 bhaviṣyanti될 뿐만 아니라(Ⓚ 當知是人 不於一佛二佛三四五佛 而種善根, Ⓗ 非於一佛所 種諸善根),

api tu khalu punaḥ참으로 다시 Subhūte수보리여(Ⓚ ×, Ⓗ 然復善現), an-eka-buddha-śatasahasra-paryupāsitā몇 십만의 부처님들을 섬기고(Ⓚ ×, Ⓗ 彼菩薩摩訶薩 於其非一百千佛所 承事供養)

an-eka-buddha-śatasahasra-avaropita-kuśala-mūlās몇 십만의 부처님들 밑에서 선근을 심은 그런 te bodhisattvā mahāsattvā보살 마하살들이 bhaviṣyanti될 것이니(Ⓚ 已於無量千萬佛所 種諸善根, Ⓗ 於其非一百千佛所種諸善根),

ye imeṣu evaṃrūpeṣu sūtrānata-padeṣu bhāṣyamāṇeṣu이들은 이런 형태의 경전의 말씀들이 설해질 때에(Ⓚ 聞是章句, Ⓗ 乃能聞說如是色經典句) eka-citta-prasādam한 마음으로 청정한 믿음을[12] api 역시 pratilapsyante얻게 될 것이다[13](Ⓚ 乃至一念生淨信者, Ⓗ 當得一淨信心).

jñātās te그들은 알아졌나니 Subhūte수보리여 Tathāgatena여래에 의해서 buddha-jñānena부처의 지혜로써[14](Ⓚ 須菩提 如來 悉知, Ⓗ 善現 如來以其佛智 悉已知彼),

dṛṣṭās te Subhūte수보리여, 그들은 보여졌나니 Tathāgatena여래에 의해서 buddha-cakṣuṣā부처의 눈으로[15](Ⓚ 悉見, Ⓗ 如來以其佛眼悉已見彼),

buddhās te Subhūte Tathāgatena수보리여, 그들은 여래에 의해서 깨달아졌나니[16](Ⓚ ×, Ⓗ 善現. 如來悉已覺彼).

sarve te그들 모두는 Subhūte수보리여 aprameyam측량할 수 없고[17] asaṃkhyeyaṃ셀 수 없는[18] puṇyaskandhaṃ공덕의 무더기를 prasaviṣyanti쌓고[19] pratigrahīṣyanti얻게 되리라[20]는 것을(Ⓚ 是諸衆生得如是無量福德, Ⓗ 一切有情 當生無量無數福聚 當攝無量無數福聚).

tat kasya hetoḥ그것은 무슨 이유에서인가(Ⓚ=Ⓗ 何以故)?

na hi Subhūte참으로 수보리여 teṣāṃ그들 bodhisattvānāṃ mahā sattvānām보살 마하살들에게는(Ⓚ 是諸衆生, Ⓗ 善現 彼菩薩摩訶薩) ātma-saṃjñā자아라는 산냐가 pravartate생겨나지 않기 때문이며 sattva-saṃjñā na jīva-saṃjñā na pudgala-saṃjñā pravartate중생이라는 산냐, 영혼이라는 산냐, 개아라는 산냐도 생겨나지 않기 때문이다(Ⓚ 無復我相人相衆生相壽者相, Ⓗ 無我想轉 無有情想 無命者想 無士夫想 無補特伽羅想 無意生想 無摩納婆想 無作者想 無受者想轉).

na api역시 teṣāṃ그들, Subhūte수보리여 bodhisattvānāṃ mahāsattvānāṃ보살마하살들에게는(Ⓚ ×, Ⓗ 善現 彼菩薩摩訶薩) dharma-saṃjñā pravartate법이라는 산냐도 생겨나지 않고, evaṃ na a-dharma-saṃjñā법이 아니라는 산냐도 [생겨나지 않기 때문이다][21] (Ⓚ 無法相 亦無非法相, Ⓗ 無法想轉 無非法想轉).

na api teṣāṃ역시 그들에게는 Subhūte수보리여 saṃjñā산냐도 na asaṃjñā산냐 아님도 pravartate생겨나지 않기 때문이다[22](Ⓚ ×, Ⓗ 無想轉 亦無非想轉).

tat kasya hetoḥ그것은 무슨 이유에서인가(Ⓚ 何以故, Ⓗ 所以者何)?

sacet만일 Subhūte수보리여 teṣāṃ그들 bodhisattvānāṃ mahāsattvānāṃ보살 마하살들에게 dharma-saṃjñā pravarteta법이라는 산냐가 생겨난다면(Ⓚ 若取法相, Ⓗ 善現 若菩薩摩訶薩 有法想轉),

sa eva그것은 오직 teṣāṃ그들의 ātma-grāho자아에 대한 집착[23]이 bhavet될 것이며, sattva-grāho jīva-grāhaḥ pudgala-grāho bhavet중생에 대한 집착, 영혼에 대한 집착, 개아에 대한 집착이 될 것이기 때문이다.(Ⓚ 卽著我人衆生壽者, Ⓗ 彼卽應有我執 有情執 命者執 補特伽羅等執)

saced만일 a-dharma-saṃjñā pravarteta법이 아니라는 산냐가 생겨난다면(Ⓚ 若取非法相, Ⓗ 若有非法想轉), sa eva그것도 역시 teṣāṃ그들에게는 ātma-grāho bhavet, sattva-grāho jīva-grāhaḥ pudgala-grāha iti자아에 대한 집착이 될 것이며 중생에 대한 집착, 영혼에 대한 집착, 개아에 대한 집착이 될 것이기 때문이다(Ⓚ 卽著我人衆生壽者, Ⓗ 彼亦應有我. 有情執 命者執 補特伽羅等執).

tat kasya hetoḥ그것은 무슨 이유에서인가(Ⓚ 是故, Ⓗ 何以故 善現)? na khalu punaḥ참으로 다시 Subhūte수보리여 bodhisattvena mahāsattvena보살 마하살에 의해서 dharma법이 udgrahītavyo국집되어서도 안 되고[24](Ⓚ=Ⓗ 不應取法) na adharmaḥ법 아닌 것이 [국집되어서도] 안 되기 때문이다(Ⓚ= Ⓗ 不應取非法)

tasmād그러므로 iyaṃ이것을 Tathāgatena여래에 의해서 sandhāya두고서 vāg말씀이 bhāṣitā설해졌다(Ⓚ 以是義故 如來 常說, Ⓗ 是故 如來密意而說):

kola-upamaṃ뗏목의 비유[25]로 dharma-paryāyam법문[26]을 ājānadbhir깊이 아는 자들에 의해서[27](Ⓚ 汝等比丘 知我說法 如筏喩者, Ⓗ

筏喩法門 諸有智者)

dharmā법들도 eva반드시 prahātavyāḥ버려져야 하거늘(Ⓚ 法尙應捨, Ⓗ 法尙應斷) prāg eva하물며 adharmā법들이 아닌 것임에야[28] iti라고(Ⓚ=Ⓗ 何況非法).

**[주해]**

1) **미래세에:** anāgate adhvani anāgata는 an(부정접두어)+ā(이쪽으로)+√gam(to go)의 과거분사형을 취해서 만들어진 명사로 여기서는 처소격으로 쓰였다. '아직 오지 않은'의 뜻으로 '미래'를 뜻한다. adhvan은 시간(주로 긴 시간을 뜻함)을 뜻하는 명사이며 빠알리어에서는 adhāna로 나타난다. 초기경에서도 나타나는 어법이다. 그러나 초기경에서는 anāgatam addhānam으로 시간을 나타내는 목적격을 쓰고 있다. 현장은 於當來世로 옮기고 있다.

2) **다음 시간(paścime kāle, 다음 시기paścime samaye):** paścima는 앞에서 나온 대로 '뒤'와 '서쪽'을 나타낸다. kāla는 원래 인도아리안어에서는 어둠이나 암흑을 뜻했고 이것이 다시 시간의 뜻으로 정착되었으며 특히 정해진 시간을 뜻한다. samaya는 saṃ(함께)+√i(to go)에서 파생된 명사로서 여러 뜻이 있으나 그 중에서도 '시간, 기간, 계절, 때' 등의 시간의 개념으로도 쓰인다. 현장은 각각 後時와 後分으로 옮기고 있다. 빠알리어도 samaya이다. 초기경에서는 이런 paścime kāle, paścime samaye 등의 개념이나 어법은 나타나지 않고 있다.

3) **다음 오백 세에(paścimāyāṃ pañca-śatyāṃ):** 모두 처소격을 쓰고 있다. pañca는 5를 śata는 100을 뜻한다. 그런데 여기서는 서수로서 백 번째라는 뜻으로 śatima 대신에 śati라는 일종의 쁘라끄리

뜨형을 사용했고 여성형 명사의 곡용을 취해 처소격으로 쓰였다. 빠알리어에서는 나타나지 않는 구문이다. 부처님께서 자신의 입멸 후에 불법에 나타날 현상을 500년씩 5번으로 나누어서 예언하셨다는데 첫 오백년은 해탈견고(解脫堅固), 두 번째 오백년은 선정견고(禪定堅固), 세 번째 오백년은 다문견고(多聞堅固), 네 번째 오백년은 탑사견고(塔寺堅固), 다섯 번째 오백년은 투쟁견고(鬪爭堅固)라고 하셨다 한다. 이 후오백세는 불멸 2500년 후인 투쟁견고시대를 말한다는 설이 있다. 물론 초기경에는 나타나지 않는 설이다. 현장은 後五百歲라 옮기고 있다.

4) **정법이 쇠퇴할 시기가 되었을 때(sad-dharma-vipralopakāle vartamāne):** sad는 √as(to be)의 현재분사로 '있는'의 의미인데 형용사로서 '진실된, 바른'의 뜻으로 쓰인다. 正으로 한역한다. dharma는 √dhṛ(to hold, to support)에서 파생된 명사로서 기본의미는 '기초가 되고 지탱을 시켜주는 것'이라는 뜻이다. 法으로 한역한다. 빠알리어로는 dhamma이다. 경전에서 가장 많이 등장하고 중요하게 취급되는 술어이다. 시대적으로도 많은 주석가들이 나름대로 dhamma나 dharma에 대해서 견해를 피력해왔다. 초기경에 준거해서 말하자면 담마에는 다음의 의미가 있다 하겠다. ① 모든 물심의 현상 - 이 경우에는 제법(諸法, sarve dharmā, Pāli. sabbe dhammā, 복수로 나타난다)으로 나타나며 특히 마음의 현상을 뜻하는 경우가 많다. 그래서 12처에서는 mano(마노)의 대상으로 담마라는 용어를 쓰고 있다. ② 합리적이고 이성적인 것 - 바른 것, 정의로운 것, 도덕적인 것. ③ 진리, 바른 가르침. ④ 그리고 제일 중요한 의미는 부처님의 가르침, 교법의 의미다. 사실은 ③도 여기에 포함되는 것이다.

이렇게 볼 때 다르마는 크게 '부처님의 가르침=진리'와 '모든 현상'의 두 가지로 나누어서 볼 수 있다. 영어권에서는 부처님의 가르침으로서의 담마는 대문자 Dhamma로, 그 외의 물심의 현상이라는 의미에서의 담마는 소문자 dhamma로 구분해서 표기하고 있는 추세이다.

역자의 관점에서 볼 때, 중요한 측면은 이 dhamma를 그것이 물질세계의 현상이든 마음의 현상이든 부처님의 가르침이든 모두 mano의 대상으로 부처님께서는 파악하고 계시다는 점이다. 사실 마노가 없이는 객관세계라는 것도 파악 불능이다. 그래서 역자는 마노가 인드리야[根]로서의 기능을 할 때는 특히 마음챙김(사띠, 正念)이 마노를 잘 지키고 길들이면 참으로 법을 알아서 저 해탈열반으로 향하게 되고, 마노가 아야따나[入, 處]로서의 기능밖에 하지 못할 때에는 법을 여실지견하지 못해서 고(苦)에 붙박는 재생을 거듭하게 된다는 점이라고 파악하고 있다. 그래서 불교의 수행 체계는 모두 이 마노를 정화해가는 과정인데 그 정화는 우뻬카(upekkhā, 평온, 捨)와 사띠(sati, 마음챙김, 念)를 개발하여 청정하게 할 때(pārisuddhi) 완성되며 그런 의미에서 네 번째 선(禪)의 키워드인 우뻬카사띠빠리숫디(upekkhā- sati-pārisuddhi, 捨念淸淨)야말로 세존께서 간곡히 설하신 수행의 골수에 해당하는 술어라 하겠다.[9]

---

9) 이 수행의 골수가 되는 술어인 우뻬카사띠빠리숫디(upekkhā-sati-pārisuddhi, 捨念淸淨)를 어떻게 한글로 옮길 것인가 하는 것도 번역의 과제 중의 과제라 하겠다. 번역에 있어서 제일 어려운 것이 이런 합성어를 어떻게 한글로 옮길 것인가 하는 문제이다. 실제로 범어를 우리말로 옮기는 번역의 성패는 이런 합성어를 어떻게 이해하고 분석해서 알맞은 토씨를 붙여서 옮겨내는가 하는 점이다. 차라리 한문은 토씨가 없으니 우뻬카-사띠-빠리숫디를 그냥 각 단어에 대응되는 한자로 사(捨)-념(念)-청정(淸淨)이라고 옮겨놓으면 일단 역자의 일차적인 의무는 다한 셈이고 더 이상 책임을 지지 않아도 되고 오역의 소지도 없다고 해도 과언이 아닐 것이다. 그러나 우리말로 옮기는데 그냥 사념청정이라고 옮기게 되면 이게 무슨 말인지 도무지 알 수 없을 뿐만 아니라 번역하는 의미조차 없어지고 만다. 그뿐만 아니라 그냥 이렇게 옮겨놓으면 참으로 엄청난 소설거리를 제공하는 업을 짓게 되는 것이다.

'사념(捨念)이 뭘까. 생각을 버려서 청정해짐'이라든지 아니면 '그래 모든 것을 다 버리려는 간절한 생각일 거야. 모든 것을 다 버리고 버렸다[捨]는 생각

vipralopa는 vi분리되어+pra앞으로+√lup(to break)의 명사로서 '파괴'를 의미한다. 이 단어는 빠알리어에는 나타나지 않는다.

---

[念]마저도 다 버린 그래서 마음이 청정하게 된 그런 경지를 말하는 것일 거야'라든지 하는 엄청난 소설감을 제공하게 되는 것이다. 이처럼 그냥 한역 경전들을 한문에 준해서 우리말로 적당히 옮기면 엄청난 오역을 하게 된다. 그런데 기상천외하게도 이 捨念淸淨을 한글대장경에서는 '생각을 보호하고 청정하여'라고 옮기고 있으니 어처구니가 없다. 이뿐만 아니고 다른 여러 중요한 술어들도 얼토당토 않게 한글로 옮기고 있으니 두렵기만 하다. 시중에 나와 있는 대부분의 아함경의 한글 번역들은 모두 엄청난 오류를 범하고 있다는 것이 역자가 느끼는 솔직한 심정이다.

그런데 이 초기경을 위시한 범어 원전에 나타나는 이런 중요한 합성어들을 제대로 분석해서 옮겨내는 작업은 단순히 범어에 능통한 것으로 결코 해결이 되지 않는다는 데 우리의 엄청난 고뇌가 있다 하겠다. 이것이야말로 부처님 근본 가르침을 바르게 이해하는 정견(正見, sammā-diṭṭhi)이 없이는 안 되는 부분이다. 참으로 난지난지 난난사(難之難之 難難事)라 하더니만 힘들고도 어려운 일이다. 초기경 곳곳에서 특히 중요한 술어들이 이런 합성어로 나타나니(예를 들면 부록에서 언급하고 있는 빠빤짜산냐상카도 그런 술어 중의 하나이다) 번역이 어려울 수밖에 없다. 그래서 남방의 주석서들이 중요한데 남방의 주석서도 중요한 부분에 가서는 정말 이럴까 하는 의문만 증폭시켜주는 부분이 많으니 이래저래 어렵고, 오히려 남방의 주석서를 따라가다 보면 부처님의 금구성언을 너무 그들 특유의 남방불교적인 견해로만 보는 게 아닌가 하는 의문이 많이 생기게 된다.

각설하고,

그럼 이 우뻬까사띠빠리숫디를 어떻게 한글로 옮길 것인가를 한 번 생각해 보도록 하자. 먼저 남방 주석서에 어떻게 나타나고 있는가를 살펴보면, 붓다고사는 우뻬카[捨] 때문에 사띠[念]가 빠리숫디[淸淨]된다 - 평온[捨]에 기인한 마음챙김[念]의 완전한 청정(淸淨) - 고 이해하고 있으며 이것이 지금까지 남방불교에서 이 술어를 이해하는 부동의 준거가 되고 있다. 냐나몰리를 위시한 요즘 몇몇 서양 학자들은 우뻬까와 사띠의 빠리숫디로 이해하여 'purification of equanimity and mindfulness(평온과 마음챙김의 완전한 청정)'로 옮기고 있는데 오히려 의미가 있는 번역이라 할 만하며 역자도 이 번역을 존중하고 있다. (냐나몰리가 번역하고 비구 보디가 정리한 맛지마 니까야의 번역서인 'The Middle Length Saying' 참조할 것) 그런데 문맥을 따라가면서 음미해보면 우뻬까[捨]와 사띠[念]와 [찟따(citta, 心)의] 빠리숫디[淸淨]로 이해할 소지가 아주 크다 하겠으며 초기경을 깊이 사유하고 음미하는 한 두 [한국] 스님들은 오히려 여기에 무게를 두고 있기도 하다. 문법적으로는 위의 세 해석이 모두 다 아무런 하자가 없다. 이런 문법적이고 문자적인 해석은 초기경을 보는 깊은 안목과 튼튼한 수행력의 뒷받침이 있을 때 설득력을 가지게 될 것이다.

vartamāne는 √vṛt(to turn이지만 be동사로 주로 쓰인다)의 현재분사이고 처소격(Locative)으로 쓰여서 '~할 때'의 뜻을 나타낸다. 그래서 전체적으로 '정법이 멸하는 시기가 되었을 때'의 뜻이다. 현장은 正法將滅 時分轉時라고 옮겼다.

5) **이런 형태의(evaṃrūpeṣu)**: 문자대로 하면 '이런 형태, 이런 모습'이라 옮길 수 있고 '이러한'의 뜻이다. 그래서 현장도 如是라고 옮겼다. 역자는 evam과 구분하기 위해서 문자대로 옮겼다.

6) **경전의 말씀들(sūtrānta-padeṣu)**: sūtra는 √siv/sīv(to sew)의 명사로서 원 의미는 '실'이나 '노끈'을 의미했는데 옛적에 경서들을 대나무나 나무껍질 등으로 만든 판에 적어서 여러 개를 실로 묶어 지녔기 때문에 이런 이름이 유래되었다. 經이라고 한역된다. 'anta'는 끝이라는 의미를 가진 명사이다. 그래서 sūtrānta는 '경의 끝'이라는 말이 되는데 어떤 가르침이 최종적으로 마무리되어 확정되었다는 의미라 하겠다. 수뜨라라는 말과 같이 經으로 옮기고 있다. 빠알리어는 sutta이고 역시 '-anta'를 붙여서 suttanta라고도 한다.

여기서 언급하고 싶은 것은 빠알리어 sutta가 산스끄리뜨어의 sūtra와 대가 되는 술어냐 하는 점이다. 어떤 학자는 쁘라끄리뜨 특히 타밀어나 까나다어(현재 인도 까르나따까 주의 언어)를 언급하면서 그 지방에서는 이 단어가 둥글다(round)는 뜻이며 그래서 빠알리어의 빠리야야(pariyāya, Sk. paryāya, 法門)와 같은 표현이라고 하기도 한다. sutta도 둥글다는 어원에서 나왔고 paryāya도 어원은 pari(둘레에, 원만히)+√i(to go)니까 둥글다는 의미가 있기 때문이다. 그러나 K. R. Norman 등의 주장에 따르면 sutta는 sūtra의 빠알리식 표기가 아니고 오히려 베다의 찬미가(hymn)들을 sūkta(su'좋은'+√vac'to speak'의 과거분사형) 즉 '좋은 말씀 = 찬미가'라고 부르는 데서 온 말이라고 한다. 즉 sūkta의 빠알리식 표기가 sutta라고 하는데 학문적으로도 근거가 충분한 설득력 있는 주장이라 받아들이고 있다. 오히려 sutta를 sūtra로 보는 것은 부처님 입멸 후 몇 백년이 지난 후대 특히 경전이 본격적으로 산스끄리뜨화되던 때의 관점이 아닌가 역자는 보고 있다.

7) **참되다는 산냐(bhūta-saṃjñā)**: bhūta는 √bhū(to become)의 과거분사로서 기본적인 의미는 '존재한 것, 생긴 것'의 의미라 하겠는데 불교 산스끄리뜨에서는 '존재하는 것 = 진실, 사실'의 의미로 쓰였다. 일반 산스끄리뜨에서는 '존재하는 것 = 기본 요소 = 지 · 수 · 화 · 풍 · 공'의 오대종(五大種, pañca-mahābhūta, 빤짜마하부따, 불교에서는 지수화풍만 인정하므로 그래서 4大라 옮겼고 마하부따라는 말을 같이 사용하기도 하고 dhātu라는 술어를 쓰기도 한다)을 뜻하는 의미로 많이 쓰인다. 한편 빠알리어로도 bhūta인데 진실이라는 뜻으로도 쓰이고(예를 들면 야타부따) '[살아있는] 존재', 특히 유령 등 초자연적인 존재를 뜻하는 경우로도 많이 쓰인다. 그리고 지수화풍의 4대를 mahābhūta로 표현한다.

참되다는 것도 본 경에서는 산냐로 나타내고 있음을 주목할 만하다. 우리가 무슨 사실을 배우고 들으면 자기 나름대로 판단하여 가지는 생각이나 고정관념이 있는데 이런 종류의 법문을 듣고서도 나름대로의 판단이 생긴다. 진실이라는 판단이나 있을 수 없는 법문이라는 판단 등이다. 그래서 법문을 듣고 가지게 되는 '참으로 그러하다'는 판단을 부따산냐라 한다고 이해하면 되겠다.

진실을 산냐라고 표현하는 것이 좀 어색했던지 구마라집은 實信이라 하여 믿음의 문제로 파악하고 있고 현장은 직역하여 實想이라고 옮겼다.

수보리는 너무나 엄청난 부처님의 대 사자후를 접하고 도대체 이런 가르침을 후세 사람들이 받아들일 수 있겠나 하고 세존께 여쭙고 있다.

8) **有持戒修福者:** 구마라집은 바로 아래 문단의 '공덕을 쌓고 계를 갖춘 자'를 여기에 가져와 번역했다.

9) **공덕을 쌓고(guṇavantaḥ) 계를 지니고(śīlavantaḥ) 지혜를 갖춘 자들(prajñavantaś ca):** guṇa(빠알리어도 동일함)는 원래는 활이나 악기 등의 줄을 뜻했다. 그것이 '한 부분'이나 '요소'의 의미로 확장되었으며 그래서 어떤 것이 가지고 있는 '좋은 특질의 요소'의 의미로 쓰이게 되었다. 현장은 德으로 옮겼다. '-vat/van'은 소유를 나타내는 어미이며 '~을 가진'의 의미이다. 그래서 guṇavan은 '덕을 가진'의 뜻이며 현장은 具德으로 옮겼다. 여기서는 모두 주격 복수형으로 쓰였다. śīla(Pāli. sīla)는 원래 '성질'이나 '특질'을 나타내는 말로 쓰였으며 특히 도덕적이나 윤리적으로 좋은 특질을 나타낸다. 戒라 옮기고 尸羅라고 음역하기도 한다. 현장은 śīlavan을 具足尸羅라 옮겼다.

prajñā(Pāli. paññā)는 pra(앞으로)+√jñā(to know)의 명사형으로서 어원으로 보면 '더 나아가서 아는 것'을 나타내며 현상을 그냥 표면적으로 아는 게 아니라 깊이 아는 것을 말한다. 智慧나 慧로 옮기기도 하나 般若로 음역하여 쓰는 경우가 대부분이다. 초기경전에서 보면 고집멸도를 안다고 할 때 이것의 동사형인 pajānāti를 쓰며 여실지견(如實知見)이라 옮기는 yathābhūtam pajānāti도 마찬가지며 무상·고·무아를 안다 할 때도, 번뇌를 완전히 멸절해서 해탈했음을 안다 할 때도 이 동사가 쓰이고 있다.(6장 27번 주해 참조)

10) **섬기는(paryupāsitā):** pari(주위로, 둘레에, 원만히)+upa(위로, 가

까이)+√ās(to sit)의 과거분사로 여기서는 주격 복수로 쓰였다. '주위에 가까이 떠나지 않고 앉아 있다'는 의미로 항상 곁에서 시중들고 섬기고 헌신하고 숭배하는 의미로 쓰이며 사제(師弟)관계를 중요시하는 인도에서 모든 종교와 학파에서 중요한 용어로 사용되고 있다. 빠알리어로는 payirupāsita이다. 현장은 承事供養이라 옮겼다.

11) **선근을 심은(avaropita-kuśala-mūlā):** avaropita는 ava(아래로)+√rup(to break)의 과거분사로서 '심다'는 뜻이며 이처럼 '선근을 심는다'는 형태로 대승경전에 많이 나타난다. 쁘라끄리뜨화된 채로 orupita 등의 형태로도 나타나기도 한다. 그러나 선근을 심는다는 표현은 빠알리어에서는 나타나지 않고 있다.

kuśala(Pāli. kusala)는 불교에서 중요하게 쓰이는 술어인데 특히 초기불교에서는 kusala-dhamma(善法)로 많이 나타나며 kusala-mūla(善根)라고도 나타난다. 초기경에 의하면 꾸살라물라는 다름 아닌 불탐·부진·불치 즉 탐·진·치가 없음을 의미한다.

앞에서도(4장 5번 주해 참조) 언급했지만 선덕(福德)으로 옮기는 puṇya의 반대말인 pāpa는 악(惡)으로 번역되는데 이 꾸살라를 이처럼 악(惡)의 반대 개념으로서의 선(善)으로 이해한다면 꾸살라가 가지는 깊은 의미를 제대로 파악하지 못한다고 생각한다. 더군다나 많은 한글로 번역된 경들에서 꾸살라담마[善法]를 아무 생각 없이 착할 善자 선법이라고 간주하여 '착한 법'이라고 옮기고 있으니 정말 원 의미와는 전혀 다르게 벗어나고 있다 하겠다. 그래서 여기서 선(善, 꾸살라)과 불선(不善, 아꾸살라)의 근본의미를 어원에 입각해서 음미해본다면 선·불선의 불교적인 근본의미를 이해하는 데 많은 도움이 되리라 생각한다.

꾸살라(kusala, Sk. kuśala)라는 단어는 인도의 전통에서는 kusa+la로 분석하고 있는데 여기서 꾸사는 꾸사라는 풀을 의미한다. 그리고 √la는 '자르다, 베다(to cut)'는 의미가 있다. 그래서 꾸살라는 꾸사풀을 꺾는 것을 뜻한다. 왜 선이 이 의미와 연결되어 있나를 이해하기 위해서는 좀더 고찰해 볼 필요가 있다.

이 꾸사풀은 우리 나라의 억새풀과 비슷하다 할 수 있는데 인도의 전통적 제사에 반드시 있어야 하는 중요한 의미를 가진 풀이다. 그런데 이 풀이 아주 억세고 날카로워서 주의를 기울이지 않고 잘못 꺾게 되면 손이 베이게 된다. 우리 어릴 때도 억새풀을 꺾다가 손이 베인 그런 경험이 있지 않은가. 그래서 이 중요한 풀을 베려면 아주 마음을 기울여서 조심해서 꺾어야 한다. 이와 마찬가지로 어떤 것이 선이기 위해서는 지혜로운 주의(yoniso manasikāra, 16-1장 1번, 2번 주해 참조)를 기울임이 필요하다는 뜻에서 이 말이 유래되었다고 보는 것이다.

그러니 엄밀한 의미에서 선업과 불선업을 구분하는 객관적인 기준이 따로 정해져 있는 것은 아니라고 본다. 예를 들면 칼을 들어서 사람 몸에 상처를 주는 행위 그 자체는 그냥 하나의 행위지만 여기에 작용하는 의도에 따라서 선·불선으로 나누어진다고 봐야 할 것이다. 의사가 칼을 들고 환자의 배를 가르는 것은 살리기 위한 의도이니 선 혹은 선업이 될 것이고, 강도가 금품 탈취를 위해서 행인의 배를 그렇게 하는 것은 불선 혹은 불선업이 될 것이다.

그렇지 않고 '선이다. 불선이다'라고 무엇을 세운다면 그것이야말로 극복되어야 할 산냐가 되고 그렇게 되면 그 선 아니 선이라는 산냐를 위해서 목숨 바친다 운운하는 극단적인 사고나 행위를 하게 되는 것이다. 그렇게 되면 선, 선업(kamma), 선근(mūla), 선법(dhamma)과는 거리가 멀어지게 되는 것이다.

굳이 선·불선의 기준을 초기경에서 찾자면 저 유명한 깔라라경을 들 수 있을 것이다. 탐·진·치가 증장하는 것은 불선이고 반대로 탐·진·치가 줄어들고 소멸되는 것은 선이라고 부처님께서 말씀하고 계신다. 우리 범부는 매순간 어떤 식으로든 의도를 하지 않고서 살 수는 없으니 항상 그 의도가 선이 되도록 노력해야겠고 그래서 우리의 삶이 향상하도록 해야 할 것이다. 아무튼 선·불선을 판단하려면 그만큼 지혜로운 주의를 기울여야 한다고 생각한다.

이 선불선을 판단해서 선은 증장시키고 불선은 없애려는 노력이 사정근(26장 7번 주해 참조)이요, 팔정도에서는 6번째인 정정진이다. 이런 끊임없는 노력에 의해서 바른 마음챙김은 확고하게 되고 바른 선정을 얻어 평온과 마음챙김이 지극히 청정해져서[捨念淸淨, 우뻬카 사띠빠리숫디] 이 힘으로 저 번뇌를 멸절하여 완전히 해탈하고 해탈했다는 지견[解脫知見]을 증득하는 것이 초기경에서 부처님께서 고구정녕히 말씀하고 계신 해탈의 길 저 팔정도인 것이다.

그래서 본 경의 23장에서도 "그 무상 정등각은 자아 없음, 중생 없음, 영혼 없음, 개아 없음으로 평등하나니 모든 선법(꾸살라 다르마)들로 철저하게 깨달아지는 것이다."라고 하여 꾸살라 다르마는 아주 중요하게 다루어지고 있다. 선·불선 - 꾸살라·아꾸살라 - 의 철저한 간택, 이런 노력을 통해서 위없는 깨달음은 성취되는 것이라고 대승 경전인 본 경도 힘주어 말하고 있음을 분명히 알아야 하겠다. 한편 영어로는 꾸살라는 wholesomeness로 아꾸살라는 unwholesomeness로 옮겨져서 정착되고 있는데 아주 좋은 번역이라 하겠다.

12) **한 마음으로 청정한 믿음(eka-citta-prasādam)**: eka는 하나, citta는 마음 혹은 마음의 생각을 뜻한다. prasāda는 pra(앞으로)+√sad(to sit)의 명사로서 마음이 가라앉은 상태 즉 '고요함, 편안함, 청안함'을 나타낸다. 아울러 그런 고요함처럼 깨끗한 믿음을 뜻한다. 구마라집과 현장은 淨信으로 옮기고 있다. 빠알리어로는 pasāda인데 그 뜻은 산스끄리뜨와 같다 하겠다. 그런데 pasāda의 동사가 pasīdati(Sk. prasīdati)인데 일차적인 뜻이 '가라앉다', 그래서 '분명하

게 되다', '밝아지다'라는 의미가 있듯이 실제로 빠알리어에서는 얼굴 색깔이 환해지는 것을 나타내기도 한다. 이처럼 사람이나 대상을 알아서 마음이 밝아지고 환해지고 차분하게 되고 하는 그런 의미가 pasāda에는 있다 하겠고, 그래서 청정한 믿음이라는 뜻으로 불교경전들에서 쓰이고 있다.

그리고 초기경에서는 믿음이라는 술어가 어떻게 나타나며 초기경에서 말하는 믿음이란 무엇인지를 한 번 살펴보는 것이 불교 신행에 중요한 역할을 하리라 생각한다. 초기경에서 믿음이라는 뜻으로 쓰이는 단어는 saddhā(삿다, Sk. śraddhā, 슈랏다)와 pasāda(빠사다, Sk. prasāda, 쁘라사다)와 adhimokkha(아디목카, Sk. adhimokṣa, 아디목샤)의 세 가지가 있다 하겠다.

먼저 일반적으로 한글로 믿음이라 할 수 있는 산스끄리뜨 원어는 śraddhā(Pāli. saddhā)이다. 이 단어는 전통적으로 śrad+√dhā(to put)로 분석한다. 서양의 범어 학자들에 의하면 슈라드는 심장, 가슴(heart)을 나타내는 명사로서 희랍이나 로마의 heart를 나타내는 것과 같은 기원을 가진 단어로 보고 있다. 그래서 슈랏다는 '마음을, 자기 가슴을 무엇에다가 놓는 것'이라는 일차적인 의미가 있다.

그런데 인도에서도 후대로 내려오면서 이 슈랏다라는 단어는 우리말 믿음[信]이 여러 의미를 다 포함하고 있듯이 믿음에 관계되는 모든 의미를 다 포함한 것으로 쓰이고 있다. 브라흐마나 문헌(제의서)에는 이 슈랏다가 공물의 신으로 인격화되어 나타나서 공물을 바치는 만큼 축복을 준다는 개념으로 발전하고 있기도 한다. 이렇듯 인도 문헌에서 슈랏다는 믿음에 관계된 모든 의미 즉 영어의 belief, faith, confidence, trust 등의 의미로 광범위하게 쓰이고 있다고 하겠다.

초기불교에서도 이 용어가 받아들여져서 빠알리어에서는 삿다

(saddhā)로 발음되고 있는데 이 삿다가 뜻하는 의미를 좀 더 자세히 알아보기 위해서는 아무래도 이 술어가 빠알리 경전에서는 어떤 문맥에서 사용되고 있는가를 살펴보는 수밖에 없을 것 같다. 사실 불교의 거의 대부분의 술어들은 산스끄리뜨를 위시한 동시대의 언어를 차용한 것이지만 대부분의 술어들은 동시대 바라문교나 힌두교에서 통용되는 의미로서가 아니라 불교 특유의 의미를 나타내는 술어로 정착되어 있다. 그래서 불교용어는 그냥 전통적인 산스끄리뜨의 의미로서만 받아들여서는 아주 심각한 오해를 불러일으키게 된다. 사실 역자가 인도에서 공부할 때 베다나 클래식 산스끄리뜨에 정통한 바라문 선생님들이 불교용어를 그들 식으로 해석해서 전혀 다른 의미로 이해하는 것을 많이 보았다. 그러니 중요한 것은 이러한 술어들이 불교 경전의 문맥에서 어떻게 쓰이고 나타나는가 하는 점을 주의 깊게 살펴보는 것이다.

먼저 이 삿다라는 용어가 초기경에서는 "세존이 이 세상에 출현하셔서 법을 설하면 사람들이 이를 듣고 여래에 믿음을 가진다(tathāgate saddham paṭilabhati)."라는 콘텍스트에 가장 많이 나타난다. 이런 경우의 삿다를 역자는 우리말의 신뢰라는 용어에 해당된다고 보는데 서양의 학자들도 요즘은 confidence로 많이 번역하고 있다. 역자는 부처님의 가르침을 듣고 생기는 신뢰감 그것이 초기불교에서 나타나는 삿다의 근본의미라고 받아들이고 있다.

사실 신뢰는 이 세상이 돌아가는 근본이 되는 덕목이다. 예를 들면 우리가 자동차 운전을 할 때 신뢰가 없으면 단 몇 미터도 가지 못할 것이다. 자동차에 대한 신뢰, 메이커에 대한 신뢰, 교통법규에 대한 신뢰, 그리해서 내가 빨간 신호등에서 정지했을 때 뒷사람과 충돌하지 않게 되리라는 신뢰, 파란 불이 켜져서 가면 옆의 차가 와서 충돌하지 않는다는 신뢰 등등 … 자동차가 한 순간 순간 움직이는 데는 이런 신뢰가 바탕이 된다고 생각한다.

가정에서 부부간에도 그러할 것이다. 좀 심한 말이 될 지도 모르지만 아내를 신뢰하지 못하면 매일 아내가 해주는 밥을 어떻게 먹을 수 있겠는가. 독약을 넣었을지도 모르고(너무 심한 비유이지만) 등등… 실로 이런 신뢰는 우리 사회를 구성하는 제일 기본덕목이라 할 수 있다. 역자는 불교에서 말하는 삿다의 의미를 이런 신뢰라고 받아들인다. 부처님 말씀을 듣고 부모, 아내, 남편, 자식에 대한 신뢰를 가지듯이 편안한 신뢰를 가지게 되는 것이 불교에서 말하는 믿음의 첫 출발이라고 생각한다.

두 번째로 초기경에 많이 나타나는 믿음에 관계된 술어가 바로 이 주에서 다루고 있는 빠사다(pasāda, Sk: prasāda)이다. 경에 나타나는 부처님과 관계된 용례를 한 번 들어보면 "우리는 스승에 대한 빠사다가 있다. 법에 대한 빠사다가 있다(satthari pasādo atthi, dhamme pasādo atthi)."라든가 세존에 대한 빠사다가 있으면 굳이 [종교적인 의례의식으로] 목욕해야 할 때에 목욕을 하지 않아도 된다는 이야기(S55.30) 등등에서 볼 수 있듯이 이 단어 역시 믿음을 나타내는 술어인데, 삿다와 구분해서 생각해본다면 신뢰를 가지거나 법(가르침)을 이해하고 사물을 바르게 판단해서 오는 마음의 편안함, 환희로움, 밝음, 분명함 그리고 이런 분명함에서 오는 의심이 없음, 마음의 편안함 등을 나타내는 것이라고 보여진다.

본 경의 이 부분에서도 이런 엄청난 가르침을 잘 받아들이고 이해하여서 마음이 밝아지고 기뻐지고 편안해지고 환희심을 내는 그런 사람들의 내면 상태를 이 쁘라사다라는 단어로 표현하고 있고 구마라집과 현장은 淨信으로 옮기고 있는 것이다. 그래서 요즘 학자들은 淸淨信으로 번역하고 있다.

아디목카(adhimokkha)를 살펴보면, 사전에는 'firm resolve, determination, decision'이라고 나타나고 있는데 '확신, 결단, 결심'을 뜻하는 용어다. 이 용어는 경에서보다는 논서에서 많이 나타나는데 믿음의 요소로 나타날 때는 신뢰(삿다)와 분명함(빠사다)에 바탕한 확신이라는 의미로 쓰이고 있다. 본 경에서도 이 아디목샤(adhimokṣa)라는 단어가 몇 번 나타나고 있고 구마라집과 현장은 信解라고 옮기고 있다. 요즘 일본학자들도 그래서 신해라 옮기고 있다.(14-2장의 3번 주해와 15-2장 6번 주해 참조). 어원적인 의미에서 아디목카를 분석해보면 adhi(향하여)+√muc(to release)인데 목카는 산스끄리뜨 목샤(mokṣa)로서 다름아닌 해탈을 뜻한다. 그래서 '해탈을 향함'이 그 기본의미가 되겠는데 불교적인 측면에서 본다면 불법승에 확신을 가졌다는 것은 해탈을 향하는 기초가 완전히 다져졌다는 의미라 하겠다. 경에는 중부 제 111경에 단 한 번 나타나는데 초선(初禪)의 [善]법들 중의 하나로 나타나고 있듯이 해탈 열반을 실현하는 중요한 기반이라 하겠다.

이처럼 초기경에서는 믿음이 이런 세 가지 술어로 표현되고 있는데 부처님 가르침을 듣고 생기는 신뢰(삿다)와 법을 사유하고 이해하고 실천해서 생기는 편안함, 즐거움, 밝음, 환희심 그래서 그런 법을 가르쳐주신 분에 대한 깨끗한 믿음(빠사다), 그래서 생기게 되는 확신, 흔들리지 않음, 확고부동함(아디목카)이 초기불교에서 말하는 믿음이라고 하겠다. 이런 믿음이 확립된 경지를 예류향 내지는 예류과(9-1장 주해 참조)라 하여 성자의 반열에 동참한 사람이라고 하는 것인데 우리가 꼭 음미해보고 넘어가야 할 부분이다. 한편 서양종교 일반에서 말하는 절대자를 가설한 믿음은 불교 특히 초기불교와는 아무런 관련이 없다고 생각한다.

여러 불교 경전이나 논서에 등장하는 비유가 있다. 좀 각색해서 적어보자면 다음과 같다.

예를 들어 내가 지금 주먹을 쥐고 신도들에게 이야기하기를 "지금 내 주먹 속에는 엄청나게 값비싼 마니 보배구슬이 있다."고 한다면 그들의 반응은 매우 다양할 것이다. 대부분의 사람들에게서 제일 처음 일어나는 반응은 의심일 것이다. 정말 저 속에 엄청나게 비싼 보배가 있을까 하는 의심, 그러다가 몇몇 사람은 곧 '그래 저 분은 거짓말을 잘 하지 않으니까 정말일 거야' 하는 소위 말하는 믿음이 생기게 될 것이다. 그래도 많은 분들이 의심을 할텐데 내가, 아니 내가 만든 무시무시한 폭력조직이 만일 칼이나 총을 들이대고 이것을 믿지 않으면 죽이겠다고 으름장을 놓으면 목숨을 구하려고 대부분의 사람들은 믿음을 표할 것이다. 무조건 믿씁니다 할 것이다.

사실 일반 종교에서 절대자를 가설하고 제시하는 믿음은 이런 수준이라고 할 수 있다. 아무도 신을 본 사람이 없다. 그리고 설혹 신을 봤다 하더라도 그것은 신이 아니고 내 육근(눈 귀 코 혀 몸 마음)의 대상일 뿐이고 육근이 변함에 따라 그 인식도 변하고 이 세상에 있는 대상이라는 것도 시시각각으로 변하기 마련이니 그 신 또한 무상의 법칙이 적용되고 있는 것이다.

그리고 종교와 폭력은 우리가 역사를 통해서 신물나도록 보아온 것이 아닌가. 인간이, 내가, 혹은 우리 집단이 믿는 절대자나 신념이나 가치체계의 우월성을 입증할 수 있는 것은(남보다 우월하려는 발상 자체가 무지에서 나온 소치이겠지만) 불행히도 폭력뿐인 것 같다. 그래서 역사적으로 성전(聖戰)을 빙자한 수많은 종교전쟁을 우리 인류는 목격해온 것이다.

보지 못하고 알지 못하니까 믿을 수밖에 없다는 이런 유의 믿음을 서양에서는 belief라고 하는 것 같다. '불합리하기 때문에 믿는다'는 토마스 아퀴나스의 절규가 바로 belief의 의미를 적나라하게 드러내준다고 생각한다. 주먹 속에 감추어져 있는 것을 그냥 믿을 수밖에 없는 경지라고 할 수 있겠다. 사실 belief의 문제는 보지 못하기 때문에 생기는 현상일 것이다. 본 자는 '본다, 보았다'고 말하지 '믿는다, 믿씁니다'라고 강조할 필요가 없는 것이 아닌가.

총칼을 들이대고 믿지 않으면 죽인다고 했을 때 생기는 믿음을 역자는 faith의 측면으로 보고 싶다. faith란 충성에 가까운 개념일텐데 군신이나 주종관계를 성립시키는 바탕이 faith가 아닐까 생각해본다. 물론 진심에서 나온 것이 faith겠지만 좀 의문스러운 시각으로 그 심리현상을 관찰해본다면 이 단어는 아무래도 죽임이나 보복, 해코지에 대한 불안한 심리가 배경이 되었을 거라는 생각은 지울 수가 없다. 신내린 무당이 강림한 신에 대해서 가지는 심리상태라고 말하면 너무 극단적일까. 절대자를 설정하는 모든 종교는 어쩌면 이런 faith가 가장 기본이 되는 믿음구조를 갖지 않았나 여겨져서 faith에 대해 생각해 보았다.

어쨌든 절대자를 가설하는 종교는 알지 못하는 데서 기인한 belief와 모든 파워와 생사여탈권을 가졌다고 믿는 그 절대자에 대한 경외심과 두려움에 기인한 faith가 시작이요, 끝일 수밖에 없다고 생각한다.

반면 불교에서 중요시하는 것은 주먹을 맹목적으로 믿는 게 아니고 그 주먹을 열어서 '있는 그대로를 보는 것[如實知見]'이다. 주먹을 펴 보이게 되면 그 안에 무엇이 들었는지 명명백백히 알게 되고 그렇게 되면 belief나 faith는 아무런 의미가 없어진다. 그래서 불교는 '와서 믿으라'는 가르침이 아니고 '와서 보라(ehipassika)'[10]는 가르침이다. 보면 알게 되고 알면 속지 않게 된다. 보아서 알게 되어 생기는 편안함, 즐거움, 가벼움, 밝음, 고요함, 그래서 생기는 확신, 이런 것이 불교에서 말하는 믿음인 것이다. 초기불교 경전에서는 자나띠(jānāti, 안다)와 빳사띠(passati, 본다)라는 두 단어가 함께 수없이 많이 등장하고 이 두 단어가 합성해서 생긴 명사 냐나닷사나(ñāṇa-dassana, 知見)라는 용어도 중요한 술어로서 많이 나타난다. 그만큼

---

10) ehi는 ā([이곳을] 향하여)+√i(to go)의 명령형으로 '오라'는 뜻이요, passika는 √dṛś(to see)의 명사형으로 '보는 것'을 뜻한다.

불교에서는 맹목적 믿음보다는 보고 아는 것을 중요시하고 이것을 신행의 출발점으로 삼고 있다 하겠다.

그러니 불자는 먼저 부처님 가르침을 바르게 사유해야 한다고 생각한다. 그러면 신뢰가 생기고(삿다), 내 삶에 적용시키면 편안함과 밝음이 생기고(빠사다), 그러면 태산부동의 확신(아디목카)이 생기게 될 것이다. 이렇게 되어야 참다운 불자라 할 수 있을 것이다.

13) **얻게 되다(pratilapsyante)**: prati(~에 대해서)+√labh(to take, to get)의 동사 미래 삼인칭 복수로 쓰였다. '얻는다'는 뜻이다. 구마라집은 生으로 현장은 得으로 옮겼다. 빠알리어는 paṭilabhati(현재 삼인칭 단수형)이다.

14) **그들은 부처의 지혜로 알아졌다(jñātās te buddha-jñānena)** : jñātāḥ는 √jñā(to know)의 과거분사이다. buddha는 잘 아는 바와 같이 √budh(to enlighten)의 과거분사형을 취해서 '깨달은 분'이라는 뜻이고 佛로 음역된다. jñāna는 √jñā(to know)의 명사이며 buddha와 합해져서 도구격으로 쓰였다. 구마라집은 옮기지 않았고 현장은 佛智라 옮겼다. 초기경에서는 buddha-ñāṇa라는 합성어는 발견되지 않는다. 단지 빠띠삼비다막가(무애해도, 無碍解道)에서 14가지의 붓다냐나를 언급할 뿐이며 후대의 불전문학이나 논서, 주석서에서 나타나는 술어이다. 그 대신 초기경들에서는 다음의 잘 알려진 정형구로 깨달음을 표현하고 있다.

"전에 듣지 못한 법들에서 눈이 생겼다. 지(智)가 생겼다. 혜(慧)가 생겼다. 명(明)이 생겼다. 광(光)이 생겼다."[11]

아울러 여기서 초기불교에서 나타나는 ñāṇa의 개념에 대해서 일

---

11) pubbe ananussutesu dhammesu cakkhuṃ udapādi, ñāṇaṃ udapādi, paññā udapādi, vijjā udapādi, āloko udapādi.(S36.25 등)

견할 필요가 있을 것 같다. 후기로 내려오면서 불교 특히 대승불교에서는 반야(般若, paññā, Sk. prajñā)가 불교의 지혜를 대표하는 술어로 정착되어 반야 일변도로 일종의 극단으로 치달아간 감이 있지만 사실 초기불교에서는 냐나(ñāṇa, Sk. jñāna)가 지혜를 대표하는 술어로 쓰이고 있다. 이 냐나는 광범위한 의미로 쓰인다 할 수 있겠는데 초기경들의 문맥에서 간단히 정리해보면 다음과 같다.

제일 먼저 언급해야 할 것이 '해탈했을 때 해탈을 했다고 아는 지혜(vimuttasmiṃ vimutāmhīti ñāṇam)'이다. 초기경에 아주 많이 나타나는 해탈에 관계된 정형구에서 나타나는 문장이다. "이렇게 알고 이렇게 보는 자에게 욕망의 번뇌로부터[慾漏, kāmāsava] 마음은 해탈이 된다. 존재의 번뇌로부터[有漏, bhavāsava] 마음은 해탈이 된다. 무명의 번뇌로부터[無明漏, avijjāsava] 마음은 해탈이 된다.[12] 해탈했을 때 해탈을 했다고 아는 지혜가 있다.[13] 태어남은 다했다. 범행은 성취되었다. 해야 할 바를 다 했다. 이제 이 다음 [생]이란 없다 라고 지혜로써 안다.[14]"

여기서 '태어남은 다했다 … 없다 라고 안다'까지를 초기경에서는 aññā(안냐, 圓智)라고 하고 있다. 이렇게 해탈이라는 최고의 경지를 냐나로써 표현하고 있다. 그 외에도 다른 여러 문맥에서 이 해탈에서 해탈을 했다고 아는 지혜의 구문이 나타나는데 그 중에서도 예를 들면 "색(rūpa)에 염오한다[厭惡, nibbindati] 염오에서 이욕한다[離慾, nibbindaṃ virajjati]. 이욕 때문에 해탈한다(virāgā vimuccati). 해탈했을 때 해탈했다고 아는 지혜가 있다. 태어남은 다했다. … 라고 지혜로써 안다."는 등의 구문으로 많이 나타난다.

---

12) evaṃ jānato evam pāssato kāmāsavā pi cittaṃ vimuccati, bhavāsavā pi cittaṃ vimuccati, avijjāsavā pi cittaṃ vimuccati

13) vimuttasmiṃ vimuttamhīti ñāṇaṃ hoti.

14) khīṇā jāti, vusitaṃ brahmacariyaṃ, kataṃ karaṇīyaṃ, nāparaṃ itthattāyāti pajānātīti

그 외에도 '마음으로 다른 개체들의 마음을 완전히 아는 지혜(ceto-pariya-ñāṇa)', '전생의 삶들을 기억하는 지혜(pubbe-nivāsānu-ssati-ñāṇa)', '중생들의 죽고 태어남을 아는 지혜(cutūpapāti-ñāṇa)', '번뇌가 소멸된 지혜(āsavānaṃ khaya-ñāṇa)'라는 술어가 많이 나타나는데 이런 수승한 지혜는 모두 사선(四禪)을 증득하고 그 힘으로 얻게 되는 소위 말하는 6가지 신통지(abhiññā)라 불리는 문맥에서 나타나고 있는 것이다. 그 외에도 법에 대한 지혜라는 표현이 나타나며(dhammesu/dhamme ñāṇa) 조금 후대에 속하는 아비담마 문헌들에서는 여러 가지로 냐나를 분류하기도 한다.

이렇게 볼 때 초기경에서는 paññā(智慧, Sk. prajñā)나 abhiññā(超凡智 혹은 神通智, Sk. abhijñā)나 pariññā(洞智?, Sk. parijñā)나 aññā(圓智?, Sk. ājñā)까지도 모두 냐나(ñāṇa, Sk. jñāna)의 영역에 포함된다 하겠다.(6장 27번 주해 참조)

15) **그들은 부처의 눈으로 보여졌다(dṛṣṭās te buddha-cakṣuṣā)**: dṛṣṭāḥ는 √dṛś(to see)의 과거분사로 쓰였다. cakṣu는 어원이 불분명하나 다뚜빠타에서는 √cakṣ(to see)의 명사형으로 설명한다. 혹은 √kāś(to shine)의 중복음절로 ca를 취한 형태에서 파생된 것으로 보기도 한다. '눈[眼]'이라는 뜻이다. 그래서 붓다짝슈(buddha-cakṣu)를 현장은 佛眼으로 옮기고 있다. 이 복합어 역시 초기경들에서는 거의 나타나지 않는다. 바로 앞의 주에서 말한 것처럼 그 대신에 초기경에서는 깨달음의 실현을 '짜쿰 우다빠디, 냐남 우다빠디 …' 즉 안지혜명광(眼智慧明光)의 정형구로 표현하고 있다.

16) **그들은 여래에 의해서 깨달아졌다(buddhās te)**: 여기서 buddha는 √budh(to enlighten)의 과거분사로 쓰였다. 여래는 깨달음으로 그들이 이러한 상태에 있다는 것을 안다는 의미이다.

17) **측량할 수 없고(aprameyam)**: a(부정접두어)+pra(앞으로)+√mā (to measure)의 Pot. 분사로 쓰였다. '측량할 수 없다'는 뜻으로 구마라집과 현장은 無量으로 옮기고 있다. 빠알리어로는 appameyya이다.

18) **셀 수 없는(asaṃkhyeyaṃ)**: a(부정접두어)+saṃ(함께)+√khyā (to see)의 Pot. 분사이다. 동사 saṃkhyati는 '계산하다, 헤아리다'의 뜻이고 명사 saṃkhyā(Pāli. saṃkhā)는 '수, 계산, 헤아림'의 의미로 쓰인다. 그래서 아상케야는 '계산할 수 없는, 셀 수 없는'의 의미이다. 구마라집은 옮기지 않았고 현장은 無數라고 옮겼다.

19) **쌓고(prasaviṣyanti)**: pra(앞으로)+√su(to generate, enliven or to press out[Soma juice])의 미래 삼인칭 복수형이다. 빠알리어 현재 삼인칭 단수는 pasavati이며 '생기게 하다, 산출하다, 낳다'의 의미로 쓰이고 본 경에서처럼 'puṇyam pasavati(선을 쌓다), pāpam pasavati(악을 쌓다)'는 구문으로 많이 쓰인다. 구마라집은 옮기지 않았고 현장은 生이라 옮겼다.

20) **얻게 되리라(pratigrahīṣyanti)**: prati(대하여)+√grah(to seize)의 미래 삼인칭 복수로 쓰였다. 무엇을 '움켜쥔다'는 의미에서 '얻다'라는 뜻을 가지고 있다. 구마라집은 得으로 현장은 攝으로 옮겼다.

그리고 본 경에서는 √grah에서 파생된 단어들이 많이 나타나고 있다. anugrah, anuparigrah, parigrah pragrah, saṃgrah, udgrah, grah 등이 나타나는데 색인을 참조하기 바란다.

21) **법이라는 산냐도 법이 아니라는 산냐도 생겨나지 않기 때문이다(dharma-saṃjñā pravartate evaṃ na adharma-saṃjñā)**: 아

·인·중생·수자로 정형화된 산냐에다 여기서는 법·비법의 산냐가 더해진다. 법이라는 관념, 이것이 진리라는 관념, 이것만이 진리라는 그런 관념이 인간을 편협하게 만들고 나아가서는 무리를 만들어 그것에 동의하지 않는 무리들과 싸워온 것이 인간의 역사라 하겠다.

숫따니빠따 4장만 봐도 그 때 사문・바라문들이 모두 제각각 이것만이 진리요, 나머지는 모두 거짓이라고 주장하고 있음을 볼 수 있다. 이에 대해 부처님께서는 그들은 모두 자기가 본 것만이 진리라 하는데 지자는 그런 것을 산냐에서 기인한 것으로 보기에 거기에 얽매이지 않는다. 나아가서 보고 듣고 생각한 것을 모두 산냐라 간주하기에 지자는 거기에 얽매이지 않는다(부록 참조) 등등 정말 대사자후를 토하고 계신다. 이런 것들을 산냐라고 아는 자는 감히 그것을 진리라, 법이라 주장하지 않는다. 논쟁의 허망함을 알기에 지자는 양변을 여의고 고(苦)를 알고(pājānati, 반야의 동사형), 고의 원인을 알고, 고의 소멸을 알고, 고의 소멸에 이르는 길을 알아서 고에서 벗어난다는 의미이다. 그런데 일단 법이라는 불교의 체계가 갖추어지자 많은 제자들은 벌써 그 법에 집착한다. 그래서 초기경에 벌써 본 경의 본 장에 나타나는 '뗏목의 비유(kolopama)'가 등장하고 있으며 산냐의 척파(saññānaṃ uparodhana)[15]를 근본 취지로 하는 본 경에서도 당연히 법의 산냐에 집착함을 척파하기 위해서 이 비유를 인용하고 있다.

22) **산냐도 산냐 아님도 생겨나지 않는다(saṃjñā na asaṃjñā pravartate)**: 한 걸음 더 나아가서 산냐다 산냐가 아니다라는 그러한 관념(산냐) 역시 보살의 길을 가는 자는 가지지 않는다. 참으로 산냐에서 자유로워진 대자유인이라 할 것이다. 제 1장 법회인유분을 보라. 공양하실 때가 되어 법도에 맞게 공양을 마치시고 자리에 앉

15) 숫따니빠따 4장, Sn 737번 게송.

아서 마음챙겨 좌정하시고 때가 되면 제자들이 와서 문안드리고 질문하면 그 인연에 맞추어서 설법하시며 평온하게 아무 것도 내세우지 않으시고 대자유인으로 사시는 저 세존을.

구마라집은 이 부분을 번역하지 않고 何以故 是諸衆生 若心取相 則爲著我人衆生壽者라고 옮기고 있는데 구마라집이 번역의 대본으로 사용한 범어본이 이렇게 나타나는지 아니면 이렇게 의역을 했는지는 알 수 없다. 현장은 無想轉 亦無非想轉으로 옮겼다.

23) **집착이 될 것이며(grāho bhavet)**: grāha는 √grah(to seize)의 명사로 '잡음, 움켜쥠, 집착'의 뜻이다. 구마라집은 着(我人衆生壽者)이라고 동사로 옮겼고 현장은 [我]執 등으로 옮겼다. bhavet는 be 동사 √bhū의 Opt.형으로 쓰였다.

여기서 주의 깊게 봐야 할 점은 산냐가 집착으로 발전하고 있다는 점이다. 경에서는 산냐 그 중에서 특히 법에 대한 산냐가 있으면(물론 법이 아니라는 산냐도 포함해서) 그것은 아·인·중생·수자 등의 실체에 대한 집착이 되고 만다고 하고 있다. 그래서 본 경에서는 수없이 반복해서 법에 대한 산냐를 가지지 말 것을 강조하고 있는 것이다. 일단 집착이 생기면 이것은 나중에 다시 아·인·중생·수자 등의 실체가 있다는 견해(dṛṣti, Pāli. diṭṭhi)로 자리잡는다고 경전에 수도 없이 나타나고 있다.(15-2장 8번 주해 및 31-1장 1번 주해 참조)

초기불교에서 볼 때 산냐는 오온 가운데서 세 번째이다. 이 산냐가 집착으로 발전하면 그 집착은 네 번째인 행(行, saṅkhāra, Sk. saṃskāra, 의도적 행위, 반응, 반작용)이 된다. 즉 산냐는 아직 의도적인 행위로는 발전되지 않은 마음속의 관념이나 이념, 인식, 개념 등이라 하겠는데 이 이념, 이상, 관념, 개념, 인식 등에 집착을 하게 되면 grāha(執)라고 하며 강력한 의도(상카라) 중의 하나가 되는 것이다. 예를 들면 민주주의라 하면 그것은 하나의 산냐다. 일단 민주주의라는 상이 생기면 이것을 위해서 목숨을 바쳐야 하고 독재를 타도한다는 등의 의도적인 행위로 발전하고 그래서 민주주의에 대한 강한 집착(그라하)이 생긴다. 이런 과정을 거쳐서 민주주의라는 데 일가견(견해, diṭṭhi, Sk. dṛṣṭi)이 생긴다 하겠다.

미인이라는 것 또한 하나의 산냐다. 그런데 이 미인이라는 산냐를 마음에 품고 있으면 그것은 그리움, 사모, 애욕, 애정, 음심 등의 의도적인 행위로 발전하게 되고 그래서 미인이라는 산냐에 강한 착이 붙게 된다. 그런 과정과 경험을 거쳐서 미인에 대한 여러 견해가 자리잡게 되는 것이라 보면 되겠다. 그러나 실제에 있어서는 이들 산냐와 집착과 견해의 셋은 동시적으로 생기고 작용한다. 산냐를 다만 산냐로 보고 거기에 집착이나 견해를 일으키지 않아야 거기에 속지 않게 되고 그 산냐를 뛰어넘게 되는 것이다.

24) **국집되어서도(udgrahītavyo)**: ud(위로)+√grah(to seize)의 Pot. 분사로 쓰였다. 구마라집과 현장은 모두 取로 옮기고 있다. 이와 같이 √grah가 본 경에서 다양한 접두어와 함께 쓰이고 있다.

25) **뗏목의 비유(kolopamaṃ)**: kola(Pāli. kulla, 뗏목)와 upama(비유)의 합성어이다. 빠알리어로는 kullūpama이며 중부 제 22경(M22)에 똑같이 나타나는 유명한 비유이다.

26) **법문(法門, dharma-paryāya)**: paryāya(Pāli. pariyāya)는 pari(둘레에, 원만히)+√i(to go)의 명사로서 기본의미는 '일이 경우에 맞게 잘 되어 가는 것'을 뜻하며 그런 의미에서 '방편, 방법, 순서, 차례, 습관' 등의 의미로 쓰이고 부처님의 설법은 항상 이렇게 설해지므로 가르침의 의미로 쓰인다. 특히 본 경에서처럼 dharma와 합성어로 나타나면 법의 가르침이라는 뜻이며 한역에서 법에 들어가는

문, 즉 방편이나 방법이라는 뜻에서 법문(法門)으로 옮겨서 지금까지 절집에서 보편적으로 쓰이고 있다. 빠랴야(paryāya)라는 말은 초기경에서도 pariyāya로 아주 많이 등장하는 술어인데 일반적으로 담마(다르마)라는 말이 불교에서 너무나 광범위하게 사용되므로[16] 오해를 피하기 위해서 부처님의 설법은 빠리야야라는 술어를 붙여서 담마빠리야야로 사용하는 경향이 많다고 생각해 볼 수도 있겠다. 물론 빠리야야는 방편설이라는 개념이 강하다.

27) **깊이 아는 자들에 의해서(ājānadbhir):** ā(둘레에)+√jñā(to know)의 현재분사형이고 여기서는 도구격 복수로 쓰이고 있다. 현장은 諸有智者로 옮겼고 구마라집은 汝等比丘로 의역을 하고 있는데 이 비유의 출처라고 보여지는 초기경인 중부 22경에 부처님께서 비구들에게 설법을 하고 계시므로 구마라집은 이렇게 여등비구라고 옮겼다고 역자는 보고 싶다.

한편 초기경에서 보면 '알다'는 동사 √jñā(to know)에 여러 접두어를 붙여서 중요한 동사들이 다양하게 나타난다. 여기서 3인칭 단수형으로 소개해본다.

① jānāti - 아무 접두어도 붙이지 않은 표현으로 일반적인 문장에서 많이 나타난다. 특히 알아서 견해로 확립된다는 표현을 할 때는 jānāti … passati라는 구문이 아주 많이 등장한다. 예를 들면 '존자시여, 어떻게 알고 어떻게 보는 자에게 번뇌들의 소멸이 있습니까.'[17] 등이다. 이것의 명사형인 냐나닷사나(ñāṇa-dassana, 知見)라는 술어도 많이 나타나고 있다.

---

16) 잘 알다시피 마음(마노)의 대상을 모두 담마(다르마)로 부르기도 하고 부처님의 가르침을 담마(다르마)로 나타내기도 한다.

17) katham pana bhante jānato katham passato anantarā āsavānam khayo hoti.

② sañjānāti - 접두어 saṃ(함께)이 붙은 동사로 바로 산냐(sañña, Sk. saṃjñā, 想)의 동사형이다. 일반적으로 '인식한다'는 의미인데 예를 들면 여러 다른 종류의 꽃들을 '꽃'이라고 합쳐서(sam) 인식하는 것, 즉 표상(表象)하는 것을 말한다 하겠다. 그런 의미에서 문자대로 合知라고 할 만하다.

③ vijānāti - 접두어 vi(분리해서)가 붙은 것인데 식(識, 알음알이)이라 번역하는 viññāṇa(윈냐나, Sk. vijñāna)의 동사형이다. 문자 그대로 '분별해서 안다'는 의미이다. 예를 들면 꽃들을 보고 장미, 백합, 카네이션, 튤립 등등으로 분리해서(vi-) 아는 것을 말한다 하겠다. 물론 장미니 백합이니 하고 인식하는 것 자체는 산냐이지만 이렇게 비유할 수 있다는 말이다. 윈냐나(識)는 서양학자들이 'mere awareness'라고 이해하고 있듯이 개념작용(notion, 산냐)이 생기기 이전의 단계로서 매 찰나 대상을 접하는 순간 순간 생기는(생겼다가는 멸하고 또 다시 다른 조건에 의해서 생겼다가는 멸하고를 반복하는) 그런 알음알이 작용(consciousness)을 뜻한다고 하겠다. 동사로서 경에 많이 나타나는 sañjānāti와 vijānāti를 굳이 분별해서 말해본다면 어떤 대상들을 보고 꽃이라고 인식하면 그것은 산자나띠라 할 수 있겠고, 저것은 장미꽃, 저것은 무슨 꽃이라고 분별해서 안다면 그것은 위자나띠라고 할 수 있겠다. sañjānāti와 vijānāti는 이처럼 서로 반대되는 기능을 표현하고 있다고 하겠다. 이 산자나띠와 위자나띠 두 가지는 우리가 보통으로 대상을 인식하는 것을 표현한 말이라 보면 되겠다. 이런 의미에서 vijānāti는 分知라 이해하면 되겠다.

④ pajānāti(Sk. prajānāti) - 이 동사 역시 초기경에 아주 많이 등장한다. 접두어 pra(앞으로)를 붙여서 된 동사인데 반야(般若)로 음역되는 빤냐(paññā, Sk. prajñā)의 동사형이다. 문자적으로 보면 그냥 피상적으로 대상을 분별해서 알거나(위자나띠, 分知) 뭉뚱거려 아는 것(산자나띠, 合知)을 넘어서서 '앞으로 더 나아가서(pra-) 아는 것'을

뜻한다. 이것이 반야의 가장 초보적인 의미라 하겠다. 그래서 꽃들이 있구나(산자나띠)라거나 장미, 백합, 라일락이 있구나(위자나띠)라고 대상을 그냥 인식하는 것이 아니라 저 대상을 변하는 것으로[無常, anicca, Sk. anitya] 알고, 그러기에 필경에는 고(苦, dukkha, Sk. duḥkha)일 수밖에 없는 것으로 알며, 그러기에 어떤 불변하는 실체가 없는 것으로[無我, anatta, Sk. anātmā] 아는 것을 pajānāti라고 한다. 그 외에도 사제(四諦)를 안다든지 특히 염처경(念處經, Sati-paṭṭhāna-sutta)에서 '숨을 길게 들이쉬면 길게 들이쉰다고 알고(pajānāti) …' 등의 공부짓는 과정에 중요하게 나타나고 있으며 그 외에도 '해탈했으면 해탈했다고 안다(pajānāti)'(위 9, 14번 주해 참조할 것) 등으로 아주 중요하게 쓰이고 있다. 한편 청정도론 등의 후대 논서에서는 산냐-윈냐나-빤냐의 순서로 단계적으로 지혜가 승화되어 가는 것을 논하고 있는데 조금은 더 깊이 생각해 볼 필요가 있는 논지라 여겨진다.

⑤ sampajānāti - 위 pajānāti 앞에다가 다시 접두어 saṃ(함께)을 더 첨가한 것이다. 이것의 명사형인 sampajāna는 sati(念)와 함께 쓰여서 사띠삼빠자나(sati-sampajāna)로 많이 나타나는데 이는 正念正知로 번역되듯이 마음챙김의 공부에서 중요한 술어로 쓰이고 있다. 특히 염처경에 나타나서 '앞으로 가고 뒤로 가고, 앞으로 보고 옆으로 볼 때 잘 알면서(삼빠자나) 행해야 하고 …' 등으로 나타난다. 특히 율장에서 쓰이고 있는데, 예를 들면 삼빠자나 무사와다(sampajānā-musā-vādā)라 하면 잘 알고 있으면서 고의로 거짓말하는 것을 말한다. 이처럼 삼빠자나띠는 충분히 잘 아는 것, 고의성이 짙을 정도로 잘 알고 있는 것을 뜻한다 하겠다.

⑥ abhijānāti - 접두어 abhi(향하여, 위로)를 첨가한 동사이다. 불교에서 만들어진 술어에서 abhi는 대부분 '수승한'의 의미가 있고 그래서 한문으로 勝을 써서 번역하고 있다. 문자적인 의미로 본다면 '위

로 초월하여 안다'는 뜻이다. 그래서 이것의 명사형인 아빈냐(abhiññā)를 超凡智라 번역하고 있다. 범부의 경지를 넘어선 성자들에 해당하는 지혜라 할 수 있다. 주로 전생의 일을 안다든지 하는데 나타나며 6신통을 역시 아빈냐라 하기도 한다.(14-5장 17번 주해 참조) 勝知라 할 수 있겠다.

⑦ parijānāti - 접두어 pari(둘레에, 원만히)가 붙어서 만들어진 동사로서 문자적인 의미대로 무엇을 '완전히, 철저히, 원만히 안다'는 뜻이다. 이것의 명사는 pariññā인데 '모든 취착을 철저히 안다는 말(sabbupādāna-pariññā-vādā)'이라는 등으로 나타난다. 반야를 통해서 성취되는 지혜이다. 洞知라 보면 되겠다. M43에 "빤냐(반야)는 무엇을 목적으로 하나?"[18]라는 질문에 대해서 "빤냐는 아빈냐를 목적으로 하고 빠린냐를 목적으로 하고 버림(빠하나)을 목적으로 한다."[19]고 나타난다. 이처럼 아빈냐와 빠린냐는 반야가 있어야 개발되는 지혜라 할 수 있다.

⑧ ājānāti - 접두어 ā(향하여)가 붙어서 나타나는 동사이다. 이것의 명사형인 aññā는 바로 모든 번뇌를 멸한 구경의 경지를 나타내는 술어로 나타난다. 즉 "생은 멸했다. 범행은 성취되었다. 할 바를 모두 다했다. 이제 이 이후란 존재하지 않는다고 안다."[20]는 것을 경에서는 aññā라고 하고 있다. 그 외에도 동사 ājānāti는 제자들이 세존의 법문을 '원숙하게 완전히 다 안다'고 할 때 나타나고 있다. 예를 들면, "세존이시여, 세존께서는 오랜 세월 동안 이런 법을 설하나니, 탐욕은 마음의 수번뇌(隨煩惱)이다. 증오는 마음의 수번뇌이다. 미혹은 마음의 수번뇌이다 라고. [이것을] 저는 완전히 다 알고 있습니다."[21] 원지(圓知)라 할 수 있겠다.

---

18) paññā panāvuso, kimatthiyā ti.

19) paññā kho, āvuso, abhiññatthā pariññatthā pahānatthā ti.

20) khīṇā jāti, vusitaṃ brahmacariyaṃ, kataṃ karaṇīyaṃ, nāparaṃ itthattāyāti pajānātī ti.

그 외에 paṭijānāti를 들 수 있는데 산스끄리뜨로는 pratijānāti로서 '인정하다, 동의하다, 승인하다'의 뜻이며 이것의 명사인 paṭiññā는 '약속, 동의, 서원, 인정' 등의 뜻으로 쓰이며 본 경에도 나타나고 있다.(15-2장 9번 주해 참조) 그리고 pajānāti(Sk. prajānāti)의 사역형태인 paññāpeti(Sk. prajñāpayati)도 많이 나타나는데 '알게 하다, 선언하다, 지적하다, 인정하다, 정의하다' 등의 뜻으로 쓰이며 이것의 명사인 paññatti(Sk. prajñāpti)도 많이 쓰이는데 '개념, 정의, 동의, 이름' 등 다양한 뜻으로 쓰이며 본 경의 27장에도 나타나는데 구마라집은 設로, 현장은 施設로 옮겼다.(27장 3번 주해 참조)

28) **"법문이란 뗏목과 같은 것이라고 깊게 아는 자들은 법들도 반드시 버려야 하거늘 하물며 법들이 아닌 것임에랴(kolopamaṃ dharma-paryāyam ājānadbhir dharmā eva prahātavyāḥ prāg eva adharmā)"**: 이 구문과 같은 빠알리어 구문이 중부 제 22경(Alagaddūpama-sutta)에 다음과 같이 그대로 나타난다.

"오 비구들이여, 설해진 법은 뗏목과 같은 것이라고 깊게 아는 자들은, 법들도 역시 버려야 할 것인데 하물며 법들이 아닌 것임에랴."[22) 여기서 본 경의 산스끄리뜨본과 빠알리어본의 주 차이점은 산스끄리뜨본에서는 '다르마빠리야야(dharma-paryāya)'로 '부처님의 법문'이라 표현되었고 빠알리어본에서는 '담맘 데시땀'으로 '설해진 법'이라고 표현된 것이다. 이 중부 제 22 Alagaddūpamasutta(M22, 뱀의 비유경)는 아주 중요한 경 중의 하나이다. 독수리 사냥꾼의 아들이었던 아릿타라는 비구가 삿된 견해를 주장하자 세존께서 이를 책망하

---

21) dīgharattāhaṃ bhante bhagavatā evaṃ dhammaṃ desitaṃ ājānāmi lobho cittassa upakkileso doso cittassa upakkileso moho cittassa upakkilesoti. (M40)

22) kullūpamaṃ vo bhikkhave dhammaṃ desitaṃ ājānantehi dhammāpi vo pahātabbā pageva adhammā.

시면서 뱀의 비유와 이 뗏목의 비유를 설하시고서 6가지 잘못 된 견해를 척파하고 계신다.

어쨌든 위와 같이 비법을 이미 버렸고 법을 따라 수행을 했으면 법에도 집착하지 말라는 부처님의 간곡하신 말씀처럼 부처님께서는 아·인·중생·수자의 네 가지 산냐에 집착하지 말 것과 법상(法相, 다르마산냐)에도 집착하지 말 것을 거듭 강조하셨다. 해탈열반을 실현하기 위해서 잘 설해진 부처님의 법이 부처님 당시에도 이미 하나의 산냐 즉 관념, 이념, 인식으로 이해되고 있어서 부처님께서 직접 이런 산냐를 가지지 말고 버리라고 고구정녕히 말씀하시는 것을 보면, 2600여 년이 지난 지금에도 법에 대한 거창한 산냐를 세우고 집착하여 서로 다투고 비난하고 매도하고 싸우는 것은 그 뿌리가 참으로 깊다고 하겠다.

산냐가 있으면 그것을 국집하고(grāha) 그것을 법으로 진리로 세우게 된다(dṛṣti, 見). 다시 말하면 산냐가 자리잡게 되면 그것은 강한 의도(saṅkhāra, 상카라, 行)를 수반하게 된다. 그래서 그 진리, 그 신(神)을 수호하기 위해서 성전(聖戰)이라는 이름으로 인류는 얼마나 많은 폭력을 휘둘러 왔으며 지금도 얼마나 다양한 정신적 육체적 폭력을 휘두르고 있는가.

그런데 아이러니컬하게도 지금의 우리 불교에서는 법은 사라져버리고 비법이 난무하는 것 같아서 이제 정말 법이 무엇인지, 정말 부처님은 어떤 가르침을 설하셨는지 초기 부처님의 생생하신 가르침을 찾아서 온갖 힘을 다 모아야 할 것이 아닌가 생각해본다. 또한 법을 법상(산냐)으로 대할 것이 아니라 법을 법 그 자체로 내 삶의 현장에서 찾으려는 노력을 해야 할 것이다.

# 7. 보살은 법이라는 산냐를 세우지 않는다

**[원문]**

7. punar aparaṃ Bhagavān āyuṣmantaṃ Subhūtim etad avocat: tat kiṃ manyase Subhūte, asti sa kaścid dharmo yas Tathāgatena anuttarā samyaksambodhir ity abhisambuddhaḥ, kaścid vā dharmas Tathāgatena deśitaḥ?

evam ukta āyuṣmān Subhūtir Bhagavantam etad avocat: yathā aham Bhagavan Bhagavato bhāṣitasyārtham ājānāmi, nāsti sa kaścid dharmo yas Tathāgatena anuttarā samyaksambodhir ity abhisambuddhaḥ, nāsti dharmo yas Tathāgatena deśitaḥ. tat kasya hetoḥ? yo 'sau Tathāgatena dharmo 'bhisambuddho deśito vā, agrāhyaḥ so 'nabhilapyaḥ, na sa dharmo na adharmaḥ. tat kasya hetoḥ? asaṃskṛtaprabhāvitā hy āryapudgalāḥ.

**[鳩摩羅什]**

• 無得無說分 第七

須菩提야 於意云何오 如來가 得阿耨多羅三藐三菩提耶아 如來가 有所說法耶아 須菩提가 言하사대 如我解佛所說義컨댄 無有定法名阿耨多羅三藐三菩提며 亦無有定法如來可說이니이다 何以故오 如來所說法은 皆不可取며 不可說이며 非法이며 非非法이니 所以者가 何오 一切賢聖이 皆以無爲法으로 而有差別이니이다

**[玄奘]**

佛復告具壽善現言. 善現. 於汝意云何. 頗有少法如來應正等覺證得阿耨多羅三藐三菩提耶. 頗有少法如來應正等覺是所說耶. 善現答言.

世尊. 如我解佛所說義者. 無有少法如來應正等覺證得阿耨多羅三藐三菩提. 亦無有少法是如來應正等覺所說. 何以故. 世尊. 如來應正等覺. 所證所說所思惟法. 皆不可取不可宣說非法非非法. 何以故. 以諸賢聖補特伽羅皆是無爲之所顯故.

**[번역]**

7. 다시 또 세존께서 수보리 존자에게 이렇게 말씀하셨다. “이를 어찌 생각하는가, 수보리여. 여래가 ‘[이것이] 무상 정등각이다’라고 철저히 깨달았다 할 그 어떤 법이 있는가? 혹은 여래는 어떤 법을 가르치기는 했는가?”

이와 같이 말씀하셨을 때 수보리 존자는 세존께 이렇게 말씀드렸다. “세존이시여, 제가 세존의 설하신 뜻을 깊이 아는 바로는 여래가 ‘[이것이] 무상 정등각이다’라고 철저히 깨달았다 할 그 어떤 법도 없으며 여래는 그러한 어떤 법을 설하시지도 않았습니다.

그것은 무슨 이유에서인가 하면, 여래께서 철저히 깨달으셨거나 설하신 그 법은 잡을 수도 없고 설명할 수도 없기 때문입니다. 그것은 법도 아니요, 법이 아님도 아니기 때문입니다.

그것은 [다시] 무슨 이유에서인가 하면, 참으로 성자들은 무위(無爲)로 나타나기 때문입니다.”

**[대역]**

7. punar aparaṃ다시 또 Bhagavān세존께서 āyuṣmantaṃ Subhūtim존자 수보리에게 etad avocat이렇게 말씀하셨다(Ⓚ ×, Ⓗ 佛復告具壽善現言):

tat kiṃ manyase이를 어찌 생각하는가, Subhūte수보리여(Ⓚ 須菩提 於意云何, Ⓗ 善現 於汝意云何),

asti sa kaścid dharmo그 어떤 법이 있는가, yas Tathāgatena여래가 anuttarā무상 samyaksambodhir정등각이다[1] iti라고 abhisambuddhaḥ철저히 깨달았다 할[2](Ⓚ 如來 得阿耨多羅三藐三菩提耶, Ⓗ 頗有少法 如來應正等覺 證得阿耨多羅三藐三菩提耶),

kaścid vā혹은 어떤 dharmas법이 Tathāgatena여래에 의해서 deśitaḥ가르쳐졌는가[3](Ⓚ 如來가 有所說法耶, Ⓗ 頗有少法 如來應正等覺是所說耶)?

evam ukte이와 같이 말씀하셨을 때 āyuṣmān Subhūtir수보리 존자는 Bhagavantam세존께 etad avocat이렇게 말씀드렸다(Ⓚ 須菩提言, Ⓗ 善現答言):

yathā aham제가 Bhagavan세존이시여 Bhagavato세존의 bhāṣitasya설하신 artham뜻을 ājānāmi깊이 아는 바로는(Ⓚ 如我解佛所說義, Ⓗ 世尊 如我解佛所說義者),

na asti sa kaścid dharmo yas Tathāgatena anuttarā samyaksam bodhir iti abhisambuddhaḥ세존께서 '무상 정등각이다'라고 철저히 깨달았다 할 그 어떤 법[4]도 없으며(Ⓚ 無有定法 名阿耨多羅三藐三菩提, Ⓗ 無有少法如來應正等覺證得阿耨多羅三藐三菩提),

na asti dharmo그 어떤 법도 없습니다(Ⓚ 亦無有定法, Ⓗ 亦無有少法) yas Tathāgatena deśitaḥ여래가 가르치신(Ⓚ 如來可說, Ⓗ 是如來應正等覺所說).

tat kasya hetoḥ그것은 무슨 이유에서인가 하면(Ⓚ=Ⓗ 何以故),

yo asau이 Tathāgatena여래께서(Ⓚ 如來, Ⓗ 世尊 如來應正等覺) dharmo abhisambuddho deśito vā철저히 깨달으셨거나 설하신(Ⓚ 所說法, Ⓗ 所證所說所思惟法),

agrāhyaḥ so그것은 잡을 수도 없으며 anabhilapyaḥ설명할 수도 없기 때문이며(Ⓚ 皆不可取 不可說, Ⓗ 皆不可取 不可宣說), na sa그것은 dharmo법도 아니요 na adharmaḥ법이 아님도 아니기 때문입니

다(Ⓚ=Ⓗ 非法 非非法).

tat kasya hetoḥ그것은 무슨 이유에서인가 하면(Ⓚ 所以者何, Ⓗ 何以故), asaṃskṛta-prabhāvitā무위로써 나타나기 때문입니다,[5] hi참으로 ārya-pudgalāḥ성자들[6]은(Ⓚ 一切賢聖 皆以無爲法 而有差別, Ⓗ 以諸賢聖補特伽羅 皆是無爲之所顯故).

**[주해]**

1) **무상 정등각(anuttarā samyaksambodhi)**: anuttarā는 an(부정접두어)+uttara(북쪽, 윗쪽)로 분해된다. 그래서 '위없는'의 뜻이며 한역에서는 無上으로 나타난다. samyaksambodhi는 samyaksambuddha(2장 12번 주해 참조)와 같은 어원으로 正等覺으로 한역하고 있다. '위없는 바른 깨달음'이라는 의미다.(3장의 2번 주해 참조).

초기경에서는 samāsambodhi라는 단어는 드물게 나타나기는 하지만 anuttarā samāsambodhi라는 합성어는 등장하지 않는다.

이렇게 극단적인 수식어를 붙이면서 발달해온 게 인간이 사용하는 언어가 아닌가 생각해본다. 비단 언어만이 아니라 인간 만사가 모두 극단을 향해서 치달려가고 있다 해야 할 것이다. 그러나 그래서는 참다운 행복이란 얻을 수 없으니 극단으로 치달리려는 성향을 잘 관찰(vipassanā, 觀)하고 그러기 위해서는 마음을 항상 고요히 하여야(samatha, 止) 하며 그래서 저 중도인 팔정도를 한 걸음 한 걸음 밟아 나갈 때 안심입명처를 찾게 된다고 부처님은 설하고 계신다.

2) **철저히 깨달은(abhisambuddhaḥ)**: abhi(위로)+saṃ(함께)+√budh(to enlighten)의 과거분사형이다. abhi는 勝의 의미로 중국의 역경인들은 이해하고 있다.(예를 들면 abhijñā를 勝慧로 옮김) 구마라집은 得으로 현장은 證得으로 문맥에 맞추어서 일종의 의역을 하고 있다.

부처님께서 자신이 깨달은 무상정등각이라고 주장할 그런 법이 실제로 존재하는가 라고 묻고 계신다. 초기경을 아무리 봐도 깨달은 어떤 법이 있다는 말은 없다. 오히려 번뇌의 멸절, 완전한 자유로움(vimutti, 해탈), 두카[苦]의 완전한 소멸을 강조하시고 그 탐·진·치가 소멸된 경지는 어떤 헤아림으로나 개념으로 가늠할 길이 없다(saṅkhyaṃ nopeti)는 표현은 많이 나타나지만 어떤 깨달은 경지나 깨달은 지위가 있다는 표현은 없다. 만일 깨달은 법이 실제로 존재한다면 그것은 마노(mano, 意)의 대상이요, 마노가 아야따나(āyata-na, 處)의 기능을 하여 상대적인 것[有爲, saṅkhāra, 상카라 혹은 상카따, saṅkhāta]이 되고 만다. 그렇게 되면 그것은 4처(공무변처, 식무변처, 무소유처, 비상비비상처)의 하나인 경지에 지나지 않고 그것까지 완전히 멸절하는(saññāvedayita-nirodha, 산냐웨다이따니로다, 想受滅) 노력을 더 거쳐야 한다.

혹자는 부처님은 연기(緣起, paṭicca-samuppāda, Sk. prātītyasam-utpāda) 혹은 연기법(緣起法, paṭicca-samuppanna dhamma)을 깨달았지 않았는가 하고 물을 것이다. 그러나 연기법을 정해진 무엇으로 간주해서는 안 된다. 연기법은 지금 바로 여기 내 속에서 어떠한 현상들이 조건지워져서 생겨나고(samudaya) 멸하고(vaya)를 거듭하며 전개되어 가고 있는가를 뼈저리게 확인하고 그것을 극복해내는 작업을 하라고 12가지 극복해야 할 것들을 조건지워진 관계 속에서 제시하고 있는 것이지, 그것을 정해진 법으로 불변의 법칙으로 받아들인다면 그것은 벌써 연기법하고는 아무런 관계가 없어지는 것이다. 그래서 이런 연기각지를 지혜롭게 체계적으로 사유하는 것(yo-niso manasikāra, 16-1장 1번, 2번 주해 참조)이 상응부 제 12장 연기상응(nidāna-saṃyutta)의 여러 경들에 나타나고 있다.

현금(現今)을 살아가는 우리 불자들에게 있어서 가장 심대한 문제점은 바로 여기에 있다고 생각한다. 사제법을 이야기하면 '사제는 고집멸도' 하고 알아야 할 대상으로서만 파악하지 그것을 지금 여기

(here and now) 내 삶에서 확인[苦]하고 원인을 알고[集] 소멸시키고 [滅] 소멸시키기 위해서 노력하려는[道] 태도는 가지려 하지 않는다. 그러니 법이라는 산냐가 될 뿐이고 여실지견(如實知見)은 되지 못한다. 연기법, 팔정도, 오근, 오력, 칠각지, 사정근, 사념처, 사여의족 등등 부처님께서 바로 지금 여기서 확인하고 적용시켜 향상의 길을 가라고 하신 그 메시지는 잊어버리고 법이라는 산냐로서만, 암기의 대상으로서만, 지식의 대상으로서만 받아들이는 데 모든 문제점이 놓여 있다 하겠다. 그래서 본 경은 이렇게 법이라는 산냐를 가지지 마라. 깨달았다 할 만한 법도 없다. 그렇다고 법이 아니라는 산냐도 가지지 말라 등등으로 계속해서 지적하고 있는 것이다.

그래서 본 장에서는 파격적으로 '도대체 여래가 설한 법이 있기는 한가'라고 묻고 있다. 세우는 법으로서는 여래는 한 법도 설한 바가 없다는 게 그 결론이요, 삶에서 확인하는 노력이 없는 단지 법을 위한 법은 여래가 결코 설한 적이 없다고 하고 있다. 만일에 세울 법, 법을 위한 법이 있다면 그것은 벌써 산냐놀음이지 고(苦)의 해탈과는 아무 상관없는 것이 되고 만다.

3) **가르쳐진(deśitaḥ)**: √diś(to point)의 과거분사이다. '가르치다, 보여주다' 등의 많은 뜻으로 쓰인다. 구마라집과 현장은 모두 說로 옮겼다.

4) **그 어떤 법(kaścid dharmo)**: 구마라집은 定法(정해진 법)으로 현장은 少法(조그마한 법)으로 옮기고 있다. 구마라집의 의역이 돋보인다. 여래가 철저히 깨달아서 법을 설하시기는 했으되 그 설하신 법을 고정불변의 정해진 법으로 받아들여서는 안 된다는 멋진 해석이다.

5) **무위(無爲)로써 나타나는(asaṃskṛta-prabhāvitā)**: asaṃskṛta는 '형성된' 혹은 유위(有爲)로 옮겨지는 saṃskṛta [saṃ(함께)+√kṛ(to do)의 과거분사]에다 부정 접두어 'a-'를 붙여서 만들어진 술어이다. '형성되지 않은, 조건지워지지 않은' 등의 뜻이다. saṃskṛta의 명사인 saṃskāra(Pāli. saṅkhāra)는 행(行)이라 옮겨지기도 하고 유위(有爲)라고도 옮겨지는 아주 중요한 불교 술어 중의 하나인데 모든 현상계를 뜻하기도 하고 의도적인 행위를 뜻하기도 한다.(여기에 대해서는 32-1장 3번 주해를 참조할 것)

그래서 asaṃskṛta(Pāli. asaṅkhāta)는 이런 의도적 행위나 형성된 현상계를 초월해 있다는 의미에서 무위(無爲)라 옮기며 열반(nirvāṇa)의 동의어로 쓰인다. prabhāvita는 pra(앞으로)+√bhū(to become)의 과거분사로서 '앞으로 나온다'는 뜻에서 '드러나다, 출현하다, 증가하다' 등의 의미로 쓰인다. 깨달음을 성취한 성자들은 이런 모든 의도가 소멸되었으므로 본 경에서는 이렇게 '무위로써 드러난다'고 표현하고 있다. 구마라집은 無爲法 而有差別로 의역하고 있으며 현장은 無爲之所顯으로 옮겼다.

6) **성자들(ārya-pudgalā)**: ārya는 √ṛ/ṛch(to go)에서 파생된 명사라고 보기는 하나 정확한 어원은 알려지지 않았다. 원의미는 '아리야 족에 속하는' 정도의 의미라 하겠다. 빠알리어는 ariya이다. '고귀한'의 뜻이다.(제목의 6번 주해를 참조할 것) pudgala(Pāli. puggala)는 불교와 자이나교에서 많이 나타나는 단어이다.

불교에서는 개인, 인간, 인격 등 집단으로서가 아닌 개인으로서의 인간이라는 개념으로 쓰인다.(여기에 대해서는 3장 18번 주해를 참조할 것) ariya-puggala라는 단어는 초기경에서는 잘 나타나지 않으나 주석서에 많이 나타나며 4쌍8배의 성자 즉, 예류, 일래, 불환, 아라한의 각각에 대한 도(道, magga)와 과(果, phala)에 이른 분들을 ariya-puggala(聖人)라 부르고 있다.(예류 등에 대해서는 9장의 주해들을 참조할 것) 구마라집은 一切賢聖으로 현장은 諸賢聖補特伽羅로 옮기고 있다.

## 8. 위없는 바른 깨달음도 산냐를 여의라는 이 가르침 때문에 가능하다

**[원문]**

8. Bhagavān āha: tat kiṃ manyase Subhūte yaḥ kaścit kulaputro vā kuladuhitā vemaṃ trisāhasramahāsāhasram lokadhātuṃ saptaratnaparipūrṇaṃ kṛtvā Tathāgatebhyo 'rhadbhyaḥ samyaksambuddhebhyo dānaṃ dadyāt, api nu sa kulaputro vā kuladuhitā vā tato nidānaṃ bahutaraṃ puṇyaskandham prasunuyāt?

Subhūtir āha: bahu Bhagavan bahu Sugata sa kulaputro vā kuladuhitā vā tato nidānaṃ puṇyaskandhaṃ prasunuyāt. tat kasya hetoḥ? yo 'sau Bhagavan puṇyaskandhas Tathāgatena bhāṣitaḥ, askandhaḥ sa Tathāgatena bhāṣitaḥ. tasmāt Tathāgato bhāṣate: puṇyaskandhaḥ puṇyaskandha iti.

Bhagavān āha: yaś ca khalu punaḥ Subhūte kulaputro vā kuladuhitā vemaṃ trisāhasramahāsāhasraṃ lokadhātuṃ saptaratnaparipūrṇaṃ kṛtvā Tathāgatebhyo 'rhadbhyaḥ samyaksambuddhebhyo dānaṃ dadyāt, yaś ceto dharmaparyāyād antaśaś catuṣpādikām api gāthām udgṛhya parebhyo vistareṇa deśayet samprakāśayed, ayam eva tato nidānaṃ bahutaraṃ puṇyaskandhaṃ prasunuyād aprameyam asaṃkhyeyam. tat kasya hetoḥ? ato nirjātā hi Subhūte Tathāgatānām arhatāṃ samyaksambuddhānām anuttarā samyaksambodhir, ato nirjātāś ca Buddhā Bhagavantaḥ. tat kasya hetoḥ? buddhadharmā buddhadharmā iti Subhūte 'buddhadharmāś caiva te Tathāgatena bhāṣitāḥ. tenocyante buddhadharmā iti

**[鳩摩羅什]**

• 依法出生分 第八

須菩提야 於意云何오 若人이 滿三千大千世界七寶로 以用布施하면 是人의 所得福德이 寧爲多不아 須菩提가 言하사대 甚多니이다 世尊하 何以故오 是福德이 卽非福德性일새 是故로 如來가 說福德多니이다 若復有人이 於此經中에 受持乃至四句偈等하야 爲他人說하면 其福이 勝彼하리니 何以故오 須菩提야 一切諸佛과 及諸佛阿耨多羅三藐三菩提法이 皆從此經出이니라 須菩提야 所謂佛法者는 卽非佛法이니라

**[玄奘]**

佛告善現. 於汝意云何. 若善男子或善女人. 以此三千大千世界盛滿七寶持用布施. 是善男子或善女人. 由此因緣所生福聚寧爲多不. 善現答言. 甚多世尊. 甚多善逝. 是善男子或善女人. 由此因緣所生福聚其量甚多. 何以故. 世尊. 福德聚福德聚者. 如來說爲非福德聚. 是故如來說名福德聚福德聚.

佛復告善現言. 善現. 若善男子或善女人. 以此三千大千世界盛滿七寶持用布施. 若善男子或善女人. 於此法門乃至四句伽陀. 受持讀誦究竟通利. 及廣爲他宣說開示如理作意. 由是因緣所生福聚. 甚多於前無量無數. 何以故. 一切如來應正等覺阿耨多羅三藐三菩提皆從此經出. 諸佛世尊. 皆從此經生. 所以者何. 善現. 諸佛法諸佛法者. 如來說爲非諸佛法. 是故如來說名諸佛法諸佛法.

**[번역]**

8. 세존께서 말씀하셨다. "이를 어떻게 생각하는가, 수보리여. 어떤 선남자나 선여인이 이 삼천대천세계를 칠보로 가득 채우고서 여래 아라한 정등각들께 보시를 행한다면 참으로 그 선남자나 선여인은 이로 인해서 아주 많은 공덕의 무더기를 쌓을 수 있겠는가?"

수보리가 대답했다. "많습니다, 세존이시여. 많습니다, 선서시여. 참으로 그 선남자 선여인들은 이로 인해서 [실로 많은] 공덕의 무더기를 쌓을 것입니다.

그것은 무슨 이유에서인가 하면, 세존이시여, 여래께서 공덕의 무더기라고 설하신 것, 그것은 [공덕의] 무더기가 아니라고 여래께서는 설하셨나니 그래서 여래께서는 설하시기를 '공덕의 무더기, 공덕의 무더기'라 하시는 것입니다."

세존께서 말씀하셨다. "그리고 참으로 수보리여, 선남자나 선여인이 이 삼천대천세계를 칠보로 가득 채우고서 여래 아라한 정등각들께 보시를 행한다 하더라도 다시 이 법문 가운데서 단지 네 구절로 된 게송이라도 뽑아내어 남들에게 상세히 가르쳐주고 자세히 설명해준다면 이것이 이로 인해서 측량할 수도 없고 셀 수도 없이 더 많은 공덕의 무더기를 쌓을 것이다.

그것은 무슨 이유에서인가? 수보리여, 여래 아라한 정등각들의 무상 정등각은 참으로 이로부터 생겨났고 부처님 세존들도 이로부터 생겨났기 때문이다.

그것은 [다시] 무슨 이유에서인가? '불법(佛法), 불법(佛法)'이라는 것, 그것은 수보리여, 참으로 불법이 아니라고 여래는 설했나니 그래서 말하기를 불법이라고 하기 때문이다."

**[대역]**

8. Bhagavān āha세존께서 말씀하셨다(Ⓚ ×, Ⓗ 佛告善現):

tat kiṃ manyase이를 어떻게 생각하는가 Subhūte수보리여,(Ⓚ 須菩提 於意云何, Ⓗ 於汝意云何),

yaḥ kaścit어떤 kulaputro vā kuladuhitā vā선남자나 선여인이 imaṃ이 trisāhasramahāsāhasram삼천대천 lokadhātuṃ세계를[1] sapta-ratnaparipūrṇaṃ kṛtvā칠보로써 가득 채우고서[2] Tathāgatebhyo 여래 arhadbhyaḥ아라한 samyaksambuddhebhyo정등각들께 dānaṃ dadyāt보시를 행한다면(Ⓚ 若人 滿三千大千世界七寶 以用布施, Ⓗ 若善男子或善女人 以此三千大千世界 盛滿七寶 持用布施),

api nu참으로 sa그 kulaputro vā kuladuhitā vā선남자나 선여인은 tato이로 nidānaṃ인해서[3] bahutaraṃ더 많은 puṇya-skandham 공덕의 무더기를 prasunuyāt쌓을 수 있겠는가[4](Ⓚ 是人 所得福德 寧爲多不, Ⓗ 是善男子或善女人 由此因緣 所生福聚 寧爲多不)?

Subhūtir āha수보리가 대답했다(Ⓚ 須菩提言, Ⓗ 善現答言):

bahu많이, Bhagavan세존이시여 bahu많이 Sugata선서시여(Ⓚ 甚多世尊, Ⓗ 甚多世尊. 甚多善逝), sa kulaputro vā kuladuhitā vā tato nidānaṃ puṇya-skandhaṃ prasunuyāt그 선남자나 선여인이 이로 인해서 공덕의 무더기를 쌓을 것입니다(Ⓚ ×, Ⓗ 是善男子或善女人 由此因緣 所生福聚 其量甚多).

tat kasya hetoḥ그것은 무슨 이유에서인가 하면(Ⓚ=Ⓗ 何以故),

yo asau이 Bhagavan세존이시여 puṇya-skandhas공덕의 무더기라고 Tathāgatena여래께서 bhāṣitaḥ설하신 것, askandhaḥ sa그것은 [공덕의] 무더기가 아니라고 Tathāgatena bhāṣitaḥ여래께서는 설하셨나니(Ⓚ 是福德 卽非福德性, Ⓗ 世尊. 福德聚福德聚者 如來說爲非福德聚), tasmāt그래서 Tathāgato bhāṣate여래께서는 설하시기를 puṇya-skandhaḥ puṇya-skandha공덕의 무더기, 공덕의 무더기[5] iti라고 하

신 것이기 때문입니다[6](Ⓚ 是故 如來 說福德多, Ⓗ 是故 如來說名福德聚福德聚).

Bhagavān āha세존께서 말씀하셨다(Ⓚ ×, Ⓗ 佛復告善現言):

yaś ca그리고 khalu punaḥ참으로 다시 Subhūte수보리여 kulaputro vā kuladuhitā vā선남자나 선여인이 imaṃ이 trisāhasramahāsāhasraṃ lokadhātuṃ삼천대천세계를 saptaratna-paripūrṇaṃ kṛtvā칠보로 가득 채우고서 Tathāgatebhyo arhadbhyaḥ samyaksambuddhebhyo여래 아라한 정등각들께 dānaṃ dadyāt보시를 행한다 하더라도(Ⓚ ×, Ⓗ 善現 若善男子或善女人 以此三千大千世界盛滿七寶 持用布施),

yaś ca다시 ito이 dharma-paryāyād법문으로부터 antaśaś단지 catuṣpādikām api네 구절로 된 gāthām게송이라도[7] udgṛhya뽑아 내어서[8](Ⓚ 若復有人 於此經中 受持乃至四句偈等, Ⓗ 若善男子或善女人 於此法門 乃至四句伽陀) parebhyo남들에게 vistareṇa상세하게 deśayet가르쳐 주고[9] samprakāśayed자세히 설명해준다면[10](Ⓚ 爲他人說, Ⓗ 受持讀誦 究竟通利 及廣爲他宣說開示如理作意),[11]

ayam이것이 eva오직 tato nidānaṃ이로 인해서 bahutaraṃ더 많은 puṇya-skandhaṃ prasunuyād공덕의 무더기를 쌓을 것이니 aprameyam측량할 수도 없고 asaṃkhyeyam셀 수 없는 그런(Ⓚ 其福勝彼, Ⓗ 由是因緣 所生福聚 甚多於前 無量無數).

tat kasya hetoḥ그것은 무슨 이유에서인가(Ⓚ=Ⓗ 何以故)?

ato이로부터 nirjātā생겨났나니[12] hi참으로 Subhūte수보리여 Tathāgatānām arhatāṃ samyaksambuddhānām여래 아라한 정등각들의 anuttarā samyaksambodhir무상 정등각은,

ato nirjātāś이로부터 생겨났나니 ca그리고 Buddhā부처님들 Bhagavantaḥ세존들은[13](Ⓚ 須菩提 一切諸佛 及諸佛阿耨多羅三藐三菩提法皆從此經出, Ⓗ 一切如來應正等覺 阿耨多羅三藐三菩提 皆從此經出 諸佛世尊 皆從此經生).

tat kasya hetoḥ그것은 무슨 이유에서인가(Ⓚ 何以故, Ⓗ 所以者何)?

buddhadharmā buddhadharmā iti불법(佛法)들, 불법들이라는 것은 Subhūte수보리여 abuddhadharmāś ca eva오직 불법들이 아니라고 te그것들은 Tathāgatena여래에 의해서 bhāṣitāḥ설해졌나니(Ⓚ 須菩提 所謂佛法者 卽非佛法, Ⓗ 善現 諸佛法諸佛法者 如來說爲非諸佛法), tena ucyante그래서 말해지기를 buddhadharmā불법들 iti이라고 하기 때문이다.[14](Ⓚ ×, Ⓗ 是故 如來說名 諸佛法諸佛法)

**[주해]**

1) **삼천대천세계(trisāhasramahāsāhasram lokadhātum)**: tri는 3을, sāhasra는 sahasra(1000)의 형용사형으로 '천에 속하는, 천으로 이루어진'의 뜻이다. 그래서 trisāhasramahāsāhasra는 lokadhātu(loka世+dhātu界)의 형용사로서 '삼천대천으로 이루어진 세계'라는 뜻이다. 빠알리어경에는 삼천대천세계라는 개념은 나타나지 않고 대신에 부처님께서 설법을 마치자 만(萬)의 세계가 진동했다(dasasahassī lokadhātu akampitthāti)는 표현이 여러 군데(D1, 14, 16, M123 등) 나타난다.

흥미롭게도 소부(小部, Khuddakanikāya)에 속하며 숫따니빠따 1, 4, 5장의 주석서인 닛데사(Niddesa, 義釋)에 "세존께서는 천안(天眼, dibbacakkhu)을 완전히 청정케 하셨기 때문에(parisuddha) 소천(小千) 세계를 보시고(sahassimpi cūḷanikam lokadhātum passeyya), 2000의 중간 세계를 보시고(dvisahassimpi majjhimikam lokadhātum passeyya), 3000의 세계를 보시고(tisahassimpi lokadhātum passeyya), 대천(大千)의 세계를 보시고(mahāsahassimpi lokadhātum passeyya) 원하시기만 하면 그만큼을 다 보신다(yāvatakam vā pana ākaṅkheyya tāvatakam passeyya).”라고 나타나고 있다.

2) **칠보로 가득 채우고서(sapta-ratnaparipūrṇaṃ kṛtvā)**: sapta는 일곱을, ratna는 보배를, paripūrṇa는 pari(둘레에, 원만히)+√pṝ(to fill)의 과거분사형으로 '가득 채운'의 뜻이며, kṛtvā는 √kṝ(to do)의 동명사로 '[칠보로 가득 차게] 만들고'의 뜻이다. 칠보는 경마다 다르나 법화경에서는 금(金) 은(銀) 마노(瑪瑙) 유리(琉璃) 자거(硨磲) 진주(眞珠) 매괴(玫瑰)를 들고 있다.

빠알리어경에도 칠보(satta-ratana)의 개념이 나타나나 위와 같은 보석의 개념이 아니고 전륜왕이 가지고 있는 일곱 가지 보배로서 윤보(輪寶, cakkaratana), 상보(象寶, hatthiratana), 마보(馬寶, assa-ratana), 마니보(如意珠寶, maṇiratana), 여자보(女寶, itthīratana), 장군보(將軍寶, gahapatiratana), 주장신보(主藏臣寶, pariṇāyakaratana)를 들고 있다.

3) **이로 인해서(tato nidānaṃ)**: tataḥ는 대명사 tat의 탈격으로 '저것으로부터'의 의미이고 nidāna는 ni(아래로)+√dā(to bind)의 명사로서 '아래로 묶다'는 의미에서 '기본, 원인, 원천, 기원' 등의 의미로 쓰인다. 주로 원인이라는 의미로 많이 쓰이며 이 경우처럼 목적격을 써서 부사형태로 '~을 원인으로 해서'라는 의미로도 쓰인다. 현장은 由此因緣으로 옮기고 있다. 빠알리어로도 nidāna이며 因緣으로 번역되고 있는데 초기경과 대승경전에서 연기(緣起, paṭicca-sa-muppāda)의 다른 이름으로 쓰이고 있다.

4) **쌓은(prasunuyāt)**: pra(앞으로)+√su(to generate, enliven or to press out [Soma juice])의 Pot. 삼인칭 단수이다. 구마라집은 得으로 현장은 生으로 옮기고 있다.(6장의 18번 prasaviṣyanti에 대한 주해를 참조할 것)

5) **공덕의 무더기, 공덕의 무더기(puṇya-skandhaḥ puṇya-skandha)**: 이렇게 한 술어를 두 번 반복해서 말하는 경우가 초기경부터 아주 많이 나타난다. 주로 그 술어를 설명할 때 쓰는 어법이다. 예를 들면 '일체, 일체라 하는데 도대체 일체가 무엇입니까'라든지, '법, 법 하는데 도대체 법이 무엇입니까'라든지 하는 것으로 초기경의 도처에 이런 어법이 등장하고 있다. 이렇게 해서 세간에 통용되고 있는 어떤 술어의 의미를 불교적으로 음미하고 이해하여 정착시키고 있다. 주로 스님들이 부처님이나 사리불 존자 같은 큰스님들께 질문하여 그 술어에 대한 불교식 정의를 내리는 것이다.

6) **여래께서 공덕의 무더기라고 설하신 것, 그것은 [공덕의] 무더기가 아니라고 여래께서는 설하셨나니 그래서 여래께서는 설하시기를 '공덕의 무더기, 공덕의 무더기'라 하시는 것입니다**: 산냐를 극복하는 방법으로 이런 논법을 본 경에서는 채용하고 있다. 이런 논법이 아니면 아산냐(asaññā, 산냐 아님)에 집착하는 것이 되어 이것은 또 다른 산냐가 되고 말기 때문일 것이다.

예를 들면 오늘이 6월 12일 월요일이라 한다. 그러나 오늘을 그렇게 부르는 것은 하나의 약속(vyavahāra, Pāli. vohāra, 30-2장 3번 주해 참조)으로서 그레고리력을 지금 세계가 보편적으로 사용하고 있기 때문이다. 음력으로 따지면 오늘은 5월 10일이다. 그래서 오늘을 6월 12일 월요일이라고 단정지을 불변의 법칙이나 이유는 없는 것이다.

그러나 오늘을 6월 12일이 아니라고 주장하는 것도 현실을 살아가는 데 아무런 설득력이 없다. 6월 12일까지 백 억을 지불해야 하는 회사 사장이 오늘은 6월 12일이라고 하는 것이 아무 의미가 없다 해서 지불하기를 거절한다면 이것은 참으로 우스운 이야기가 되고 만다. 6월 12일은 vyavahāra(약속, 俗諦)로서 의미가 있는 것이다. 6월 12일은 6월 12일이라고 해야 할 정해진 불변의 법칙이 있는 것은 아니지만 그래도 6월 12일이라는 것은 인간 세상에서 통용되는 것이다. 그래서 6월 12일인 것이다. 이런 위아와하라에 기초해서 인간 세상의 모든 정치, 경제, 사회, 문화 행위는 오차 없이 진행되어 가는 것이다. 이런 두 가지 측면을 동시에 관찰하는 것은 중국의 영가현각 스님의 영가집에서 설하고 있는 쌍차쌍조(雙遮雙照), 나아가서 차조동시(遮照同時)의 가르침과 견주어 볼 만하다 하겠다.

거듭 분명히 해야 할 점은 본 경은 산냐를 극복하는 것을 설하였지 산냐 없음에 몰두하는 것을 설한 것이 아니라는 것이다. 역자는 이런 금강경의 말씀을 공(空, śūnya)이라는 거창한 명제로써 설명하는 대승불교적인 관점을 너무나 이데올로기적인 해석이라 간주한다. 금강경은 공을 설하신 게 아니고 초기불교에서 부처님께서 고구정녕히 설하신 '산냐를 극복하라(saññānaṃ uparodhana)'는 말씀을 따르는 경이다. 공관의 지혜를 설하기에 반야바라밀이 아니고 산냐를 뛰어넘는 참 지혜를 설하기에 반야바라밀이요, 본 경 14-4장에서 설하는 바 최고의(parama) 바라밀인 것이다.

7) **단지 네 구절로 된 게송이라도(antaśaś catuṣpādikām apigāthām):** antaśaḥ는 '그만큼의'를 뜻하는 부사이며 구마라집과 현장은 乃至로 옮겼다. catus는 4를 뜻하며 pādika는 'pada를 가진'의 의미로서 뒤의 gāthām을 수식하는 형용사로 쓰였다. pada는 여기서 구(句)를 뜻한다. 그래서 전체적으로는 '네 개의 구를 가진'의 의미로서

구마라집과 현장은 四句로 옮기고 있다. gāthā는 √gai(to sing)의 명사로 구마라집은 偈로 옮겼고 현장은 伽陀로 음역하고 있다. 한 구절(pāda)에 8개의 음절이 들어 있으며 모든 산스끄리뜨 운문의 가장 기본이 되는 운율로 베다에서부터 나타나는 아누슈뚭(anuṣṭhubh, Pāli. anuṭṭhubba) 운율(chandas)을 후대에서는 이렇게 가타라고 부르고 슈로까(śloka, Pāli. siloka)라고 부르기도 한다. 일반적으로 불교경전의 모든 시구를 가타라고 부르고 있다. 그러나 베다와 클래식 산스끄리뜨에서 엄밀히 말하면 가타와 아누슈뚭은 다른 운율이다.

8) **뽑아내어서(udgṛhya)**: ud(위로)+√gṛh(to seize)의 동명사로 쓰였다. '위로 잡아낸다'는 뜻에서 '얻다, 배우다, 거머쥐다, 집착하다, 취(取)하다' 등의 다양한 뜻이 있는데 역자는 문자적인 뜻을 취해서 '뽑아낸다'로 옮겼다. 빠알리어 동사는 uggaṇhāti이다. 본 경에서도 문맥에 따라 '얻다'(10-1장 참조), '배우다'(15-1장 참조), '집착하다'(17-4장 참조)의 의미로도 쓰이고 있다. 구마라집과 현장은 受持로 옮겼다.

9) **상세하게 가르쳐 주고(vistareṇa deśayet)**: vistara는 vi(분리하여)+√stṛ(to strew)의 명사로서 문자적 의미는 '이리 저리 흩어서' 즉 '잘 분석해서'이며 '상세하게'라는 뜻이 된다. deśayet는 √diś(to direct)의 Pot. 동사형이다. '가르치다, 설명하다'의 뜻이다. 이 두 단어를 합해서 구마라집은 說로 현장은 宣說로 옮겼다.

10) **자세히 설명해준다면(samprakāśayed)**: saṃ(함께)+pra(앞으로) +√kāś(to appear)의 동사 사역 Pot.로 쓰였다. '모아서 앞으로 드러나게 하는 것'이니까 '자세히 가르치는 것'을 의미한다.

11) **남들에게 상세히 가르쳐주고 … :** 현장은 이 부분을 모두 정형구로 취급하여 본 경 전체에서 '受持讀誦究竟通利. 及廣爲他宣說開示如理作意'라고 동일하게 번역하고 있다. 물론 앞에 다른 구문을 첨가하기도 하지만, 현장이 사용한 범어 저본에 이렇게 통일이 되어서 나타나는지 아니면 현장이 임의로 모두 통일해서 이렇게 번역한 것인지 궁금하다.

12) **이로부터 생겨났다(ato nirjātā):** ataḥ는 '여기로부터, 그러므로' 등을 뜻하는 부사이며 nirjāta는 nis(부정접두어)+√jan(to give birth)의 과거분사이다. 모든 부처님들의 무상 정등각도 이 산냐를 극복하라는 이 금강경의 말씀으로부터 가능하게 되었다는 말이다. 구마라집과 현장은 모두 此經出로 옮겼다.

13) **부처님 세존들도 이로부터 생겨났기 때문이다:** 모든 부처님들까지도 모두 이 경으로부터 생겨났다고 극적인 표현을 쓰고 있다. 산냐가 산냐 아님을 알아서 거기에 얽매이지 않을 때 무상(無上)의 깨달음은 가능하며 그런 분들이야말로 부처님들이라는 말이다. 산냐를 극복하라는 세존의 메시지를 강하게 표현한 구절이라 하겠다. 그렇기 때문에 불법 불법하지만 불법이라는 산냐를 세우면 불법이 아니다. 그래서 불법이라 할 때 불법이라는 산냐를 버리고 대하라고 바로 밑에서 말씀하고 계신다.

여기에서도 모든 부처님이 산냐를 극복하라는 이 경에서 생겨났다고 극적으로 표현하고 있듯이, 거듭 강조하거니와 불교가 불교이고 부처님이 부처님인 것은 바로 이 산냐 문제를 해결했기 때문이다. 부처님이 인도 중원에서 당대에 최고의 경지라고 인정되던 무소유처와 비상비비상처까지 증득하시고도 이를 구경(究竟)이 아니라고 버리신 이유가 이들 경지는 아직 산냐에 걸려 있는 경지라고 지혜로써 간파하셨기 때문이다. 그래서 6년간의 엄청난 고행을 하시는데 역자는 그 고행을 하셨던 이유를 그런 엄청난 고행을 통해서 산냐를 극복해보려고 하신 것이라고 이해하고 있다.

그러나 고행은 육체에 피로를 더할 뿐이고 마음을 혐오심 등에 머물게 할 뿐 결코 산냐 문제를 해결할 수 없음을 아시고 이것까지 버리시고 이제 당신 스스로의 길을 가신 것이다. 그래서 마음챙김(sati)을 확립하셔서 초선에서 4선까지 새로운 선(禪)을 체험하시고 제4선에서 우뻬카사띠빠리숫디(upekkha-sati-pārisuddhi, 捨念淸淨, 평온과 마음챙김의 완전한 청정)가 되어서 이 힘으로 번뇌를 멸절하고 구경의 깨달음을, 저 고귀한 해탈열반을 성취하신 것이다.

14) **그래서 말하기를 불법이라고 하기 때문이다:** 본 장에서는 재물보시보다는 법보시가 수승함을 말하였다. 왜냐하면 모든 부처님들이 모두 산냐를 척파하라는 이 가르침으로부터 생겨났기 때문이라고 본 경은 설하고 있다. 그러나 불법이라는 산냐를 내어서도 안 된다고 역시 강조하고 있다. 불법(佛法)이라는 산냐를 세우면 이미 불법이 아니기 때문이다. 역자가 처음 출가해서 선방 노스님들로부터 배운 "불교를 불교라 하면 불교가 아니다."라는 말과 통한다 하겠다. 그러기에 불교가 보편을 표방한다고 자신있게 말할 수 있으며 진지한 삶을 살려는 온 지구상의 사람들에게 보편적인 가르침으로 자연스럽게 받아들여지고 인정되고 있다 하겠다.

그리고 나서 이제 다음 장에서 깨달음의 네 가지 단계, 즉 예류·일래·불환·아라한의 각각에 대해서도 그런 경지를 얻었다는 산냐를 일으키지 말 것을 설하신다. 다시 말하면 이 8장과 9장에서는 부처님과 아라한·아나함·사다함·수다원의 경지라는 어떤 실체가 있는 것이 아니라고 법에 대한 산냐를 척파하고 있는 것이다.

## 9. 과위(果位)에 대한 산냐에 집착하지 않기에 성자라 이름한다

### 9-1. 수다원은 '흐름에 들었다'는 산냐를 내지 않는다

**[원문]**

9a) tat kiṃ manyase Subhūte, api nu srotāpannasyaivaṃ bhavati: mayā srotāpattiphalaṃ prāptam iti?

Subhūtir āha: no hīdaṃ Bhagavan, na srotāpannasyaivaṃ bhavati: mayā srotāpattiphalaṃ prāptam iti. tat kasya hetoḥ? na hi sa Bhagavan kaṃcid dharmam āpannaḥ. tenocyate srotāpanna iti. na rūpam āpanno na śabdān na gandhān na rasān na spraṣṭavyān na dharmān āpannaḥ. tenocyate srotāpanna iti. saced Bhagavan srotāpannasyaivaṃ bhaven: mayā srotāpattiphalaṃ prāptam iti, sa eva tasya ātmagrāho bhavet sattvagrāho jīvagrāhaḥ pudgalagrāho bhaved iti

**[鳩摩羅什]**

• 一相無相分 第九

須菩提야 於意云何오 須陀洹이 能作是念호대 我得須陀洹果不아 須菩提가 言하사대 不也니이다 世尊하 何以故오 須陀洹은 名爲入流로대 而無所入이니 不入色聲香味觸法일새 是名須陀洹이니이다

**[玄奘]**

佛告善現. 於汝意云何. 諸預流者頗作是念. 我能證得預流果不. 善現答言. 不也世尊. 諸預流者不作是念. 我能證得預流之果. 何以故. 世尊. 諸預流者無少所預故名預流. 不預色聲香味觸法故名預流. 世尊. 若預流者作如是念. 我能證得預流之果. 卽爲執我有情命者士夫補特伽羅等.

**[번역]**

9-1. "이를 어떻게 생각하는가, 수보리여. 참으로 '[성자의] 흐름에 든 자[預流]'가 '나는 예류과를 증득했다'는 [생각을] 내겠는가?"

수보리가 대답했다. "참으로 그렇지 않습니다, 세존이시여. '[성자의] 흐름에 든 자'는 '나는 예류과를 증득했다'는 [생각을] 내지 않습니다.

그것은 무슨 이유에서인가 하면, 세존이시여, 참으로 그는 어떤 법에도 들지 않았기 때문입니다. 그래서 말하기를 '흐름에 든 자'라 합니다. 형상에 든 것도 아니고 소리, 냄새, 맛, 감촉, 마음의 대상에 든 것도 아닙니다. 그래서 말하기를 '흐름에 든 자'라 합니다.

세존이시여, 만일 '흐름에 든 자'가 '나는 예류과를 증득했다'는 [생각을] 낸다면 그것은 참으로 그에게 자아에 대한 집착이 생긴 것이고 중생에 대한 집착, 영혼에 대한 집착, 개아에 대한 집착이 생긴 것입니다."

**[대역]**

9-1) tat kiṃ manyase Subhūte이를 어떻게 생각하는가, 수보리여(Ⓚ 須菩提 於意云何, Ⓗ 佛告善現. 於汝意云何),

api nu참으로 srota-āpannasya흐름에 든 자에게[1] evaṃ이런 bhavati[생각이] 생겨나겠는가[2](Ⓚ 須陀洹 能作是念, Ⓗ 諸預流者 頗作是念): mayā나에 의해서 srotāpatti-phalaṃ예류과[3]가 prāptam증득되

었다[4] iti는(Ⓚ 我得須陀洹果不, Ⓗ 我能證得預流果不)?

Subhūtir āha수보리가 대답했다(Ⓚ 須菩提言, Ⓗ 善現答言):

no hi idaṃ참으로 그것은 그렇지 않습니다, Bhagavan세존이시여(Ⓚ=Ⓗ 不也世尊), na srota-āpannasya evaṃ bhavati흐름에 든 자가 이렇게 생각을 일으키지 않습니다(Ⓚ ×, Ⓗ 諸預流者 不作是念): mayā srota-āpatti-phalaṃ prāptam iti나에 의해서 예류과가 증득되었다고(Ⓚ ×, Ⓗ 我能證得 預流之果).

tat kasya hetoḥ그것은 무슨 이유에서인가 하면(Ⓚ=Ⓗ 何以故),

na hi참으로 sa그는 Bhagavan세존이시여 kaṃcid어떤 dharmam 법에도 āpannaḥ들지 않았기 때문입니다.[5] tena그래서 ucyate말해지기를 srota-āpanna흐름에 든 자 iti라 하는 것입니다[6](Ⓚ 須陀洹 名爲入流 而無所入, Ⓗ 諸預流者 無少所預 故名預流).

na rūpam형상에 āpanno든 것도 아니고 na śabdān소리에도 아니요 na gandhān냄새에도 아니요 na rasān맛에도 아니요 na spraṣṭa-vyān감촉에도 아니요 na dharmān마음의 대상에도 āpannaḥ들지 않았기 때문입니다. tena ucyate그래서 말해지기를 srota-āpanna흐름에 든 자 iti라고 하는 것입니다(Ⓚ 不入色聲香味觸法 是名須陀洹, Ⓗ 不預色聲香味觸法 故名預流).

saced만일 Bhagavan세존이시여 srotāpannasya evaṃ bhavet흐름에 든 자가 이러한 생각을 일으키기를(Ⓚ ×, Ⓗ 世尊 若預流者 作如是念): mayā srota-āpatti-phalaṃ prāptam iti나에 의해서 예류과가 증득되었다고 한다면(Ⓚ ×, Ⓗ 我能證得 預流之果),

sa그것은 eva오직 tasya그에게 ātma-grāho자아에 대한 집착이 bhavet생긴 것이며 sattva-grāho중생에 대한 집착 jīva-grāhaḥ영혼에 대한 집착 pudgala-grāho개아에 대한 집착이 bhaved생긴 것인 iti것입니다[7](Ⓚ ×, Ⓗ 卽爲執我有情命者士夫補特伽羅等).

**[주해]**

1) **흐름에 든 자에게(srota-āpannasya)**: srota는 √sru(to flow)의 명사로서 '흐름'의 뜻이고 āpanna는 ā(향하여)+√pad(to go)의 과거분사로 '~에 들어간', '~를 가진'의 뜻이다. 그래서 '흐름에 들어간(사람)'의 뜻이며 그래서 預流라 한역하며 수다원(須陀洹)이라고 음역하기도 한다. 현장은 預流者라 옮겼고 구마라집은 須陀洹이라고 음역을 했다.

초기경에서는 sotāpanna라고 나타난다. 그리고 이러한 예류의 경지를 sotāpatti 즉 '흐름에 듦[預流]'이라 부른다. 그리고 이런 경지를 완전히 증득한 것을 sotāpatti-phala(預流果)라 하며 이런 의미에서 sotāpatti-māga라는 표현을 써서 '예류의 길을 가는 자', '예류도(道)' 혹은 예류과를 향한다 하여 '예류향(向)'이라 옮기기도 한다. 이렇게 하여 일래, 불환, 아라한까지 도(道, magga)와 과(果, phala) 두 가지씩을 더하여 남방에서는 사쌍팔배(四雙八輩)를 설하고 있다.

전통적으로 이 4단계의 성인의 경지는 인간을 윤회로부터 벗어나지 못하도록 묶고 있는 10가지 족쇄(saṃyojana, fetter)와 연결지어서 설명하고 있다. 이 열 가지 족쇄는 다음과 같다

① 개아가 있다는 믿음[有身見, sakkāya-diṭṭhi] : 인간을 기만·오도하는 가장 근본적인 삿된 견해로, 인격 또는 자아가 있다고 생각하는 것.(3장 15번 주해 참조)

② 계율・의식에 대한 집착[戒禁取, sīlabbata-parāmāsa] : 형식적 계율과 의식을 지킴으로써 청정해질 수 있다는 견해에 집착하는 것. 의례·의식(rites and rituals)을 말한다.

③ 법에 대한 의심[疑, vicikicchā] : 불·법·승·수행의 필요성·연기법 등을 회의하여 의심하는 것.

④ 감각적 욕망(kāmarāga) : 감각적 쾌락에 대한 욕망.

⑤ 악의(惡意, paṭigha) : 질투·원한·분개·화냄 등의 뜻. 성내는 마음

[瞋心]과 동의어.

⑥ 색(色)의 세계에 대한 집착(rūparāga) : 감각적 쾌락에 대한 집착을 벗어났을 때 나타나는 순수 물질의 세계와 그 느낌에 대한 집착.

⑦ 무색(無色)의 세계에 대한 집착(arūparāga) : 색에 대한 집착에서 벗어났을 때 나타나는 순수 정신세계나 그런 산냐에 대한 집착.

⑧ 만(慢, māna) : 아만·긍지·자만·내가 남보다 낫다·못하다·동등하다 하는 마음.

⑨ 도거(掉擧, uddhacca) : 들뜨고 불안한 마음.

⑩ 무명(無明, avijjā) : 속세의 모든 악과 고통의 근본뿌리. 이 때문에 지혜의 눈이 가리어 사물의 진정한 본성을 보지 못하는 것이다. 또는 사성제를 모르는 것.

이 가운데서 처음의 세 가지를 극복한 경지를 예류라고 한다. 그리고 초기경에 의하면 불·법·승·계에 대한 흔들리지 않는 믿음이 확립된 경우(aveccappasādo)를 들기도 하고 ㉮ 선지식을 섬김(sappurisa-saṃsevā) ㉯ 정법을 따름(saddhamma-savana) ㉰ 지혜로운 주의(yoniso manasikāra) ㉱ 법을 잘 실천하는 것(dhammānudhamma-patipatti)을 갖춘 경우를 들기도 한다.

이상을 종합해서 어떻게 해서 예류과를 얻게 되는가를 다시 생각해본다면 다음과 같다.

첫째, 불·법·승을 굳게 믿고 계율을 잘 호지하는 것이다. 즉 불·법·승과 계율에 대한 흔들리지 않는 믿음이 확립되어야 한다는 것이다. 어떤 상황 어떤 경계에서도 이 네 가지에 대한 확신이 있어야 한다는 말이다. 둘째는 바른 사람(선지식)을 의지하고, 정법을 따르고, 지혜로운 주의를 항상 기울이고, 법을 잘 분별해서 실천하는 것을 들고 있다. 이 두 번째는 첫 번째와 다르지 않다 하겠는데 더 구체적으로 어떻게 신행을 할 것인가 하는 점을 중점적으로 설명한 것이라 할 수 있겠다. 여기서 중요한 덕목은 지혜로운 주의라 할 수 있다. 매 순간 지혜로운 주의를 기울여서 꾸살라담마[善法]를 증장시켜 나가야 한다는 것이다. 이렇게 믿음과 실천을 궁행해 나가는 사람을 예류향(성인의 반열을 향하고 있는 사람)이라 하고, 이렇게 실천궁행하는 사람을 참다운 불자라 한다. 그리고 아주 중요한 측면이 있다면 위에서 열거한 예류과를 증득한 사람의 특징을 들 수 있겠다.

첫째, 유신견(有身見, 개아가 있다는 믿음, sakkāya-diṭṭhi)을 극복한 경지이다. 즉 오온을 나라고 여기는 20가지 견해를 초월한 경지가 예류과의 특징이라 하겠다. 자아니 본성이니 불성이니 대아니 마음이니 자성이니 성품이니 영혼이니 생명이니 아뜨만이니 뿌루샤니 지와니 브라흐만이니 하여서 어떤 식으로든 우리가 품고 있는 모든 본질론적, 존재론적인 발상을 뛰어 넘어야 비로소 예류과에 들게 된다는 가르침이라 하겠다. 좀 극단적인 표현인지 몰라도 이런 기준에서 본다면 과연 한국 불교에 예류향이라도 되는 사람이 몇 사람쯤이나 될까 생각해본다.

둘째, 회의적 의심(vicikicchā: 불·법·승·수행의 필요성·연기법 등을 회의하여 의심하는 것)을 극복해야만 예류과의 경지가 된다는 말로서 너무나도 당연한 말이다. 특히 연기법을 철견하여 세상의 어느 경우 어느 경지·어느 가르침·어느 학문·어느 사상·어느 종교를 대하여도 지혜(반야)로써 걸림과 막힘이 없이 본질을 꿰뚫어 봐야만 참다운 불자의 반열에 든다고나 할 수 있겠다.

셋째, 계금취(戒禁取, 계율·의식에 대한 집착, silabbata parāmāsa, 형식적 계율과 의식을 지킴으로써 청정해질 수 있다는 견해에 집착하는 것. 특히 자신이나 자기가 속한 집단의 의례 · 의식(rites and rituals)만이 옳다고 집착하는 것)에서 자유로워야 한다고 가르치고 있다. 내가 따르는 의식, 내가 따르는 스승, 내가 따르고 지키는 서원이나 계율을 통해서만 청정을 실현할 수 있다는 생각을 극복할 것을 가르치신 것이다. 참 같은 불교 안에서도 우리는 서로 너무도 다른 전통·체계·

의식·수행법 등등을 보고 있다. 이런 모양에만 착(着)하여 너는 소승 나는 대승, 너는 이단 나는 정통이라는 식의 엄청난 고정관념의 늪에서 헤어나는 것이 참된 불자의 도리라 하겠다.

금강경의 주제가 산냐이니 덧붙여 사족을 붙이자면, 우리는 무엇이 대승이고 무엇이 소승인지 그 출발점은 어디에 있고 어떤 과정을 통해서 그 개념이 정착되고 발전되어왔는지 깊이 고뇌해보지도 않고 그냥 대승 · 소승이라는 산냐에 빠져서 장님 줄서기 식으로 관념을 전승해온 측면이 강한 것 같다. 불교가 역사를 인정하는 이상 분명 부처님의 근본 가르침이 있고 그것이 2500여 년을 남방·북방에서 발전, 변천하면서 대승·소승 내지는 상좌부·대승으로 변천되어 왔다는 것은 너무나도 자명한 일이다.

이제 남북을 논하고 대·소승을 논하는 역사의 소음에서 벗어날 시절이 온 것이 아닐까. 세계의 뜻있는 스님들이나 신도들, 불교학자들이 지금 이런 노력을 꾸준히 하고 있기도 하다. 물론 쉬운 일은 아닐 것이다. 산스끄리뜨어, 빠알리어, 쁘라끄리뜨어, 티벳어, 한자어 등에 대한 기본적인 소양을 조금은 갖추어야 하고 지혜로운 주의를 항상 기울이는 합리적인 사고를 하고 그를 실천하며, 무엇보다도 편견 없는 태도를 갖추어야 역사의 소음을 헤치고 부처님의 원음을 들을 수 있을 것이다. 그만큼 우리는 역사의 소음에 길들여져 있다는 말이기도 하다.

부처님께서 이 세 가지를 참된 불자의 도리로서 설하셨다는 점은 오늘을 사는 우리에게는 참으로 시사하는 바가 크다 하겠다. 나는 유신견으로 대표되는 엄청난 산냐놀음을 극복했는가, 나는 회의적인 의심을 극복했는가, 나는 나의 전통에 속하는 법요와 의식과 가르침에만 집착하여 움켜쥐고 있지는 않은가 참으로 진지하게 돌이켜보고 반성해봐야 할 것이다.

다시 사족을 하나 더 붙이자면 다른 가치체계, 다른 종교는 그만 두고 세계의 여러 불교현상을 접할 기회를 가진 역자는 부처님의 근본 가르침보다는 이러한 자기 나라의 불교[문화]전통만을 국집하여 근본을 놓치는 여러 경우들을 보고서 안타까운 적이 참 많았다. 영가 현각 스님은 말씀하시지 않았던가. "직절근원(直切根源)은 불소인(佛所印)이요 적엽심지(積葉尋枝)는 아불능(我不能)"이라고. 근본을 바로 자름은 부처님이 인치신 바이요, 이파리 모으고 가지 찾음에 나는 능하지 못하다는 영가 스님의 가르침이 참으로 깊이 와 닿는다.

과학이라는 방법론을 개발한 현대인은 참으로 어느 시대보다 올바름[正]의 문제에 대해서 깊이 사유할 수 있는 능력을 가졌다고 생각한다. 그런 의미에서 이 시대를 사는 우리 불자들은 어느 시대의 불자들보다 무엇이 부처님의 바른 가르침일까를 깊이 사유하고 실천궁행하는 기틀을 튼튼히 갖추었다고 생각한다.

우리는 대·소승이라는 대롱을 치워버리고, 그리고 불교 역사를 통해서 무수히 입어온 법에 대한 산냐[法相]의 갑옷을 열어제치고 부처님이 고구정녕히 설하신 근본가르침을 사유하고 음미하고 실현하려는 노력을 해야겠다.

2) **이런 [생각이] 생겨나겠는가(evaṃ bhavati)**: 초기경에도 많이 나타나는 어법이다. 초기경에는 etad ahosi(Sk. etad bhavati의 과거형)으로 이런 [생각이] 문득 일어났다는 의미다.(4장 7번 주해 참조)

3) **예류과(srotāapatti-phala)**에 대해서는 앞주를 참조할 것.

4) **증득되었다(prāpta)**: pra(앞으로)+√āp(to get)의 과거분사로 '얻다'는 의미이다. 구마라집은 得으로 현장은 證得으로 옮겼다.

5) **참으로 그는 어떤 법에도 들지 않았기 때문입니다 그래서 말하기를 '흐름에 든 자'라 합니다:** 이하 아라한까지 이런 문장으로 그 이유를 설하고 있다. 이 문장을 구마라집은 모두 [須陀洹] 名爲[入流] 而無所[入] 是名[須陀洹]의 구문으로 의역하고 있다. 현장은 모두 諸[預流]者 無少所[預] 故名[預流]의 구문으로 직역하고 있다.

6) **'나는 예류과를 증득했다'는 [생각을] 내지 않습니다:** 만일 수다원과를 얻었다 하면 산냐에 떨어지니 성자의 반열에 든 자라 할 수 없다.

수다원과를 얻었다는 산냐를 낸다면 그것은 유신견의 하나로 산냐를 실체시 하는 것이기 때문이기도 하다. 산냐를 세우지 않고 물심의 모든 현상을 대하는 것이 참으로 중요하다 하겠다. 깨달음마저도 열반마저도 어떤 경지를 세우면 그것은 곧 산냐에 빠진 것일 뿐 진정한 깨달음이라 할 수 없기 때문이다.

7) **그것은 참으로 그에게 자아에 대한 집착이 생긴 것이고 … :** 모두 실재론적이요, 존재론적인 사고의 대표적인 경우이다. 예류과를 얻었다, 일래과를 얻었다, 불환과를 얻었다, 아라한도를 얻었다라고 하는 것은 자아가 있다, 중생이라는 실체가 있다, 영혼이 있다, 개아가 있다는 식의 사고와 다를 바가 하나도 없는 것이다. 모두 예류니 일래니 하는 산냐를 세우고 그 산냐에 집착하는 것이다.

## 9-2. 사다함은 '한 번만 더 돌아온다'는 산냐를 내지 않는다

**[원문]**

9b) Bhagavān āha: tat kiṃ manyase Subhūte, api nu sakṛdāgāmina evaṃ bhavati: mayā sakṛdāgāmiphalaṃ prāptam iti?

Subhūtir āha: no hīdaṃ Bhagavan, na sakṛdāgāmina evaṃ bhavati: mayā sakṛdāgāmiphalaṃ prāptam iti. tat kasya hetoḥ? na hi sa kaścid dharmo yaḥ sakṛdāgāmitvam āpannaḥ. tenocyate sakṛdāgāmīti.

**[鳩摩羅什]**

須菩提야 於意云何오 斯陀含이 能作是念호대 我得斯陀含果不아 須菩提가 言하사대 不也니이다 世尊하 何以故오 斯陀含은 名一往來로대 而實無往來일새 是名斯陀含이니이다

**[玄奘]**

佛告善現. 於汝意云何. 諸一來者頗作是念. 我能證得一來果不. 善現答言. 不也世尊. 諸一來者不作是念. 我能證得一來之果. 何以故. 世尊. 以無少法證一來性故名一來.

**[번역]**

9-2. 세존께서 말씀하셨다. "이를 어떻게 생각하는가, 수보리여. 참으로 '한 번만 더 돌아올 자[一來]'가 '나는 일래과를 증득했다'는 [생각을] 내겠는가?"

수보리가 대답했다. "참으로 그렇지 않습니다, 세존이시여. '한 번

만 더 돌아올 자'는 '나는 일래과를 증득했다'는 [생각을] 내지 않습니다.

그것은 무슨 이유에서인가 하면, '한 번만 더 돌아올 자'가 됨에 들었다는 그 어떠한 법도 없기 때문입니다. 그래서 말하기를 '한 번만 더 돌아올 자'라고 하는 것입니다."

**[대역]**

9-2) Bhagavān āha세존께서 말씀하셨다(Ⓚ ×, Ⓗ 佛告善現):

tat kiṃ manyase Subhūte이를 어떻게 생각하는가, 수보리여(Ⓚ 須菩提 於意云何, Ⓗ 於汝意云何),

api nu참으로 sakṛdāgāmina한 번만 더 돌아올 자[1)][一來]에 의해서 evaṃ이러한 bhavati[생각이] 생겨나겠는가(Ⓚ 斯陀含 能作是念, Ⓗ 諸一來者 頗作是念): mayā나에 의해서 sakṛdāgāmi-phalaṃ일래과가 prāptam iti증득되었다는(Ⓚ 我得斯陀含果不, Ⓗ 我能證得 一來果不)?

Subhūtir āha수보리가 대답했다(Ⓚ 須菩提言, Ⓗ 善現答言):

no hīdaṃ Bhagavan그렇지 않습니다, 세존이시여(Ⓚ=Ⓗ 不也世尊), na sakṛdāgāminā evaṃ bhavati한 번만 더 돌아올 자에 의해서 이러한 [생각이] 생겨나지 않습니다(Ⓚ ×, Ⓗ 諸一來者 不作是念): mayā sakṛdāgāmi-phalaṃ prāptam iti나에 의해서 일래과가 증득되었다고(Ⓚ ×, Ⓗ 我能證得 一來之果).

tat kasya hetoḥ그것은 무슨 이유에서인가 하면(Ⓚ=Ⓗ 何以故),

na hi참으로 sa그것은 kaścid어떠한 dharmo법도 없기 때문이니[2)] yaḥ sakṛdāgāmitvam한 번만 더 돌아올 자가 됨에 āpannaḥ들었다[3)]고 하는(Ⓚ 斯陀含 名一往來 而實無往來, Ⓗ 世尊 以無少法 證一來性). tena ucyate sakṛdāgāmī iti그래서 말해지기를 한 번만 더 돌아올 자라고 하는 것입니다[4)](Ⓚ 是名斯陀含, Ⓗ 故名一來)

[주해]

1) **한 번만 더 돌아올 자[一來](sakṛdāgāmin)**: sakṛd(Pāli. saki, sakid)는 한 번(once)의 뜻이고 āgāmin은 ā(향하여)+√gam(to go)의 명사이다. 접미어 '-in'이 붙으면 '~하는 사람'이라는 의미가 된다. 그래서 '한 번만 더 돌아 올 사람'의 뜻이며 본문에서는 도구격으로 쓰였다. 현장은 一來者로 옮겼고 구마라집은 사다함(斯陀含)으로 음역하고 있다. 빠알리어는 sakadāgāmi이다. 예류의 경우와 같이 일래도(一來道, sakadāgāmi-magga)와 일래과(一來果, sakadāgāmi-phala)로 나눈다.

남방의 전통에 의하면 예류처럼 세 가지 족쇄(samyojana)를 이미 풀고 탐·진·치가 희박하게 되어(rāgadosamohānaṃ tanuttā) 일래(一來)가 된다고 한다. 10가지 족쇄의 경우를 보면 네 번째(kāma-cchando, 감각적 욕망)와 다섯 번째(vyāpādo, 악의) 족쇄가 다 없어진 것은 아니나 아주 엷어진 경지라고 말한다.(앞의 예류에 대한 주해 참조)

2) **'한 번만 더 돌아올 자'가 됨에 들었다는 그 어떠한 법도 없기 때문입니다**: 한 번만 더 돌아옴을 얻는 경지라는 산냐를 가지지 말 것을 거듭 말씀하시고 있다. 오히려 나에게 있는 감각적 욕망이나 악의를 희석시켜 무력화시키려 매순간 노력할 뿐이지 일래를 증득했다는 생각은 단지 산냐놀음일 뿐이라고 거듭 지적하신다.

3) **들었다(āpannaḥ)**: 예류에서처럼 '들었다(入)'는 ā+√pad(to go) 의미인데 구마라집은 而實無往來로 의역을 하고 있고 현장은 證으로 의역을 하고 있다.

4) **'한 번만 더 돌아올 자'가 됨에 들었다는 그 어떠한 법도 없기 때문입니다. 그래서 말하기를 '한 번만 더 돌아올 자'라고 하**

**는 것입니다:** 이하 아라한까지 이런 구문으로 수보리는 대답하고 있다. 수다원의 경우처럼 구마라집은 같은 구문으로 의역을 하고 있다. 수다원의 경우와는 문장구조가 조금 다르다. 수다원에서는 'na hi sa kaṃcid dharmam āpannaḥ. tena ucyate srotāpanna iti'로 나타났었다.

## 9-3. 아나함은 '다시는 돌아오지 않는다'는 산냐를 내지 않는다

**[원문]**

9c) Bhagavān āha: tat kiṃ manyase Subhūte, api nv anāgāmina evaṃ bhavati: mayā anāgāmiphalaṃ prāptam iti?

Subhūtir āha: no hīdaṃ Bhagavan, na anāgāmina evaṃ bhavati: mayā anāgāmiphalaṃ prāptam iti. tat kasya hetoḥ? na hi sa Bhagavan kaścid dharmo yo 'nāgāmitvam āpannaḥ. tenocyate 'nāgāmīti.

**[鳩摩羅什]**

須菩提야 於意云何오 阿那含이 能作是念호대 我得阿那含果不아 須菩提가 言하사대 不也니이다 世尊하 何以故오 阿那含은 名爲不來로대 而實無不來일새 是故로 名阿那含이니이다

**[玄奘]**

佛告善現. 於汝意云何. 諸不還者頗作是念. 我能證得不還果不. 善現答言. 不也世尊. 諸不還者不作是念. 我能證得不還之果. 何以故. 世

尊以無少法證不還性故名不還.

**[번역]**

9-3. 세존께서 말씀하셨다. "이를 어떻게 생각하는가, 수보리여. 참으로 '다시는 돌아오지 않을 자[不還]'가 '나는 불환과를 증득했다'는 [생각을] 내겠는가?"

수보리가 대답했다. "참으로 그렇지 않습니다, 세존이시여. '다시는 돌아오지 않을 자'는 '나는 불환과를 증득했다'는 [생각을] 내지 않습니다.

그것은 무슨 이유에서인가 하면, 세존이시여, '다시는 돌아오지 않을 자'가 됨에 들었다는 그 어떠한 법도 없기 때문입니다. 그래서 말하기를 '다시는 돌아오지 않을 자'라고 하는 것입니다."

**[대역]**

9-3) Bhagavān āha세존께서 말씀하셨다(Ⓗ ×, Ⓚ 佛告善現):

tat kiṃ manyase Subhūte이를 어떻게 생각하는가, 수보리여(Ⓚ 須菩提 於意云何, Ⓗ 於汝意云何),

api nu참으로 anāgāminā다시는 돌아오지 않을 자[1]에 의해서 evaṃ이러한 bhavati[생각이] 생겨나겠는가(Ⓚ 阿那含 能作是念, Ⓗ 諸不還者頗作是念):

mayā anāgāmi-phalaṃ prāptam iti나에 의해서 불환과가 증득되었다는(Ⓚ 我得阿那含果不, Ⓗ 我能證得不還果不)?

Subhūtir āha수보리가 대답했다(Ⓚ 須菩提言, Ⓗ 善現答言):

no hi idaṃ Bhagavan참으로 그렇지 않습니다, 세존이시여(Ⓚ=Ⓗ 不也世尊), na anāgāminā evaṃ bhavati다시는 돌아오지 않을 자에 의해서 이러한 [생각이] 생겨나지 않습니다: mayā anāgāmi-phalaṃ prāptam iti나에 의해서 불환과가 증득되었다라고(Ⓚ ×, Ⓗ 諸不還者 不作是念 我能證得不還之果)

tat kasya hetoḥ그것은 무슨 이유에서인가 하면(Ⓚ=Ⓗ 何以故)

na hi참으로 sa그 Bhagavan세존이시여 kaścid어떠한 dharmo법도 없기 때문입니다. yo anāgāmitvam āpannaḥ다시는 돌아오지 않을 자가 됨에 들었다고 하는(Ⓚ 阿那含 名爲不來 而實無不來, Ⓗ 世尊 以無少法 證不還性). tena ucyate anāgāmī iti그래서 말해지기를 다시는 돌아오지 않을 자라고 하는 것입니다(Ⓚ 是故 名阿那含, Ⓗ 故名不還).

**[주해]**

1) **다시는 돌아오지 않을 자(anāgāmin)**: an(부정 접두어)+ā(향하여)+√gam(to go)의 명사로 접미어 '-in'을 붙여서 '~하는 사람'의 뜻이 되어 '다시 돌아오지 않는 자'라는 의미가 된다. 현장은 不還者라 옮기고 있고 구마라집은 阿那含이라 음역하고 있다. 수다원과 사다함의 경우처럼 남방전통에서는 불환도(不還道, anāgāmi-magga)와 불환과(不還果, anāgāmi-phala)로 나눈다.

초기경에 의하면 이 세 번째 경지를 anāgāmi라고 이름하지 않는 경우가 몇 군데 나타난다. 이처럼 부처님께서 처음부터 정확하게 사쌍팔배를 구분해서 쓰시지는 않았지만 구경의 깨달음의 경지에 이르기까지 그 사람의 집착의 정도에 따라서 경지가 다르게 됨을 말씀하심은 자연스런 현상이라 하겠다. 10가지 족쇄(samyojana)의 경우에서 보면 네 번째 kāmac-chando(감각적 욕망)와 다섯 번째 vyāpādo(악의)의 족쇄가 완전히 다 소멸된 경지라고 말하고 있다.(앞의 예류에 대한 주해 참조)

## 9-4. 아라한은 '나는 아라한이다'라는 산냐를 내지 않는다

**[원문]**

9d) Bhagavān āha: tat kiṃ manyase Subhūte, api nv arhata evaṃ bhavati: mayā arhattvaṃ prāptam iti?

Subhūtir āha: no hīdaṃ Bhagavan, nārhata evaṃ bhavati: mayā arhattvaṃ prāptam iti. tat kasya hetoḥ? na hi sa Bhagavan kaścid dharmo yo 'rhan nāma. tenocyate 'rhann iti. saced Bhagavann arhata evaṃ bhaven: mayā arhattvaṃ prāptam iti, sa eva tasya ātma grāho bhavet sattvagrāho jīvagrāhaḥ pudgalagrāho bhavet.

**[鳩摩羅什]**

須菩提야 於意云何오 阿羅漢이 能作是念호대 我得阿羅漢道不아 須菩提가 言하사대 不也니이다 世尊하 何以故오 實無有法名阿羅漢이니 世尊하 若阿羅漢이 作是念호대 我得阿羅漢道라하면 卽爲著我人衆生壽者니이다

**[玄奘]**

佛告善現. 於汝意云何. 諸阿羅漢頗作是念. 我能證得阿羅漢不. 善現答言. 不也世尊. 諸阿羅漢不作是念. 我能證得阿羅漢性. 何以故. 世尊. 以無少法名阿羅漢. 由是因緣名阿羅漢. 世尊. 若阿羅漢作如是念. 我能證得阿羅漢性. 卽爲執我有情命者士夫補特伽羅等.

**[번역]**

9-4. 세존께서 말씀하셨다. "이를 어떻게 생각하는가, 수보리여. 참으로 아라한이 '나는 아라한과를 증득했다'는 [생각을] 내겠는가?"

수보리가 대답했다. “참으로 그렇지 않습니다, 세존이시여. 아라한은 ‘나는 아라한됨을 증득했다’는 [생각을] 내지 않습니다.

그것은 무슨 이유에서인가 하면, 세존이시여, 아라한됨을 증득했다는 그 어떠한 법도 없기 때문입니다. 그래서 말하기를 아라한이라고 하는 것입니다.

세존이시여, 만일 아라한이 ‘나는 아라한됨을 증득했다’는 [생각을] 낸다면 그것은 참으로 그에게 자아에 대한 집착이 생긴 것이고 중생에 대한 집착, 영혼에 대한 집착, 개아에 대한 집착이 생긴 것입니다.”

**[대역]**

9-4) Bhagavān āha세존께서 말씀하셨다(Ⓗ ×, Ⓚ 佛告善現):

tat kiṃ manyase Subhūte이를 어떻게 생각하는가, 수보리여(Ⓚ 須菩提 於意云何, Ⓗ 於汝意云何),

api nu참으로 arhatā evaṃ bhavati아라한[1]에 의해서 이러한 [생각이] 생겨나겠는가(Ⓚ 阿羅漢 能作是念, Ⓗ 諸阿羅漢頗作是念): mayā arhattvaṃ prāptam iti나에 의해서 아라한 됨은 증득되었다 라는(Ⓚ 我得阿羅漢道不, Ⓗ 我能證得阿羅漢不)?

Subhūtir āha수보리가 대답했다(Ⓚ 須菩提言, Ⓗ 善現答言):

no hi idaṃ Bhagavan참으로 그것은 그렇지 않습니다, 세존이시여(Ⓚ=Ⓗ 不也世尊), na arhatā evaṃ bhavati아라한에 의해서 이러한 [생각이] 생겨나지 않습니다(Ⓚ ×, Ⓗ 諸阿羅漢 不作是念): mayā arhattvaṃ prāptam iti나에 의해서 아라한 됨이 증득되었다 라는(Ⓚ ×, Ⓗ 我能證得阿羅漢性).

tat kasya hetoḥ그것은 무슨 이유에서인가 하면(Ⓚ ×, Ⓗ 何以故),

na hi참으로 sa그 Bhagavan세존이시여 kaścid어떤 dharmo법도

없기 때문입니다, yo arhan nāma참으로 아라한이라 하는.[2)]

tena ucyate arhan iti그래서 말해지기를 아라한이라고 하는 것입니다(Ⓚ 實無有法 名阿羅漢, Ⓗ 世尊 以無少法 名阿羅漢 由是因緣 名阿羅漢).

saced만일 Bhagavan세존이시여 arhatā evaṃ bhavet아라한에 의해서 이러한 [생각이] 생겨나기를(Ⓚ 世尊 若阿羅漢 作是念, Ⓗ 世尊. 若阿羅漢 作如是念): mayā arhattvaṃ prāptam iti나에 의해서 아라한됨이 증득되었다 라고 한다면(Ⓚ 我得阿羅漢道, Ⓗ 我能證得 阿羅漢性),

sa그것은 eva오직 tasya그에게 ātma-grāho bhavet자아에 집착하는 것이 되며 sattva-grāho중생에 집착하고 jīva-grāhaḥ영혼에 집착하고 pudgala-grāho개아에 집착하는 것이 bhavet됩니다(Ⓚ 卽爲著我人衆生壽者, Ⓗ 卽爲執我有情命者士夫補特伽羅等).

**[주해]**

1) **아라한(arahan)**: 2장 11번 주해 참조.

2) **참으로 아라한이라 하는(yo arhan nāma)**: 수다원, 사다함, 아나함의 경우의 구문에서는 āpannaḥ가 쓰였는데 여기서는 nāma('이름하여, 참으로'의 뜻으로 구마라집과 현장은 名이라 옮겼다)라는 단어로 대체되었다. 아라한은 '어디로 들어간다(āpanna)'고 표현되는 중간의 과위가 아니고 구경의 경지라는 의미라 하겠다.

## 9-5. 아라한이라는 산냐가 없기에 세존께서 수보리는 무쟁삼매를 얻었다고 인가하셨다

**[원문]**

9e) tat kasya hetoḥ? aham asmi Bhagavaṃs Tathāgatena arhatā samyaksambuddhena araṇāvihāriṇām agryo nirdiṣṭaḥ. aham asmi Bhagavann arhan vītarāgaḥ. na ca me Bhagavann evaṃ bhavati: arhann asmy ahaṃ vītarāga iti, sacen mama Bhagavann evaṃ bhaven: mayā arhattvaṃ prāptam iti. na māṃ Tathāgato vyākariṣyad: araṇāvihāriṇām agryaḥ Subhūtiḥ kula-putro na kvacid viharati, tenocyate 'raṇāvihāry araṇāvihārīti.

**[鳩摩羅什]**

世尊하 佛說我得無諍三昧하야 人中에 最爲第一이라 是第一離欲阿羅漢이라하시니 我不作是念호대 我是離欲阿羅漢이라하나이다 世尊하 我若作是念호대 我得阿羅漢道라하면 世尊이 卽不說須菩提가 是樂阿蘭那行者어니와 以須菩提가 實無所行일새 而名須菩提가 是樂阿蘭那行이라하시나이다

**[玄奘]**

所以者何. 世尊. 如來應正等覺說我得無諍住最爲第一. 世尊. 我雖是阿羅漢永離貪欲. 而我未曾作如是念. 我得阿羅漢永離貪欲. 世尊. 我若作如是念. 我得阿羅漢永離貪欲者. 如來不應記說我言. 善現. 善男子得無諍住最爲第一. 以都無所住. 是故如來說名無諍住無諍住.

**[번역]**

9-5. "그것은 무슨 이유에서인가 하면, 세존이시여, 저는 여래 아

라한 정등각께서 '다툼이 없이 머무는 자들 가운데서 제일'이라고 지목된 자입니다. 세존이시여, 저는 아라한으로 욕망을 여읜 자입니다. 그러나 저는 '나는 아라한이다. 나는 욕망을 여의었다.'라는 그런 [생각]을 내지 않습니다. 세존이시여, 만일 제가 '나는 아라한 됨을 증득했다'는 [생각을] 내었다면 여래께서는 저를 두고 '수보리 선남자는 다툼 없이 머무는 자들 가운데서 제일이라서 어떤 것에도 머물지 않는다. 그래서 [그를 두고] 말하기를 다툼 없이 머무는 자, 다툼 없이 머무는 자다'라고 인정하지 않으셨을 것이기 때문입니다."

**[대역]**

9-5) tat kasya hetoḥ그것은 무슨 이유에서인가 하면(Ⓚ ×, Ⓗ 所以者何) aham저는 asmi입니다 Bhagavaṃs세존이시여, Tathāgatena arhatā samyaksambuddhena여래 아라한 정등각에 의해서 araṇā-vihāriṇām다툼이 없이 머무는 자들[1] 가운데서 agryo제일이라고 nirdiṣṭaḥ지목된[2] 자입니다(Ⓚ 世尊 佛說我得無諍三昧 人中 最爲第一, Ⓗ 世尊 如來應正等覺說 我得無諍 住最爲第一).

aham asmi저는 입니다 Bhagavan세존이시여 arhan아라한이요, vītarāgaḥ욕망을 여읜[3] 자입니다(Ⓚ 是第一離欲阿羅漢, Ⓗ 世尊 我雖是阿羅漢 永離貪欲)

na ca me그러나 제게는 Bhagavan세존이시여 evaṃ이러한 bhavati[생각이] 생겨나지 않습니다(Ⓚ 我不作是念, Ⓗ 而我未曾作如是念):

arhan아라한 asmi이다 ahaṃ나는 vītarāga욕망을 여의었다 iti라는(Ⓚ 我是離欲阿羅漢, Ⓗ 我得阿羅漢 永離貪欲),

sacet만일 mama제게 Bhagavan세존이시여 evaṃ bhavet이러한 [생각이] 생겨나기를(Ⓚ 世尊 我若作是念, Ⓗ 世尊 我若作如是念):

mayā arhattvaṃ prāptam iti나에 의해서 아라한 됨이 증득되었다라고 한다면(Ⓚ 我得阿羅漢道, Ⓗ 我得阿羅漢永離貪欲者),

na māṃ저를 두고 Tathāgato여래께서는 vyākariṣyad인정하시지[4] 않으셨을 것입니다(Ⓚ 世尊 卽不說, Ⓗ 如來不應記說我言):

araṇā-vihāriṇām agryaḥ다툼이 없이 머무는 자들 가운데서 제일이다(Ⓚ 須菩提 是樂阿蘭那行者, Ⓗ 善現善男子 得無諍住最爲第一),

Subhūtiḥ수보리 kula-putro선남자는 na kvacid어떤 것에도 viharati머물지 않으므로(Ⓚ 以須菩提 實無所行, Ⓗ 以都無所住), tena ucyate그래서 말해지기를 araṇā-vihāri araṇā-vihāri iti다툼이 없이 머무는 자, 다툼이 없이 머무는 자라고 하는 것입니다(Ⓚ 而名須菩提 是樂阿蘭那行, Ⓗ 是故如來說名 無諍住無諍住).

**[주해]**

1) **다툼이 없이 머무는 자들 가운데서(araṇā-vihāriṇām)**: araṇā는 a(부정 접두어)+√ran(to rejoice)의 명사이다. raṇa는 베다에서부터 나타나는 단어인데 '즐김'이라는 뜻보다는 '전쟁'이라는 뜻으로 더 많이 쓰였다. 그래서 araṇā(a)는 구마라집과 현장이 無諍이라 옮기고 있다. vihārin은 vi+√hṛ(to carry)에서 파생된 명사이며 범어일반에서 어미 '-in'을 붙이면 '~하는 사람'의 뜻이다.(vi+√hṛ에 대해서는 1장 5번 주해 참조)

이에 관한 주목할 만한 구절이 초기경에 나타난다. 중부 제 139번(M139) 경인 『Araṇavibhaṅgasutta(무쟁에 대한 분별경)』에서 세존께서는 바로 이 '다툼 없음(아라나)'에 대해서 여러 가지로 설명을 하시고 마지막에 "비구들이여, 그런데 수부띠는 무쟁의 행도(行道)를 증득한 제자(꿀라뿟따)이다."[23]라고 하신다.

수보리 존자는 해공(解空) 제일이라기보다는 무쟁 제일이라 불러야 할 10대 제자라 할 만하다.

---

23) subhūti ca pana, bhikkhave, kulaputto araṇa- paṭipadaṃ paṭipanno.

2) **지목된(nirdiṣṭaḥ)**: nis(밖으로)+√diś(to direct)의 과거분사로 '지적하다, 지목하다, 선언하다, 추천하다, 설명하다' 등의 뜻이 있다. 구마라집과 현장은 說로 옮겼다.

3) **욕망을 여읜(vītarāgaḥ)**: vīta+rāga의 합성어로 vīta는 vi(분리해서)+√i(to go)의 과거분사로서 '~이 없는'이라는 뜻이며 rāga는 √rañj(to color)에서 파생된 명사로 일차적으로는 '색깔, 염색'의 뜻이 있고 '욕망, 욕심, 흥분'의 뜻으로 쓰인다. 그래서 vītarāga를 구마라집은 離慾으로 현장은 離貪慾으로 옮겼다. 이욕은 수행자의 근본덕목이라 초기불교와 힌두교나 자이나교에서도 찬양되고 있다.

힌두교 제일의 성전인 바가왓기따(Bhagavadgīta)에서도 'vīta-rā-ga-bhaya-krodhas sthitadhir muṇir ucyate(욕망과 두려움과 분노를 여읜 자를 지혜가 굳은 성자라고 부른다)'라고 하고 있다.

4) **인정하다(vyākariṣyad)**: vi(분리하여)+ā(향하여)+√kṛ(to do)의 동사 가정형이며 '설명하다, 답하다, 선언하다, 예견하다, 예언하다'의 뜻이 있다. 여기서 파생된 vyākaraṇa는 범어의 문법을 뜻하는 단어로 쓰인다. 빠알리어는 vyākaroti(3인칭 단수)이다. 구마라집은 說로 현장은 記說로 옮겼다.

## 10-1. 여래도 법을 증득했다는 산냐를 내지 않는다

**[원문]**

10a) Bhagavān āha: tat kiṃ manyase Subhūte, asti sa kaścid

dharmo yas Tathāgatena Dīpaṅkarasya Tathāgatasya arhataḥ samyaksambuddhasyāntikād udgṛhītaḥ?

Subhūtir āha: no hīdaṃ Bhagavan, nāsti sa kaścid dharmo yas Tathāgatena Dīpaṅkarasya Tathāgatasyārhataḥ samyaksambuddhasyāntikād udgṛhītaḥ.

**[鳩摩羅什]**

• 莊嚴淨土分 第十

佛이 告須菩提하사대 於意云何오 如來가 昔在然燈佛所하야 於法에 有所得不아 不也니이다 世尊하 如來가 在然燈佛所하사 於法에 實無所得이니이다

**[玄奘]**

佛告善現. 於汝意云何. 如來昔在然燈如來應正等覺所頗於少法有所取不. 善現答言. 不也世尊. 如來昔在然燈如來應正等覺所都無少法而有所取.

**[번역]**

10-1. 세존께서 말씀하셨다. "이것을 어떻게 생각하는가, 수보리여. 여래가 연등 여래 아라한 정등각의 곁에서 얻은 그 어떤 법이 있는가?"

수보리가 대답했다. "참으로 그렇지 않습니다, 세존이시여. 여래가 연등 여래 아라한 정등각의 곁에서 얻은 그 어떤 법도 없습니다."

**[대역]**

10-1) Bhagavān āha세존께서 말씀하셨다(Ⓚ 佛告須菩提. Ⓗ 佛告善現):

tat kiṃ manyase Subhūte이것을 어떻게 생각하는가, 수보리여(Ⓚ

於意云何, Ⓗ 於汝意云何),

asti sa그 kaścid어떤 dharmo법이 있는가,

yas Tathāgatena여래에 의해서 Dīpaṅkarasya연등 Tathāgatasya arhataḥ samyaksambuddhasya여래 아라한 정등각자의 antikād곁에서 udgṛhītaḥ얻은 것이(Ⓚ 如來 昔在然燈佛所 於法 有所得不, Ⓗ 如來昔在然燈如來應正等覺所 頗於少法 有所取不)?

Subhūtir āha수보리가 대답했다(Ⓚ ×, Ⓗ 善現答言):

no hi idaṃ Bhagavan참으로 그것은 아닙니다, 세존이시여(Ⓚ=Ⓗ 不也世尊), na asti sa kaścid dharmo yas Tathāgatena Dīpaṅkarasya Tathāgatasya arhataḥ samyaksambuddhasya antikād udgṛhītaḥ여래에 의해서 연등 여래 아라한 정등각의 곁에서 얻어진 그 어떤 법도 없습니다[1)](Ⓚ 如來 在然燈佛所 於法 實無所得, Ⓗ 如來昔在然燈如來應正等覺所 都無少法 而有所取).

**[주해]**

1) **여래가 연등 여래 아라한 정등각의 곁에서 얻은 그 어떤 법도 없습니다:** 앞 장에서 수다원·사다함·아나함·아라한이라 하지만 그것을 실체시하면 산냐일 뿐임을 설하고 여기서는 세존 자신도 연등불 곁에서 어떤 법을 얻었음이 없다고 하신다. 만일 법이라 하여 실체시하면 법이라는 산냐에 떨어지고 만다는 것을 지적하고 계신다. 아·인·중생·수자라는 실재론적인 산냐는 다른 사상이나 종교 체계에서는 엄청난 에너지로 붙들고 있는 이상이요, 이념이지만 불자들은 부처님의 설법을 듣고 이를 극복할 수 있다 하더라도 법이라는 산냐[法相, dharma-sañjñā]는 참으로 불제자들이 버리기 힘든 산냐라 할 것이다. 그래서 세존께서는 본 경에서 거듭 거듭 이 다르마 산냐(dharma-saṃjñā, 法想)를 가지지 말 것을 강조하고 계신다.

## 10-2. 불국 건설의 산냐를 초탈한 자가 진정한 보살이다

**[원문]**

10b) Bhagavān āha: yaḥ kaścit Subhūte bodhisattva evaṃ vaded: ahaṃ kṣetravyūhān niṣpādayiṣyāmīti, sa vitathaṃ vadet. tat kasya hetoḥ? kṣetravyūhāḥ kṣetravyūhā iti Subhūte, 'vyūhās te Tathāgatena bhāṣitāḥ. tenocyante kṣetravyūhā iti.

**[鳩摩羅什]**

須菩提야 於意云何오 菩薩이 莊嚴佛土不아 不也니이다 世尊하 何以故오 莊嚴佛土者는 則非莊嚴일새 是名莊嚴이니이다

**[玄奘]**

佛告善現. 若有菩薩作如是言. 我當成辦佛土功德莊嚴. 如是菩薩非眞實語. 何以故. 善現. 佛土功德莊嚴佛土功德莊嚴者. 如來說非莊嚴. 是故如來說名佛土功德莊嚴佛土功德莊嚴.

**[번역]**

10-2. 세존께서 말씀하셨다. "수보리여, 어떤 보살이 말하기를 '나는 [불]국토 건설을 이룩하리라'라고 한다면 그는 거짓을 말하는 것이다.

그것은 무슨 이유에서인가? '[불]국토 건설, [불]국토 건설'이라고 하지만, 그것들은 [불국토] 건설이 아니라고 여래는 설하였나니 그래서 말하기를 '[불]국토 건설'이라고 하기 때문이다."

**[대역]**

10-2) Bhagavān āha세존께서 말씀하셨다(Ⓚ ×, Ⓗ 佛告善現):

yaḥ kaścit어떤 Subhūte수보리여 bodhisattva보살이 evaṃ이렇게 vaded말하기를(Ⓚ 須菩提 於意云何, Ⓗ 若有菩薩 作如是言):

ahaṃ나는 kṣetra-vyūhān[불]국토의 장엄들을 niṣpādayiṣyāmi이룩하리라[1] iti라고 한다면, sa그는 vitathaṃ거짓[2]을 vadet말하는 것이다(Ⓚ 菩薩 莊嚴佛土不 不也 世尊[3], Ⓗ 我當成辦 佛土功德莊嚴 如是菩薩 非眞實語).

tat kasya hetoḥ그것은 무슨 이유에서인가?(Ⓚ=Ⓗ 何以故)

kṣetra-vyūhāḥ kṣetra-vyūhā iti[불]국토의 장엄들, [불]국토의 장엄들이라는 것은 Subhūte수보리여(Ⓚ 莊嚴佛土者, Ⓗ 善現 佛土功德莊嚴 佛土功德莊嚴者), avyūhās te그것들은 [불국토의] 장엄들이 아니다 라고 Tathāgatena여래에 의해서 bhāṣitāḥ설해졌나니(Ⓚ 則非莊嚴, Ⓗ 如來說非莊嚴).

tena ucyante kṣetra-vyūhā iti그래서 말해지기를 [불]국토의 장엄들이라고 한다[4](Ⓚ 是名莊嚴, Ⓗ 是故 如來說名 佛土功德莊嚴 佛土功德莊嚴).

**[주해]**

1) **[불]국토 건설을 이룩하리라(kṣetra-vyūhān niṣpādayiṣyāmi)**: kṣetra는 √kṣi(to possess, to dwell)에서 파생된 명사로서 기본적인 의미는 '사는 곳'이라는 뜻이고 '땅, 들판, 장소'의 의미로 쓰이며 '공덕을 자라게 하는 땅' 즉 복전(福田)의 뜻으로 추상화하여 쓰이기도 한다. 대승불교에서는 불국토(Buddha-field)라는 개념으로도 쓰인다. 구마라집과 현장은 佛土라고 옮겼다.

vyūha는 vi(분리하여)+√vah(to carry)의 명사형으로 초기경에서는 기본적으로는 '덩어리, 집단, 특히 군대의 대열'을 의미하는데 대승불교에서는 '정돈, 치장, 장엄'의 뜻으로 쓰인다. 구마라집은 莊嚴으로 현장은 功德莊嚴으로 옮겼다. 역자는 불국토 건설이라고 의역했다. niṣpādayiṣyāmi는 nis(밖으로)+√pad(to go)의 동사 사역 미래 일인칭으로 쓰였으며 '실행하다, 성취하다'의 뜻이다. 구마라집은 생략했으며 현장은 成辦으로 옮기고 있다.

2) **거짓(vitathaṃ):** 접두어 vi는 '분리하여'의 뜻이고 tatha는 '그러한'의 의미를 나타내는 부사이다. 그래서 vitatha는 '그러하지 않은, 있는 그대로가 아닌'을 뜻하는 형용사로 쓰였다. 빠알리어도 vitatha이다.

3) **菩薩 莊嚴佛土不, 不也 世尊:** 이렇게 구마라집은 부처님과 수보리의 대화 형식으로 의역하고 있다.

4) **그래서 말하기를 '[불]국토 건설' 이라고 하기 때문이다:** 본장에서는 불국토 건설이라는 보살의 최고 이상을 짚어보고 있다. 불국토 건설! 얼마나 좋은 말인가. 한때 대불련이나 대불청이나 불교학생회에서 활동한 사람치고 이런 이념, 이런 산냐에 빠져 보지 않은 자 아무도 없을 것이다. 종교는 이념집단이고 종교의 성전(聖典)은 따지고 보면 최고의 이념서적들이다. 이런 위험성을 부처님은 보고 계신 것이다. 그렇다고 불국장엄의 원을 버리라는 것은 아니다. 단지 그 원에 함몰되어서 이념지향적이 되고 산냐에 사로잡히지 말라는 말이다. 수보리 존자가 "보살의 마음을 낸 자는 어떻게 수행하면 되겠습니까?" 한 데서 부처님은 이렇게 불자들이 빠지기 쉬운 여러 가지 산냐의 함정을 보여주시고 그것을 극복할 것을 설하고 계시는 것이다. 실로 이것을 반야바라밀이라고 하고 아울러 최고의 바라밀이라 하시는 점을 명심해야겠다.

## 10-3. 산냐를 여의어서 대상에 머물지 않는 마음을 내는 자가 참다운 보살이다.

**[원문]**

10c) tasmāt tarhi Subhūte bodhisattvena mahāsattvenaivam apratiṣṭhitaṃ cittam utpādayitavyaṃ yan na kvacitpratiṣṭhitaṃ cittam utpādayitavyam, na rūpapratiṣṭhitaṃ cittam utpādayitavyaṃ na śabdagandharasaspraṣṭavyadharmapratiṣṭhitaṃ cittam utpādayitavyaṃ. tad yathāpi nāma Subhūte puruṣo bhaved upetakāyo mahākāyo yat tasyaivaṃrūpa ātmabhāvaḥ syāt tad yathāpi nāma Sumeruḥ parvatarājā, tat kiṃ manyase Subhūte api nu mahān sa ātmabhāvo bhavet?

Subhūtir āha: mahān sa Bhagavan mahān Sugata sa ātmabhāvo bhavet. tat kasya hetoḥ? ātmabhāva ātmabhāva iti Bhagavan abhāvaḥ sa Tathāgatena bhāṣitaḥ. tenocyata ātmabhāva iti. na hi Bhagavan sa bhāvo nābhāvaḥ. tenocyata ātmabhāva iti.

**[鳩摩羅什]**

是故로 須菩提야 諸菩薩摩訶薩이 應如是生淸淨心이니 不應住色生心하며 不應住聲香味觸法生心이요 應無所住하야 而生其心이니라 須菩提야 譬如有人이 身如須彌山王하면 於意云何오 是身이 爲大不아 須菩提가 言하사대 甚大니이다 世尊하 何以故오 佛說非身이 是名大身이니이다

**[玄奘]**

是故善現. 菩薩如是都無所住應生其心. 不住於色應生其心. 不住非色應生其心. 不住聲香味觸法應生其心. 不住非聲香味觸法應生其心.

都無所住應生其心.

佛告善現. 如有士夫具身大身其色自體. 假使譬如妙高山王. 善現. 於汝意云何. 彼之自體爲廣大不. 善現答言. 彼之自體. 廣大世尊. 廣大善逝. 何以故. 世尊彼之自體如來說非彼體故名自體. 非以彼體故名自體.

**[번역]**

10-3. "그러므로 이제 수보리여, 보살 마하살은 이와 같이 머무르지 않는 마음을 내어야 한다. 어떤 것에도 머무르는 마음을 내지 않아야 한다. 형상에 머무르는 마음을 내지 않아야 하며 소리, 냄새, 맛, 감촉 마음의 대상에 머무르는 마음을 내지 않아야 한다. 예를 들자면 어떤 사람이 구족한 몸과 큰 몸을 가지고 있다 하자. 그 몸이 이러한 형태여서 마치 산들의 왕인 수미산과 같다 하자. 이를 어떻게 생각하는가? 수보리여, 그 몸은 참으로 크다 하겠는가?"

수보리가 대답했다. "그것은 큽니다, 세존이시여. 그 몸은 큽니다, 선서시여. 그것은 무슨 이유에서인가 하면, 세존이시여, '몸, 몸'이라는 것, 그것은 몸이 아니라고 여래께서는 설하셨습니다. 그래서 말하기를 몸이라고 하기 때문입니다. 세존이시여, 참으로 그것은 몸이 아니며, 몸 아님도 아닙니다. 그래서 말하기를 몸이라고 합니다."

**[대역]**

10-3) tasmāt그러므로 tarhi그래서 Subhūte수보리여(Ⓚ 是故須菩提, Ⓗ 是故善現) bodhisattvena mahāsattvena보살 마하살에 의해서(Ⓚ 諸菩薩摩訶薩, Ⓗ 菩薩) evam이와 같이 apratiṣṭhitaṃ머무르지 않는 cittam마음을 utpād ayitavyaṃ일으켜야 한다[1](Ⓚ 應如是生淸淨心, Ⓗ 如是都無所住應生其心).

yan na kvacit어떤 것에도 pratiṣṭhitaṃ머무르는 cittam마음을 utpādayitavyaṃ일으키지 않아야 하나니(Ⓚ 應無所住 而生其心[2], Ⓗ

都無所住應生其心),

na rūpa-pratiṣṭhitaṃ cittam utpādayitavyaṃ형상에 머무르는 마음을 내지 않아야 하고(Ⓚ 不應住色生心, Ⓗ 不住於色應生其心 不住非色應生其心)[3] na śabda-gandha-rasa-spraṣṭavya-dharma-pratiṣṭhitaṃ cittam utpādayitavyaṃ소리 냄새 맛 감촉 생각의 대상에 머무르는 마음을 내지 않아야 한다(Ⓚ 不應住聲香味觸法生心, Ⓗ 不住聲香味觸法應生其心. 不住非聲香味觸法應生其心).

tad yathā api nāma그것은 마치 참으로 Subhūte수보리여 puruṣo 사람이 bhaved있어서(Ⓚ 須菩提 譬如有人, Ⓗ 佛告善現 如有士夫)

upeta-kāyo구족한 몸[4]과 mahā-kāyo큰 몸을 가지고 있으며(Ⓚ ×, Ⓗ 具身大身)

yat tasya그의 evaṃrūpa이러한 형태가 ātma-bhāvaḥ자기 몸[5] syāt이어서(Ⓚ ×, Ⓗ 其色自體) tad그것은 yathā api nāma마치 참으로 Sumeruḥ수메루 parvata-rājā산의 왕과 같다고 한다면[6](Ⓚ 身如須彌山王, Ⓗ 假使譬如妙高山王),

tat kiṃ manyase Subhūte이것을 어떻게 생각하는가, 수보리여(Ⓚ 於意云何, Ⓗ 善現 於汝意云何) api nu참으로 mahān크다고 sa그 ātmabhāvo몸은 bhavet하겠는가(Ⓚ 是身 爲大不, Ⓗ 彼之自體 爲廣大不)?

Subhūtir āha수보리가 대답했다(Ⓚ 須菩提 言, Ⓗ 善現答言):

mahān큽니다 sa그것은 Bhagavan세존이시여 mahān큽니다 Sugata선서시여 sa그 ātma-bhāvo몸은 bhavet그러합니다(Ⓚ 甚大 世尊, Ⓗ 彼之自體 廣大世尊 廣大善逝).

tat kasya hetoḥ그것은 무슨 이유에서인가 하면(Ⓚ=Ⓗ 何以故),

ātma-bhāva ātma-bhāva iti몸, 몸이라는 것은 Bhagavan세존이시여 a-bhāvaḥ몸이 아니다[라고] sa그것은 Tathāgatena여래에 의

해서 bhāṣitaḥ설해졌습니다(Ⓚ 佛說非身, Ⓗ 世尊 彼之自體 如來說非彼體). tena ucyate ātma-bhāva iti그래서 말해지기를 몸이라고 하는 것이기 때문입니다[7](Ⓚ 是名大身, Ⓗ 故名自體).

na hi참으로 Bhagavan세존이시여 sa그것은 bhāvo몸이 아니며 na abhāvaḥ몸이 아님도 아닙니다. tena ucyate ātma-bhāva iti그래서 말해지기를 몸이라 하는 것입니다[8](Ⓚ×, Ⓗ 非以彼體故名自體).

**[주해]**

1) **머무르지 않는 마음을 내어야 한다(apratiṣṭhitaṃ cittam utpādayitavyaṃ)**: 4장에서 머무르지 않고 보시할 것을 설하였고 다시 여기서는 머무르지 않는 마음을 내어야 한다고 강조하고 있다. 3장에서 수보리 존자가 "보살승에 굳게 나아가는 자는 어떻게 마음을 내어야 합니까?"라고 여쭈었을 때(3장 2번 주해 참조) 세존께서는 불자들이 가질 수 있는 여러 산냐들, 그 중에서도 특히 위없는 깨달음을 성취한 뒤 그것을 법이라고 집착하는, 법이라는 산냐를 극복하라 하시고 지금 여기서 이렇게 머무는 바 없이 보리심을 내라고 말씀하신다.

2) **應無所住 而生其心**: 구마라집과 현장은 공히 '불응주색생심 불응주성향미촉법생심(不應住色生心 不應住聲香味觸法生心)' 부분을 먼저 번역하고 이 부분을 결론으로 취급하여 나중에 번역하였다.

3) **不住非色應生其心**: 원문에는 없는데 현장은 이렇게 6경에 머물지 않고서도 마음을 내지 말라고 덧붙이고 있는데 현장이 저본으로 사용한 범어 원본에는 이 구절이 있었는지 궁금하다.

4) **구족한 몸(upeta-kāyo)**: upeta는 upa(위로)+√i(to go)의 과거

분사형으로 기본 의미는 '~를 가진', '갖추어져 있는'의 뜻이다. kāya는 몸을 나타낸다. 그래서 '이상적인 몸을 가진'의 뜻이라 하겠다. 구마라집은 옮기지 않았고 현장은 具身이라고 옮겼다.

5) **그 몸(ātma-bhāva):** bhāva는 √bhū(to be, to become)의 명사형으로 기본적으로는 '~됨'의 의미로 영어의 '-ness'의 뜻을 가졌다 하겠다. 한문으로는 性이라 번역한다. 그래서 예를 들면 빠알리어로 남성은 'purisa-bhāva', 여성은 'itthi-bhāva'라 한다. ātma-bhāva는 그래서 '자기 됨'을 뜻하는데 초기경에서는 attabhāva로 나타나고 '생명'이나 '재생(再生)' 혹은 '성질' 등의 의미로 쓰였고 논장에서부터 '개인'이나 '인격'의 의미로 쓰이다가 특히 대승불교 경전에서는 '몸' 즉 '자기 몸[自身]'을 나타내는 단어로 고착되었다. 일반 범어에서는 몸이라는 뜻으로는 쓰지 않는다. 구마라집은 身으로 현장은 自體로 옮겼다.

빠알리어에서 √bhū(to become)에서 파생되어 쓰이는 중요한 명사가 몇 가지 더 있는데 간단히 살펴보겠다. 많이 나타나는 표현이 bhava인데 12연기에서 有로 번역되며 존재나 삶의 개념으로 쓰인다. bhāvana는 '되게 함'의 의미로서 불교수행체계 일반을 일컫는 중요한 말이다. 영어로는 cultivation이라 번역한다. bhūta는 6장 7번 주해를 참조할 것.

6) **수메루, 산의 왕(Sumeruḥ parvata-rājā):** sumeru는 인도신화와 인도의 우주관에서 우주의 중심에 있는 산으로 등장하는 전설적이고 신화적인 산이다. 그래서 산들 중의 왕이라고 parvata(산)-rājā(왕)라는 표현을 쓴다. 초기경에서는 sineru-pabbatarājā로 나타나며 자이나교의 우주관에서도 나타난다.

7) **그래서 말하기를 몸이라고 하는 것이기 때문입니다:** 여기서는 몸이라는 산냐도 만들지 말라고 설하신다. 이렇게 우리가 가질 수 있는 여러 가지 산냐를 들고 그것을 극복할 것을 말씀하고 계신다.

8) **참으로 그것은 몸이 아니며, 몸 아님도 아닙니다. 그래서 말하기를 자기 몸이라고 하는 것입니다:** 구마라집은 이 부분을 번역하지 않았는데 아마 구마라집이 저본으로 삼았던 범어본에는 없었던 것 같고 문맥상으로 볼 때 후대에 첨가된 부분이 아닌가 하는 생각도 든다.

## 11. 산냐를 벗어나라는 이 가르침의 공덕은 한량이 없다

**[원문]**

11. Bhagavān āha: tat kiṃ manyase Subhūte yāvatyo Gaṅgāyāṃ mahānadyāṃ vālukās tāvatya eva Gaṅgānadyo bhaveyuḥ, tāsu yā vālukā api nu tā bahavyo bhaveyuḥ?

Subhūtir āha: tā eva tāvad Bhagavan bahavyo Gaṅgānadyo bhaveyuḥ, prāg eva yās tāsu Gaṅgānadīṣu vālukāḥ.

Bhagavān āha: ārocayāmi te Subhūte prativedayāmi te yāvatyas tāsu Gaṅgānadīṣu vālukā bhaveyus, tāvato lokadhātūn kaścid eva strī vā puruṣo vā saptaratnaparipūrṇaṃ kṛtvā Tathāgatebhyo 'rhadbhyaḥ samyaksambuddhebhyo dānaṃ dadyāt, tat kiṃ manyase Subhūte, api nu sā strī vā puruṣo vā tato nidānaṃ bahu puṇyas kandhaṃ prasunuyāt?

Subhūtir āha: bahu Bhagavan bahu Sugata strī vā puruṣo vā tato nidānaṃ puṇyaskandhaṃ prasunuyād aprameyam asaṃkhyeyam.

Bhagavān āha: yaś ca khalu punaḥ Subhūte strī vā puruṣo vā tāvato lokadhātūn saptaratnaparipūrṇaṃ kṛtvā Tathāgatebhyo 'rhadbhyaḥ samyaksambuddhebhyo dānaṃ dadyāt, yaś ca kulaputro vā kuladuhitā veto dharmaparyāyād antaśaś catuṣpādikām api gāthām udgṛhya parebhyo deśayet samprakāśayed, ayam eva tato nidānaṃ bahutaraṃ puṇyaskandhaṃ prasunuyād aprameyam asaṃkhyeyam.

**[鳩摩羅什]**

• 無爲福勝分 第十一

須菩提야 如恒河中所有沙數하야 如是沙等恒河가 於意云何오 是諸恒河沙가 寧爲多不아 須菩提가 言하사대 甚多니이다 世尊하 但諸恒河도 尙多無數어든 何況其沙리잇가 須菩提야 我今實言으로 告汝호리니 若有善男子善女人이 以七寶로 滿爾所恒河沙數三千大千世界하야 以用布施하면 得福이 多不아 須菩提가 言하사대 甚多니이다 世尊하 佛이 告須菩提하사대 若善男子善女人이 於此經中에 乃至受持四句偈等하야 爲他人說하면 而此福德이 勝前福德하리라

**[玄奘]**

佛告善現. 於汝意云何. 乃至殑伽河中所有沙數. 假使有如是沙等殑伽河. 是諸殑伽河沙寧爲多不. 善現答言. 甚多世尊甚多善逝. 諸殑伽河尙多無數何況其沙. 佛言善現. 吾今告汝開覺於汝. 假使若善男子或善女人. 以妙七寶盛滿爾所殑伽河沙等世界. 奉施如來應正等覺. 善現. 於汝意云何. 是善男子或善女人. 由此因緣所生福聚寧爲多不. 善現答言. 甚多世尊. 甚多善逝. 是善男子或善女人由此因緣所生福聚其量甚多.

佛復告善現. 若以七寶盛滿爾所沙等世界. 奉施如來應正等覺. 若善男子或善女人. 於此法門乃至四句伽他受持讀誦究竟通利. 及廣爲他宣說開示如理作意. 由此因緣所生福聚甚多於前無量無數.

**[번역]**

11. 세존께서 말씀하셨다. "이것을 어떻게 생각하는가, 수보리여. 가령 강가 큰 강의 모래알들과 같이 많은 [수의] 강가 강들이 있다 하자. 그러면 그 [모든 강들의] 모래알 역시 참으로 많다고 하겠는가?"

수보리가 대답했다. "세존이시여, 그러한 강가 강들만 하여도 많다고 하겠는데 하물며 그러한 강가 강들의 모래알들이겠습니까?"

세존께서 말씀하셨다. "수보리여, 나는 그대에게 제기하리라. 나는 그대에게 분명히 알게 하리라. 그들 강가 강들의 모래알들이 있는 만큼의 그와 같은 세계들을 어떤 여자나 남자가 칠보로 가득 채우고서 여래 아라한 정등각들께 보시를 행한다고 하자. 이것을 어떻게 생각하는가, 수보리여. 참으로 그 여자나 남자가 이로 인해서 아주 많은 공덕의 무더기를 쌓겠는가?"

수보리가 대답했다. "많습니다 세존이시여, 많습니다 선서시여. 참으로 그 선남자 선여인들은 그것으로 인해서 측량할 수도 없고 셀 수도 없는 [많은] 공덕의 무더기를 쌓을 것입니다."

세존께서 말씀하셨다. "그리고 참으로 수보리여, 여자나 남자가 그러한 [많은] 세계들을 칠보로 가득 채우고서 여래 아라한 정등각들께 보시를 행한다 하더라도 다시 이 법문 가운데서 단지 네 구절로 된 게송이라도 뽑아내어 남들에게 자세히 가르쳐주고 자세히 설명해준다면 이것이 이로 인해서 측량할 수도 없고 셀 수도 없이 더 많은 공덕의 무더기를 쌓을 것이다."

**[대역]**

11. Bhagavān āha세존께서 말씀하셨다(Ⓚ ×, Ⓗ 佛告善現):

tat kiṃ manyase Subhūte이것을 어떻게 생각하는가, 수보리여(Ⓚ 須菩提, Ⓗ 於汝意云何),

yāvatyo가령 Gaṅgāyāṃ강가 mahānadyāṃ큰 강의 vālukās모래알들과 같은[1](Ⓚ 如恒河中所有沙數, Ⓗ 乃至殑伽河中所有沙數)

tāvatya eva그와 같은 Gaṅgā-nadyo강가 강들이 bhaveyuḥ있다고 하자(Ⓚ 如是沙等恒河, Ⓗ 假使有如是沙等殑伽河),

tāsu yā그 [강들]의 vālukā모래알들 api nu역시 참으로 tā그것들은 bahavyo많은 것이 bhaveyuḥ되겠는가(Ⓚ 於意云何 是諸恒河沙 寧爲多不, Ⓗ 是諸殑伽河沙 寧爲多不)?

Subhūtir āha수보리가 대답했다(Ⓚ 須菩提言, Ⓗ 善現答言):

tā eva그 오직 tāvad그러한 Bhagavan세존이시여 bahavyo많은 것으로 Gaṅgā-nadyo강가 강들만 하더라도 bhaveyuḥ되는데(Ⓚ 甚多世尊 但諸恒河 尙多無數, Ⓗ 甚多世尊 甚多善逝 諸殑伽河尙多無數),

prāg eva하물며 yās tāsu그러한 Gaṅgā-nadīṣu강가 강들에서의 vālukāḥ모래알들이겠습니까(Ⓚ=Ⓗ 何況其沙).

Bhagavān āha세존께서 말씀하셨다(Ⓚ ×, Ⓗ 佛言善現):

ārocayāmi나는 제기하리라[2] te그대에게 Subhūte 수보리여 prati-vedayāmi나는 분명히 알게 하리라[3] te그대에게(Ⓚ 須菩提 我今實言告汝, Ⓗ 吾今告汝開覺於汝),

yāvatyas tāsu그들 Gaṅgā-nadīṣu강가 강들에 vālukā모래알들이 bhaveyus있는 만큼이나, tāvato그와 같은 loka-dhātūn세계들을 kaścid eva어떤 strī vā여자이거나 puruṣo vā남자가[4] sapta-ratna-paripūrṇaṃ kṛtvā칠보로 가득 채우고서(Ⓚ 若有善男子善女人 以七寶滿爾所恒河沙數三千大千世界, Ⓗ 假使若善男子或善女人 以妙七寶 盛滿爾所殑伽河沙等世界.)

Tathāgatebhyo arhadbhyaḥ samyaksambuddhebhyo여래 아라한 정등각들에게 dānaṃ dadyāt보시를 행한다고 하자(Ⓚ 以用布施, Ⓗ 奉施如來應正等覺),

tat kiṃ manyase Subhūte이를 어떻게 생각하는가, 수보리여(Ⓚ ×, Ⓗ 善現. 於汝意云何), api nu참으로 sā strī vā그 여인이나 puruṣo vā남자가(Ⓚ ×, Ⓗ 是善男子或善女人) tato nidānaṃ이로 인해서 bahu 아주 많은 puṇyaskandhaṃ pras unuyāt공덕의 무더기를 쌓겠는가(Ⓚ 得福多不, Ⓗ 由此因緣 所生福聚 寧爲多不)?

Subhūtir āha수보리가 대답했다(Ⓚ 須菩提 言, Ⓗ 善現答言:

bahu많이 Bhagavan세존이시여 bahu많이 Sugata선서시여(Ⓚ 甚多世尊, Ⓗ 甚多世尊 甚多善逝) strī vā여인이나 puruṣo vā남자가 tato nidānaṃ이로 인해서 puṇya-skandhaṃ prasunuyād공덕의 무더기를 쌓을 것입니다 aprameyam측량할 수 없고 asaṃkhyeyam셀 수도 없는(Ⓚ ×, Ⓗ 是善男子或善女人 由此因緣 所生福聚 其量甚多).

Bhagavān āha세존께서 말씀하셨다(Ⓚ 佛告須菩提, Ⓗ 佛復告善現):

yaś ca khalu그리고 참으로 punaḥ다시 Subhūte수보리여 strī vā puruṣo vā여인이나 남자가(Ⓚ 若善男子善女人, Ⓗ 若善男子或善女人)

tāvato그러한 [많은] loka-dhātūn세계들을 sapta-ratna-paripūrṇaṃ kṛtvā칠보로 가득 채우고서[5](Ⓚ ×, Ⓗ 若以七寶盛滿爾所沙等世界) Tathāgatebhyo arhadbhyaḥ samyaksambuddhebhyo여래 아라한 정등각들께 dānaṃ dadyāt보시를 행한다 하더라도(Ⓚ ×, Ⓗ 奉施如來應正等覺),

yaś ca다시 ito이 dharma-paryāyād법문으로부터(Ⓚ 於此經中, Ⓗ 於此法門) antaśaś catuṣpādikām api단지 네 구절로 된 gāthām게송을 udgṛhya뽑아 내어서(Ⓚ 乃至受持四句偈等, Ⓗ 乃至四句伽他)

parebhyo남에게 vistareṇa상세하게 deśayet가르쳐 주고 samprakāśayed자세히 설명해 준다면(Ⓚ 爲他人說, Ⓗ 受持讀誦究竟通利. 及廣爲他宣說開示如理作意, ayam이것이 eva오직 tato nidānaṃ이로 인해서(Ⓚ 而此福德, Ⓗ 由此因緣所生福聚) bahutaraṃ더 많은 puṇya-skandhaṃ prasunuyād공덕의 무더기를 쌓을 것이다 aprameyam측량할 수도 없고 asaṃkhyeyam셀 수 없는(Ⓚ 勝前福德, Ⓗ 甚多於前無量無數).

**[주해]**

1) **강가 큰 강의 모래알들(Gaṅgāyāṃ mahānadyāṃ vālukās)**: Gaṅgā는 갠지스 강을 말하며 여기서는 처소격으로 쓰였다. mahānadī는 mahā(큰)+nadī(강)의 합성어로 역시 처소격으로 쓰였다. 그래서 '강가 큰 강에 있는'의 뜻이다. 구마라집은 恒河로 옮겼고 현장은 殑伽河로 옮겼다. vāluka는 '모래'의 뜻이다. 빠알리어로도 vāluka이며 상응부 경(S.44.17)에서 '강가 강의 모래알을 헤아릴 수 있는(gaṅgāya vālukaṃ gaṇetum)'이라는 표현이 등장한다.

2) **나는 제기하리라(ārocayāmi)**: ā(향하여)+√ruc(to shine)의 동사 사역 1인칭 단수로 쓰였다. '알게 하다, 말하다, 선언하다'의 뜻이다. 빠알리어는 āroceti이다. 구마라집은 實言告로 현장은 告로 옮겼다.

3) **나는 분명히 알게 하리라(prativedayāmi)**: prati(대하여)+√vid (to know)의 동사 사역 1인칭 단수로 쓰였다. '~에 대해서 알게 한다'는 의미로 '알게 하다, 가르치다, 설명하다'의 뜻으로 쓰인다. 빠알리어는 paṭivedeti(삼인칭 단수형)이다. 구마라집은 옮기지 않았고 현장은 開覺으로 옮겼다.

4) **여자나 남자가(strī vā puruṣo vā)**: strī는 '여자'를 puruṣa는

'남자'를 뜻하는 명사이다. 본 경에서는 그냥 어떤 사람이라고 말하지 않고 다음의 두 가지 표현을 사용하고 있는데 '선남자 선여인(kulaputrā vā kuladhuhitaro vā)'과 이 '여자나 남자(strī vā puruṣo vā)'이다. 엄밀히 말하면 '선남자 선여인'은 불자를 일컫는다 할 수 있고 '여자나 남자'는 일반 사람들을 의미한다 할 수 있겠다. 여기서는 구마라집과 현장은 같이 善男子 善女人이라고 옮겼다.

5) **칠보로 가득 채우고서 …** : 이하 본 장의 끝까지는 8장의 후반부와 같다. 이렇게 거듭해서 본 경에서 설하고 있는 산냐를 극복하라는 가르침이야말로 그 어떤 것보다도 수승함을 설하고 있다.

## 12. 산냐를 여의라는 이 가르침을 실천하는 곳이 진정한 불국토이다

**[원문]**

12. api tu khalu punaḥ Subhūte yasmin pṛthivīpradeśa ito dharmaparyāyād antaśaś catuṣpādikām api gāthām udgṛhya bhāṣyeta vā samprakāśyeta vā, sa pṛthivīpradeśaś caityabhūto bhavet sadevamānuṣāsurasya lokasya; kaḥ punar vādo ya imaṃ dharmaparyāyaṃ sakalasamāptaṃ dhārayiṣyanti vācayiṣyanti paryavāpsyanti parebhyaś ca vistareṇa samprakāśayiṣyanti, parameṇa te Subhūte āścaryeṇa samanvāgatā bhaviṣyanti. tasmiṃś ca Subhūte pṛthivīpradeśe śāstā viharaty anyatarānyataro vā vijñagurusthānīyaḥ.

**[鳩摩羅什]**

• 尊重正敎分 第十二

復次須菩提야 隨說是經호대 乃至四句偈等하면 當知此處는 一切世間天人阿修羅가 皆應供養을 如佛塔廟어든 何況有人이 盡能受持讀誦가 須菩提야 當知是人은 成就最上第一希有之法이니 若是經典所在之處는 則爲有佛과 若尊重弟子니라

**[玄奘]**

復次善現. 若地方所於此法門. 乃至爲他宣說開示四句伽他. 此地方所尙爲世間諸天及人阿素洛等之所供養如佛靈廟. 何況有能於此法門. 具足究竟書寫受持讀誦究竟通利. 及廣爲他宣說開示如理作意. 如是有情成就最勝希有功德. 此地方所大師所住. 或隨一一尊重處所. 若諸有智同梵行者說是語已.

**[번역]**

12. "다시 수보리여, 어떤 지방에서 [여자나 남자가 이 법문을 듣고] 이 법문 가운데서 단지 네 구절로 된 게송이라도 뽑아내어 가르쳐주고 자세히 설명해준다면 천 인 아수라를 포함한 세계가 그 지방을 탑묘처럼 여길 것이다. 하물며 이 법문을 완전히 갖추어 [마음에] 간직하고 독송하고 이해하고 남들에게 자세히 설명해준다면 수보리여, 그들은 최고의 경이로움을 갖춘 자들이 될 것이니 다시 더 말해 무엇 하겠는가? 수보리여, 그 지방에는 스승과 다른 여러 지혜로운 구루들이 머문다."

**[대역]**

12. api tu khalu punaḥ다시 참으로 Subhūte수보리여(Ⓚ 復次須菩提, Ⓗ 復次善現)

yasmin pṛthivī-pradeśe어떠한 지방에서[1)](Ⓚ ×, Ⓗ 若地方所)

ito이 dharma-paryāyād법문으로부터 antaśaś단지 catuṣpādikām

api네 구절로 된 gāthām게송을 udgṛhya뽑아 내어서 bhāṣyeta vā 설명해주거나 samprakāśyeta vā자세히 가르쳐 준다면(Ⓚ 隨說是經乃至四句偈等, Ⓗ 於此法門 乃至爲他宣說開示四句伽他),

sa그 pṛthivī-pradeśaś지방은(Ⓚ 當知此處, Ⓗ 此地方所) caitya-bhūto탑묘가 있는 곳[2]이 bhavet되리니, sa-deva-mānuṣa-asura-sya lokasya천인아수라를 포함한 세계[3]의(Ⓚ 一切世間天人阿修羅 皆應供養 如佛塔廟, Ⓗ 尙爲世間諸天及人阿素洛等之所供養 如佛靈廟).

kaḥ누가 punar다시 vādo말할 것인가(Ⓚ 何況有人, Ⓗ 何況)

ya즉, imaṃ이 dharma-paryāyaṃ법문을(Ⓚ ×, Ⓗ 有能於此法門)

sakala-samāptaṃ완전히 갖추어서[4] dhārayiṣyanti[마음에] 간직하고[5] vācayiṣyanti독송하고[6] paryavāpsyanti이해하고[7] parebhyaś 남들에게 ca그리고 vistareṇa상세하게 samprakāśayiṣyanti설명해 준다면[8](Ⓚ 盡能受持讀誦[9], Ⓗ 具足究竟書寫受持讀誦究竟通利 及廣爲他宣說開示如理作意),

parameṇa최고로 te그들은 Subhūte수보리여 āścaryeṇa경이로움으로 samanvāgatā갖추어진 자들이[10] bhaviṣyanti될 것이다(Ⓚ 須菩提 當知是人 成就最上第一希有之法, Ⓗ 如是有情 成就最勝 希有功德).

tasmiṃś ca그리고 그 Subhūte수보리여 pṛthivī-pradeśe지방에는(Ⓚ 若是經典所在之處, Ⓗ 此地方所) śāstā스승이[11] viharati머무르고(Ⓚ 則爲有佛, Ⓗ 大師所住) anyatara-anyataro vā vijñaguru-sthānīyaḥ여러 지혜로운 구루들이 머문다[12](Ⓚ 若尊重弟子, Ⓗ 或隨一一尊重處所 若諸有智同梵行者).

**[주해]**

1) **어떤 지방에서(pṛthivī-pradeśe)**: pṛthivī 혹은 pṛthvī는 √pra-

th(to spread)의 명사형으로 설명되며 '땅'을 의미한다. 빠알리어는 pathavī 혹은 paṭhavī로 나타나며 지수화풍의 사대를 이야기할 때의 地가 바로 이 pathavī이다. pradeśa는 pra(앞으로)+√diś(to direct)의 명사형으로 '지시, 위치, 지역, 지방'을 뜻한다. 이 두 단어가 합성되어 처소격으로 나타나며 구마라집은 옮기기 않았고 현장은 地方所라고 옮겼다.

2) **탑묘가 있는 곳(caityabhūto)**: caitya는 √ci(to heap up)에서 파생된 명사로서 돌이나 흙, 벽돌 등을 쌓아서 만든 '기념물, 분묘'를 지칭하는 것이 일차적인 의미이다. 빠알리어는 cetiya이다. bhūta는 √bhū(to become)의 명사로서 여기서는 '~이 되는'의 일차적인 의미로 쓰였다. 즉 본 경을 설하거나 독송하는 곳은 탑묘가 있는 곳과 다를 바가 없다, 본 경을 설하고 독송하고 하는 것이야말로 불탑에 예배하는 것과 같다고 하는 말이다.

한편 바라문 제의서에도 이 짜이따(caitya)라는 말이 나타나며 짜이따에 가서 제사지내는 것이 기술되어 있다. 아마 조상신이나 그 지역의 토지신 아니면 유력한 신을 모시고 그 지방 부족들이 모여서 제사 지내거나 숭배를 하던 장소를 말하는 것일 것이다 지금도 인도의 시골에 가보면 곳곳에 이런 크고 작은 건물이나 조형물이 있으며 이런 곳을 짜이따라 부르고 있다. 구마라집은 佛塔廟로 현장은 佛靈廟로 옮기고 있다.

초기경에서 쩨띠야(cetiya)는 불교의 탑묘를 지칭하는 말로는 거의 쓰이지 않는다. 불교의 탑묘는 투빠(thūpa, Sk. stūpa, 스뚜빠)라는 말을 쓴다. 스뚜빠라는 단어는 브라흐마나(제의서) 문헌에서 묘지-초기 아리야족들은 화장이 아닌 매장을 하였다-라는 뜻으로 나타나고 있다. 초기경에서 쩨띠야는 불교 이전에서부터 있었던 신성한 곳을 말하며 불교 수행자들뿐 아니라 여러 종교의 수행자들의 좋은 거주처가 되었고 부처님께서도 이런 쩨띠야에 많이 머무셨다. 특히 부처님의 마지막 입멸과정을 상세히 묘사하고 있는 대반열반경에 다수 등장하고 있다. 부처님이 석 달 후 입멸을 예고하신 곳이 짜빨라쩨띠야(capala-cetiya)이고 그리고 선종에서 익히 잘 알려진 가섭존자의 삼처전심 중 '다자탑전 반분좌'라는 말에 나타나는 이 다자탑(多子塔)의 원어는 bahūputta-cetiya인데 bahū는 '많은(多)', putta는 '아들(子)'의 뜻이라서 중국에서 다자탑(多子塔)으로 옮겼다.

이 쩨띠야는 경에 의하면 라자가하(왕사성)와 나란다 사이에 있었다고 나타나고 있다. 실제로 가섭 존자는 여기서 세존의 간곡하신 경책의 말씀을 듣고 분발하여 8일 만에 깨달음을 얻었다고 한다(S16.11). 그 외에도 다수가 언급되고 있는데 그 당시 여러 집단의 수행자들이 이런 쩨띠야를 자연스럽게 거주처로 삼아서 유행(遊行)을 했던 것이다.

후대로 내려오면서 불교 사원에서 불상이나 탑을 모시고 예배드리는 곳을 쩨띠야(cetiya, Sk. caitya)라 하고 스님들이 머무는 곳을 문자 그대로 위하라(vihāra)라고 부르고 있다. 우리 식으로 말한다면 대웅전, 관음전, 명부전 등은 쩨띠야이고 스님들이 거주하는 요사채는 위하라라고 한다고 이해하면 되겠다.

3) **천 · 인 · 아수라를 포함한 세계의(sa-deva-mānuṣa-asurasya lokasya)**: sa는 접두어로 쓰이면 '~와 더불어'라는 뜻이며 deva는 √div(to shine)에서 유래된 명사로 설명한다. '빛나는 존재'라는 뜻에서 신(神)을 의미하며 인간보다 수승한 천상의 존재들을 말한다. mānuṣa는 인간을 뜻하는 데 원래 'manu의 후손'이라는 의미로서 인도신화에서는 manu를 최초의 인간이라 설명하고 있다. 성서의 노아의 방주처럼 이 땅 위에 큰 홍수가 났을 때 마누가 배로써 그 홍수를 이겨내고 그래서 다시 후손들을 땅 위에 번창케 했다는 이야

기가 제의서의 하나인 샤따빠타브라흐마나 2장에 나타나고 있다. asura는 deva(신)들과 항상 싸우는 존재들로 인도의 고대 신화에 나타나는 존재들로서 자연스럽게 초기불교의 경들에도 등장하는 존재들이다. 어원으로 보면 서아시아에서 유력했던 조로아스터교의 아베스타에 나타나는 신이나 주(主)의 개념인 ahuroo를 나타낸다고 보고 있다.

초기경에서는 '천인 아수라를 더불은 세계'라는 표현 대신에 '천인 마라 사문 바라문을 포함한 이 천 인의 세상 사람들'24)이라는 표현이 정형화되어서 아주 많이 나타난다.(D2 등등)

4) **완전히 갖추어서(sakala-samāptaṃ)**: sakala는 '전체의, 완전한'을 나타내는 형용사이며 samāptam은 saṃ(함께)+√āp(to get)의 과거분사로서 '다 갖추다, 완성하다, 끝내다'의 의미로 쓰인다. 현장은 具足으로 옮겼다.

5) **[마음에] 간직하고(dhārayiṣyanti)**: √dhṛ(to hold)의 동사 사역 미래 삼인칭 복수형이다. 초기경에도 나타나며 dhammam dhāreti 하여 '법을 마음에 새기다, 외우다, 알다'의 뜻으로 많이 나타난다. 구마라집과 현장은 受持로 옮겼다.

6) **독송하고(vācayiṣyanti)**: √vac(to speak)의 동사 사역 미래 삼인칭 복수형이다. '말하게 하다'의 의미에서 '독송하다, 독송하게 하다'의 의미로 쓰인다. 구마라집과 현장은 讀誦으로 옮겼다.

7) **이해하고(paryavāpsyanti)**: pari(둘레에, 원만히)+ava(아래로)+

24) imaṃ lokaṃ sadevakaṃ samārakaṃ sabrahmakaṃ sassamaṇa-brāhmaṇiṃ pajaṃ sadevamanussaṃ, (모두 목적격으로 인용했음)

√āp(to get)의 동사 미래 삼인칭 복수로 쓰였다. '공부하다, 통달하다, 완전히 이해하다'의 뜻으로 쓰인다. 빠알리어에서는 pariyāpuṇāti로 접두어 ava가 없이 나타난다. 현장은 究竟通利로 옮겼다.

8) **상세하게 설명해준다면(vistareṇa samprakāśayiṣyanti)**: 8장 10번 주해 참조.

9) **盡能受持讀誦**: 구마라집은 본 경 전체에서 受持讀誦이라고 줄여서 번역하고 있다. 물론 여기서처럼 盡能 등의 말을 앞에 넣기도 하지만.

10) **갖추어진 자들이(samanvāgatā)**: saṃ(함께)+anu(따라서)+ā(향하여)+√gam(to go)의 과거분사로서 '갖춘, 구족한, 함께한' 등의 뜻으로 쓰인다. 빠알리어는 samannāgata이다. 구마라집과 현장은 成就로 옮겼다.

11) **스승이(śāstā)**: √śās(to order)의 명사형으로 śāstṛ의 남성 주격으로 쓰였다. '스승'이라는 뜻이며 빠알리어에서는 satthā(주격은 satthu)로 나타난다. 구마라집은 佛로 현장은 大師로 옮겼다. 초기경에서는 주로 부처님을 지칭하는 것으로 많이 쓰이는데 구마라집이 佛로 옮긴 것은 의미가 있다 하겠다.

12) **여러 지혜로운 구루들이 머문다(vijñaguru-sthānīyaḥ)**: vijña는 vi(분리해서)+√jñā(to know)의 명사로서 초기경과 초기 자이나경에 나타나는 지자(知者)를 뜻하는 viññū(Ardhamāgadhi. viṇṇu)를 산스끄리뜨화한 용어이다. guru는 요즘 영어 사전에도 등장할 만큼 서구에서도 보편화되어 가는 단어인데 '스승'이라는 의미이다. 원냐

구루를 구마라집은 尊重弟子로 현장은 智同梵行者로 옮겼다. sthā-nīya는 √sthā(to stand)의 Pot. 분사로서 '머무르다, 거주하다'의 뜻으로 쓰였으며 현장은 有로 옮겼다.

## 13-1. 산냐를 극복하라는 이 가르침이야말로 진정한 반야바라밀 법문이다

**[원문]**

13a) evam ukta āyuṣmān Subhūtir Bhagavantam etad avocat: ko nāmāyaṃ Bhagavan dharmaparyāyāḥ, kathaṃ cainaṃ dhārayāmi?

evam ukte Bhagavān āyuṣmantaṃ Subhūtim etad avocat: prajñāpāramitā nāmāyaṃ Subhūte dharmaparyāyaḥ, evaṃ cainaṃ dhāraya. tat kasya hetoḥ? yaiva Subhūte prajñāpāramitā Tathāgatena bhāṣitā saivāpāramitā Tathāgatena bhāṣitā. tenocyate prjñāpāramiteti.

**[鳩摩羅什]**

• 如法受持分 第十三

爾時에 須菩提가 白佛言하사대 世尊하 當何名此經이며 我等이 云何奉持하리잇고 佛이 告須菩提하사대 是經은 名爲金剛般若波羅蜜이니 以是名字로 汝當奉持하라 所以者가 何오 須菩提야 佛說般若波羅蜜이 則非般若波羅蜜이니라

**[玄奘]**

具壽善現復白佛言. 世尊當何名此法門. 我當云何奉持. 作是語已. 佛告善現言. 具壽. 今此法門. 名爲能斷金剛般若波羅蜜多. 如是名字汝當奉持. 何以故. 善現. 如是般若波羅蜜多. 如來說爲非般若波羅蜜多. 是故如來說名般若波羅蜜多.

**[번역]**

13-1. 이렇게 말씀하셨을 때 수보리 존자는 세존께 이렇게 여쭈었다. "세존이시여, 이 법문은 무어라 이름합니까? 그리고 어떻게 이것을 [마음에] 간직하면 되겠습니까?"

이렇게 묻자 세존께서는 수보리 존자에게 이렇게 말씀하셨다. "수보리여, 여래가 설한 이 법문은 '지혜의 완성'이라 이름한다. 수보리여, 이와 같이 [마음에] 간직하라.

그것은 무슨 이유에서인가? 참으로 수보리여, '지혜의 완성'이라고 여래가 설한 것 그것은 [지혜의] 완성이 아니라고 여래는 설했다. 그래서 말하기를 '지혜의 완성'이라고 하기 때문이다."

**[대역]**

13-1) evam ukte이렇게 말씀하셨을 때(Ⓚ ×, Ⓗ 說是語已)

āyuṣmān Subhūtir존자 수보리는 Bhagavantam세존께 etad avocat이렇게 여쭈었다(Ⓚ 爾時 須菩提 白佛言, Ⓗ 具壽善現復白佛言):

ko무어라 nāma이름합니까 ayaṃ이 Bhagavan세존이시여 dharma-paryāyāḥ법문은(世尊 當何名此經, Ⓗ 世尊 當何名此法門),

kathaṃ어떻게 ca그리고 enaṃ이것을 dhārayāmi[마음에] 간직하면 되겠습니까?[1](Ⓚ=Ⓗ 我等 云何奉持)?

evam ukte이렇게 묻자(Ⓚ ×, Ⓗ 作是語已) Bhagavān세존께서 āyuṣmantaṃ Subhūtim존자 수보리에게 etad avocat이렇게 말씀하셨다(Ⓚ 佛告須菩提, Ⓗ 佛告善現言):

prajñāpāramitā지혜의 완성[2)]이라 nāma이름한다 ayaṃ이 Subhūte 수보리여 dharma-paryāyaḥ법문은(Ⓚ 是經 名爲金剛般若波羅蜜, Ⓗ 具壽 今此法門 名爲能斷金剛般若波羅蜜多), evaṃ ca이와 같이 그리고 enaṃ dhāraya이것을 [마음에] 간직하라(Ⓚ 以是名字 汝當奉持, Ⓗ 如是名字 汝當奉持).

tat kasya hetoḥ그것은 무슨 이유에서인가(Ⓚ 所以者何, Ⓗ 何以故)? yā eva참으로 Subhūte수보리여 prajñāpāramitā지혜의 완성이라고 Tathāgatena여래에 의해서 bhāṣitā설해진 것(Ⓚ 須菩提 佛說般若波羅蜜, Ⓗ 善現 如是般若波羅蜜多) sā eva그것은 a-pāramitā완성이 아니다 라고 Tathāgatena bhāṣitā여래에 의해서 설해졌다(Ⓚ 則非般若波羅蜜, Ⓗ 如來說爲 非般若波羅蜜多). tena ucyate그래서 말해지기를 prjñāpāramitā iti지혜의 완성이라고 한다[3)](Ⓚ ×, Ⓗ 是故 如來說名 般若波羅蜜多).

**[주해]**

1) **[마음에] 간직하면 되겠습니까(dhārayāmi)**: 12장에서 구마라집과 현장은 受持로 옮겼고 여기서는 奉持로 옮겼다.

2) **지혜의 완성(prajñāpāramitā)**: 반야바라밀이라 음역한다. 구마라집과 현장은 각각 金剛般若波羅蜜과 能斷金剛般若波羅蜜多라고 옮기고 있으나 현존하는 범어본의 이 부분에는 금강 혹은 능단금강에 해당하는 vajrachedika가 빠져 있다.

3) **그래서 말하기를 '지혜의 완성'이라고 하기 때문이다**: 반야바라밀이라는 산냐에 머물지 말고 산냐를 넘어선 참 반야바라밀을 행하라는 말씀이다.

## 13-2. 여래가 설한 법이 있다는 산냐를 가지지 말라

**[원문]**

13b) tat kiṃ manyase Subhūte api nv asti sa kaścid dharmo yas Tathāgatena bhāṣitaḥ?

Subhūtir āha: no hidaṃ Bhagavan, nāsti sa kaścid dharmo yas Tathāgatena bhāṣitaḥ.

**[鳩摩羅什]**

須菩提야 於意云何오 如來가 有所說法不아 須菩提가 白佛言하사대 世尊하 如來가 無所說이니이다

**[玄奘]**

佛告善現. 於汝意云何. 頗有少法如來可說不. 善現答言. 不也世尊. 無有少法如來可說.

**[번역]**

13-2. "이것을 어떻게 생각하는가. 수보리여, 여래가 설한 그 어떤 법이 참으로 있는가?"

수보리가 대답했다. "참으로 그렇지 않습니다. 세존이시여, 여래께서 설하신 그 어떤 법은 있지 않습니다."

**[대역]**

13-2) tat kiṃ manyase Subhūte이를 어떻게 생각하는가, 수보리여(Ⓚ 須菩提 於意云何, Ⓗ 佛告善現. 於汝意云何),

api nu참으로 asti있는가 sa그 kaścid어떤 dharmo법이 yas그 Tathāgatena여래에 의해서 bhāṣitaḥ설해진 것이[1](Ⓚ 如來 有所說法不, Ⓗ, 頗有少法如來可說不)?

Subhūtir āha수보리가 대답했다(Ⓚ 須菩提 白佛言, Ⓗ 善現答言):
no hi idaṃ Bhagavan그렇지가 않습니다 세존이시여(Ⓚ ×, Ⓗ 不也世尊), na asti sa kaścid dharmo yas Tathāgatena bhāṣitaḥ여래에 의해서 설해진 그 어떤 법이 있지 않습니다(Ⓚ 世尊 如來無所說, Ⓗ 無有少法如來可說).

**[주해]**

1) **여래가 설한 그 어떤 법이 참으로 있는가?**: 9장과 10장에서 수다원에서 아라한 그리고 부처님에 이르기까지 그런 성위(聖位)라는 정해진 법이 실재한다는 산냐를 버릴 것을 고구정녕히 말씀하셨고 여기서 다시 반야바라밀이라는 산냐에 머물지 말 것을 말씀하시고 다시 여래가 반야바라밀 등의 그 어떤 법도 설하지 않았다고 하셔서 산냐로서의 법에 머물거나 집착하거나 빠지지 말 것을 강조하고 있다.

## 13-3. 세계와 세계를 구성하는 미진이 있다는 산냐를 가지지 말라

**[원문]**

13c) Bhagavān āha: tat kiṃ manyase Subhūte, yāvat trisāhasra mahāsāhasre lokadhātau pṛthivīrajaḥ kaccit tad bahu bhavet?

Subhūtir āha: bahu Bhagavan bahu Sugata pṛthivīrajo bhavet. tat kasya hetoḥ? yat tat Bhagavan pṛthivīrajas Tathāgatena bhāṣitam arajas tad Bhagavaṃs Tathāgatena bhāṣitam. tenocyate pṛthivīraja iti. yo 'py asau lokadhātus Tathāgatena bhāṣito 'dhātuḥ sa Tathāgatena bhāṣitaḥ. tenocyate lokadhātur iti.

**[鳩摩羅什]**

須菩提야 於意云何오 三千大千世界所有微塵이 是爲多不아 須菩提가 言하사대 甚多니이다 世尊하 須菩提야 諸微塵을 如來가 說非微塵일새 是名微塵이며 如來가 說世界非世界일새 是名世界니라

**[玄奘]**

佛告善現. 乃至三千大千世界大地微塵寧爲多不. 善現答言. 此地微塵甚多世尊. 甚多善逝. 佛言善現. 大地微塵如來說非微塵. 是故如來說名大地微塵. 諸世界如來說非世界. 是故如來說名世界.

**[번역]**

13-3. 세존께서 말씀하셨다. “이것을 어떻게 생각하는가, 수보리여. 삼천 대천 세계에 [있는] 대지의 티끌이 많다고 하겠는가?”

수보리가 대답했다. “많습니다, 세존이시여. 대지의 티끌은 많습니다, 선서시여.

그것은 무슨 이유에서인가 하면, 세존이시여, ‘대지의 티끌’이라고 여래께서 설하신 것, 그것은 [대지의] 티끌이 아니라고 여래께서는 설하셨습니다. 세존이시여, 그래서 말하기를 대지의 티끌이라고 하는 것이기 때문입니다. 나아가서 이 세계라고 여래께서 설하신 것 그것은 [세]계가 아니라고 여래께서는 설하셨습니다. 그래서 말하기를 세계라고 하는 것이기 때문입니다.”

**[대역]**

13-3) Bhagavān āha세존께서 말씀하셨다(Ⓚ ×, Ⓗ 佛告善現)

tat kiṃ manyase Subhūte이를 어떻게 생각하는가 수보리여(Ⓚ 須菩提 於意云何, Ⓗ ×),

yāvat trisāhasramahāsāhasre loka-dhātau삼천대천세계에 pṛthivī-rajaḥ대지의 티끌[1]이(Ⓚ 三千大千世界所有微塵, Ⓗ 乃至三千大千世界大地微塵) kaccit어떻게든 tad그것이 bahu많다고 bhavet하겠는가(Ⓚ 是爲多不, Ⓗ 寧爲多不)?

Subhūtir āha수보리가 대답했다(Ⓚ 須菩提言, Ⓗ 善現答言):

bahu많습니다 Bhagavan세존이시여 bahu Sugata많습니다 선서시여 pṛthivī-rajo bhavet대지의 티끌은 그러합니다(Ⓚ 甚多世尊, Ⓗ 此地微塵甚多世尊 甚多善逝).

tat kasya hetoḥ그것은 무슨 이유에서인가 하면?

yat tat Bhagavan세존이시여 pṛthivī-rajas대지의 티끌이라고 Tathāgatenabhāṣitam여래에 의해서 설해진 것, a-rajas tad그것은 티끌이 아니라고 Bhagavaṃs세존이시여 Tathāgatena bhāṣitam여래에 의해서 설해졌고,

tena ucyate pṛthivī-raja iti그래서 말해지기를 대지의 티끌이라고 한 것이기 때문입니다(Ⓚ 須菩提[2] 諸微塵 如來 說非微塵 是名微塵, Ⓗ 佛言善現 大地微塵如來說非微塵 是故 如來說名 大地微塵).

yo api또한 asau이 loka-dhātus세계라고 Tathāgatena bhāṣito여래에 의해서 설해진 것, adhātuḥ sa그것은 [세]계가 아니라고 Tathāgatena bhāṣitaḥ여래에 의해서 설해졌고, tena ucyate loka-dhātur iti그래서 말해지기를 세계라고 하는 것이기 때문입니다[3](Ⓚ 如來 說世界非世界 是名世界, Ⓗ 諸世界 如來說非世界 是故 如來說名世界).

[주해]

1) **대지의 티끌(pṛthivī-rajaḥ)**: pṛthivī에 대해서는 12장 1번 주해를 참조할 것. rajas는 '티끌, 먼지, 녹, 불순물' 등을 뜻한다. 빠알리어는 rajo. 문맥상으로 볼 때 pṛthivī-rajas는 대지를 구성하고 있는 조그만 흙의 입자를 뜻하고 있다. 삼천대천세계가 아무리 크다 해도 기본적으로는 이 티끌이 모여서 된 것이다. 그러니 이 큰 삼천대천세계를 구성하는 그 티끌은 얼마나 많겠는가 하는 의미이다. 구마라집은 그냥 微塵으로 현장은 大地微塵으로 옮겼다.

2) **須菩提 諸微塵 如來 說非微塵 是名微塵**: 구마라집과 현장은 모두 세존이 수보리에게 말씀하신 것으로 번역하고 있다.

3) **그래서 말하기를 세계라고 하는 것이기 때문입니다**: 이런 엄청나게 큰 세계나 그 세계를 구성하는 기본 원소인 미진(微塵, rajas) 역시 헤아릴 수 없이 많다는 산냐에 빠지지 말 것을, 즉 이 물질세계가 가없고 한없다는 산냐를 극복할 것을 설하고 계신다.

## 13-4. '32가지 대인상을 구족했기 때문에 여래이다'라는 산냐를 가지지 말라

[원문]

13d) Bhagavān āha: tat kiṃ manyase Subhūte dvātriṃśan mahā puruṣalakṣaṇais Tathāgato 'rhan samyaksambuddho draṣṭavyaḥ?

Subhūtir āha: no hidaṃ Bhagavan, na dvātriṃśanmahāpuruṣala

kṣaṇais Tathāgato 'rhan saṃyaksambuddho draṣṭavyaḥ. tat kasya hetoḥ? yāni hi tāni Bhagavan dvātriṃśan-mahāpuruṣalakṣaṇāni Tathāgatena bhāṣitāny, alakṣanāni tāni Bhagavaṃs Tathāgatena bhāṣitāni. tenocyante dvātriṃśanmahāpuruṣalakṣaṇānīti.

**[鳩摩羅什]**

須菩提야 於意云何오 可以三十二相으로 見如來不아 不也니이다 世尊하 不可以三十二相으로 得見如來니 何以故오 如來가 說三十二相이 即是非相일새 是名三十二相이니이다

**[玄奘]**

佛告善現. 於汝意云何. 應以三十二大士夫相觀於如來應正等覺不. 善現答言. 不也世尊. 不應以三十二大士夫相觀於如來應正等覺. 何以故. 世尊. 三十二大士夫相如來說爲非相. 是故如來說名三十二大士夫相.

**[번역]**

13-4. 세존께서 말씀하셨다. "이것을 어떻게 생각하는가, 수보리여. 32가지 대인상들 때문에 여래 아라한 정등각이라고 봐야 하는가?"

수보리가 대답했다. "참으로 그렇지 않습니다, 세존이시여. 32가지 대인상들 때문에 여래 아라한 정등각이라고 봐서는 안 됩니다. 그것은 무슨 이유에서인가 하면, 세존이시여, 32가지 대인상들을 여래께서 설하신 것, 그것들은 [32가지 대인]상들이 아니라고 여래는 설하셨습니다. 세존이시여, 그래서 말하기를 32가지 대인상이라고 하기 때문입니다."

**[대역]**

13-4) Bhagavān āha세존께서 말씀하셨다(K*. Ⓗ 佛告善現):

tat kiṃ manyase Subhūte이를 어떻게 생각하는가, 수보리여(Ⓚ 須菩提 於意云何, Ⓗ 於汝意云何),

dvātriṃśan-mahāpuruṣa-lakṣaṇais32가지 대인상들로[1] Tathāgato arhan samyaksambuddho여래 아라한 정등각은 draṣṭavyaḥ보여져야 하는가(Ⓚ 可以三十二相 見如來不, Ⓗ 應以三十二大士夫相 觀於如來應正等覺不)?

Subhūtir āha수보리가 대답했다(K*. Ⓗ 善現答言):

no hi idaṃ Bhagavan그것은 그렇지가 않습니다, 세존이시여(Ⓚ=Ⓗ 不也世尊), na dvātriṃśan-mahāpuruṣa-lakṣaṇais Tathāgato arhan saṃyaksambuddho draṣṭavyaḥ32가지 대인상들로 여래 아라한 정등각은 보여져서는 안 됩니다(Ⓚ 不可以三十二相 得見如來, Ⓗ 不應以三十二大士夫相 觀於如來應正等覺).

tat kasya hetoḥ그것은 무슨 이유에서인가 하면(Ⓚ=Ⓗ 何以故)

yāni hi tāni참으로 그 Bhagavan세존이시여 dvātriṃśan-mahāpuruṣa-lakṣaṇāni32가지 대인상들이 Tathāgatena bhāṣitāni여래에 의해서 설해진 것들(Ⓚ 如來 說三十二相, Ⓗ 世尊 三十二大士夫相),

a-lakṣanāni tāni그것들은 [32가지 대인]상들이 아니라고 Bhagavaṃs세존이시여 Tathāgatena bhāṣitāni여래에 의해서 설해졌나니(Ⓚ 即是非相, Ⓗ 如來說爲非相),

tena ucyante dvātriṃśan-mahāpuruṣa-lakṣaṇāni iti그래서 말해지기를 32가지 대인상들이라고 하기 때문입니다(Ⓚ 是名三十二相, Ⓗ 是故如來說名 三十二大士夫相).

**[주해]**

1) **32가지 대인상(三十二大人相, dvātriṃśan-mahāpuruṣa-lak-**

**ṣaṇais)**: dvā는 dvī(2)가 합성어로 된 형태이고 triṃśat는 30을 뜻하며 mahā는 大를 puruṣa는 사람을 lakṣaṇa는 표식을 뜻하며 여기서는 도구격 복수로 쓰였다. '32가지 대인상'으로 번역된다. 구마라집은 三十二相으로 현장은 三十二大士夫相으로 옮겼다. 앞 5장에서는 lakṣaṇa-sampad라는 술어로서 여래의 32상 구족의 주제를 다루었는데 여기서는 32대인상이라는 전체 단어가 다 갖추어져서 나타난다. 거듭해서 32상을 구족했다 해서 여래라 하거나 여래가 되었다 하거나 하는 산냐를 극복할 것을 설하고 계신다.

한편 장부 제 30경 Lakkhaṇasutta에 나타나는 32가지 대인상은 다음과 같다. 괄호 안의 한문은 한역경전에 나타나는 것이다. 그리고 한역경에 나타나는 32대인상의 순서는 빠알리경의 순서와 다른데 역자는 빠알리경의 순서대로 적는다.

1. suppatiṭṭhita-pādo hoti.(발바닥이 판판하다. 足下安平相)

2. heṭṭhā-pāda-talesu cakkāni jātāni honti sahassārāni sanemikāni sanābhikāni sabbākāraparipūrāni.(발바닥에 바퀴[輪]들이 [나타나] 있는데 그들 바퀴에는 천 개의 바퀴 살과 테와 중심부가 있어 일체를 두루 갖추었다. 手足指頭千輻輪相[25])

3. āyata-paṇhi hoti.(속눈썹이 길다. 眼睫如牛王相, 속눈썹이 소의 것과 같다.)

4. dīgh-aṅguli hoti.(손가락이 길다. 手指纖長相)

5. mudu-taluna-hattha-pādo hoti.(손과 발이 부드럽고 섬세하다. 手足柔軟相)

6. jāla-hattha-pādo hoti.(손가락과 발가락 사이마다 얇은 막이 있다. 手足榜綱相)

7. uss-aṅkha-pādo hoti.(발꿈치가 발의 가운데 있다. 足踵滿足相)

25) 한역에서는 수족이라 하여 손까지도 넣어서 번역했는데 아마 빠알리어의 heṭṭhā(아래, 밑에)가 불교산스끄리뜨에서는 hattha(손)로 나타나 있었던 것이 아닌가 싶다.

8. eṇi-jaṅgho hoti.(장딴지가 마치 사슴 장딴지와 같다. 鷛如鹿王相)

9. ṭhitako va anonamanto ubhohi pāṇitalehi jaṇṇukāni parimasati parimajjati.(꼿꼿이 서서 굽히지 않고도 두 손바닥으로 두 무릎을 만지고 문지를 수 있다. 垂手過膝相)

10. koso-hita-vattha-guyho hoti.(음경이 감추어진 것이 마치 말의 그것과 같다. 馬陰藏相)

11. suvaṇṇa-vaṇṇo hoti kañcana-sannibhattaco.(몸이 황금색으로서 자마금과 같다. 身金色相)

12. sukhuma-cchavi hoti, sukhumattā chaviyā rajo-jallaṃ kāye na upālimpati.(살과 피부가 부드러워서 더러운 것이 몸에 붙지 않는다. 한역에는 없음.)

13. ekeka-lomo hoti, ekekāni lomāni lomakūpesu jātāni.(각각의 털구멍마다 하나의 털만 나있다. 毛孔生青色相)

14. uddhagga-lomo hoti, uddhaggāni lomāni jātāni nīlāni añjana vaṇṇāni kuṇḍalāvaṭṭāni dakkhiṇāvaṭṭakajātāni.(몸의 털이 위로 향해 있고 푸르고 검은 색이며 [소라처럼] 오른쪽으로 돌아있다. 身毛上靡相)

15. brahm-uju-gatto hoti.(몸이 넓고 곧다. 身端直相)

16. satt-ussado hoti.([몸의] 七처[26]가 풍만하다. 七處平滿相)

17. sīha-pubbaddha-kāyo hoti.(그 윗몸이 커서 마치 사자와 같다. 身如獅子相)

18. cit-antaraṃso hoti.(어깨가 잘 뭉쳐져 있다. 肩圓滿相)

19. nigrodhaparimaṇḍalo hoti, yāvatakvassa kāyo tāvatakvassa byāmo yāvatakvassa byāmo tāvatakvassa kāyo.(니그로다 나무 처럼 몸 모양이 둥글게 균형이 잡혔나니, 身長과 두 팔을 벌린 길이가 같다. 身縱廣相)

---

26) 七처는 전통적으로 두 손바닥, 두 발바닥, 두 어깨 및 목을 뜻한다고 해석함.

20. sama-vaṭṭa-kkhandho hoti.(등이 편편하고 곧다. 兩腋滿相)

21. ras-agga-s-aggī hoti.(섬세한 미각을 가졌다. 咽中津液得上味相)

22. sīha-hanu hoti.(턱이 사자와 같다. 頰車如獅子相)

23. cattālīsa-danto hoti.(이가 40개이다. 具四十齒相)

24. sama-danto hoti.(이가 고르다. 齒白齋密相)

25. aviraḷa-danto hoti.(이가 성글지 않다.)[27]

26. susukka-dāṭho hoti.(이가 아주 희다. 四牙白淨相)

27. pahūtajivho hoti.(혀가 아주 길다. 廣長舌相)

28. brahmassaro hoti karavīkabhāṇī.(범천의 목소리를 가져서 가릉빈가 새 소리와 같다. 梵音深遠相)

29. abhinīlanetto hoti.(눈동자가 검푸르다. 眼色如紺青相)

30. gopakhumo hoti.(속눈썹이 소와 같다. 眼睫如牛王相)

31. uṇṇā bhamukantare jātā hoti, odātā mudutūlasannibhā.(두 눈썹 사이에 털이 나서, 희고 섬세한 솜을 닮았다. 眉間白毫相)

32. uṇhīsasīso hoti.(머리에 육계가 솟았다. 頂上肉髻相)

이상에서 보듯이 빠알리경에 나타나는 32상과 한역경전들에 나타나는 32상이 조금 차이가 있다. 한역 경전에서는 상광일장상(常光一丈相, 항상 몸에서 솟는 광명이 한 길이 된다)이 나타나는데 빠알리경에는 나타나지 않는다.

---

27) 한역경에서는 齒白齋密相이라 하여 이가 고르고 성글지 않다 하여 하나의 상으로 취급되어 나타나나 빠알리경에서는 이렇게 둘로 분리되어 나타난다.

## 13-5. 산냐를 세우지 말라는 이 가르침의 공덕은 참으로 뛰어나다

**[원문]**

13e) Bhagavān āha: yaś ca khalu punaḥ Subhūte, strī vā puruṣo vā dine dine Gaṅgānadīvālukāsamān ātmabhāvān parityajet, evaṃ parityajan Gaṅgānadīvālukāsamān kalpāṃs tān ātmabhāvān parityajet, yaś ceto dharmaparyāyād antaśaś catuṣpādikām api gāthām udgṛhya parebhyo vistareṇa deśayet samprakāśayed, ayam eva tato nidānaṃ bahutaraṃ puṇyaskandhaṃ prasunuyād aprameyam asaṃkhyeyam.

**[鳩摩羅什]**

須菩提야 若有善男子善女人이 以恒河沙等身命으로 布施어든 若復有人이 於此經中에 乃至受持四句偈等하야 爲他人說하면 其福이 甚多니라

**[玄奘]**

佛復告善現言. 假使若有善男子或善女人. 於日日分捨施殑伽河沙等自體. 如是經殑伽河沙等劫數捨施自體. 復有善男子或善女人. 於此法門乃至四句伽他. 受持讀誦究竟通利. 及廣爲他宣說開示如理作意. 由是因緣所生福聚甚多於前無量無數.

**[번역]**

13-5. 세존께서 말씀하셨다. "그리고 참으로 다시 수보리여, 여자나 남자가 매일 매일 강가 강의 모래알들과 같이 [많은] 몸들을 바친다 하자. 이와 같이 강가 강의 모래알들과 같은 겁들 동안 몸들을 바친다 하더라도 이 법문에서 단지 네 구절로 된 게송이라도 뽑아

내어 남들에게 상세히 가르쳐주고 자세히 설명해준다면 이것이 이로 인해서 측량할 수도 없고 셀 수도 없이 더 많은 공덕의 무더기를 쌓는 것이다.

**[대역]**

13-5) Bhagavān āha세존께서 말씀하셨다(Ⓚ ×, Ⓗ 佛復告善現言):

yaś ca그리고 khalu참으로 punaḥ다시 Subhūte수보리여, strī vā 여인이나 puruṣo vā남자가(Ⓚ 須菩提 若有善男子善女人, Ⓗ 假使若有善男子或善女人)

dine dine매일 매일(Ⓚ ×, Ⓗ 於日日分) Gaṅgā-nadī-vālukā-samān 강가 강의 모래알들과 같은[1] ātma-bhāvān몸들을 parityajet바친다 하자[2](Ⓚ 以恒河沙等身命 布施, Ⓗ 捨施殑伽河沙等自體),

evaṃ이와 같이 parityajan바치면서 Gaṅgā-nadī-vālukā-samān 강가 강의 모래알들과 같은 kalpāṃs겁들을 tān그들 ātmabhāvān몸들을 parityajet바친다 하더라도(Ⓚ ×, Ⓗ 如是經殑伽河沙等劫數捨施自體), yaś ca다시 ito이 dharma-paryāyād법문으로부터 antaśaścatuṣ pādikām api단지 네 구절로 된[3] gāthām게송을 udgṛhya뽑아내어서(Ⓚ 若復有人 於此經中 乃至受持四句偈等, Ⓗ 復有善男子或善女人 於此法門乃至四句伽他)

parebhyo남에게 vistareṇa상세하게 deśayet가르쳐 주고 samprakāśayed자세히 설명해 준다면(Ⓚ 爲他人說, Ⓗ 受持讀誦究竟通利 及廣爲他宣說開示如理作意),

ayam이것이 eva오직 tato nidānaṃ이로 인해서 bahutaraṃ더 많은 puṇya-skandhaṃ prasunuyād공덕의 무더기를 쌓는 것이니 aprameyam측량할 수도 없고 asaṃkhyeyam셀 수 없는 그런(Ⓚ 其福甚多, Ⓗ 由是因緣 所生福聚 甚多於前 無量無數).

**[주해]**

1) **강가 강의 모래알들과 같은 …** : 11장에서 강가 강들의 모래알들이 있는 만큼의 그와 같은 세계들을 어떤 여자나 남자가 칠보로 가득 채우고서 여래 아라한 정등각들께 보시를 행한다는 개념이 나타났고 여기서는 그와 같은 만큼의 자기 몸을 바쳐 보시한다 하더라도 사구게를 선설(善說)하는 공덕이 더 큼을 설하고 있다. 이렇게 같은 개념과 비유와 주제를 조금씩 바꾸어 가면서 거듭해서 산냐를 극복할 것을 경의 마지막 부분까지 계속하고 있다.

2) **바친다 하자(parityajet)**: pari(둘레에, 원만히)+√tyaj(to give up)의 동사 Pot. 삼인칭 단수형이다. '완전히 버린다'는 뜻으로 쓰였다. 박띠(bhakti, 헌신)를 주요한 종교적 수행으로 삼는 힌두교에서도 아주 중요시하는 개념이다. 구마라집은 그냥 布施로 현장은 捨施로 옮기고 있다. 다음 장에 나오는 parityāga의 주해 참조할 것.

3) **다시 이 법문으로부터 단지 네 구절로 된 …** : 이하 8장과 11장의 후반부와 같음.

## 14-1. 산냐를 초극하는 이 가르침은 최상승과 최수승승에 확고부동한 자들을 위한 가르침이다

**[원문]**

14a) atha khalv āyuṣmān Subhūtir dharmavegena aśrūṇi prāmuñcat, so 'śrūṇi pramṛjya Bhagavantam etad avocat: āścaryaṃ

Bhagavan paramaāścaryaṃ Sugata, yāvad ayaṃ dharmaparyāyas Tathāgatena bhāṣito 'grayānasamprasthitānāṃ sattvānām arthāya śreṣṭhayānasamprasthitānāṃ arthāya, yato me Bhagavañ jñānam utpannam. na mayā Bhagavañ jātv evaṃrūpo dharmaparyāyaḥ śrutapūrvaḥ. parameṇa te Bhagavann āścaryeṇa samanvāgatā bodhisattvā bhaviṣyanti ya iha sūtre bhāṣyamāṇe śrutvā bhūtasaṃjñām utpādayiṣyanti. tat kasya hetoḥ? yā caiṣā Bhagavan bhūtasaṃjñā saivābhūtasaṃjñā. tasmāt Tathāgato bhāṣate bhūtasaṃjñā bhūtas aṃjñeti.

**[鳩摩羅什]**

• 離相寂滅分 第十四

爾時에 須菩提가 聞說是經하사옵고 深解義趣하사 涕淚悲泣하사 而白佛言하사대 希有世尊하 佛說如是甚深經典은 我從昔來所得慧眼으로 未曾得聞如是之經호이다 世尊하 若復有人이 得聞是經하고 信心淸淨하면 則生實相하리니 當知是人은 成就第一希有功德이니이다 世尊하 是實相者는 則是非相일새 是故로 如來가 說名實相이니이다

**[玄奘]**

爾時具壽善現. 聞法威力悲泣墮淚. 俛仰捫淚而白佛言. 甚奇希有世尊. 最極希有善逝如來今者所說法門. 普爲發趣最上乘者作諸義利. 普爲發趣最勝乘者作諸義利. 世尊. 我昔生智以來未曾得聞如是法門. 世尊. 若諸有情聞說如是甚深經典生眞實想. 當知成就最勝希有. 何以故. 世尊. 諸眞實想眞實想者. 如來說爲非想. 是故如來說名眞實想眞實想.

**[번역]**

14-1. 그 때 참으로 수보리 존자는 법력에 [감응되어] 눈물을 흘렸다. 그는 눈물을 닦고서 세존께 이와 같이 말씀드렸다. "경이롭습니다, 세존이시여. 최고로 경이롭습니다, 세존이시여. 최상승에 굳게

나아가는 중생들의 이익을 위하고, 최고로 수승한 승[最殊勝乘]에 굳게 나아가는 자들의 이익을 위해서 여래께서는 이런 법문을 설해주셨습니다. 세존이시여, 이제 제게는 지혜가 생겼습니다. 세존이시여, 저는 이런 형태의 법문을 전에는 결코 들은 적이 없습니다. 세존이시여, 여기 [이 세상에서] [이런] 경이 설해질 때 듣고서 참되다는 산냐를 일으키는 보살들은 경이로움을 가진 자들입니다.

그것은 무슨 이유에서인가 하면, 세존이시여, 참되다는 산냐, 그것은 참으로 참되다는 산냐가 아닙니다. 그래서 여래께서는 말씀하시기를 '참되다는 산냐, 참되다는 산냐'라고 하기 때문입니다."

**[대역]**

14-1) atha그 때 khalu참으로 āyuṣmān Subhūtir존자 수보리는(Ⓚ 爾時 須菩提, Ⓗ 爾時具壽善現) dharma-vegena법력에 [감응되어] aśrūṇi눈물들을 prāmuñcat흘렸다[1](Ⓚ 聞說是經 深解義趣 涕淚悲泣, Ⓗ 聞法威力悲泣墮淚),

so그는 aśrūṇi pramṛjya눈물들을 닦고서[2](Ⓚ ×, Ⓗ 俛仰捫淚) Bhagavantam etad avocat세존께 이렇게 말씀드렸다(Ⓚ=Ⓗ 而白佛言): āścaryaṃ Bhagavan경이롭습니다 세존이시여(Ⓚ ×, Ⓗ 甚奇希有世尊) parama-āścaryaṃ Sugata최고로 경이롭습니다 선서시여(Ⓚ 希有世尊, Ⓗ 最極希有善逝),

yāvad ayaṃ이 dharma-paryāyas법문이 Tathāgatena bhāṣito여래에 의해서 설해졌으니까요(Ⓚ 佛說如是甚深經典, Ⓗ 如來今者所說法門),

agra-yāna-samprasthitānāṃ최상승에 굳게 나아가고[3] sattvānām 중생들의 arthāya이익을 위하고[4](Ⓚ ×, Ⓗ 普爲發趣最上乘者 作諸義利) śreṣṭha-yāna-samprasthitānāṃ최수승승(最殊勝乘)에 굳게 나아가는 자들의[5] arthāya이익을 위해서입니다(Ⓚ ×, Ⓗ 普爲發趣最勝乘

者 作諸義利),

yato이로부터 me제게는 Bhagavañ세존이시여 jñānam utpannam 지혜가 생겨났습니다[6](Ⓚ 我從昔來所得慧眼, Ⓗ 世尊 我昔生智以來).

na mayā저에 의해서 Bhagavañ세존이시여 jātu결코 evaṃrūpo이런 형태의 dharmaparyāyaḥ법문은 śruta-pūrvaḥ전에 들은 적[7]이 없습니다(Ⓚ 未曾得聞 如是之經, Ⓗ 未曾得聞 如是法門).

parameṇa최고로 te그들은 Bhagavan세존이시여 āścaryeṇa경이로움을 samanvāgatā가진 bodhisattvā보살들 bhaviṣyanti입니다(Ⓚ 當知是人 成就第一希有功德, Ⓗ 當知成就 最勝希有)

ya iha여기 [이 세상에서] sūtre경이 bhāṣyamāṇe설해질 때 śrutvā듣고서(Ⓚ 世尊 若復有人 得聞是經, Ⓗ 世尊 若諸有情 聞說如是甚深經典) bhūta-saṃjñām참되다는 산냐[8]를 utpādayiṣyanti일으키는 [그런 자들은](Ⓚ 信心淸淨 則生實相, Ⓗ 生眞實想).

tat kasya hetoḥ그것은 무슨 이유에서인가 하면(Ⓚ ×, Ⓗ 何以故) yā ca eṣā이 Bhagavan세존이시여 bhūta-saṃjñā참되다는 산냐 sā그것은 eva오직 abhūta-saṃjñā참되다는 산냐가 아니니(Ⓚ 世尊 是實相者 則是非相, Ⓗ 世尊 諸眞實想 眞實想者 如來說爲非想),

tasmāt그래서 Tathāgato여래께서는 bhāṣate말씀하시기를 bhūta-saṃjñā bhūta-saṃjñā iti참되다는 산냐, 참되다는 산냐라고 하기 때문입니다[9](Ⓚ 是故 如來 說名實相, Ⓗ 是故 如來 說名眞實想眞實想).

**[주해]**

1) **법력에 [감응되어] 눈물을 흘렸다(dharma-vegena aśrūṇi prām uñcat)**: vega는 √vij(to tremble)에서 파생된 명사로 '속도, 자극'을 뜻하고 속도는 자연스럽게 힘을 수반한다. 그래서 후대로 가면서 '힘[力]'이라는 의미가 강해진다. 그래서 dharmavega는 법력(法

力)이라는 뜻이 된다. dharma(dhamma)-vega라는 표현은 초기경에는 나타나지 않는다. vega라는 단어는 나타나고 있다. 같은 방법으로 karma-vega는 업력(業力)으로 번역된다. aśru(Pāli. assu)는 눈물을 뜻하며 prāmuñcat는 pra(앞으로)+√muc(to release)의 동사 과거 삼인칭 단수형이다. 여러 뜻이 있으나 '풀다, 버리다, 포기하다, 흘리다' 등의 뜻이 있다. 이 구문을 구마라집은 聞說是經 深解義趣 涕淚悲泣이라고 의역을 하였고 현장은 聞法威力 悲泣墮淚라고 직역을 했다.

2) **닦고서(pramṛjya)**: pra(앞으로)+√mṛj(to wipe)의 동명사형으로 '닦아내다'는 의미다. 빠알리어는 pamajjati(삼인칭 단수형)이다. 현장은 俛仰捫[淚]로 옮겼다.

3) **최상승에 굳게 나아가는 자들(agra-yāna-samprasthitānāṃ)**: agra(Pāli. agga)는 '처음의, 맨 앞의, 제일 중요한' 등의 뜻이다. 구마라집은 옮기지 않았고 이 전체를 현장은 發趣最上乘者로 옮겼다. 초기경에서는 이런 개념은 나타나지 않는다.

2장에서 수보리는 '보살승에 굳게 나아가는 자(bodhisattva-yāna-samprasthita)'는 어떻게 수행해야 하는가를 물었고 여기서 다시 최상승과 최수승승(śreṣṭha-yāna)에 굳게 나아가는 자의 이익을 위해서 세존께서는 이런 설법을 해주셨다고 감격의 눈물을 흘렸다.

참으로 이 산냐를 극복하라는 가르침이야말로 불교가 불교인 근본 이유이다. 부처님이 이 문제를 해결하지 못하셨으면 불교는 이 세상에 존재하지도 않으며 존재할 필요도 없을 것이다. 자비, 사랑, 헌신, 정직, 희생, 봉사 등등은 불교가 아니라도 이 세상의 모든 종교, 모든 사상, 모든 윤리에서 강조하고 실천하고 있는 덕목이지 않은가?

이렇게 말하면 자비를 실천하지 말란 말인가? 보살행을 하지 말란 말인가? 불국정토를 구현하지 말란 말인가? 불교가 그런 가르침인가 하고 반문할지도 모른다. 여기에 대해서는 불가(佛家)에 전해 내려오는 원효 스님과 그의 아들 설총의 대화로 대신하겠다. 설총이 물었다. "무엇이 부처님 가르침입니까?" 원효는 대답했다. "좋은 일 하지 마라." "그럼 나쁜 일을 하란 말입니까?" "나는 좋은 일도 하지 말라고 했는데 너는 나쁜 일을 생각하고 있구나."

초기경에서 부처님은 말씀하고 계신다.

> 어렵게 나는 증득했나니 이제 드러낼 필요가 있을까.
> 애욕과 증오로 가득한 자들이 이 법을 실로 잘 깨닫기란 어렵다.
> 흐름을 거스르고 미묘하고 깊고 보기 어렵고 미세하니
> 애욕에 빠진 자들은 보지 못하리니 어둠으로 덮여 있기에.[28)]

세존의 가르침은 '[세속의] 흐름을 거스르는(paṭisotagāmi)' 가르침이다. 참으로 부처님의 가르침은 문제의식이 투철하고 깊이 사유하고 고뇌하는 사람들을 위한 것이라는 생각이 든다.

4) **이익을 위하여(arthāya)**: 빠알리어는 attha로서 ①이익, ②뜻, 의미, ③목적, 목표의 기본적인 뜻이 있다. 그리고 여격을 써서 '~을 위하여'의 뜻으로 쓰이기도 한다. 구마라집은 옮기지 않았고 현장은 作諸義利로 옮겼다.

5) **최수승승(最殊勝乘)에 굳게 나아가는 자들(śreṣṭha-yāna-sa-**

---

28) kicchena me adhigataṃ halandāni pakāsituṃ
rāgadosaparetehi nāyaṃ dhammo susambudho
paṭisotagāmiṃ nipuṇaṃ gambhīraṃ duddasaṃ aṇuṃ
rāgarattā na dakkhanti tamokkhandhena āvutāti.(M26)

**mprasthitānāṃ)**: śreṣṭha(Pāli. seṭṭha)는 '최상의, 최고의'를 뜻하는 형용사이다. 전체를 구마라집은 옮기지 않았고 현장은 發趣最勝乘者로 옮겼다.

법이라는 산냐를 가지지 말라고 하니 비법에 집착하고 불국정토의 구현이라는 산냐를 가지지 말라고 하니 보살의 서원을 부정하려 드는 자들은 본 경을 읽을 필요가 없는 사람들이라 하겠다. 참으로 최상승과 최수승승에 흔들림 없이 나아가는 자라야 본 경을 읽고 수보리처럼 체루비읍하며 환희용약할 것이다.

6) **지혜가 생겨났습니다(jñānam utpannam)**: jñāna는 √jñā(to know)의 명사이다. 智로 번역한다.(6장의 14번 주해를 참조할 것) ut-panna는 ud(위로)+√pad(to go)의 과거분사로 '생겨난, 일어난'의 뜻이다.

구마라집과 현장은 다 같이 "이전에 생긴 지혜로는(我從昔來所得慧眼과 世尊 我昔生智以來) 이런 부처님의 말씀을 들어보지 못했습니다."로 뒷 문장과 연결해서 번역하고 있다.

그러나 범어를 그대로 옮기면 이 두 문장은 이런 관계로 연결된 것이 아니라 오히려 "부처님께서 최상승과 최수승승에 굳게 나아가는 자에게 설법을 하셨고 그래서 제게는 지혜가 생겼습니다. 그리고 이런 법문은 제가 전에는 듣지 못한 것입니다."로 되어 있다. 꼰즈(Conze)도 이렇게 영문으로 옮기고 있다.

'지혜가 생겨났다(jñānam utpannam)'는 표현은 초기불교에서도 중요하게 등장하는 구문이다. 이미 6장 14번 주해에서도 언급했듯이 초기경에서는 '전에 듣지 못한 법들에 대해 눈이 생겼다. 지(智)가 생겼다. 혜(慧)가 생겼다. 명(明)이 생겼다. 광(光)이 생겼다.(S36.25 등)'는 표현이 나타난다. 본 장에서의 '지혜가 생겨났습니다(냐남 웃빤남)'라는 표현도 이런 초기경의 전통을 계승한 것이라 하겠다.

참으로 감동적인 장면이다. 비상비비상처에 이를 때까지 끝까지 수행자에게 따라붙어서 괴롭히는 산냐! 그런 산냐를 극복하라는 세존의 말씀을 알아듣고 드디어 수보리에게 냐나(지혜)가 생긴 것이다. 초기 불교 가르침에 의하면 이렇게 되어야 참으로 아라한이다.

7) **전에 들은 적이(śruta-pūrvaḥ)**: śruta는 √śru(to hear)의 과거분사이며 pūrva는 '이전의'를 뜻하는 형용사이다. 이처럼 형용사가 뒤에 붙는 합성어가 자주 나타나는 것이 범어, 특히 빠알리어 등 불교 범어의 한 특징이라 하겠다.

8) **참되다는 산냐(bhūta-saṃjñāṃ)**: 6장의 7번 주해 참조.

9) **참되다는 산냐 그것은 참으로 참되다는 산냐가 아닙니다 …** : 여기서는 다시 진실이라는 산냐에 빠지지 말 것을 설하고 계신다. 진실을 진실이라 국집하면 그것은 또 다시 다른 산냐를 만들어서 헤어나지를 못하기 때문이다.

## 14-2. 산냐를 여의라는 이 가르침을 실천하는 미래세의 중생들은 최고로 경이로운 자들이다

**[원문]**

14b) na mama Bhagavan duṣkaraṃ yad aham imaṃ dharma-paryāyaṃ bhāṣyamāṇam avakalpayāmy adhimucye. ye 'pi te Bhagavan sattvā bhaviṣyanty anāgate 'dhvani paścime kāle paścime samaye paścimāyāṃ pañcaśatyāṃ saddharmavipralope vartamāne, ya imaṃ Bhagavan dharmaparyāyam udgrahīṣyanti dhārayīsyaṇti vācayiṣyanti paryavāpsyanti parebhyaś ca vistareṇa samprakāśayiṣyanti, te paramāścaryeṇa samanvāgatā bhaviṣyanti.

**[鳩摩羅什]**

世尊하 我今得聞如是經典하고 信解受持는 不足爲難이어니와 若當來世後五百歲에 其有衆生이 得聞是經하고 信解受持하면 是人은 卽爲第一希有니이다

**[玄奘]**

世尊. 我今聞說如是法門. 領悟信解未爲希有. 若諸有情於當來世後時後分後五百歲. 正法將滅時分轉時. 當於如是甚深法門. 領悟信解受持讀誦究竟通利. 及廣爲他宣說開示如理作意. 當知成就最勝希有.

**[번역]**

14-2. "세존이시여, 제가 이 법문이 설해질 때 이해하고 확신을 가지는 것은 어려운 것이 아닙니다. 세존이시여, 그러나 어떤 중생들이 있어서 미래세의 후오백세에 정법이 쇠퇴할 시기가 되었을 때에 이 법문을 완전히 갖추어 [마음에] 간직하고 독송하고 이해하고 남들에게 자세히 설명해 준다면 그들은 최고의 경이로움을 갖춘 자들이 될 것입니다."

**[대역]**

14-2) na mama저에게는 Bhagavan세존이시여 duṣkaraṃ어려운 것이 아닙니다(Ⓚ 不足爲難, Ⓗ 未爲希有)

yad즉 aham제가 imaṃ이 dharma-paryāyaṃ법문이 bhāṣyamāṇam설해질 때(Ⓚ 世尊 我今得聞如是經典, Ⓗ 我今聞說如是法門) avakalpayāmi이해하고[1] adhimucye확신을 가지는[2] 것은(Ⓚ 信解受

持, Ⓗ 領悟信解),

ye api te그들 Bhagavan세존이시여 sattvā bhaviṣyanti중생들이 있어서(Ⓚ 其有衆生, Ⓗ 若諸有情) anāgate adhvani paścime kāle paścime samaye paścimāyāṃ pañcaśatyāṃ미래세의 다음 시기 다음 시간의 다음 오백세에(Ⓚ 若當來世後五百歲, Ⓗ 於當來世後時後分後五百歲) sad-dharma-vipralope vartamāne정법이 쇠퇴할 시기가 되었을 때(Ⓚ ×, Ⓗ 正法將滅時分轉時),

ya imaṃ이 Bhagavan세존이시여[3] dharma-paryāyaṃ법문을 udgrahīṣyanti배우고 dhārayiṣyanti[마음에] 간직하고 vācayiṣyanti 독송하고 paryavāpsyanti이해하고 parebhyaś남들에게 ca그리고 vistareṇa상세하게 samprakāśayiṣyanti설명해 준다면(Ⓚ 得聞是經 信解受持, Ⓗ 當於如是甚深法門 領悟信解受持讀誦究竟通利 及廣爲他宣說開示如理作意),

te그들은 parameṇa최고로 āścaryeṇa경이로움으로 samanvāgatā 갖추어진 자들이 bhaviṣyanti될 것이다(Ⓚ 是人 卽爲第一希有, Ⓗ 當知成就最勝希有).

**[주해]**

1) **이해하고(avakalpayāmi)**: ava(아래로)+√kḷp(to be fit)의 동사 사역 일인칭 단수로 쓰였다. √kḷp는 다양한 뜻으로 쓰이는데 동사로 쓰이면 주로 생각을 궁글리는 등의 마음의 여러 작용을 나타낸다 하겠다. 빠알리 논장인 담마상가니(법집론)에서는 '마음을 한 곳에 두다, 신뢰하다' 등의 뜻으로 쓰이고 있으며 일반 산스끄리뜨에서는 '준비하다, 답하다'의 뜻으로도 쓰이고 있다. 특히 최초기에 속하는 숫따니빠따에서 접두어 vi-, pra-, saṃ- 등과 같이 쓰이거나 접두어 없이 쓰여서 '사량분별하다'는 뜻으로 자주 나타나고 있다. 여기서는 현장은 領悟라고 옮기고 있다. 구마라집은 뒤의 adhimu-

cye까지 포함해서 信解受持라고 옮기고 있다.

2) **확신을 가지는 것은(adhimucye)**: adhi(위로)+√muc(to release)의 동사 수동 현재 1인칭 단수로 쓰였다. 불교 범어 일반에서는 '확신'을 나타내고 있다. 구마라집과 현장은 모두 信解로 옮기고 있다. (6장의 12번 주해 참조)

3) **법문을 배우고 [마음에] 간직하고 …** : 이하 12장의 같은 부분을 참조할 것.

## 14-3. 산냐를 멀리 여의었기에 제불세존이다

**[원문]**

14c) api tu khalu punar Bhagavan na teṣām ātmasaṃjñā pravartiṣyate, na sattvasaṃjñā na jīvasaṃjñā na pudgalasaṃjñā pravartiṣyate, nāpi teṣāṃ kācit saṃjña nāsaṃjñā pravartate. tat kasya hetoḥ? yā sa Bhagavann ātmasaṃjña saivāsaṃjñā, yā sattvasaṃjñā jīvasaṃjñā pudgalasaṃjñā saivāsaṃjñā. tat kasya hetoḥ? sarvasaṃjñāpagatā hi Buddhā Bhagavantaḥ.

**[鳩摩羅什]**

何以故오 此人은 無我相하며 無人相하며 無衆生相하며 無壽者相이니 所以者가 何오 我相이 卽是非相이며 人相衆生相壽者相이 卽是非相이라 何以故오 離一切諸相이 卽名諸佛이니이다

**[玄奘]**

何以故. 世尊. 彼諸有情無我想轉. 無有情想無命者想無士夫想無補特伽羅想無意生想無摩納婆想無作者想無受者想轉. 所以者何. 世尊. 諸我想卽是非想. 諸有情想命者想士夫想補特伽羅想意生想摩納婆想作者想受者想卽是非想. 何以故. 諸佛世尊離一切想.

**[번역]**

14-3. "그러나 참으로 다시 세존이시여, 이들에게는 자아라는 산냐가 생겨나지 않을 것이며 중생이라는 산냐도 영혼이라는 산냐도 개아라는 산냐도 생겨나지 않을 것입니다. 그들에게는 어떠한 산냐도 산냐 아님도 생겨나지 않을 것입니다.

그것은 무슨 이유에서인가 하면, 세존이시여, 자아라는 산냐 그것은 참으로 산냐가 아니요, 중생이라는 산냐, 영혼이라는 산냐, 개아라는 산냐 그것도 참으로 산냐가 아니기 때문입니다.

그것은 [다시] 무슨 이유에서인가 하면, 불세존들께서는 일체의 산냐를 멀리 여읜 자들이기 때문입니다."

**[대역]**

14-3) api tu khalu그러나 참으로 punar다시(Ⓚ=Ⓗ 何以故)

Bhagavan세존이시여 na teṣāṃ그들에게(Ⓚ 此人, Ⓗ 世尊 彼諸有情) ātma-saṃjñā자아라는 산냐가 pravartiṣyate생겨나지 않을 것이며, na sattva-saṃjñā na jīva-saṃjñā na pudgala-saṃjñā pravartiṣyate중생이라는 산냐, 영혼이라는 산냐, 개아라는 산냐도 생겨나지 않을 것입니다(Ⓚ 無我相 無人相 無衆生相 無壽者相, Ⓗ 無我想轉 無有情想 無命者想 無士夫想 無補特伽羅想 無意生想 無摩納婆想 無作者想 無受者想轉),

na api그리고 teṣāṃ그들에게 kācit어떠한 saṃjñā산냐도 없고 na a-saṃjñā pravartate산냐 아님도 생겨나지 않습니다.[1)]

tat kasya hetoḥ그것은 무슨 이유에서인가 하면(Ⓚ 所以者何, Ⓗ)

yā sā그 Bhagavan세존이시여 ātma-saṃjñā자아라는 산냐는 sā eva그것은 참으로 a-saṃjñā산냐가 아님이요(Ⓚ 我相 卽是非相, Ⓗ 世尊. 諸我想卽是非想), yā sattva-saṃjñā jīva-saṃjñā pudgala-saṃjñā중생이라는 산냐, 영혼이라는 산냐, 개아라는 산냐 sā eva a-saṃjñā그것이 오직 산냐 아님이기 때문입니다[2](Ⓚ 人相衆生相壽者相卽是非相, Ⓗ 諸有情想 命者想 士夫想 補特伽羅想 意生想 摩納婆想 作者想 受者想 卽是非想).

tat kasya hetoḥ그것은 무슨 이유에서인가 하면(Ⓚ=Ⓗ 何以故)

sarva-saṃjñā-apagatā일체의 산냐를 멀리 여읜 자들 hi이기 때문입니다 Buddhā부처님들 Bhagavantaḥ세존들께서는[3](Ⓚ 離一切相卽名諸佛, Ⓗ 諸佛世尊 離一切想).

**[주해]**

1) **그들에게는 어떠한 산냐도 산냐 아님도 생겨나지 않을 것입니다**: 구마라집과 현장의 번역본에는 모두 이 부분은 나타나지 않는다. 두 분이 저본으로 사용한 범문에는 없었던 것 같다. 지금 문맥이 아·인·중생·수자의 산냐가 산냐 아니라고 하는 것인데 산냐도 산냐 아님도 생겨나지 않는다는 말은 문맥상 비약인 듯싶다.

2) **자아라는 산냐 그것은 참으로 산냐가 아니요 …** : 인도사상 내지는 세상의 모든 종교들이 실재론적인 사고에 깊이 집착하여 그 실재하는 것과 합일하거나 그것의 은총으로 행복을 누리려는 구도(構圖)에서 벗어나지 못한다.

이런 고정관념을 타파하지 못하는 한 참다운 해탈이란 있을 수 없다. 무엇이 실재한다는 것은 단지 산냐일 뿐임을 지혜롭게 관찰해야 한다.

3) **일체 산냐를 멀리 여읜 자들이 참으로 불세존들입니다(sarva-saṃjñā-apagatā hi Buddhā Bhagavantaḥ)**: apagatā는 apa(~로부터 떨어져서)+√gam(to go)의 과거분사로서 '벗어나다'의 뜻이다.

역자는 이 구절을 금강경의 중심 되는 가르침으로 받아들이고 있다. 모든 종교인, 모든 사상가, 모든 철학자, 모든 수행자들이 주박에 걸려있던 저 산냐를 벗어버린 자가 참으로 세존이시다.

수보리가 이렇게 말씀드리자 세존께서는 다음에서 거듭 설하시지 않는가, 이런 설법을 듣고 놀라거나 두려워하거나 공포를 느끼지 않는 자는 최고로 경이로운 자라고! 그리고 말씀하시지 않는가, 이것이야말로 최고의 바라밀(parama-pāramitā)이라고.

## 14-4. 산냐를 여의라는 것이 제불세존이 설하는 최고(parama)의 바라밀이다

**[원문]**

14d) evam ukte Bhagavān āyuṣmantam Subhūtim etad avocat: evam etat Subhūte evam etat. parama-āścaryasamanvāgatās te sattvā bhaviṣyanti ya iha Subhūte sūtre bhāṣyamāne nottrasiṣyanti na samtrasiṣyanti na santrāsam āpatsyante. tat kasya hetoḥ? paramapāramiteyaṃ Subhūte Tathāgatena bhāṣitā yadutāpāramitā. yāṃ ca Subhūte Tathāgataḥ paramapāramitāṃ bhāṣate, tām aparim āṇāpi Buddhā Bhagavanto bhāṣante, tenocyate paramapāramiteti.

**[鳩摩羅什]**

佛이 告須菩提하사대 如是如是하다 若復有人이 得聞是經하고 不驚不怖不畏하면 當知是人은 甚爲希有니 何以故오 須菩提야 如來가 說第一波羅蜜이 非第一波羅蜜일새 是名第一波羅蜜이니라

**[玄奘]**

作是語已. 爾時世尊. 告具壽善現言. 如是如是. 善現. 若諸有情聞說如是甚深經典. 不驚不懼無有怖畏. 當知成就最勝希有. 何以故. 善現. 如來說最勝波羅蜜多. 謂般若波羅蜜多. 善現. 如來所說最勝波羅蜜多. 無量諸佛世尊所共宣說故. 名最勝波羅蜜多. 如來說最勝波羅蜜多. 卽非波羅蜜多. 是故如來說名最勝波羅蜜多.

**[번역]**

14-4. 이와 같이 말씀드리자 세존께서 수보리 존자에게 이렇게 말씀하셨다. "참으로 그러하다, 수보리여. 참으로 그러하다, 수보리여. 여기 [이 세상에서] [이런] 경이 설해질 때 놀라지 않고 두려워하지 않고 공포를 가지지 않는 그러한 중생들은 최고의 경이로움을 구족한 자들이 될 것이다.

그것은 무슨 이유에서인가? 수보리여, 여래가 설한 이 최고의 바라밀 그것은 참으로 [최고의] 바라밀이 아니기 때문이다. 나아가서 수보리여, 여래가 최고의 바라밀을 설한 것 그것을 헤아릴 수 없이 [많은] 불세존들도 역시 설한다. 그래서 말하기를 최고의 바라밀이라 하기 때문이다."

**[대역]**

14-4) evam ukte이와 같이 말씀드리자(Ⓚ ×, Ⓗ 作是語已)

Bhagavān세존께서 āyuṣmantam Subhūtim존자 수보리에게 etad

avocat이렇게 말씀하셨다(Ⓚ 佛告須菩提, Ⓗ 爾時世尊. 告具壽善現言):

evam etat그러하다 이것은 Subhūte수보리여 evam etat그러하다 이것은(Ⓚ 如是如是, Ⓗ 如是如是. 善現).

parama-āścarya-samanvāgatās최고의 경이로움을 구족한 자들이 te그들 sattvā중생들은 bhaviṣyanti될 것이니(Ⓚ 當知是人 甚爲希有, Ⓗ 當知成就最勝希有)

ye iha여기서 Subhūte수보리여 sūtre bhāṣyamāne경이 설해질 때(Ⓚ 若復有人 得聞是經, Ⓗ 若諸有情聞說如是甚深經典) na uttrasiṣyanti놀라지 않고 na saṃtrasiṣyanti두려워하지 않고 na santrāsam āpatsyante공포를 가지지 않는 자들은[1](Ⓚ 不驚不怖不畏, Ⓗ 不驚不懼無有怖畏).

tat kasya hetoḥ그것은 무슨 이유에서인가(Ⓚ=Ⓗ 何以故)?

parama-pāramitā최고의 바라밀[2]이라는 iyaṃ이것이[3] Subhūte수보리여 Tathāgatena bhāṣitā여래에 의해서 설해진 것, yad uta그것은 참으로 a-pāramitā바라밀이 아니기 때문이다.(須菩提 如來 說第一波羅蜜 非第一波羅蜜, Ⓗ 善現 如來說最勝波羅蜜多 謂般若波羅蜜多)[4]

yāṃ ca다시 Subhūte수보리여 Tathāgataḥ여래가 parama-pāramitāṃ bhāṣate최고의 바라밀을 설한 것(Ⓚ ×, Ⓗ 善現 如來所說最勝波羅蜜多), tām그것을 aparimāṇa헤아릴 수 없는 api역시 Buddhā부처님들 Bhagavanto세존들은 bhāṣante설하나니(Ⓚ ×, Ⓗ 無量諸佛世尊所共宣說故), tenocyate parama-pāramitā iti그래서 말해지기를 최고의 바라밀이라고 한다[5](Ⓚ 是名第一波羅蜜, Ⓗ 名最勝波羅蜜多 如來說最勝波羅蜜多 卽非波羅蜜多 是故如來說名最勝波羅蜜多).

**[주해]**

1) **놀라고(uttrasiṣyanti), 두려워하고(saṃtrasiṣyanti), 공포를 가**

**지는(santrāsam āpatsyante)**: 세 단어 모두 √tras(to tremble)라는 어근에다 ut(위로)나 saṃ(함께)의 접두어를 붙여서 동사 미래 3인칭 복수형으로 만들어서 '두려워하다'는 의미를 강조하고 있다. āpatsyante는 ā(향하여)+√pad(to go)의 동사 미래 삼인칭 복수로 쓰였다. '얻다'는 뜻이다.

이 경을 듣고 공포 경외를 느끼지 않는 자들이야말로 최고로 경이로운 자들임에 틀림없다. 그래서 이 산냐 문제를 바로 이해하는 것이야말로 최고의 바라밀이라고 세존은 칭송하고 계신다.

2) **최고의 바라밀(parama-pāramitā)**: 이러한 가르침을 parama-pāramitā로 표현하고 있음을 주목할 필요가 있다. 반야바라밀이 최고의 바라밀이라고 일반적으로 말하고 있지만 역자는 다르게 본다. 산냐를 극복하라는 이 가르침이야말로 최초기부터 세존께서 고구정녕히 설하신 것이고 그 정신을 바로 전해 받은 이 경이야말로 최고의 바라밀, 최고의 가르침, 불교의 핵심이라는 말로 이해한다. 그래서 그냥 반야바라밀이 아니라 금강 혹은 능단금강반야바라밀인 것이다.

구마라집은 第一波羅蜜로 현장은 最勝波羅蜜로 옮기고 있다. 구마라집이 제일바라밀로 옮겼고 이렇게 통용되자 우리 나라의 대부분의 금강경 역자들은 보시바라밀이 6바라밀 중 처음이니 바로 보시바라밀을 뜻한다고 설명하고 있다.

범어를 참고하지 않고 한문만으로 생각하니 그럴 수밖에 없겠지만 본 경의 근본 대의를 모르고 하는 이야기일 뿐 아니라 산냐의 척파를 거듭 강조하여 말씀하시는 본경의 핵심을 호도하는 것이기도 하다. 원어에 의거하지 않고 한역에만 의지해서 경전을 이해할 때 얼마나 큰 오류를 범하게 되나 하는 점을 단적으로 보여주는 좋은 보기라 하겠다.

3) **이것이(iyaṃ)**: iyam은 대명사 idam의 여성 주격 단수형이다.

4) **如來說最勝波羅蜜多 謂般若波羅蜜多**: 현장은 여래가 설한 최승바라밀은 다름 아닌 반야바라밀이라고 여기서 부연 설명하고, 최승바라밀이 최승바라밀이 아니라고 여래께서 설하셨기에 최승바라밀이라 한다는 이 부분을 문단의 제일 마지막에 옮겨놓고 있다. 그러나 최승바라밀이 반야바라밀을 두고 하는 말인지 아니면 산냐를 뛰어넘는 그런 수행을 최승바라밀이라 부르고 있는지는 독자의 판단에 맡긴다.

5) **여래가 최고의 바라밀을 설한 것 그것을 헤아릴 수 없이 [많은] 불세존들도 역시 설한다. 그래서 말하기를 최고의 바라밀이라고 한다**: 최고의 바라밀이라 하는 이유를 보라. 제불세존이 모두 산냐를 뛰어넘는 이 가르침을 설하시기에 최고의 바라밀이라고 한다는 것이다. 거듭 말하거니와 산냐를 척파하는 것(saññānaṃ uparodhana) - 이 하나가 없으면 불교는 이미 불교가 아니다. 그냥 하나의 종교일 뿐이요, 하나의 사상체계일 뿐이다.

## 14-5. 산냐를 여의었기에 참다운 인욕바라밀이다

**[원문]**

14e1) api tu khalu punaḥ Subhūte yā Tathāgatasya kṣāntipāramitā saivāpāramitā. tat kasya hetoḥ? yadā me Subhūte Kaliṅga rā jā 'ṅgapratyangamāṃsāny acchaitsīt, tasmin samaya ātmasaṃjña vā sattvasaṃjnā vā jīvasaṃjñā vā pudgalasaṃjñā vā nāpi me kācit saṃjñā vā asaṃjñā vā babhūva. tat kasya hetoḥ? sacen me Subhūte tasmin samaya ātmasaṃjñāabhaviṣyad vyāpādasaṃjñāpi me tasmin samaye 'bhaviṣyat. sacet sattvasaṃjñā jīvasaṃjñā pudgalasaṃjñā-bhaviṣyad, vyāpādasaṃjñāpi me tasmin samaye 'bhaviṣyat. tat kasya hetoḥ? abhijānāmy ahaṃ Subhūte 'tīte 'dhvani pañcajātiśatāni yad ahaṃ kṣāntivādī ṛṣir abhūvam. tatra api me na ātmasaṃjñā babhūva, na sattvasaṃjñā na jīvasaṃjñā na pudgalasamjñā babhūva.

**[鳩摩羅什]**

須菩提야 忍辱波羅蜜을 如來가 說非忍辱波羅蜜일새 是名忍辱波羅蜜이니라 何以故오 須菩提야 如我昔爲歌利王에 割截身體하야 我於爾時에 無我相하며 無人相하며 無衆生相하며 無壽者相호라 何以故오 我於往昔節節支解時에 若有我相人相衆生相壽者相이면 應生嗔恨일러니라 須菩提야 又念過去於五百世에 作忍辱仙人하야 於爾所世에 無我相하며 無人相하며 無衆生相하며 無壽者相호라

**[玄奘]**

復次善現. 如來說忍辱波羅蜜多. 卽非波羅蜜多. 是故如來說名忍辱波羅蜜多. 何以故. 善現. 我昔過去世曾爲羯利王斷支節肉. 我於爾時都無我想或有情想或命者想或士夫想或補特伽羅想或意生想或摩納婆想或作者想或受者想. 我於爾時都無有想亦非無想. 何以故. 善現. 我於爾時若有我想. 卽於爾時應有恚想. 我於爾時若有有情想命者想士夫想補特伽羅想意生想摩納婆想作者想受者想卽於爾時應有恚想. 何以故. 善現. 我憶過去五百生中. 曾爲自號忍辱仙人. 我於爾時都無我想. 無有情想無命者想無士夫想無補特伽羅想無意生想無摩納婆想無作者想無受者想. 我於爾時都無有想亦非無想.

**[번역]**

14-5. "그런데 참으로 다시 수보리여, 여래의 인욕바라밀 그것은 참으로 [인욕]바라밀이 아니다. 그것은 무슨 이유에서인가? 깔리 왕이 내 온 몸의 살점을 도려내었을 때 나에게 자아라는 산냐나 중생이라는 산냐나 영혼이라는 산냐나 개아라는 산냐나 그 어떠한 산냐나 산냐 아님도 없었기 때문이다.

그것은 [다시] 무슨 이유에서인가? 만일 수보리여, 그 때에 나에게 자아라는 산냐가 생겼다면 그 때에 악의의 산냐 역시 생겼을 것이기 때문이다. 만일 중생이라는 산냐, 영혼이라는 산냐, 개아라는 산냐가 생겼더라도 그 때에 악의의 산냐 역시 생겼을 것이기 때문이다.

그것은 [다시] 무슨 이유에서인가? 수보리여, 나는 분명히 안다. 과거에 오백 생 동안 나는 인욕을 설하는 성선(聖仙)이었다. 그 때에도 역시 나에게는 자아라는 산냐가 생기지 않았고 중생이라는 산냐, 영혼이라는 산냐, 개아라는 산냐도 생기지 않았기 때문이다."

**[대역]**

14-5) api tu그런데 khalu참으로 punaḥ다시 Subhūte수보리여(Ⓚ 須菩提, Ⓗ 復次善現) yā Tathāgatasya여래의 kṣānti-pāramitā인욕바라밀[1] sā그것은 eva오직 a-pāramitā바라밀이 아니다(Ⓚ 忍辱波羅蜜 如來 說非忍辱波羅蜜 是名忍辱波羅蜜, Ⓗ 如來說忍辱波羅蜜多 卽非波羅蜜多 是故如來說名忍辱波羅蜜多).

tat kasya hetoḥ그것은 무슨 이유에서인가(Ⓚ=Ⓗ 何以故)?

yadā me나의 Subhūte수보리여 Kalinga깔링가 rājā왕이[2] aṅga-patyanga-māṃsāni온 몸의 살점들을 acchaitsīt도려내었을 때[3](Ⓚ 須菩提 如我昔爲歌利王 割截身體, Ⓗ 善現. 我昔過去世曾 爲羯利王 斷支

節肉),

tasmin samaye그 때에(Ⓚ=Ⓗ 我於爾時) ātma-saṃjña vā자아라는 산냐나 sattva-saṃjñā vā중생이라는 산냐나 jīva-saṃjñā vā영혼이라는 산냐나 pudgala-saṃjñā vā개아라는 산냐나(Ⓚ 無我相 無人相 無衆生相 無壽者相, Ⓗ 都無我想 或有情想 或命者想 或士夫想 或補特伽羅想 或意生想 或摩納婆想 或作者想 或受者想)

na api그리고 me나에게 kācit어떠한 saṃjñā vā산냐나 a-saṃjñā vā산냐 아님도 babhūva없었기 때문이다(Ⓚ ×, Ⓗ 我於爾時 都無有想 亦非無想).

tat kasya hetoḥ그것은 무슨 이유에서인가(Ⓚ=Ⓗ 何以故)?

sacet만일 me나에게 Subhūte수보리여 tasmin samaye그 때에(Ⓚ 我於往昔節節支解時, Ⓗ 善現 我於爾時) ātma-saṃjñā자아라는 산냐가 abhaviṣyad생겼더라면(Ⓚ ×, Ⓗ 若有我想) vyāpāda-saṃjñā악의의 산냐[4] api역시 me나에게 tasmin samaye그 때에 abhaviṣyat생겼을 것이기 때문이다(Ⓚ ×, Ⓗ 卽於爾時 應有恚想)

sacet만일 sattva-saṃjñā jīva-saṃjñā pudgala-saṃjña abhaviṣyad 중생이라는 산냐, 영혼이라는 산냐, 개아라는 산냐가 생겼더라도(Ⓚ 人相衆生相壽者相, Ⓗ 我於爾時 若有有情想 命者想 士夫想 補特伽羅想 意生想 摩納婆想 作者想 受者想), vyāpāda-saṃjñā api me tasmin samaye abhaviṣyat악의의 산냐가 그 때에 생겼을 것이기 때문이다(Ⓚ 應生嗔恨, Ⓗ 卽於爾時 應有恚想).

tat kasya hetoḥ그것은 무슨 이유에서인가(Ⓚ ×, Ⓗ 何以故)?

abhijānāmi분명히 아나니[5] ahaṃ나는 Subhūte수보리여(Ⓚ 須菩提 又念, Ⓗ 善現 我憶) atīte과거 adhvani세에 pañca-jāti-śatāni오백생 동안(Ⓚ 過去於五百世, Ⓗ 過去五百生中) yad ahaṃ나는 kṣāntivādī인

욕을 설하는 ṛṣir성선[6] abhūvam이었다(Ⓚ 作忍辱仙人, Ⓗ 曾爲自號忍辱仙人).

tatra그 때에도 api역시 me나에게는(Ⓚ 於爾所世, Ⓗ 我於爾時) na ātma-saṃjñā babhūva자아라는 산냐가 생기지 않았고, na sattva-saṃjñā na jīva-saṃjñā na pudgala-samjñā babhūva중생이라는 산냐, 영혼이라는 산냐, 개아라는 산냐가 생기지 않았기 때문이다(Ⓚ 無我相 無人相 無衆生相 無壽者相, Ⓗ 都無我想 無有情想 無命者想 無士夫想 無補特伽羅想 無意生想 無摩納婆想 無作者想 無受者想 我於爾時 都無有想 亦非無想).[7]

**[주해]**

1) **인욕바라밀(kṣānti-pāramitā)**: kṣānti는 √kṣi(to endure)의 명사형으로 '인내, 인욕, 참음'을 뜻한다. 忍辱이라 한역하고 있다. 육바라밀의 세 번째이다. 여기서는 인욕의 문제를 들어 산냐를 가지지 말 것을 설하고 계신다.

2) **깔링가 왕(Kalinga rājā)**: 학자들은 Kali-rājā의 오기로 보고 있다. 구마라집은 歌利王으로 현장은 羯利王으로 음역을 하고 있는데 구마라집과 현장의 이 음사를 보더라도 깔리라자가 옳은 표기이다. kali는 원래 인도 노름에서 제일 낮은 패를 나타내며 그래서 '불운, 죄악, 패배'를 뜻한다.

인도에서 노름의 기원은 아주 오래 되었다고 보는데, 노름에 져서 패가망신한 사람이 읊은 시가 리그웨다에 나타나며 인도의 고대 제사에서도 노름이 하나의 의식으로 자리잡을 만큼 그 역사가 오래되었다. 그리고 타락의 시대를 깔리유가(kaliyuga)라 한다. 그래서 깔리 왕은 일차적으로 아주 나쁜 왕을 의미하는 보통명사라 보면 되겠다. 깔리 왕에 얽힌 부처님 전생이야기는 다른 책을 참조할 것.

3) **온 몸의 살점들을 도려낸(aṅga-pratyanga-māṃsāni acchaitsīt)**: aṅga는 몸의 큰 부분 즉 사지를 뜻하며 pratyanga는 prati(각각)+anga로 몸의 작은 부분들을 나타내며 māṃsa는 살점을 뜻한다. 이 합성어가 중성의 목적격 복수로 쓰였다. anga-paccanga라는 표현은 빠알리어에도 많이 나타난다. acchaitsīt는 √chid(to cut off)의 동사 Aorist 과거 3인칭 단수로 쓰였다. 이 구문을 구마라집은 割截身體로 현장은 斷支節肉으로 옮겼다.

4) **악의의 산냐(vyāpāda-saṃjñā)**: vyāpāda는 vi(분리하여)+ā(향하여)+√pad(to go)의 명사형으로 '나쁘게 만들다, 해치다'의 의미에서 악의(ill-will)로 번역이 된다. 초기경에서도 많이 나타나는 술어이다. 구마라집은 산냐를 옮기지 않고 嗔恨으로만 옮겼고 현장은 恚想으로 옮겼다.

인욕이 만일 참는 당체, 참는 실체가 있다면 인욕이 될 수가 없다. 참으로 참는 당체, 참는 자가 없어야 그것을 참다운 인욕이라 할 수 있다는 말씀이다. 흔히 말하는 사랑해야 할 원수도 원수라 생각하는 자도 없어야 한다는 말이 되겠다. 인욕이라는 산냐를 극복한 것이 참 인욕임을 설하고 계신다. 실체가 있다면 악의는 생기게 마련이다. 악의도 산냐의 문제로 설하고 계심도 주목할 필요가 있다.

그리고 악의를 언급하면서 빼놓을 수 없는 것이 이 악의에서 기인한 인도 바라문 수행자들의 '저주(dhik, curse)'이다. 숫따니빠따 5장도 바로 이 저주로부터 시작된다.

바바린이라는 늙은 바라문 수행자는 평소 생기는 족족 남에게 보시하는 수행을 하고 있었는데 어느 날 어떤 떠돌이 바라문이 그에게 와서 자기에게도 보시를 하라고 한다. 그날 따라 이미 다 보시해 버리고 아무 것도 남아 있지 않았던 바바린이 오늘은 보시할 것이 없다고 한다. 그러자 그 떠돌이 바라문 수행자는 벌컥 화를 내며 엄청난 저주를 하는데 바로 일주일 후에 당신의 목이 떨어질 것이라고 쏘아붙이고 떠난다. 이 일이 있은 뒤 근심에 휩싸인 바바린이 제자들 16명을 부처님께 보내서 이 일에 대해서 묻는 것이 숫따니빠따 제5장 빠라야나 왁가(피안에 이르는 길의 장)의 시작이다.

인도에서 제일 가는 희곡인 샤꾼딸라에서도 바라문의 저주가 희곡의 가장 중요한 전환점으로 나타나고 있다. 악의에 바탕한 저주 - 여기에 대해서 세존께서는 4범주(四梵住, brahmavihāra, 네 가지 고귀한 마음가짐)를 특히 바라문들에게 많이 설하셨다.

즉 바라문들의 제일의 염원인 범천에 태어나려면 악의를 품고 저주를 할 게 아니라 저 자애[慈, mettā], 연민[悲, karuṇā], 환희[喜, muditā], 평온[捨, upekkhā]을 닦아야 한다고 해서 범주(梵住)라 하셨고 후대에 내려오면서 4무량심(無量心, appamañña, Sk. apramāṇa)이라고 불리게 되었다.

5) **분명히 안다(abhijānāmi)**: abhi(위로 오는)+√jñā(to know)의 동사 현재 1인칭 단수로 쓰였다. 빠알리어로도 abhijānāmi이다. 초기경에서 abhijānāti나 이것의 명사형인 abhiññā는 그냥 아는 것이 아니라 신통지(神通知)를 의미하고 있다. 즉 과거 전생을 기억한다든지 하는 것을 abhiññā라 불렀다. 같은 맥락에서 여기서도 abhijānāti를 쓰고 있다. 조금 후대에 6신통을 아빈냐로 정의하기도 했다.(6장 27번 주해 참조) 그래서 일본 학자들은 초범지(超凡智)라 옮기기도 한다. 구마라집은 그냥 念으로 현장은 憶으로 옮기고 있다.

6) **인욕을 설하는 성선(kṣāntivādī ṛṣi)**: vādin은 √vad(to speak)의 명사로서 '말하는 자'라는 뜻이며 후대에서는 학파의 의미로도 쓰인다. 예를 들면 vijñānavādin은 '유식을 말하는 자'라는 뜻으로 유식론자를 의미한다. ṛṣi는 √ṛṣ(to rush)에서 파생된 명사로서 '성

인, 성자, 대가' 등의 의미로 쓰인다. 일본 학자들은 聖仙으로 번역하며 kṣāntivādī ṛṣi를 구마라집과 현장은 忍辱仙人으로 옮기고 있다.

7) **我於爾時 都無有想 亦非無想**: 현장은 이처럼 '산냐도 산냐 아님도 없었다'를 첨가하고 있다.

## 14-6. 그러므로 일체 산냐를 버리고서 발보리심(發菩提心)하라

**[원문]**

14e-2) tasmāt tarhi Subhūte bodhisattvena mahāsattvena sarva-saṃjñā vivarjayitvā anuttarāyāṃ samyaksambodhau cittam utpādayitavyam. na rūpapratiṣṭhitaṃ cittam utpādayitavyam, na śabdagandharasaspraṣṭavyadharmapratiṣṭhitaṃ cittam utpādayita-vyam, na dharmapratiṣṭhitaṃ cittam utpādayitavyam, na adharma-pratiṣṭhitaṃ cittam utpādayitavyam, na kvacitpratiṣṭhitam cittam utpādayitavyam. tat kasya hetoḥ? yat pratiṣṭhitaṃ tad evāprati-ṣṭhitam. tasmād eva Tathāgato bhāṣate: apratiṣṭhitena bodhi-sattvena dānaṃ dātavyam. na rūpaśabdagandharasaspraṣṭavya-dharmapratiṣṭhitena dānaṃ dātavyam.

**[鳩摩羅什]**

是故로 須菩提야 菩薩이 應離一切相하고 發阿耨多羅三藐三菩提心이니 不應住色生心하며 不應住聲香味觸法生心이요 應生無所住心이니라 若心

有住면 卽爲非住니 是故로 佛說菩薩이 心不應住色布施라 하노라

**[玄奘]**

是故善現. 菩薩摩訶薩遠離一切想. 應發阿耨多羅三藐三菩提心. 不住於色應生其心. 不住非色應生其心. 不住聲香味觸法應生其心. 不住非聲香味觸法應生其心. 都無所住應生其心. 何以故. 善現. 諸有所住則爲非住. 是故如來說諸菩薩. 應無所住而行布施. 不應住色聲香味觸法而行布施.

**[번역]**

14-6. "그러므로 이제 수보리여, 보살 마하살은 일체 산냐를 버리고서 위없는 정등각에 마음을 내어야 한다. 형상에 머무르는 마음을 내지 않아야 하며 소리, 냄새, 맛, 감촉, 마음의 대상에 머무르는 마음을 내지 않아야 한다. 법에 머무는 마음을 내지 않아야 하며 비법에 머무는 마음도 내지 않아야 하며 어떤 것에도 머무르는 마음을 내지 않아야 한다.

그것은 [다시] 무슨 이유에서인가? 머무름이라는 것 그것은 참으로 머무르지 않음이기 때문이다. 그래서 여래는 설했다. '머무름 없이 보살은 보시를 행해야 한다. 형상, 소리, 냄새, 맛, 감촉, 마음의 대상에 머무름 없이 보시를 행해야 한다'라고."

**[대역]**

14-6) tasmāt그러므로 tarhi이제 Subhūte수보리여(Ⓚ 是故 須菩提, Ⓗ 是故善現) bodhi-sattvena mahā-sattvena보살 마하살에 의해서 sarva-saṃjñā일체 산냐가 vivarjayitvā버려져서[1](Ⓚ 菩薩 應離一切相, Ⓗ 菩薩摩訶薩 遠離一切想) anuttarāyāṃ위 없는 samyaksambodhau정등각에 cittam마음을 utpādayitavyam일으켜야 한다[2](Ⓚ 發阿耨多羅三藐三菩提心, Ⓗ 應發阿耨多羅三藐三菩提心).

na rūpa-pratiṣṭhitaṃ cittam utpādayitavyam형상에 머무르는 마음을 내지 않아야 하며(Ⓚ 不應住色生心, Ⓗ 不住於色應生其心. 不住非色應生其心),

na śabda-gandha-rasa-spraṣṭavya-dharma-pratiṣṭhitaṃ cittam utpādayitavyam소리 냄새 맛 감촉 마음의 대상에 머무르는 마음을 내지 않아야 하며[3](Ⓚ 不應住聲香味觸法生心, Ⓗ 不住聲香味觸法應生其心 不住非聲香味觸法應生其心),[4]

na dharma-pratiṣṭhitaṃ cittam utpādayitavyam법에 머무르는 마음을 내지 않아야 하며, na adharma-pratiṣṭhitaṃ cittam utpādayitavyam비법에 머무르는 마음을 내지 않아야 하며 (Ⓚ=Ⓗ ×) na kvacit-pratiṣṭhitam cittam utpādayitavyam어떤 것에도 머무르는 마음을 내지 않아야 한다(Ⓚ 應生無所住心, Ⓗ 都無所住應生其心).

tat kasya hetoḥ그것은 무슨 이유에서인가?(Ⓚ ×, Ⓗ 何以故 善現)

yat pratiṣṭhitaṃ머무름이라는 것 tad eva그것은 오직 apratiṣṭhitam머무르지 않음이기 때문이니(Ⓚ 若心有住 卽爲非住, Ⓗ 諸有所住 則爲非住).

tasmād eva그래서 오직 Tathāgato bhāṣate여래는 설하나니(Ⓚ ×, Ⓗ 是故如來說): apratiṣṭhitena머무름 없이 bodhisattvena보살에 의해서 dānaṃ dātavyam보시는 행해져야 한다(Ⓚ ×, Ⓗ 諸菩薩 應無所住而行布施) na rūpa-śabda-gandha-rasa-spraṣṭavya-dharma-pratiṣṭhitena dānaṃ dātavyam형상 소리 냄새 맛 감촉 마음의 대상에 머무름 없이 보시를 행해야 한다고[5](Ⓚ 是故 佛說菩薩 心不應住色布施, Ⓗ 不應住色聲香味觸法 而行布施).

**[주해]**

1) **버려져서(vivarjayitvā)**: vi(분리해서)+√vṛj(to twist)의 사역 동명사형으로 '없애다, 버리다'의 뜻으로 쓰인다. 구마라집은 應離로

현장은 遠離로 옮겼다.

2) **보살 마하살은 일체 산냐를 버리고서 위없는 정등각에 마음을 내어야 한다**: 일체 산냐를 버려야 무상의 발보리심을 내는 것이라고 경은 분명히 설하고 있음을 명심해야 한다. 이것이 최고의 바라밀이요, 이것이 최상승이요, 최수승승이라고 하였다. 거듭 사족을 붙이지만 산냐를 극복하지 못하면 제아무리 신통이 자재하고 몇 십년 장좌불와하고 온갖 난행고행을 다해도 불교수행은 아닌 것이다. 하물며 화두만 들면 견성한다든지 위빠사나만 하면 아라한이 된다든지 하는 허무맹랑한 소리를 할 수 있겠는가.

산냐에 갇혀 있기 때문에 중생이라 해야 할 것이다. 참으로 중생은 산냐로써만 세상을 본다. 이것은 꽃, 저것은 나무, 책, 아버지, 어머니, … 등등으로. 그러고서 그들은 말한다. 나는 있는 그대로 세상을 보고 있는 그대로 세상을 안다고. 그러나 이렇게 대상을 이름지어 아는 것이 바로 산냐임을 알아야 한다.(14-8장 3번 주해 참조)

그리고 문제는 여기서 끝나지 않는다는 것도 알아야 한다. 일단 이렇게 인식(산냐)을 하면 이 인식은 즉시에 마노(의처, 意處)의 대상이 되어서 즐겁다(sukha, 수카), 괴롭다(dukkha, 두카), 괴롭지도 즐겁지도 않다(adukkham-asukha, 아두카마수카)는 느낌(vedanā, 受)을 수반하게 되고 그 느낌은 즉시에 갈애(taṇhā)를 일으키고 갈애는 취착[取, sampadāna]을 일으키고 그래서 존재[有, bhava]는 굴러가며 그래서 생노사우비고뇌가 매순간 전개되는 것이다.

집이라는 산냐가 생기면 즉시에 내 집, 남의 집에 대한 분별이 생기고 그 분별은 즉시에 엄청난 집착으로 발전한다. 내 집에 대한 집착, 내 집이 없는 사람은 거기서 오는 비애감이나 열등감을 일으키게 되고 … 참으로 이렇게 중중무진으로 얽히고 설키어서 중생의 삶은 순간 순간 굴러가고 있는 것이다. 이런 중생의 삶의 근저에는 저 산냐[想, 인식]와 웨다나(vedanā, 느낌, 受)가 놓여 있다고 부처님께서는 초기경에서 거듭 말씀하고 계시며 나아가서 이 산냐와 웨다나를 여실히 알아서 거기에 매이지 않아 저 반야와 아빈냐와 빠린냐와 앗냐(6장 27번 주해 참조) 등의 지혜를 개발하여 지금 여기서 고(苦, dukkha)를 멸절하여 참다운 행복을 누리고 살 것을 부처님께서는 간곡히 말씀하고 계신다.

그러면 어떻게 하면 산냐를 벗어나게 되나? 왕도는 없다고 본다. 바로 지금 여기서 나 자신의 신구의의 행위를 잘 살펴(요니소 마나시까라, 지혜로운 주의) 꾸살라(kusala, 善)면 증장시키려 노력하고 아꾸살라(akusala, 不善)면 없애려 노력하는 것부터 습관을 들여야 할 것이 아닌가 싶다. 무엇보다도 부처님의 근본 가르침을 배워 내 생활에 적용시키려는 노력을 해야 한다고 생각한다.(꾸살라, 아꾸살라와 요니소 마나시까라 등에 대해서는 6장 11번과 23장 3번 주해를 참조할 것)

3) **형상에 머무르는 마음을 내지 않아야 하며 소리, 냄새, 맛, 감촉, 마음의 대상에 머무르는 마음을 내지 않아야 한다**: 다시 강조하지만 6내외입(六內外入, cha-āyatana, 안·이·비·설·신·의+색·성·향·미·촉·법)이 부딪치면 촉(觸, phassa)이 일어나고 촉이 있으면 느낌[受, vedanā]이 일어나며 범부에게서 느낌은 필연적으로 갈애[愛, taṇhā]를 일으키고 만다. 갈애가 생기면 움켜쥐고 거머쥐고 바둥대는 취착[取, upādāna]이 뒤따르고 이렇게 우리의 삶은 굴러가고 되어가며(becoming, 有, bhava) 그래서 우리 삶은 고에 붙박게 되는 것이다. 그래서 6경에 머물지 않고 마음을 내라고 하는 것이다. 그러면 어떻게 하면 풍진세상(육경, 육진)에 머물지 않고 마음을 낼 것인가? 여기에 초기불교의 가르침이 있다. 사띠(sati, 마음챙김, 正念)를 육근문두에 두라는 것이다. 그 중에서도 사띠가 의근(意根, mano)을 잘 잡도리하고 있어야 육진에 물들지 않게 된다. 이렇게 부처님께서는

마음챙김의 중요성을 초기경 곳곳에서 강조하고 계신다.

4) **不住非聲香味觸法應生其心**: 이렇게 현장은 6경이 아닌 것에도 머물러서는 안 된다는 부분을 첨가시키고 있는데 그것은 다음의 법에도 비법에도 그 무엇에도 머물러서는 안 된다는 부분의 번역을 생략하고 이렇게 번역한 것으로 생각된다.

5) **머무름 없이 보살은 보시를 행해야 한다. 형상 소리 냄새 맛 감촉 마음의 대상에 머무름 없이 보시를 행해야 한다**: 먼저 마음이 머무는 바가 없어야 무주상 보시가 되는 것은 당연하다. 마음이 머무는 바가 없기 위해서는 마음챙김의 노력을 행주좌와 어묵동정에 거듭 거듭 하는(bahulīkaroti) 수밖에 없다.

## 14-7. 산냐를 여의고 중생의 이익을 위해 보시를 행하라

**[원문]**

14f) api tu khalu punaḥ Subhūte bodhisattvenaivaṃrūpo dāna parityāgaḥ kartavyaḥ sarvasattvānām arthāya. tat kasya hetoḥ? yā caiṣā Subhūte sattvasaṃjñā saivāsaṃjñā. ya evaṃ te sarva-sattvās Tathāgatena bhāṣitās ta evāsattvāḥ. tat kasya hetoḥ? bhūtavādī Subhūte Tathāgataḥ satyavādī tathāvādy ananyathā-vādī Tathāgataḥ. na vitathavādī Tathāgataḥ.

**[鳩摩羅什]**

須菩提야 菩薩이 爲利益一切衆生하야 應如是布施니라 如來가 說一切諸相이 卽是非相이며 又說一切衆生이 則非衆生이니라 須菩提야 如來는 是眞語者며 實語者며 如語者며 不誑語者며 不異語者니라

**[玄奘]**

復次善現. 菩薩摩訶薩爲諸有情作義利故. 應當如是棄捨布施. 何以故. 善現. 諸有情想卽是非想. 一切有情如來卽說爲非有情. 善現. 如來是實語者諦語者如語者不異語者.

**[번역]**

14-7. "그런데 참으로 다시 수보리여, 보살은 모든 중생들의 이익을 위해서 이런 형태의 철저한 보시를 행해야 한다.

그것은 무슨 이유에서인가? 수보리여, 이 중생이라는 산냐 그것은 참으로 [중생이라는] 산냐가 아니기 때문이다. 이와 같이 여래가 설한 그들 일체 중생들은 참으로 중생이 아니기 때문이다.

그것은 [다시] 무슨 이유에서인가? 수보리여, 여래는 참됨을 말하는 자이기 때문이다. 여래는 진실을 말하는 자요, 그대로를 말하는 자요, 다르지 않게 말하는 자이기 때문이다. 여래는 거짓말을 하는 자가 아니기 때문이다."

**[대역]**

14-7) api tu그런데 khalu참으로 punaḥ다시 Subhūte수보리여(Ⓚ 須菩提, Ⓗ 復次善現), bodhisattvena보살에 의해서 evaṃrūpo이런 형태의 dāna-parityāgaḥ철저한 보시행[1)]이 kartavyaḥ행해져야 하나니 sarva-sattvānām모든 중생들의 arthāya이익을 위해서(Ⓚ 菩薩 爲利益一切衆生 應如是布施, Ⓗ 菩薩摩訶薩 爲諸有情 作義利故 應當如是棄捨布施).

tat kasya hetoḥ그것은 무슨 이유에서인가(Ⓚ ×, Ⓗ 何以故)?

yā ca eṣā이 Subhūte수보리여 sattva-saṃjñā중생이라는 산냐 sā eva그것은 오직 a-saṃjñā산냐가 아니기 때문이다(Ⓚ 如來 說一切諸相[2] 卽是非相, Ⓗ 善現 諸有情想 卽是非想).

ye evaṃ이와 같이 te그들 sarva-sattvās일체 중생들은 Tathāgatena여래에 의해서 bhāṣitās설해진 바(Ⓚ 又說一切衆生, Ⓗ 一切有情 如來卽說) te eva그들은 오직 a-sattvāḥ중생들이 아니기 때문이다(Ⓚ 則非衆生, Ⓗ 爲非有情).

tat kasya hetoḥ그것은 무슨 이유에서인가(Ⓚ=Ⓗ ×)?

bhūta-vādī참됨을 말하는 자이기 때문이다[3] Subhūte수보리여 Tathāgataḥ여래는(Ⓚ 須菩提 如來 是眞語者, Ⓗ 善現 如來 是實語者).

satyavādī진실을 말하는 자요 tathāvādi그대로를 말하는 자요 an-anyathā-vādī다르지 않게 말하는 자이기 때문이다 Tathāgataḥ여래는. na vitatha-vādī거짓되이 말하지 않기 때문이다 Tathāgataḥ여래는(Ⓚ 實語者 如語者 不誑語者 不異語者, Ⓗ 諦語者 如語者 不異語者).

**[주해]**

1) **철저한 보시행(dāna-parityāgaḥ)**: parityāga는 pari(둘레에, 원만히)+√tyaj(to give up)의 명사로서 '완전히 버림'의 의미이다. 그래서 '후함, 관대함'의 의미로 많이 쓰인다. 박띠(bhakti, 헌신)를 주요한 종교적 수행으로 삼는 힌두교에서 특히 중요시하는 개념으로 tyāga는 바가왓기따 등의 힌두 성전에서 항상 찬미되고 있다. 빠알리어로는 pariccāga로 나타나며 tyāga의 빠알리어인 cāga는 초기경에서도 많이 나타나는 단어이다. 그리고 13-5장에서 '몸을 바친다'고 할 때도 parityaja를 쓰고 있다.

일체의 산냐를 다 버리고 보리의 마음을 내어야 한다고 역설하시고 어느 것에도 머무는 바 없이 마음을 내어야 하며 그런 마음으로 머무는 바 없이 보시를 해야 한다고 앞에서 말씀하시고 다시 보살은 모든 중생들의 이익을 위해서 이런 형태의 철저한 보시를 행해야 한다고 강조하신다. 그래서 앞에서는 그냥 다남 다다띠(dānam dadāti, 보시를 행하다)라는 어법을 쓰다가 여기서는 중생에게 '완전한 버림(빠리땨가, parityāga)'으로서의 보시를 강조한다. 중생이라는 산냐에 빠지지 않고, 보시한다는 산냐에도 빠지지 않아서 영원에서 영원이 다하도록, 화엄경의 표현을 빌리자면 중생계가 다하고 허공계가 다하도록 중생의 이익을 위하는 보살의 서원을 버리지 않고 보시를 해야 한다고 강조하는 것이다. 이 모든 것의 출발에는 산냐에 떨어지지 않음이 있다는 것을 우리는 명심해야 한다.

2) **說一切諸相**: 구마라집은 이렇게 '중생이라는 산냐'를 '일체의 모든 산냐(一切諸相)'로 해석하고 있다. 아마 앞 14-6장에서 생략한 "법에 머무는 마음을 내지 않아야 하며 비법에 머무는 마음도 일으키지 않아야 하며 어떤 것에도 머무르는 마음을 내지 않아야 한다." 등을 염두에 두고 여기서 이렇게 옮기지 않았나 생각한다.

3) **여래는 참됨을 말하는 자이기 때문이다**: 여기서 '참된 말을 하는 자'의 의미를 가진 동의어들이 나열되고 있다. 동의어 나열은 범어 일반에서 많이 나타나며 특히 초기경과 그 주석서들에 많이 사용되는 어법이다.

① 참됨을 말하는 자(bhūta-vādī): √bhū(to become)의 과거분사로서 기본적인 의미는 '존재한 것, 생긴 것'의 의미라 하겠는데 불교산스끄리뜨에서는 존재한 것 = 진실, 사실의 의미로 쓰였다.(6장 7번 주해 참조) vādī는 '말하는 자'라는 의미이다.(14-5장 6번 주해 참조)

② 진실을 말하는 자(satyavādī): √as(to be)의 명사로 '존재하는 것'이라는 의미에서 '진실'을 뜻한다.

③ 그대로를 말하는 자(tathāvādī): tathā는 '그러한'의 의미이다.

④ 다르지 않게 말하는 자(ananyathāvādī): anya는 '다른'을 뜻하는 형용사이며 anyathā는 그 부사로서 '다르게'를 뜻하며 부정 접두어 an-을 붙여서 '다르지 않게'라는 의미이다.

⑤ 거짓되이 말하지 않는 자(na vitatha-vādī): tathā는 '그러한'을 뜻하고 분리 접두어 vi-를 붙여서 '그러하지 않은'의 뜻을 나타내며 다시 부정을 나타내는 말 na를 써서 표현하였다. 구마라집은 각각 眞語者, 實語者, 如語者, 不誑語者, 不異語者로 옮겼고 현장은 實語者, 諦語者, 如語者, 不異語者로 4가지만으로 옮겼다.

이렇게 중생이라는 산냐에 빠지지 말고 철저한 보시행을 하라고 강조하고 마지막으로 다시 여래는 진어자요… 라고 하면서 거듭해서 산냐를 초극한 대보리심을 내고 산냐를 초극한 철저한 보시행을 하라고 고구정녕히 설하고 있다.

## 14-8. 참다운 법은 진실과 거짓이라는 산냐를 넘어섰다

**[원문]**

14g) api tu khalu punaḥ Subhūte yas Tathāgatena dharmo 'bhisambuddho deśito nidhyāto, na tatra satyaṃ na mṛṣā. tadyathāpi nāma Subhūte puruṣo 'ndhakārapraviṣṭo na kiṃcid api paśyet, evaṃ vastupatito bodhisattvo draṣṭavyo yo vastupatito dānaṃ parityajati. tadyathāpi nāma Subhūte cakṣuṣmān puruṣaḥ prabhātāyāṃ rātrau sūrye 'bhyudgate nānāvidhāni rūpāṇi paśyet, evam avastupatito bodhisattvo draṣṭavyo yo 'vastupatito dānaṃ parityajati.

**[鳩摩羅什]**

須菩提야 如來所得法은 此法이 無實無虛하니라 須菩提야 若菩薩이 心住於法하야 而行布施하면 如人이 入闇에 則無所見이요 若菩薩이 心不住法하야 而行布施하면 如人이 有目하야 日光明照에 見種種色이니라

**[玄奘]**

復次善現. 如來現前等所證法或所說法或所思法. 卽於其中非諦非妄. 善現. 譬如士夫入於闇室都無所見. 當知菩薩若墮於事. 謂墮於事而行布施亦復如是. 善現. 譬如明眼士夫過夜曉已日光出時見種種色. 當知菩薩不墮於事. 謂不墮事而行布施. 亦復如是.

**[번역]**

14-8. "그런데 참으로 다시 수보리여, 여래가 철저히 깨달았고 설하고 깊이 사유한 법에는 진실도 없고 거짓도 없다. 수보리여, 사람이 어둠에 들어가면 어떤 것도 보지 못하는 것처럼 경계에 떨어진 보살도 '경계에 떨어져서 보시를 행하는 자'라고 간주되어야 한다. 다시 예를 들면 수보리여, 눈을 가진 사람이 밤이 새고 태양이 떠올랐을 때에 여러 종류의 색깔들을 볼 수 있는 것처럼 경계에 떨어지지 않은 보살은 '경계에 떨어지지 않고 보시를 행하는 자'라고 간주되어야 한다."

**[대역]**

14-8) api tu그런데 khalu참으로 punaḥ다시 Subhūte수보리여(Ⓚ 須菩提, Ⓗ 復次善現) yas Tathāgatena여래에 의해서 dharmo그 법은 abhisambuddho철저히 깨달아져서 deśito설해지고 nidhyāto깊이 사

유되었나니[1),](Ⓚ 如來所得法, Ⓗ 如來現前等所證法 或所說法 或所思法)

na tatra거기에는 satyaṃ진실도 없고 na mṛṣā거짓도 없다[2)](Ⓚ 此法 無實無虛, Ⓗ 卽於其中 非諦非妄).

tad그것은 yathā마치 api nāma실로 Subhūte수보리여, puruṣo사람이 andhakāra-praviṣṭo어둠에 들어가서(Ⓚ 如人 入闇, Ⓗ 善現 譬如士 夫入於闇室) na kiṃcid api어떤 것도 paśyet보지 못하는 것과 같이(Ⓚ 則無所見, Ⓗ 都無所見),

evaṃ그와 같이 vastu-patito경계에 떨어진[3)] bodhisattvo보살도 draṣṭavyo[그와 같이] 보여져야 하나니(Ⓚ 須菩提 若菩薩 心住於法, Ⓗ 當知菩薩 若墮於事) yo vastu-patito경계에 떨어져서 dānaṃ parityajati보시를 행하는 [자라고](Ⓚ 而行布施, Ⓗ 謂墮於事 而行布施 亦復如是)

tad yathā다시 마치 api nāma실로 Subhūte수보리여 cakṣuṣmān 눈을 가진 puruṣaḥ사람이(Ⓚ 如人 有目, Ⓗ 善現 譬如明眼士夫)

prabhātāyāṃ새고 rātrau밤이, sūrye태양이 abhyudgate떠올랐을 때에(Ⓚ 日光明照, Ⓗ 過夜曉已 日光出時) nānāvidhāni여러 종류의 rūpāṇi색깔들을 paśyet볼 수 있는 것과 같이(Ⓚ=Ⓗ 見種種色),

evam그와 같이 a-vastu-patito경계에 떨어지지 않은 bodhisattvo 보살은 draṣṭavyo[이와 같이] 보여져야 하나니(Ⓚ 若菩薩 心不住法, Ⓗ 當知菩薩 不墮於事) yo avastu-patito dānaṃ parityajati경계에 떨어지지 않고 보시를 행하는 [자라고](Ⓚ 而行布施, Ⓗ 謂不墮事 而行布施 亦復如是).

**[주해]**

1) **깊이 사유되었다(nidhyātaḥ)**: ni(아래로)+√dhyai(to think, to meditate)의 과거분사형으로 '사유하다, 생각하다, 명상하다' 등의 의미로 쓰였다. 빠알리어로는 nijjhāna이며 초기경에서도 같은 뜻으로

많이 나타나고 있다.

홍미로운 것은 브르하다란냐까 우빠니샤드에서 "아뜨만은 보여져야 하고 생각되어야 하고 깊이 사유되어져야 한다."는 유명한 구절이 나타나는데 같은 어법으로 숫따니빠따 4장에서는 이런 것에 의지해서는 안 된다고 세존은 말씀하시고 계신다.(31-2장 1번 주해 참조)

2) **진실도 없고 거짓도 없다**: 부처님이 설하신 법은 산냐를 초극하여 있기에 진실이니 거짓이니 하는 산냐가 붙을래야 붙을 수가 없음을 말씀하신다. 단지 보는 사람의 견처(見處)에 따라서 진실의 갑옷을 입을 수도 거짓의 갑옷을 입을 수도 있는 것이다. 마치 암흑에서는 아무 것도 볼 수 없고 대명천지에서는 모든 것을 다 볼 수 있는 것처럼. 끝까지 따라붙는 것은 바로 이 산냐다. 산냐를 뛰어넘는 것이야말로 4처를 극복하는 것으로 수행자의 최후의 과제다.

3) **경계에 떨어진(vastu-patitaḥ)**: 와스뚜는 √vas(to dwell)에서 파생된 명사로서 장소 일반을 뜻한다. 구마라집은 法이라는 일반적인 용어로 옮겼고 현장은 事라고 옮겼다. 색·성·향·미·촉·법의 육경을 뜻한다고 보면 되겠다.(4장 1번 주해 참조) patita는 √pat(to fall)의 과거분사로 '떨어진'의 뜻이다. 4장에서는 대상에 머물러서(vastu-pratiṣṭhita) 보시하는 자라는 말이 나타났고 여기서는 다시 떨어졌다는 단어를 사용하고 있다. 거듭 말하지만 의근(意根)이 마음챙김(sati, 正念)을 놓아버리면 육근(根, indriya)의 기능이 모두 육처(處, āyatana)로 작용하여 대상의 여러 경계에 떨어져서 수많은 산냐를 만들어내고 거기에 속박된다. 그것은 마치 어둠 속에서 아무 것도 제대로 분간하지 못하는 것과 같은 것이다. 마음챙김을 잘 유지할 때 산냐를 극복하고 '있는 그대로'를 보게 되는 것이다. 이를 초기경에서는 yathābhūtaṃ pajānāti(如實知見)라 하여 거듭 강조하고

있다. 이것은 마치 태양이 떠오르면 눈 있는 자는 모든 것을 있는 그대로 다 볼 수 있는 것과 같다 하겠다. 마음챙김으로 산냐의 눈가림을 척파해야 할 것이다.

혹자는 이야기할 것이다. "나는 있는 그대로 보고 안다. 꽃은 꽃으로 알고 책은 책으로 안다. 그렇게 모든 것을 있는 그대로 안다."고 할 것이다. 그러나 꽃이니 책이니 등등 우리가 이름지어 알고 있는 모든 것은 사실 산냐이다. 산냐인 줄 알아서 그것에 집착하지 않으면 별 문제 될 것이 없다 하겠다.

그러나 이런 산냐는 즉시에 많은 의도적 행위(sankhāra, Sk. saṃskāra, 行)를 수반하여 우리를 고에 붙박게 만든다. 이것이 문제인 것이다. 모르면 속고 속으면 고에 붙박는다. 알면 속지 않고 그것을 극복해낼 수 있다. 매순간순간 생겼다가 사라지는 모든 물심의 현상이 무상(無常, anicca)이요, 그래서 고(苦, dukkha)요, 그래서 무아(無我, anatta)라고 아는 것을 여실지견이라 하고 그런 현상[苦, dukkha], 현상의 일어남[集, samudaya], 사라짐[滅, nirodha], 사라짐으로 이르는 길[道, nirodhagāmini-patipadā]을 아는 것(pajānāti)' 등을 여실지견이라 부르고 있다.

육내입처(안·이·비·설·신·의)가 육외입처(색·성·향·미·촉·법)와 접촉[觸, phassa]할 때 일어나는 아주 중요한 또 다른 하나의 현상은 느낌[受, vedanā]이다. '즐겁다[樂, sukha], 괴롭다[苦, dukkha], 괴롭지도 즐겁지도 않다[不苦不樂, adukkham-asukha]'는 세 가지 중 하나의 느낌이 일어난다.

사실 우리 존재라는 것은 '나'라고 주장할 수 있는 어떤 고정된 실체가 있는 것이 아니라 이 온 몸으로 전개해 가는 매순간순간의 엄청난 정신(nāma)-물리적(rūpa) 현상에 바탕한 접촉[觸, phassa]과 그에 기인한 거대한 느낌덩어리[受, vedanā]의 출렁댐이요, 이 느낌에 대한 엄청난 반응의 용틀임[行, sankhāra]이라 해야 할 것이다. 단지 우리의 마노의 기능이 개발되지 않아서 조대한 느낌만을 인지하고 거기에 반응하는 것처럼 보이지만 마노의 기능이 우뻬카(upekkhā, 捨, 평온)와 마음챙김(sati, 念)의 힘으로 극대화되면 이런 모든 미세하게 전개되어 가는 전기-파동적인 엄청난 느낌의 흐름을 알게 되고 매 순간 이 느낌에 조건지워져서 무수한 반응을 전개해 가는 것이 우리 범부의 삶 그 자체라는 것을 여실지견하게 된다.

이런 느낌의 과정 그 자체는 아라한에게도 범부에게도 마찬가지이다. 생명현상이 있고 몸이 있는 한 그 몸뚱이에 가득한 느낌은 피할 수 없는 것이다. 문제는 이런 몸과 마음이 총제적으로 관계된 전기적이고 파동적이라 할 수 있는 느낌들에 대한 반응들(상카라)이 즉각적으로 범부에게는 생기는데 그것이 바로 저 엄청난 갈애[愛, taṇhā]들이다.

그리고 이 갈애는 곧바로 취착[取, upādāna]으로 발전하고 그래서 나라는 존재가 형성되어 가는 것이다[有, bhava]. 이렇게 촉·수·애·취·유가 매 찰나 찰나에 반복되어 거대한 폭류처럼 용틀임치면서 흘러가는 게 중생의 삶의 모습이라고 연기법(緣起法)은 우리에게 일러주고 있다.

사실 초기 부처님의 가르침은 바로 이 두 가지 즉 느낌[受, vedanā]과 인식[想, saññā]에 속지 않고 이들을 있는 그대로 관찰하여 이 둘이 애·취·유·생·노사우비고뇌로 발전되어 가지 않도록 하는 것이라고 해도 과언이 아니다. 느낌(웨다나)은 우리의 정서적이고 감각적인 측면을, 인식(산냐)은 우리의 이성적이고 이지적인 측면을 말한다.

혹자는 말할 것이다. 12연기에는 산냐(想, 인식)가 나타나지 않는다고. 그렇다. 사실 12연기에서 중시하는 점은 고의 해결이며 불교에서는 고를 느낌의 문제로 보고 있다. 그래서 느낌(웨다나)이 어떻게 고로 발전되어 가는가를 순관(順觀)하고 그래서 고의 문제를 해결하기 위해서 맨 느낌으로 역관(逆觀)해 들어가는 것을 중시한 가르침이다.

사실 불교의 선(禪)이라고 할 수 있는 4선도 깊이 관찰해보면 느낌 내지는 느낌과 관계된 상카라(행)의 순화과정이라 할 수 있다. 초선과 2선은 바로 즐거움(樂, 수카, sukha)이 극치를 이루는 참으로 행복으로 가득한 경지이고[29] 이것이 3선과 4선에서 우뻬카(upekkhā, 평온)와 불고불락(不苦不樂)으로 승화되어 완전한 평온과 완전한 마음챙김을 확립하는 것이다.[희열(喜, pīti)은 행에 속하지만 행복감(樂, sukha)이라는 느낌과 관계되어 있고 불고불락과 평온은 같은 경지라 하겠는데 불고불락이 느낌에 속하고 평온은 그런 느낌에 바탕한 심행(心行, citta-sankhāra)이라 하겠다.]

그래서 이 힘으로 번뇌를 멸절하는 것이다. 이렇게 想(산냐)이 작용하지 않고 평탄하게 느낌을 승화하여 번뇌를 멸하게 되면 문제는 없지만 문제는 저 산냐인데, 만일 산냐가 작용을 하게 되면 사처(공무변처, 식무변처, 무소유처, 비상비비상처)로 빠진 것이라 하겠다.

이렇게 되면 이런 산냐를 극복하기 위해서 상수멸(想受滅, saññā-vedayita-nirodha)이라는 과정을 더 거쳐서 상을 완전히 멸하고 느낌

---

29) 초기경에 거듭해서 나타나는 4선에 대한 정형구는 다음과 같다.

초선의 정형구: "비구는 모든 애욕을 떨치고 모든 좋지 못한 가치[不善法]들을 떨쳐버리고 심(尋)과 사(伺)가 있는 채로, 떨쳐버렸음에서 생긴 희열[喜, pīti]과 행복감[樂, sukha]을 특징으로 하는 초선(初禪)을 성취하여 거기에 머문다."

2선의 정형구: "비구는 심과 사를 가시게 하여 내면의 적정과 마음의 전일성이 있는 무심(無尋) 무사(無伺)의 삼매에서 생긴 희열과 행복감을 특징으로 하는 제2선(二禪)을 성취하여 머문다."

3선의 정형구: "비구는 기쁨을 떨치고 정념정지(正念正知)하여 평온[捨, upekkhā]에 머문다. 아직도 몸으로는 행복감을 경험하면서, 성자들이 '평온을 이루어 마음챙기며(satimā) 행복하게 산다'고 일컫는 바 그 제3선(三禪)을 성취하여 머문다."

4선의 정형구: "비구는 행복감을 떠나고 괴로움도 떠나고, 그 이전에 이미 기쁨과 슬픔은 여의어서 불고불락(不苦不樂)인, 그리고 평온[捨]에 기인한 마음챙김의 청정함이 있는 제4선(四禪)을 성취하여 머문다."

도 초탈하여 해탈열반을 성취한다 하겠다.

그러나 범부에게 있어서 대상을 보고 산냐가 일어나면 즉, 꽃을 보고 꽃이라 인식하면 그 꽃이라는 산냐는 즉시에 마노(mano, 意)의 대상(dhamma, 法)이 되어서 이 둘이 부딪쳐서 즉시에 느낌이 생기고 그래서 애·취·유 … 로 발전되어 가는 것이다. 그래서 12연기에서는 상을 직접적으로 언급하지 않고 있는 것이다. 따라서 느낌과 산냐 둘 중 하나만 고의 직접적인 원인으로 들라고 한다면 느낌을 들 수 있겠고, 그래서 초기경에서도 느낌의 문제를 아주 심도 깊게 다루고 있는 것이다.

그러나 수행자들에게는 이 산냐가 아주 중요한 문제로 부각이 되고 있다. 깨달음이라는 이념과 이상, 법이요, 진리라는 이념과 이상, 보살행이라는 이념과 이상 - 이런 산냐를 세우고 이를 집착하고 이것을 인생의 제일의 목적으로 삼고 살아가게 되면 이 산냐가 오히려 구경의 깨달음을 막는 큰 장애로 작용하기 때문에 초기경에서도 본 경에서도 특히 '최상승에 굳게 나아가는 자들'로 표현되는 수행자들에게 이런 산냐를 극복할 것을 강조하고 있다.

초기경들을 깊이 살펴보면 출가하기 전에 다른 가치체계를 가져 수행한 경험이 있는 외도 출신 스님들에게는 이런 산냐를 극복할 것을 거듭 설하시고 저 사처에 속지 말도록 당부하고 계시며 이런 체험이 없이 바로 출가한 스님들에게는 4념처가 주를 이루는 수행법을 설하셨다고 역자는 파악하고 있다. 그래서 최초기에 설하신 숫따니빠따 4장의 가르침은 자연스럽게 이런 산냐의 문제가 핵심 가르침으로 부상할 수밖에 없다고 본다. 초기에 부처님 제자가 된 대부분의 비구들은 모두 그 이전에 산냐에 걸린 수행을 해온 사문이나 바라문 수행자들이었기 때문이다.

## 14-9. 산냐를 여의라는 이 가르침을 실천하는 공덕은 헤아릴 수 없다

**[원문]**

14h) api tu khalu punaḥ Subhūte ye kulaputrā vā kuladuhitaro vemaṃ dharmaparyāyam udgrahīṣyanti dhārayiṣyanti vācayiṣyanti paryavāpsyanti parebhyaś ca vistareṇa samprakāśayiṣyanti, jñātās te Subhūte Tathāgatena buddhajñānena, dṛṣṭās te Subhūte Tathāgatena buddhacakṣuṣā, buddhās te Tathāgatena. sarve te Subhūte sattvā aprameyam asaṃkhyeyaṃ puṇyaskandhaṃ prasaviṣyanti pratigrahīṣyanti.

**[鳩摩羅什]**

須菩提야 當來之世에 若有善男子善女人이 能於此經에 受持讀誦하면 則爲如來가 以佛智慧로 悉知是人하며 悉見是人하야 皆得成就無量無邊功德하리라

**[玄奘]**

復次善現. 若善男子或善女人. 於此法門受持讀誦究竟通利. 及廣爲他宣說開示如理作意則爲如來. 以其佛智悉知是人則爲如來. 以其佛眼悉見是人則爲如來悉覺是人. 如是有情一切當生無量福聚.

**[번역]**

14-9. “그런데 참으로 다시 수보리여, 선남자들이나 선여인들이 이 법문을 배우고 [마음에] 간직하고 독송하고 이해하고 남들에게 자세히 설명해 준다면 수보리여, 여래는 부처의 지혜로써 그들을 안

다. 수보리여, 여래는 부처의 눈으로써 그들을 본다. 수보리여, 여래는 그들을 깨달아 [안다]. 그들 모두는 수보리여, 측량할 수 없고 헤아릴 수 없는 공덕의 무더기를 쌓고 얻게 될 것이다 [라고]."

**[대역]**

14-9) api tu그런데 khalu참으로 punaḥ다시 Subhūte수보리여(Ⓚ 須菩提, Ⓗ 復次善現) ye kulaputrā vā선남자들이나 kuladuhitaro vā 선여인들이(Ⓚ 當來之世 若有善男子善女人, Ⓗ 若善男子或善女人)

imaṃ이 dharma-paryāyaṃ법문을 udgrahīṣyanti배우고 dhārayiṣyanti[마음에] 간직하고 vācayiṣyanti독송하고 paryavāpsyanti이해하고 parebhyaś남들에게 ca그리고 vistareṇa상세하게 samprakāśayiṣyanti설명해 준다면,(Ⓚ 能於此經 受持讀誦, Ⓗ 於此法門 受持讀誦究竟通利 及廣爲他宣說開示如理作意)

jñātās te그들은 알아진다 Subhūte수보리여 Tathāgatena여래에 의해서 buddha-jñānena부처의 지혜로써(Ⓚ 則爲如來 以佛智慧 悉知是人, Ⓗ 則爲如來 以其佛智 悉知是人),

dṛṣṭās te Subhūte수보리여, 그들은 보여진다 Tathāgatena여래에 의해서 buddha-cakṣuṣā부처의 눈으로(Ⓚ 悉見是人, Ⓗ 則爲如來 以其佛眼 悉見是人),

buddhās te Subhūte Tathāgatena수보리여, 그들은 여래에 의해서 깨달아져서 [안다](Ⓚ ×, Ⓗ 則爲如來 悉覺是人)

sarve te그들 모두는 Subhūte수보리여 aprameyam측량할 수 없고 asaṃkhyeyaṃ셀 수 없는 puṇyaskandhaṃ공덕의 무더기를 prasaviṣyanti쌓고 pratigrahīṣyanti얻게 될 것이다[1)](Ⓚ 皆得成就無量無邊功德, Ⓗ 如是有情一切當生無量福聚).

**[주해]**

1) 앞의 12장과 6장에 나오는 구절을 조합하여 한 장을 만들었다. 본 경도 초기불교 경전들처럼 정형구의 조합으로 경전이 확장되어 간다. 초기에는 9분교나 12분교처럼 이런 간단한 정형구들로 부처님의 말씀이 전승되어 오다(이들이야말로 수뜨라라고 이름 붙여야 한다) 이들이 서로 조합되어서 경(sutta, Sk. sūtra)이라는 아니 구체적으로 '경의 끝(수딴따, suttanta, Sk. sūtrānta)'이라는 이름으로 정착이 된 것이라 하겠다.

## 15-1. 산냐를 여의라는 이 가르침을 듣고 비난하지만 않아도 그 공덕은 아주 크다

**[원문]**

15a) yaś ca khalu punaḥ Subhūte strī vā puruṣo vā pūrvāḥṇa kālasamaye Gaṅgānadīvālukāsamān ātmabhāvān parityajet, evaṃ madhyāhṇakālasamaye Gaṅgānadīvālukāsamān ātmabhāvān parityajet, sāyāhṇakālasamaye Gaṅgānadīvālukāsamān ātmabhāvān parityajet, anena paryāyeṇa bahūni kalpakoṭiniyutaśatasahasrāṇy ātmabhāvān parityajet; yaś cemaṃ dharmaparyāyaṃ śrutvā na pratikṣipet, ayam eva tato nidānaṃ bahutaraṃ puṇyaskandhaṃ prasunuyād aprameyam asaṃkhyeyam. kaḥ punar vādo yo likhitvo dgṛhṇīyād dhārayed vācayet paryavāpnuyāt parebhyaś ca vistareṇa samprakāśayet.

**[鳩摩羅什]**

• 持經功德分 第十五

須菩提야 若有善男子善女人이 初日分에 以恒河沙等身으로 布施하며 中日分에 復以恒河沙等身으로 布施하며 後日分에 亦以恒河沙等身으로 布施하야 如是無量百千萬億劫을 以身布施어든 若復有人이 聞此經典하고 信心不逆하면 其福이 勝彼하리니 何況書寫受持讀誦하야 爲人解說가

**[玄奘]**

復次善現. 假使善男子或善女人. 日初時分以殑伽河沙等自體布施. 日中時分復以殑伽河沙等自體布施. 日後時分亦以殑伽河沙等自體布施. 由此異門經於俱胝那庾多百千劫以自體布施. 若有聞說如是法門不生誹謗. 由此因緣所生福聚. 尙多於前無量無數. 何況能於如是法門具足畢竟. 書寫受持讀誦究竟通利. 及廣爲他宣說開示如理作意.

**[번역]**

15-1. "참으로 다시 수보리여, 여자나 남자가 오전 중에 강가 강의 모래알들처럼 [많은] 몸들을 바치고 그와 같이 낮에도 강가 강의 모래알들처럼 [많은] 몸들을 바치고 저녁에도 강가 강의 모래알들처럼 [많은] 몸들을 바치며 이런 방법으로 수많은 백천만억 겁 동안 몸들을 바친다 하더라도 이 법문을 듣고서 비방하지 않으면 이것이 참으로 이로 인해서 측량할 수 없고 헤아릴 수 없는 더 많은 공덕의 무더기를 쌓은 것이다. 하물며 [이 법문을] 베껴 쓰고 배우고 [마음에] 간직하고 독송하고 이해하고 남들에게 자세히 설명해 준다면 누가 다시 더 말을 하겠는가?"

**[대역]**

15-1) yaś ca khalu punaḥ Subhūte참으로 다시 수보리여(Ⓚ 須菩提, Ⓗ 復次善現)

strī vā여인이나 puruṣo vā남자가(Ⓚ 若有善男子善女人, Ⓗ 假使善

男子或善女人) pūrva-āḥṇa-kāla-samaye오전 중에 Gaṅgā-nadī-vālukā-samān강가 강의 모래알 [수와] 같은 ātmabhāvān몸들을 parityajet바치고[1](Ⓚ 初日分 以恒河沙等身 布施, Ⓗ 日初時分 以殑伽河沙等自體布施),

evaṃ그와 같이 madhya-āhṇa-kāla-samaye낮에도 Gaṅgā-nadī-vālukā-samān강가 강의 모래알 [수와] 같은 ātmabhāvān몸들을 parityajet바치고(Ⓚ 中日分 復以恒河沙等身 布施, Ⓗ 日中時分 復以殑伽河沙等自體布施), sāya-āhṇa-kāla-samaye저녁에도 Gaṅgā-nadī-vālukā-samān ātmabhāvān parityajet강가 강의 모래알 [수와] 같은 몸들을 바치며(Ⓚ 後日分 亦以恒河沙等身 布施, Ⓗ 日後時分 亦以殑伽河沙等自體布施),

anena paryāyeṇa이런 방법으로[2] bahūni많은 kalpa-koṭi-niyuta-śatasahasrāṇi꼬띠 니유따의 백천 겁들을[3](Ⓚ 如是無量百千萬億劫, Ⓗ 由此異門經於俱胝那庾多百千劫) ātmabhāvān자기 몸들을 parityajet바친다 하더라도(Ⓚ 以身布施, Ⓗ 以自體布施):

yaś ca그러나 imaṃ이 dharmaparyāyaṃ법문을 śrutvā듣고서(Ⓚ 若復有人 聞此經典, Ⓗ 若有聞說 如是法門) na pratikṣipet비방하지 않으면[4](Ⓚ 信心不逆, Ⓗ 不生誹謗),

ayam이것이 eva오직 tato nidānaṃ이로 인해서 bahutaraṃ 더 많은 puṇyaskandhaṃ공덕의 무더기를 prasunuyād쌓은 것이니 aprameyam측량할 수 없고 asaṃkhyeyam셀 수 없는(Ⓚ 其福이 勝彼, Ⓗ 由此因緣所生福聚 尙多於前無量無數)

kaḥ누가 punar다시 vādo말할 것이 [무엇이] 있겠는가

yo likhito베껴 쓰고[5] udgṛhṇīyād배우고 dhārayed[마음에] 간직하고 vācayet독송하고 paryavāpnuyāt이해하여 parebhyaś남들에게 ca 그리고 vistareṇa상세하게 samprakāśayet설명하여 준다면(Ⓚ 何況書

寫受持讀誦 爲人解說, Ⓗ 何況能於如是法門 具足畢竟 書寫受持讀誦究竟通利 及廣爲他宣說開示如理作意).

**[주해]**

1) **여자나 남자가 오전 중에 강가 강의 모래알들처럼 [많은] 몸들을 바치고 …** : 13-5에서는 "여자나 남자가 매일 매일 강가 강의 모래알들과 같이 [많은] 몸들을 바친다 하자. 이와 같이 강가 강의 모래알들과 같은 겁들 동안 몸들을 바친다."고 나타나는데 여기서는 더 확장이 되어 아침 점심 저녁으로 백천만억 겁을 바친다고 나타난다. 이렇게 같은 비유나 같은 개념을 조금씩 달리하거나 다른 비유들을 서로 조합하여 새로운 구문을 만들면서 거듭해서 산냐를 극복하기를 설하고 있다.(13-5장의 1번 주 참조)

2) **[이런] 방법으로(paryāyeṇa)**: pari(둘레에, 원만히)+√i(to go)의 명사로 여기서는 도구격으로 쓰였다. 기본의미는 '일이 경우에 맞게 원만히 잘 되어 가는 것'을 뜻하며 그런 의미에서 '방편, 방법, 순서, 차례, 습관' 등의 의미로 쓰인다. 특히 본 경에서처럼 dharma와 합성어로 나타나면 '법의 가르침'이라는 뜻이며 한역에서 法門으로 옮겨서 지금까지 절집에서 보편적으로 쓰이고 있다.(6장 26번 주해 참조) 여기서는 단독으로 쓰여서 '방법, 방편'의 뜻으로 쓰였다. 현장은 異門으로 옮겼다.

3) **꼬띠 니유따의 백천 겁들을(kalpa-koṭi-niyuta-śata-sahasrāṇi)**: kalpa(Pāli. kappa)는 √kḷp(to be adapted)의 명사로서 여러 뜻으로 쓰인다. 기본의미는 형용사로 쓰여서 '적당한, 적합한' 등의 의미이고 율장에서는 그래서 '계율, 법도'의 의미로도 쓰인다. 주로 '정해진 적합한 [시간]'의 의미로 쓰여서 이 우주에 정해진 시간을 나타내

는 개념으로 무한한 시간을 나타내는 단위로 쓰인다. 劫이라 한역한 다.(14-2장 1번 주해 참조)

koṭi는 √kuṭ(to become crooked)에서 파생된 명사로 간주하며 '꼭대기, 정상, 극점' 등의 의미로 쓰이며 초기경에서는 주로 "과거나 미래의 윤회의 시점은 알 수가 없다."30)는 문맥에서 많이 나타난다. 그런 의미에서 '무한한 시간'을 나타내며 구지(俱胝)라고 음역하는데 kalpa-koṭi만을 따로 '구지겁(俱胝劫)'이라 하기도 한다. niyuta는 ni(아래로)+√yu(to unite)에서 파생된 명사로 간주한다. 니유따 역시 무한한 시간을 나타내는 단위로 쓰이며 천억의 단위라고 한다. śata는 100을 sahasra는 1000을 나타낸다. 그래서 전체를 구마라집은 無量百千萬億劫으로 현장은 俱胝那庾多百千劫이라 옮겼다.

4) **비방하지 않으면(na pratikṣipet)**: prati(대하여)+√kṣip(to throw)의 동사 pot.형으로 쓰였으며 '무엇에 대하여 던지다'는 뜻에서 '비난하다, 경멸하다, 반대하다, 거절하다, 해치다' 등의 의미로 쓰인다. 부정의 의미인 na까지 포함해서 구마라집은 信心不逆으로 현장은 不生誹謗으로 옮겼다. 빠알리어로는 paṭikkhipati이며 초기경에는 나타나지 않고 조금 후대에서부터 나타나는 단어이다.

5) **베껴 쓰고(likhito)**: √likh(to scratch)의 과거분사이며 '긁다'는 의미에서 '긁어서 글씨를 쓰는 것'을 나타낸다. 구마라집과 현장은 모두 書寫로 옮겼다. 12, 14장 등에서 나타나는 구문에다 본 장에서는 이 단어를 첨가하였다.

이처럼 조금씩 다른 어휘들을 구사해가면서 산냐를 극복하라는 이 경을 수지 독송하는 공덕이 수많은 몸을 수많은 겁 동안 버리는 것보다 낫다고 가르치신다. 사실이 그러하다. 산냐를 완전히 극복하

---

30) anamataggāyaṃ saṃsāro, pubbakoṭi na paññāyati.

는 것이 상수멸이요, 그래야만 구경각이다. 그런데 우리의 현실은 어떠한가. 축자영감설의 신봉자들이 산냐 문제는 추호도 생각해보지도 않고 독송하는 공덕에만 잔뜩 탐욕을 부려 몇 백 독(讀), 몇 천 독, 몇 만 독 하면 병이 낫고 영가가 눈에 보이고 천도가 되고 운운 해가면서 금강경을 망쳐놓고 있지 않은가. 백천만억겁 동안 백천만억의 수없이 많은 몸을 다 버려도 아깝지 않을 그런 몸을 낫게 하기 위해서 아니 독송하면 낫게 해준다니 죽어라 하고 독송만 해대고 그래서 몇 만 독을 했다, 영가가 눈에 보인다 등등의 가당찮은 경계, 그런 산냐에 빠져서 허우적대니 참으로 세존께서 통탄하실 일이다. 이렇게 말한다 해서 금강경 독송을 하지 말라는 말로 받아들인다면 그 분은 이 책을 더 이상 읽을 필요가 없을 것이다.

## 15-2. 산냐를 여의라는 이 가르침을 수용하는 자야말로 진정한 대장부다

**[원문]**

15b) api tu khalu punaḥ Subhūte 'cintyo 'tulyo 'yam dharmaparyāyaḥ. ayaṃ ca Subhūte dharmaparyāyas Tathāgatena bhāṣito 'grayānasamprasthitānāṃ sattvānām arthāya śreṣṭhayānasamprasthitānāṃ sattvānām arthāya, ya imaṃ dharmaparyāyam udgrahīṣyanti dhārayiṣyanti vācayisyanti paryavāpsyanti parebhyas ca vistareṇa samprakāśayiṣyanti, jñātās te Subhūte Thathāgatena buddhajñānena, dṛṣṭās te Subhūte Tathāgatena buddhacakṣuṣā, buddhās te Tathāgatena, sarve te Subhūte sattvā aprameyeṇa puṇyaskandhena samanvāgatā bhaviṣyanti, acintyenātulyenāmāpyenāparimāṇena puṇyaskandhena samanvāgatā bhaviṣyanti. sarve te Subhūte sattvāḥ samāṃsena bodhiṃ dhārayiṣyanti. tat kasya hetoḥ? na hi śakyaṃ Subhūte 'yaṃ dharmaparyāyo hīnādhimuktikaiḥ sattvaiḥ śrotuṃ nātmadṛṣṭikair na sattvadṛṣṭikair na jīvadṛṣṭikair na pudgaladṛṣṭikaiḥ. nābodhisattvapratijñaiḥ sattvaiḥ śakyam ayaṃ dharmaparyāyaḥ śrotuṃ vodgrahītuṃ vā dhārayituṃ vā vācayituṃ vā paryavāptuṃ vā. nedaṃ sthānaṃ vidyate.

**[鳩摩羅什]**

須菩提야 以要言之컨댄 是經이 有不可思議不可稱量無邊功德하니 如來가 爲發大乘者說이며 爲發最上乘者說이니라 若有人이 能受持讀誦하야 廣爲人說하면 如來가 悉知是人하며 悉見是人하야 皆得成就不可量不可稱無有邊不可思議功德하리니 如是人等은 卽爲荷擔如來阿耨多羅三藐三菩提니라 何以故오 須菩提야 若樂小法者는 著我見人見衆生見壽者見일새 則於此經에 不能聽受讀誦하야 爲人解說하리라

**[玄奘]**

復次善現. 如是法門不可思議不可稱量. 應當希冀不可思議所感異熟. 善現. 如來宣說如是法門. 爲欲饒益趣最上乘諸有情故. 爲欲饒益趣最勝乘諸有情故. 善現. 若有於此法門受持讀誦究竟通利及廣爲他宣說開示如理作意. 卽爲如來以其佛智悉知是人. 卽爲如來以其佛眼悉見是人. 則爲如來悉覺是人. 如是有情一切成就無量福聚. 皆當成就不可思議不可稱量無邊福聚. 善現. 如是一切有情其肩荷擔如來無上正等菩提. 何以故. 善現. 如是法門非諸下劣信解有情所能聽聞. 非諸我見. 非諸有情見. 非諸命者見. 非諸士夫見. 非諸補特伽羅見. 非諸意生見. 非諸摩納婆見. 非諸作者見. 非諸受者見. 所能聽聞. 此等若能受持讀誦究竟通利. 及廣爲他宣說開示如理作意無有是處.

**[번역]**

15-2. "참으로 다시 수보리여, 이 법문은 참으로 불가사의하고 비교할 수가 없다. 최상승에 굳게 나아가는 중생들의 이익을 위하고, 최고로 수승한 승[最殊勝乘]에 굳게 나아가는 자들의 이익을 위해서 여래는 이런 법문을 설했다. 이 법문을 배우고 [마음에] 간직하고 독송하고 이해하고 남들에게 자세히 설명해주는 자들을 수보리여, 여래는 부처의 지혜로써 안다. 수보리여, 여래는 부처의 눈으로써 그들을 본다. 수보리여, 여래는 그들을 깨달아 [안다]. 그들 모든 중생들은 수보리여, 측량할 수 없고 헤아릴 수 없는 공덕의 무더기를 쌓고 얻게 될 것이다[라고]. 그들은 불가사의하고 비교할 수 없고 측량할 수 없고 한량없는 공덕의 무더기를 구족한 자들이 될 것이다[라고]. 수보리여, 그들 일체 중생들은 육신과 더불어 깨달음을 이룰 것이다[라고].

그것은 무슨 이유에서인가? 수보리여, 참으로 확신이 부족한 중생들은 이 법문을 들을 수가 없기 때문이다. 자아라는 견해를 가진 자들도 중생이라는 견해를 가진 자들도 영혼이라는 견해를 가진 자들도 개아라는 견해를 가진 자들도 [들을 수가 없기 때문이다.] 보살의 서원을 가지지 않은 중생들은 이 법문을 듣거나 배우거나 [마음에] 간직하거나 독송하거나 이해할 수가 없기 때문이다. 이런 경우란 있지 않기 때문이다."

**[대역]**

15-2) api tu그런데 khalu참으로 punaḥ다시 Subhūte수보리여(Ⓗ 須菩提 以要言之, Ⓗ 復次善現)

acintyo불가사의하고 atulyo비교할 수 없나니[1] ayam이 dharma-paryāyaḥ법문은(Ⓚ 是經 有不可思議不可稱量無邊功德, Ⓗ 如是法門 不可思議不可稱量 應當希冀不可思議所感異熟[2]),

ayaṃ이 ca그리고 Subhūte수보리여 dharmaparyāyas법문은 Tathāgatena여래에 의해서 bhāṣito설해졌나니(Ⓚ ×, Ⓗ 善現 如來宣說如是法門)

agra-yāna-samprasthitānāṃ최상승에 굳게 나아가는 sattvānām 중생들의 arthāya이익을 위하고(Ⓚ 如來 爲發大乘者說, Ⓗ 爲欲饒益趣最上乘諸有情故) śreṣṭha-yāna-samprasthitānāṃ최승승에 굳게 나아가는 sattvānām중생들의 arthāya이익을 위해서[3](Ⓚ 爲發最上乘者說, Ⓗ 爲欲饒益趣最勝乘諸有情故),

ye imaṃ이 dharma-paryāyaṃ법문을 udgrahīṣyanti배우고 dhārayiṣyanti[마음에] 간직하고 vācayiṣyanti독송하고 paryavāpsyanti이해하고 parebhyaś남들에게 ca그리고 vistareṇa상세하게 samprakāśayiṣyanti설명해 준다면(Ⓚ 若有人 能受持讀誦 廣爲人說, Ⓗ 若有於此法門 受持讀誦 究竟通利 及廣爲他宣說開示如理作意),

jñātās te그들은 알아진다 Subhūte수보리여 Tathāgatena여래에 의해서 buddha-jñānena부처의 지혜로써(Ⓚ 則爲如來 以佛智慧 悉知是人, Ⓗ 則爲如來 以其佛智 悉知是人), dṛṣṭās te Subhūte수보리여, 그들은 보여진다 Tathāgatena여래에 의해서 buddha-cakṣuṣā부처의 눈으로(Ⓚ 悉見是人, Ⓗ 則爲如來 以其佛眼 悉見是人), buddhās te Subhūte Tathāgatena수보리여, 그들은 여래에 의해서 깨달아져 [알아진다](Ⓚ ×, Ⓗ 則爲如來 悉覺是人)

sarve te그들 모든 Subhūte수보리여 sattvā중생들은 aprameyeṇa측량할 수 없는 puṇya-skandhena공덕의 무더기를 samanvāgatā구족한 자들이 bhaviṣyanti될 것이다(Ⓚ ×, Ⓗ 如是有情一切當生無量福聚),

acintyena불가사의하고 atulyena비교할 수 없고 amāpyena측량할 수 없고[4] aparimāṇena헤아릴 수 없는 puṇya-skandhena공덕의 무더기로 samanvāgatā구족한 자들이 bhaviṣyanti될 것이다(Ⓚ 皆得成就 不可量不可稱 無有邊 不可思議功德, Ⓗ 皆當成就 不可思議 不可稱量

無邊福聚)

sarve모든 te그들 Subhūte수보리여 sattvāḥ중생들은(Ⓚ 如是人等, Ⓗ 善現 如是一切有情) samāṃsena육신과 더불어 bodhiṃ깨달음을 dhārayiṣyanti이룰 것이다[5](Ⓚ 卽爲荷擔如來阿耨多羅三藐三菩提, Ⓗ 其肩荷擔如來無上正等菩提)

tat kasya hetoḥ그것은 무슨 이유에서인가(Ⓚ=Ⓗ 何以故)?

na hi참으로 śakyaṃ할 수가 없기 때문이니 Subhūte수보리여 ayaṃ이 dharmaparyāyo법문은 hīna-adhimuktikaiḥ낮은 확신[信解)]을 가진[6] sattvaiḥ중생들에 의해서 śrotuṃ들을 수가[7](Ⓚ 須菩提 若樂小法者, Ⓗ 善現 如是法門 非諸下劣信解有情所能聽聞),

na ātma-dṛṣṭikair자아라는 견해를 가진 자들에 의해서도[8] na sattva-dṛṣṭikair중생이라는 견해를 가진 자들에 의해서도 na jīva-dṛṣṭi-kair영혼이라는 견해를 가진 자들에 의해서도 na pudgala-dṛṣṭikaiḥ개아라는 견해를 가진 자들에 의해서도(Ⓚ 著我見人見衆生見壽者見, Ⓗ 非諸我見. 非諸有情見. 非諸命者見. 非諸士夫見. 非諸補特伽羅見. 非諸意生見. 非諸摩納婆見. 非諸作者見. 非諸受者見. 所能聽聞)

na abodhisattva-pratijñaiḥ보살의 서원을 가지지 않은[9] sattvaiḥ중생들에 의해서도 śakyam할 수 없기 때문이다 ayaṃ dharma-paryāyaḥ이 법문은(Ⓚ 則於此經, Ⓗ ×) śrotuṃ vā듣고 udgrahītuṃ vā배우거나 dhārayituṃ vā[마음에] 간직하거나 vācayituṃ vā독송하거나 paryavāptuṃ vā이해할 수가(Ⓚ 不能聽受讀誦 爲人解說, Ⓗ 此等若能受持讀誦究竟通利 及廣爲他宣說開示如理作意).

na idaṃ이런 sthānaṃ경우는 vidyate있지가 않다[10](Ⓚ ×, Ⓗ無有是處)

**[주해]**

1) **불가사의하고 비교할 수 없나니(acintyo atulyo)**: acintya는

a(부정 접두어)+ √cit(to perceive)의 Pot. 분사로서 '생각할 수 없는' 의 뜻이다. atulya는 a(부정 접두어)+√tul(to weigh)의 Pot. 분사로서 '서로 비교할 수 없는'의 뜻이다. 구마라집은 不可思議不可稱量無邊功德으로 무변공덕이라는 말을 첨가해서 옮겼으며 현장도 不可思議不可稱量이라 옮겼다.

2) **不可思議所感異熟**: 현장은 이처럼 이 법문의 과보[異熟]도 역시 불가사의하다는 부분을 넣어서 옮겼다.

3) **최상승에 굳게 나아가는 중생들의 이익을 위하고, 최고로 수승한 승[最殊勝乘]에 굳게 나아가는 자들의 이익을 위해서 여래는 이런 법문을 설했다**: 거듭해서 이 가르침은 최상승과 최수승승에 흔들림 없이 나아가는 자, 무상의 큰 보리심을 발한 자를 위해서 설한 것이라고 강조하고 있다. 그냥 신에 의지하고 불보살님께 의지해서 한 평생 편안하고 즐겁게 세상을 살려고 생각하는 자들을 위한 가르침이 아니라는 말이다. 나고 죽음이 없는 영원한 자리, 지고의 아뜨만, 사량분별로는 미칠 수 없는 궁극의 경지 등등을 추구하여 그것을 구경의 자리라고 생각하는 그런 수행자들마저도 듣고는 두려워할 그런 가르침을 설하고 있다.

그들에게 "그런 것은 오직 산냐일 뿐이다. 그것마저도 척파해야 할 것이다."라는 엄청난 대 사자후를 하고 계신 것이다. 참으로 위없는 보리심을 낸 자가 아니면 듣고서 받아들이기 어려운 그러한 가르침인 것이다. 그래서 모든 다른 보석을 갈아서 감정해낼 수 있는 금강석, 저 다이아몬드와 같은 것이라 부른다. 아니면 그러한 금강석, 다이아몬드까지도 능히 잘라버릴 수 있는(chedika) 보석 중의 보석, 보석이라는 이름마저도 붙을 수 없는 그러한 것이라고 부르는 것이다. 아니 모든 것을 쳐부수어 버리는 벼락과도 같은 가르침이라고도 부를 수 있는 것이다.

4) **측량할 수 없고(amāpyena)**: a(부정 접두어)+√mā(to measure)의 동사 사역 Pot. 분사로서 '잴 수 없는'의 뜻이다.

5) **육신과 더불어 깨달음을 이룰 것이다(samāṃsena bodhiṃ dhārayiṣyanti)**: māṃsa(Pāli. maṃsa)는 '살점, 고깃덩이'를 뜻한다. 접두어 sa-는 '~와 더불어'의 뜻이다. 그래서 '이 육신과 더불어'의 의미가 된다. 전체적으로는 이 육신을 가지고 깨달음을 증득한다는 말이다. 초기불교에서는 나타나지 않는 표현이다.

그러나 초기경에는 '열반을 [지금 여기에서] 현전(現前)시키는 것(nibbānassa sacchi- kiriya)'이 부처님이 설하시는 바라고 강조하고 계신다. sacchikiriya라는 말은 '눈 앞에(sacchi= sa+akkhi) 만드는 것(kiriya)'이라는 의미로서 바로 지금 여기서 실현하는 것을 말한다. 열반을 죽고 나서나 얻어지는 그 무엇으로 잘 못 이해해서는 곤란하다. 그래서 본 경에서는 육신과 더불어 깨달음을 이룬다는 표현까지 등장한다. 이런 불교의 영향으로 후대 힌두교에서도 jīvanmukta라 하여 생명을 가지고서 해탈한다는 개념을 강조하기도 한다.

6) **낮은 확신을 가진(hīna-adhimuktikaiḥ)**: hīna는 '낮은, 저열한'을 뜻하는 형용사로서 소승이라 하면 바로 이 단어를 써서 히나야나(hīnayāna)라 한다. adhimuktika는 adhi+√muc(to release)의 명사로서 '확신을 가진 자'라는 뜻이다.(6장의 12번 주해 참조) 구마라집은 樂少法者로 의역을 했고 현장은 下劣信解라고 직역하고 있다.

거듭해서 이 산냐를 초탈하는 가르침은 최상승과 최수승에 마음을 낸 자가 아니고서는 듣고 믿음을 낼 수 없는 가르침이라고 설하고 있다. 참으로 큰 마음을 내지 않은 자는 모두 산냐놀음에 빠지고 만다. 저 사상가들을 보라, 철학자들을 보라, 혁명가들을 보라, 학자들을 보라, 종교인들을 보라, 아니 우리 출가자들을 보라. 산냐놀음에 놀아나지 않는 자 과연 몇이나 될까. 아니 대부분 산냐놀음을 즐기고 있지나 않은가.

단지 서원만으로 보살이 되지 않는다. 참 지혜나 안목, 견해, 확신[信解]을 가져야 하고 그래야 속지 않고 바른 서원을 가질 것이다. 보지 못하면 속는다. 속으면 일평생 신기루(marīcika)로 경에 비유되어 나타나는 산냐의 노예가 되어 허덕이다가 향상을 위한 귀중한 기회를 다 놓치고 말 것이다. 그래서 부처님께서는 거듭 거듭 산냐를 극복하라는 이 가르침이 얼마나 귀중한 것인가를 여러 가지 방법을 동원해서 설하고 계신 것이다.

7) **들을 수가(śrotuṃ)**: √śru(to hear)의 부정사이다. 초기불교나 인도 사상에서 듣는다는 말은 '곁에서 배운다'는 말이다. 옛날에는 문자로 가르침을 전승하지 않았고 구전으로 전했기 때문이다.(1장 1번 주해 참조)

8) **견해를 가진 자들에 의해서도(dṛṣṭikair)**: √dṛś(to see)의 명사로서 '-ika' 접미어가 붙어서 '봄(見)을 가진 자' 즉 '견해를 가진 자'라는 뜻이 된다.

본 경에서 처음에 아·인·중생·수자의 산냐(sañjñā)가 설해지고 이것이 다시 6장 이후부터는 아·인·중생·수자에 대한 집착(grāha)이라는 술어로 발전이 되었다가 여기서는 다시 dṛṣtika라는 '견해를 가진 자'라는 술어를 써서 표현하고 있다. 산냐가 집착으로 이 집착이 다시 하나의 견해로 정립이 되어 가는 과정을 잘 표현하고 있다 하겠다. 초기경인 숫따니빠따 4장에서도 이 상과 견을 극복할 것을 누누이 강조하고 계신다.

9) **보살의 서원을 가지지 않은 자들에 의해서(abodhisattva-pratijñaiḥ)**: pratijñā(Pāli. paṭijñā)는 prati(대하여)+√jñā(to know)의 명사로서 '시인, 고백, 서원, 약속, 동의' 등을 뜻한다. 부정 접두어 'a-'를 단어의 처음에 합성해서 '보살의 서원을 가지지 않은 자'를 뜻하며 여기서는 도구격 복수로 쓰였다. 구마라집역본과 현장역본 모두 이 부분은 나타나지 않는다.

10) **이런 경우는 있지가 않다(na idaṃ sthānaṃ vidyate)**: idam은 '이것'을 뜻하는 대명사이고 sthāna는 √sthā(to stand)에서 파생된 명사로서 '장소, 지역, 거주처' 등이 기본적인 의미고, 추상적인 뜻으로 발전해서 '조건, 경우, 상태'라는 의미로도 자주 쓰인다. 빠알리어는 ṭhāna이다. vidyate는 √vid(to be)의 동사 삼인칭 단수형이다. '있다'는 의미이다. 범어 일반에서 '있다'는 영어의 be 동사의 의미를 가진 어근이 셋 있는데 √as - asti와 √bhū - bhavati와 이 √vid-vidyate이다. 초기경에서도 똑같은 표현이 자주 나타나는데 빠알리어로는 'na etaṃ ṭhānaṃ vijjati'이다.

## 15-3. 산냐를 여의라는 이 가르침이 있는 곳이 참다운 불국토이다

**[원문]**

15c) api tu khalu punaḥ Subhūte yatra pṛthivīpradeśa idaṃ sūtraṃ prakāśayiṣyate, pūjanīyaḥ sa pṛthivīpradeśo bhaviṣyati sadevamānuṣāasurasya lokasya, vandanīyaḥ pradakṣiṇīyaś ca sa pṛthivīpradeśo bhaviṣyati. caityabhūtaḥ sa pṛthivīpradeśo bhaviṣyanti.

**[鳩摩羅什]**

須菩提야 在在處處에 若有此經하면 一切世間天人阿修羅의 所應供養이니 當知此處는 卽爲是塔이라 皆應恭敬作禮圍繞하야 以諸華香으로 而散其處하리라

**[玄奘]**

復次善現 若地方所聞此經典. 此地方所當爲世間諸天及人阿素洛等之所供養. 禮敬右遶如佛靈廟.

**[번역]**

15-3. "그러나 참으로 다시 수보리여, 어떠한 지방에서건 이 경이 설해진다면 그 지방은 천·인·아수라를 포함한 [모든] 세계의 공양을 받아 마땅하고 예배 받아 마땅할 것이다. 그 지방은 오른쪽에 모시고 도는 [예경]을 받아 마땅한 곳이 될 것이다. 그 지방은 탑묘처럼 여겨질 것이다."

**[대역]**

15-3) api tu그런데 khalu참으로 punaḥ다시 Subhūte수보리여(Ⓚ 須菩提, Ⓗ 復次善現)

yatra어떠한 pṛthivīpradeśe지방에서건 idaṃ이 sūtraṃ경이 prakāśayiṣyate설해진다면(Ⓚ 在在處處 若有此經, Ⓗ 若地方所 聞此經典), pūjanīyaḥ공양을 받아 마땅하게[1)] sa그 pṛthivīpradeśo지방은 bhaviṣyati될 것이다 sa-deva-mānuṣa-asurasya천 · 인 · 아수라 lokasya 세계의(Ⓚ 一切世間天人阿修羅 所應供養, Ⓗ 此地方所 當爲世間諸天及人阿素洛等之所供養),

vandanīyaḥ예배받아야 마땅하고[2], pradakṣiṇīyaś오른쪽에 모시고 도는 [예경을] 받아 마땅하게 ca그리고 sa그 pṛthivī-pradeśo지방은 bhaviṣyati될 것이다[3].

caitya-bhūtaḥ탑묘가 있음과 같이 sa그 pṛthivīpradeśo지방은 bhaviṣyanti될 것이다(Ⓚ 當知此處 卽爲是塔 皆應恭敬作禮圍繞 以諸華香 而散其處[4], Ⓗ 禮敬右遶 如佛靈廟)

**[주해]**

1) **공양을 받아야 마땅한(pūjanīyaḥ)**: √pūj(to reverence)의 Pot. 분사이다. '공경하다, 존경하다, 예배하다'의 의미이다. 빠알리어로는 pūjanīya로 경에 많이 나타난다. 현재 인도에서도 힌두교나 불교, 자이나교 할 것 없이 부처님께나 신들에게 헌공하는 모든 의식행위를 뿌자(pūjyā)라고 한다. 구마라집과 현장은 같이 供養으로 옮겼다.

2) **예배받아야 마땅한(vandanīyaḥ)**: √vand(to greet)의 Pot. 분사이다. '예배하다, 인사하다, 공경하다, 존경하다'의 의미이다. 구마라집은 恭敬으로 현장은 禮敬으로 옮겼다.

3) **그 지방은 오른쪽에 모시고 도는 [예경]을 받아 마땅한 곳이 될 것이다**: 위 12장의 같은 부분에다 이 부분을 더 첨가해서 설하고 있다. 이렇게 조금씩 구문을 첨가하거나 이미 언급된 다른 구문들을 합성해서 산냐를 뛰어넘으라는 이 경의 수승함을 계속해서 강조하고 있다.

4) **以諸華香 而散其處**: 구마라집은 이렇게 '꽃과 향을 그 곳에 뿌려서'라는 구문을 더 첨가하여 문장을 장엄하고 있다.

## 16-1. 산냐를 버리라고 가르쳐 수모를 받더라도 그로 인해 오히려 업장을 벗고 깨달음을 얻을 것이다

**[원문]**

16a) api tu ye te Subhūte kulaputrā vā kuladuhitaro vemān evaṃrūpān sūtrāntān udgrahīṣyanti dhārayiṣyanti vācayiṣyanti paryavāpsyanti yoniśaś ca manasikariṣyanti parebhyaś ca vistareṇa samprakāśayiṣyanti, te paribhūta bhaviṣyanti, suparibhūtāś ca bhaviṣyanti tat kasya hetoḥ? yāni ca teṣāṃ Subhūte sattvānāṃ paurva janmikāny aśubhāni karmāṇi kṛtāny apāyasaṃvartanīyāni, dṛṣṭa eva dharme tayā paribhūtatayā tāni paurvajanmikāny aśubhāni karmāṇi kṣapayiṣyanti, buddhabodhiṃ cānuprāpsyanti.

**[鳩摩羅什]**

• 能淨業障分 第十六

復次須菩提야 善男子善女人이 受持讀誦此經호대 若爲人輕賤하면 是人이 先世罪業으로 應墮惡道언마는 以今世人이 輕賤故로 先世罪業이 則爲消滅하고 當得阿耨多羅三藐三菩提하리라

**[玄奘]**

復次善現若善男子或善女人. 於此經典受持讀誦究竟通利. 及廣爲他宣說開示如理作意. 若遭輕毀極遭輕毀. 所以者何. 善現. 是諸有情宿生所造諸不淨業應感惡趣. 以現法中遭輕毀故. 宿生所造諸不淨業皆悉消盡. 當得無上正等菩提.

**[번역]**

16-1. "그런데 수보리여, 그들 선여인이나 선남자들이 이런 형태

의 경전들을 배우고 [마음에] 간직하고 독송하고 이해하고 근원적으로 마음에 잡도리하고 남들에게 자세하게 설명하여 주더라도 [오히려] 그들은 수모를 당하게 되고 아주 심한 모욕을 받게 될지도 모른다.

그것은 무슨 이유에서인가? 수보리여, 그들 중생들은 전생에서 지은 나쁜 업들로 악도에 떨어져야 하겠지만 현금(現今)에서 그런 모욕을 받음으로 해서 전생에 지은 나쁜 업들이 소멸되고 부처님의 깨달음을 증득하게 될 것이기 때문이다."

**[대역]**

16-1) api tu그런데 ye te그들 Subhūte수보리여(Ⓚ 復次須菩提, Ⓗ 復次善現), kulaputrā vā선여인들이나 kuladuhitaro vā선남자들이(Ⓚ 善男子善女人, Ⓗ 若善男子或善女人)

imān이들 evaṃrūpān이런 형태의 sūtrāntān경전들을 udgrahīṣyanti배우고 dhārayiṣyanti마음에 간직하고 vācayiṣyanti독송하고 paryavāpsyanti이해하고 yoniśaś ca manasikariṣyanti다시 근원적으로 마음에 잡도리하고[1), 2)] parebhyaś ca vistareṇa samprakāśayiṣyanti다시 남들에게 자세히 설명하여 주면(Ⓚ 受持讀誦此經, Ⓗ 於此經典受持讀誦究竟通利 及廣爲他宣說開示如理作意),

te그들은 paribhūta모욕[3)]을 당하게 bhaviṣyanti될 것이고, suparibhūtāś ca bhaviṣyanti아주 심한 모욕을 당하게 될 것이다(Ⓚ 若爲人輕賤, Ⓗ 若遭輕毁 極遭輕毁)

tat kasya hetoḥ그것은 무슨 이유에서인가(Ⓚ ×, Ⓗ 所以者何)?

yāni ca teṣāṃ그들 Subhūte수보리여 sattvānāṃ중생들에게는 paurva-janmikāni전생에서 생긴[4)] aśubhāni나쁜[5)] karmāṇi업[6)]들이 kṛtāni지어져(Ⓚ 是人 先世罪業, Ⓗ 善現. 是諸有情 宿生所造 諸不淨業)

apāya-saṃvartanīyāni악도에 떨어져야 마땅한 것들인데[7](Ⓚ 應墮惡道, Ⓗ 應感惡趣),

dṛṣṭe eva dharme현금(現今)에서[8] tayā그 paribhūtatayā모욕을 받음 때문에(Ⓚ 以今世人 輕賤故, Ⓗ 以現法中 遭輕毁故) tāni그들 paurvajanmikāni전생에서 기인한 aśubhāni나쁜 karmāṇi업들이 kṣapayiṣyanti소멸될 것이고(Ⓚ 先世罪業 則爲消滅, Ⓗ 宿生所造 諸不淨業 皆悉消盡),

buddha-bodhiṃ부처님의 깨달음을[9] ca그리고 anuprāpsyanti따라서 증득하게 될 것이다[10](Ⓚ 當得阿耨多羅三藐三菩提, Ⓗ 當得無上正等菩提).

**[주해]**

1) **근원적으로 마음에 잡도리하고(yoniśaś ca manasikariṣyanti)**: 빠알리어 yoniso manasikāra는 2장 25번 주해에서도 잠시 말했듯이 불교에서만 나타나는 술어로서 초기 경전에서 중요한 개념으로 나타나고 있다. yoni는 '자궁'이나 '모태'를 나타내며 여기에다 '-śaḥ(Pāli. so)' 접미어를 붙여서 탈격으로 쓰이고 있다. 그래서 '모태로부터, 근원으로부터'의 뜻을 나타낸다. manasikāra는 manas(마음, 意)의 처소격을 만들어 거기에 √kṛ(to do)를 붙여서 말 그대로 '마음에 만든다, 마음에 둔다, 마음에 새긴다'는 뜻을 나타낸다.(2장 25번 주해 참조) 그래서 yoniso manasikāra는 "아주 근원에서부터 잘 마음에 새겨 사유한다, 깊이 통찰한다."는 의미로 쓰인다. 서양학자들은 'wise attention(지혜로운 주의)' 혹은 'systematic analysis(체계적인 분석이나 사유)' 등으로 옮기고 있다. 현장은 如理作意로 옮기고 있고 일본학자들도 이를 채용하고 있다.

초기경에서 어떤 문맥에서 요니소 마나시까라가 나타나는가를 살펴보면 이 술어가 뜻하는 의미를 좀더 정확히 알 수 있을 것이다.

중부 제 2경에서 부처님은 "지혜로운 주의를 기울이기 때문에 아직 생겨나지 않은 번뇌들은 생겨나지 않고 이미 생겨난 번뇌들은 버려진다."고 하신다(yoniso ca bhikkhave manasikaroto anuppannā ceva āsavā na uppajjanti, uppannā ca āsavā pahiyyanti). 상응부 제 12편 인 연상응(Nidānasaṃyutta)의 여러 경들에서 "연기를 잘 여리작의하여(paṭiccasamuppādam yeva sādhukam yoniso manasikaroti) 해탈을 성취한다."고 나타난다. 그리고 중부 43경(Mahāvedallasutta)에서는 "지혜로운 주의를 연(緣)하여(paccaya) 정견(正見)이 생겨난다(sammā-diṭṭhiyā uppādā)."라고 나타난다. 그리고 아울러 yoniso upaparikkheyya(근원적으로 되새겨 봐야 한다)라는 표현도 많이 나타나고 있는데 요니소 마나시까라와 같은 의미라 하겠다.

이런 점들만 봐도 요니소 마나시까라가 얼마나 중요하게 설해지고 있는지를 알 수 있다. 역자는 내 안에서 꾸살라 담마(kusala-dhamma, 善法)가 일어나는가 아니면 아꾸살라 담마(불선법) - 이에 대해서는 6장 11번 주해 참조 - 가 일어나는가를 근원적으로 잘 의근(mano-indriya)에 잡드려 꾸살라면 증장하도록 노력하고 아꾸살라면 없애도록 노력하는 데서 불교 수행의 출발은 시작된다고 본다. 이런 미세한 살핌이 없으면 수행에서 오는 조그마한 지견, 조그마한 견처, 조그마한 경계 - 이 모두는 산냐로 표현된다 - 에 속아서 그것을 자기 밑천으로 삼아서 속아 살다가 귀중한 한 평생을 다 보내고 만다고 생각한다.

여기서도 알 수 있듯이 마노(mano, 意)는 참으로 중요한 기능을 한다. 부처님의 가르침이 인도의 다른 제 종교나 사상과 다른 또 하나의 측면은 바로 이 mano의 천명에 있다고도 하겠다. 다시 부연하건대 이 마노가 단순히 아야따나(āyatana, 處)로서의 기능만 하게 되면 안팎의 여섯 감각 기관과 여섯 대상이 맞부딪쳐 촉·수·애·취·유·생·노사우비고뇌로 연결되는 윤회의 장(場, āyatana는 역시 장의 개념이다)이 될 것이고 이 마노가 인드리야(indriya, 根)로서의 기능을 할 때는 마노는 향상근이 되어 마음챙김의 힘으로 저 해탈 열반을 향하게 되는 것이다. 그래서 마나시까라 특히 꾸살라와 아꾸살라를 잘 살펴서 꾸살라는 증장시키고 아꾸살라는 소멸하게 하는 이 요니소 마나시까라는 바로 마노가 향상근으로서의 기능을 하게 하는 제일 중요한 출발점이 된다 하겠다.

이런 작용을 팔정도에서는 정정진이라 부르고 있으며 이 정정진이 밑바탕이 되어서 바른 마음챙김(正念)이 더 깊어지고 이리 되면 바른 선정[正定]이 되어 사선(四禪)이 확고하게 되어 제 4선에서 우뻬카(upekkha, 捨, 평온)와 사띠(sati, 念, 마음챙김)가 완전히 청정하게 되어(pārisuddhi, 빠리숫디) 그 힘으로 번뇌를 멸절하여(漏盡) 저 해탈 열반을 성취한다. 이것이 초기경들에서 부처님께서 거듭 설하시는 불교의 수행이라고 역자는 이해하고 있다. 물론 이런 밑바탕에는 팔정도의 처음인 정견(正見)이 항상 함께하고 있음은 말할 필요도 없다. 사실 이런 정견을 확고부동하게 하기 위해서 산냐를 척파하는 본 경이 설해지게 된 것이다.

끝으로 덧붙이고 싶은 말은 우리 불자들 중 많은 분들이 아직도 이 요니소 마나시까라(체계적인 사유)와 수행을 분리해서 생각하고 있다는 점이다. 돈오돈수라는 중도를 벗어난 극단적인 산냐에 사로잡혀서 사유라는 말만 들어가면 알음알이를 굴리는 것 정도로 치부해버리기 때문이다. 그래서 마음이 화두에 좀 집중된다 싶고 무념무상에 조금 계합된다 싶을 때는 수행이 다 된 양 의기양양하다가 그렇지 못하면 전혀 상식밖의 어처구니없는 판단과 행동을 하는 경우를 허다하게 볼 수 있다. 아니 그런 것을 수행이라고 착각하는 경우가 더 많은 것 같다. 조계종에서 지난 수십 년간 수없이 연출해낸 여러 작태들의 근원에는 이처럼 두 쪽이 나버린 수행행태가 놓여 있지는 않는가 하고 반성해 본다.

체계적인 사유는 이미 본 것처럼 불교 수행에 있어서 엄청나게 중요하다 하겠다. 이런 태도를 잃어버리면 백발백중으로 중도를 여의고 극단으로 치달릴 수밖에 없고 사이비들이나 사이코?들이 한 소식이나 깨달음이라는 말로써 금구의 말씀을 흐려놓게 되는 것이다. 조금 객관적으로 한국불교를 들여다보게 되면 한국불교의 가장 큰 문제점 중의 하나가 수행이 신비주의의 극단으로 치달려서 체계적인 사유, 즉 지혜로운 주의를 잃어버리고 그래서 정견을 바탕한 중도를 놓치고 있지는 않은가 생각해본다

2) **요니소 마나시까라(yoniso manasikāra)**: '지혜로운 주의'로 번역되는 이 yoniso manasikāra는 불자들이 사유하는 데 반드시 관심을 가져야 할 부처님의 말씀이다. 예를 들어서 몇 가지를 더 말해보고자 한다.

많은 사람들 특히 불자들이 인간의 의식은 어디에서 생겼으며 또한 사유하는 이것은 도대체 무엇이며 일념이 된다고 하는데 일념은 어디서 왔는가 하는 등의 문제를 생각하다가, 그러니까 의식의 근저에는 자아 내지는 마음 아니면 불성 아니면 진인(眞人) 등이 있어야 한다고 생각하게 된다. 그러나 이런 것을 두고 부처님은 지혜로운 주의 혹은 여리작의(如理作意) 즉 요니소 마나시까라가 아니라고 하신다. 이것은 바른 사유의 방법이 아니라는 것이다. 이런 질문에는 어떤 바른 대답이 있을 수 없다. 어떤 답을 하든 그것은 견해의 문제에 떨어지고 말기 때문이다. 신이 창조를 했다 하든 물질이 서로 결합된 상태에 의해서 생긴 하나의 전자파의 현상이라 하든 그것은 모두 견해일 뿐인 것이다. 오히려 분명한 대답은 '지금 여기 이 순간 이것에 관한 알음알이가 생겨났다. 그리고 그것은 다음 순간에 다른 알음알이로 변해가고 있다'라고만 할 수 있을 것이다.

식(알음알이)은 어디에서 생겼는가 하는 그 자체가 하나의 알음알

이이기 때문에 식으로써 식 자체를 바르게 의식할 수는 없을 것이다. 서양 학자들이 말하는 대로 "모든 유태인은 거짓말쟁이라고 유태인이 말했다면 그의 진술이 참인지 거짓인지 알 수 없다."는 구조에 속하는 것이다. 유태인이 거짓말쟁이라고 말하는 그가 유태인이니 그의 말도 거짓말이고 그가 거짓말을 한다는 것도 거짓말이 되고 말며 이리 말하는 것 또한 거짓말이고 … 이런 순환구조에 속하는 것이다. 그러나 어쨌든 분명한 것은 지금 이 순간에 그것에 관한 식은 생겨났고 그것은 다시 변하고 있다는 경험에서 온 엄연한 사실일 것이다. 그 이상도 이하도 아닐 것이다. 이 이상을 따지면 벌써 위의 순환구조에 떨어지고 마는 것이다.

이처럼 식의 뒤에 무슨 불변하는 자성이나 진아가 있다고 생각으로 생각의 꼬리를 물다가 그 생각을 멈추기 위해서 인도의 인명학(논리학)에서도 후대로 내려오면서 신(神)을 상정하여 모든 출발점을 신에게로 돌리고 있다. 이런 모든 사유를 불교에서는 '지혜롭지 못한 주의'라 하며 ayoniso manasikāra(아요니소 마나시까라)라고 경에 많이 나타난다. 이렇게 사유하는 대신에 식은 무엇에 조건지워져서 생겼다가는 멸하고 다시 생겼다가는 멸하기를 반복하는가 라고 그 원인이나 조건을 사유하는 것을 앞 주에서도 인용했듯이 요니소 마나시까라라고 한다. 다시 식을 가지고 생각해 보자.

식(알음알이)은 분명히 조건지워져 생겨난다. 12연기에서는 행(상카라)에 조건지워져 있다고 설명되어 있는데 음미해볼 필요가 있다. 행은 참 방대하게 쓰이는 불교용어인데 일단 여기서는 넓고 보편적으로 쓰이면서 경에서 거듭 나오는 신구의 삼행(三行)을 뜻한다고 받아들여 고찰해 보자. 우리가 참선을 하게 되면 몸의 들뜬 행과 입으로 짓는 행과 마음으로 짓는 여러 행이 가라앉고 그렇게 되면 우리의 알음알이도 바뀌어 가는 것을 우리는 경험적으로 알고 있다. 사실 출입식념경(出入息念經, Ānapāṇasatisutta, 안반수의경)에서도 이런 의미에서 호흡에 마음챙기게 되면 삼행이 가라앉는다고 설하고 있다. 식은 아주 촐랑대고 매찰나 찰나에 급격히 바뀌기에 이것에 속지 않고 극복하기가 아주 어려울 것이다. 사실 식을 극복하려는 생각 그 자체가 또 다른 식이니 위에서 언급한 대로 끝없는 무한소급으로 가버리고 말 것이다. 그래서 식의 조건인 이 행(상카라)을 가라앉히면 식의 문제는 자연히 극복되는 체계라고 받아들이고 이렇게 사유하면 수행에 아주 큰 도움이 될 뿐더러 더 이상 요술쟁이인 식놀음에 속지 않을 것이다.

그리고 육육경(六六經, M148, Chachakkasutta)에 의하면 식은 6내처(6根)와 6외처(6境)에 조건지워져 있다. 우리가 목숨(jīva)을 가지고 있는 한 이 육근 육경 육식의 구도는 피할 수 없겠고, 이 셋의 접촉[觸, phassa], 그리고 거기서 생기는 느낌[受, vedanā]은 피할 수 없을 것이다. 문제는 이 느낌들이 갈애[愛, taṇhā]로 다시 집착[取, upādāna]으로 전개되어서 우리 삶이 고에 붙박게 된다는 것이다. 그러니 식의 근원이 무엇인가 하는 밑도 끝도 없는 구렁텅이로 또 다른 식들을 계속해서 전개시킬 것이 아니라 이런 식·근·경·촉·수·애·취·유·생·노사우비고뇌의 연기구조를 잘 이해하여 고의 소멸을 성취하는 것이 중요하고, 그런 의미에서 부처님께서는 사제, 팔정도, 12연기를 정말로 고구정녕히 설하고 계시는 것이다. 이렇게 사유해야 저 두카(苦)를 끝장내고 대자유, 대자비의 해탈열반의 삶을 사는 향상의 길을 가게 되는 것이다. 그래서 세존께서는 요니소 마나시까라를 아주 중요하게 설하신 것이다.

거듭 강조하고 싶은 것은, 문제는 식이 아니라 이 식·근·경·촉·수·애·취·유·생·노사우비고뇌로 연결되어 가는 고리이고 그 중에서도 느낌에 조건지워진 갈애와 취착 그리고 유(존재), 여기에서 비롯되는 엄청난 우비고뇌가 문제일 것이다. 그러니 식이 어디서 생겨났나 하는 또 다른 식을 궁글릴 게 아니라 느낌이 갈애로 발전해서 취·유

·생·노사로 발전해가기 전에 바르게 마음챙겨서(sati, 정념) 이를 끊고 뛰어넘는 게 더욱 더 중요한 것이라고 부처님께서는 거듭거듭 강조하고 계신 것이다. 부처님시대에도 이미 어부의 아들 사띠(Sāti)와 같은 비구는 이러한 식이 윤회의 주체가 아닌가 하는 의문을 갖고 있었고, 부처님께서는 이런 실재론적 사고가 얼마나 무익한 것인가 하는 것을 간곡히 설명해 주셨다.

일단 이런 의문에서 자유로워져야 그 때부터 참다운 향상과 참다운 수행이 가능하다고 생각한다. 이런 것에서 자유로워지지 못하면 또 다른 산냐를 만들면서 거기에 몰입하게 되는 것이다. 영가 스님도 증도가에서 멱즉지군 불가견(覓卽知君 不可見)이라 하셨다. 찾은즉 그대는 볼 수 없다는 말씀이다. 무언가 실체를 찾고 불변의 존재를 찾으려는 태도, 그런 것을 구해서 얻으려는 태도를 바꾸지 않는 한 수행은 요원한 것이 되고 만다는 말씀이다.

마지막으로 부처님께서는 이 알음알이(식)를 요술쟁이(māyākāra)에 비유하고 계시다는 점을 말하고 싶다. 요술쟁이인 이 식의 주박에 걸리면 그 요술에 빠져서 결론 없는 희론에서 헤어나지 못하는 것을 말씀하신 것이 아닌가 이해한다. 건드리면 건드릴수록 그 요술의 주박에 걸려버리게 되니까.

그러나 불행히도 이 식이라는 요술쟁이에 걸려서 얼마나 엄청나게 많은 논이라는 이름의 또 다른 알음알이를 만들어 왔는가를 우리는 후대의 불교사를 통해서 너무나 잘 알고 있다. 유식의 팔식설, 청정도론의 89가지 식 등등 참으로 많은 해설이 존재하지만 혼돈과 혼란만을 준 게 아닌가 싶기도 하고, 무엇보다도 식을 존재론적으로 접근하다 보니 부처님께서 간곡히 말씀하신 8정도를 통한 간절한 실천이 희석되어버린 게 아닌가 싶기도 하다. 그리고 전생 내생을 연결하는 연결식(paṭisandhi-vijñāṇa, 빠띠산디 윈냐나) 등의 개념으로 삼세를 연결하는 식을 설명하기도 하는데 물론 부파불교적 아비담마적인 해석이지 초기경에서는 이런 시도는 하지 않는다. 이익될 것이 없어서 부처님께서 언급을 않으시고 오히려 그런 관심을 가지는 것의 위험을 지적하고 계신다 하겠다.

그리고 사유하는 이것이 무엇인지 일념은 어디서 왔는지 하는 등의 문제도 사유하는 것이 무엇인지 일념은 어디서 왔는지 하는 순간에 벌써 그런 알음알이의 주박에 걸린 것이다. 단순히 보자. 있는 그대로 보자. 지금 사유가 일어났다. 그리고 그게 바뀌고 있으면 바뀌고 있다고 알아차리자. 일념이 되면 된다고 알아차리자. 일념은 어디서 왔는지 하는 순간 벌써 그 알음알이의 주박에 걸린 것이다. 일단 그런 주박에 걸리면 밑도 끝도 없는 그 식의 요술에 놀아나게 된다. 그러다가 어느 순간 그 요술이 끝나면 또 다른 알음알이에 빠지게 되고… 이렇게 불쌍한 우리는 요술에 걸려 한평생을 살다가 끝내게 되는 것이 아닌가. 정말로 전식득지(轉識得智)의 발상의 대전환이 필요하다 하겠다. 그러고 나서야 비로소 우리는 수행의 맛을 조금이라도 볼 수 있지 않겠는가.

너무 역자가 건방진 소리를 하고 있는 게 아닌지 모르겠지만 역자가 나름대로 초기경들을 읽으면서 처절히 느낀 바이고 이런 너무도 중요한 말씀을 부처님께서는 초기경에서 간절히 하고 계시기에 이렇게 적어보고 있다.

이런 지혜롭지 못한(아요니소, ayoniso) 질문과 이런 생각에 빠져 있는 위의 사띠(Sāti)와 같은 비구를 초기경들에서 부처님은 mogha-purisa(모가뿌리사)라고 힐난하고 계신다. 이 말은 부처님이 쓰신 말씀 중에서 상대를 가장 크게 나무라실 때 쓰시는 단 하나뿐인 말로 경에 자주 나타나는 단어이다. 그 뜻은 '쓸모 없는(모가) 인간(뿌리사)'이라는 말이다. 귀중한 부처님 가르침을 만나고서도 향상의 길은 찾지 않고 참으로 밥만 축내는 인간이라는 말씀이라 하겠다.

3) **모욕, 아주 심한 모욕(paribhūta, suparibhūta)**: paribhūta는 pari(둘레에, 원만히)+√bhū(to become)의 과거분사로서 동사는 '조롱하다, 무시하다, 모욕하다, 경멸하다' 등의 뜻으로 쓰인다. suparibhūta는 이 단어에다 '아주'를 나타내는 접두어 'su-'를 붙여서 만들었다.

4) **전생에서 생긴(paurva-janmikāni)**: paurva는 pūrva(앞의, 이전의)의 2차 곡용(vṛddhi)으로 '과거의'의 뜻이다. janmika는 √jan(to generate)의 명사형으로 '생긴, 기인한, 비롯된' 등의 뜻으로 쓰인다. 구마라집은 先世로 현장은 宿生所造로 옮겼다. 다음에 나오는 karmāṇi가 중성 복수로 쓰였으므로 여기에 걸리는 모든 단어들은 모두 중성 복수로 나타난다.

5) **나쁜(aśubhāni)**: śubha는 √śubh(to shine)에서 파생된 형용사로서 '빛나는, 밝은, 아름다운, 경사스러운, 즐거운' 등의 의미로 쓰인다. 여기서는 부정접두어 'a-'가 붙어서 반대의 의미로 쓰였다. 빠알리어는 asubha이다. 구마라집은 karma와 함께 惡業으로 옮겼고 현장은 不淨業으로 옮겼다.

6) **업(karma)**: 업(業)이라는 말은 잘 알다시피 산스끄리뜨어 까르마(karma, Pāli. kamma)의 번역어로서 √kṛ(to do)에서 파생된 명사이다. 영어에서 do 동사의 의미가 아주 광범위하게 행위 일반을 나타내듯이 산스끄리뜨 등 인도어 일반에서도 마찬가지이다. 까르마는 따라서 광범한 행위 일반을 나타낸다 할 수 있고 그 중에서도 불교에서 전문 술어로 쓰이면 '의도적인 행위(cetana)'를 뜻한다.

증지부에 "비구들이여, 나는 의도적인 행위를 업이라고 말한다. 의도하고서 업을 짓나니 몸과 말과 뜻으로써."[31]라고 나타나는데 업을 정의하는 인용문으로 많이 알려진 구문이다. 그래서 옛 중국의 역경사들이 보통의 행위 일반과 구분하기 위해서 業이라고 번역한 것 같기도 하다(이런 의미에서 사업, 기업, 학업, 창업, 업무, 업종, 작업 등등의 단어를 음미해보면 그 의미가 새로워지는 것 같다. 물론 초기경에서 깜마라는 말 자체가 직업을 뜻하기도 한다). 그리고 의도하여서 마음으로 생각하고 입으로 말하고 몸으로 행위하는 그 모두도 다 업의 영역에 포함시킨다.

말로는 그냥 '의도적인 행위(cetana)'라고 간단히 추상적으로 나타낼 수 있지만 이 의도라는 말 속에는 수없이 많은 깊거나 얕거나 강하거나 약하거나 조대하거나 미세한 우리의 모든 심적인 성향과 그것을 바탕으로 하여 나타나는 몸과 말과 뜻의 모든 행위를 다 포함하고 있다 하겠다.

이 업의 특징을 생각나는 대로 몇 가지만 적어보겠다.

첫째 업은 강한 힘을 가진다 하겠다. 그래서 업력(kamma-vega)이라는 표현이 주석서에서부터 널리 쓰인다. 이 업력을 이해하기 위해서는 먼저 간단히 나의 존재나 삶을 한번 살펴볼 필요가 있다.

불교에서 말하는 존재나 삶 혹은 생명은 바와(bhava, 有, becoming)로 표현되는데 이미 많이 설명한 대로 연기법에서 보면 애(愛, taṇhā), 취(取, upādāna), 즉 갈애와 취착의 소산이다(연기의 앞의 과정은 생략함). 이 애와 취, 즉 갈애와 취착이야말로 우리가 순간순간 짓고 있는 의도적 행위, 즉 업의 가장 강력한 모습이라 하겠다.

그리고 영어에서 바와[有]를 becoming이라고 옮기고 있듯이 바와는 그냥 존재가 아니고 끊임없이 갈애와 취착을 통해서 '되어가는' 과정이고 이것이 우리 존재의 참 모습이다. 금생의 내 모습만 봐도 40여 년 살아온 모습은 매 찰나 찰나 좋으면 갈구하여 취하고, 싫으

31) cetanāham, bhikkhave, kammam vadāmi. cetayitvā kammaṃ karoti, kāyena vācāya manasā. (A6. 63)

면 혐오하여 물리치는 그런 성향을 무한히 되풀이한 결과가 아닌가.

탐욕, 욕심, 욕망, 갈구, 관능, 애욕, 성욕, 식욕, 물욕, 명예욕, 성취욕 등등의 단어가 내포하고 있는 그 엄청난 갈애의 에너지, 그리고 이런 것을 조장하는 사업(대기업 등에서 기업운영을 해나가는 그 엄청난 에너지를 상상해 보라), 그리고 이와 맞물려 소위 말하는 부가가치 등을 창출하려고 온갖 부추김의 수단을 다 발휘하는 현대 매스미디어 등등을 통한 엄청난 자극의 에너지, 그리고 분노, 증오, 격분, 저주, 파괴, 질투, 시샘, 폭력, 전쟁 등등의 단어가 내포하고 있는 엄청난 혐오의 에너지, 이런 것이 바로 업이라는 말 속에 들어있는 엄청난 힘이라 하겠다. 물론 관용, 자비, 평화, 평온, 고요, 침착 등의 성향도 있다. 이러함을 통해서 나라는 존재는 소위 말하는 나만의 개성, 인격, 습관, 성향을 쌓아오게 된 것이다.

그래서 업이나 유는 엄청난 되어감의 가속도를 가진 그런 존재인 것이다. 사실 업력(kamma-vega)이라 할 때 그 힘을 뜻하는 vega는 속력을 뜻하는 단어이다.(vega에 대해서는 14-1장 1번 주해 참조할 것) 힘은 엄청난 가속력을 가진 것이니까. 그래서 업이란 좀처럼 방향을 바꿀 수가 없는 그런 성향과 가속도를 가져 탁류처럼 찰나찰나에 용틀임치며 흘러가는 그런 것이라 하겠다.

둘째, 이런 강력한 힘과 가속력을 가진 업은 당연히 그 결과를 수반한다. 이 결과가 소위 말하는 업보(業報, 業異熟, kamma-vipāka)이다. 이처럼 우리가 매 순간 순간에 짓는 엄청난 에너지 덩어리인 의도적 행위인 업은 당연히 그 결과가 있기 마련이다. 작용은 필히 반작용을 수반하는 것이지 않은가. 물론 그 업보가 다시 의도적 행위가 되면 그것은 또다시 업이 되고 업력이 되어서 다른 업보를 일으킨다. 왕성한 생명력을 가진 엄청난 크기의 인도 반얀 나무의 씨앗은 조그만하다. 이 조그마한 씨앗이 엄청난 크기의 나무가 되고 그 나무는 다시 수없이 많은 열매를 맺고 그 열매는 다시 엄청난 반얀 나무로 자라고… 이렇게 업과 업보는 의도가 쉬지 않는 한 지속적으로 거듭 거듭 증가하는(multiply) 것이다.

셋째, 금생에만 봐도 매 순간 순간에 행하는 의도적인 행위가 숫자로 헤아릴 수 없이 몇 천만억 가지나 되고 그래서 그 결과인 과보도 역시 몇 천만억 가지로 얽혀서 나타나고 그 결과는 역시 다시 하나의 인이 되어서 업력으로 작용하고… 이렇게 앞뒤 서로서로 역동적으로 얽혀 있고 이 얽힘은 또 나 혼자만이 아니고 내 가족 친구 사회 국가 지구 우주 등등으로 얽혀 있고, 내 가족 친구 등등 이 우주의 모든 생명체 각각은 또 다시 서로 서로 얽혀드니 실로 이 우주가 다 관련되어 있다 하겠다. 참으로 중중무진인 것이다. 그래서 이 업은 불가설불가설이요, 우리의 헤아림으로는 도저히 다 측량할 수가 없다.

넷째, 우리의 의도는 크게 좋은 것과 나쁜 것으로 나눌 수 있다. 이것을 불교용어로는 선업(kusala-kamma)과 불선업(akusala-kamma)으로 부른다. 초기경 곳곳에 세존은 10선업을 권장하시고 10불선업을 금할 것을 수행의 기본으로 강조하고 계신다.(꾸살라·아꾸살라에 대해서는 6장 11번 주해 참조) 강조하고 싶은 것은 선·불선을 판단하려면 그만큼 지혜로운 주의(요니소 마나시까라)를 기울여야 한다는 점이다.(요니소 마나시까라에 대해서는 본 16-1장 1, 2번 주해 참조)

다섯째, 이런 관점에서 본다면 어떤 사건을 두고 단세포적으로 그냥 과거의 업이라고만 치부하는 것은 지혜로운 주의가 아니라고 본다. 정말 업을 바르게 이해하기 위해서는 그만큼 깊이 생각하고 마음을 챙겨서 참 지혜를 밝혀야 한다고 생각한다. 그렇지 않으면 업사상이 후대에서처럼 일종의 운명론으로 오해되어서 자포자기와 자조를 정당화하는 도구로 전락하고 말 소지가 있다. 실제로 힌두교에서는 이렇게 받아들여지는 소지가 아주 많다.

여섯째, 업에서 헤어나고 업을 바르게 이해하기 위해서는 결국은 정견을 확립하는 게 선결조건이고 이 정견을 바탕으로 한 팔정도를 실천하지 않으면 안 된다는 것이다. 정견을 확립하기 위해서는 4성제를 근본으로 하는 연기법을 이해하는 것이 급선무라 하겠고 본경에서 말하는 산냐를 극복하는 것이 중요하다 하겠다.

이런 이해를 바탕으로 항상 지혜로운 주의(요니소 마나시까라)를 기울여 나가야 [악]업에서 헤어나고 마침내는 저 해탈 열반을 실현하게 될 것이다.

7) **악도에 떨어져야 마땅한 것들인데(apāya-saṃvartanīyāni)**: apāya는 apa(멀리로)+√i(to go)의 명사로서 '저 멀리로 떨어져 나감'이라는 의미에서 '파멸'을 뜻한다. 초기경에도 많이 등장하는 술어로서 악도(惡道)라 옮기고 있다. 특히 지옥(niraya), 아귀(pitti- visaya), 축생(tiracchāna)을 삼악도라 하며 아수라(asura)도 악도에 포함하기도 한다. saṃvartanīya는 saṃ(함께)+√vṛt(to turn)의 Pot. 분사로서 '이르게 하다, 존재하다'의 뜻으로 쓰인다. 이 구절을 구마라집은 應墮惡道로 현장은 應感惡趣로 옮기고 있다.

8) **현금(現今)에서(dṛṣṭe eva dharme)**: dṛṣta는 √dṛś(to see)의 과거분사로 '보여진'의 뜻이며 dharma는 '현상'을 뜻한다 하겠다. 이 두 단어가 처소격으로 쓰였다. 그래서 '보여지는 현상'에서라는 의미가 된다. 불교 특유의 어법으로 '지금 여기에서'를 나타내는 구문이다. 영어로는 'here and now'로 옮기고 있다. 초기경에서도 diṭṭhe vā dhamme라고 아주 많이 나타나고 있다. 부처님의 가르침은 바로 지금 여기서 당장 그 효과가 나타나는 법이라고 강조하고 있으며 그래서 "와서 보라(ehipassika - 6장 12번 주해 참조)."고 당당하게 말하는 가르침이다.

열반도 딧테와 담메, 바로 지금 여기서 눈앞에 현전시키는 것

(sacchikiriya, Sk. sākṣat-karya)이라 표현되고 있다. 구마라집은 以今世人으로 의역을 하고 있고 현장은 以現法中으로 직역을 하고 있다.

9) **부처님의 깨달음을(buddha-bodhiṃ)**: buddha는 부처님, 覺者를, bodhi는 깨달음을 나타낸다. 초기경에서는 이런 표현은 쓰지 않는다. 구마라집은 阿耨多羅三藐三菩提라고 의역을 했고 현장도 無上正等菩提라고 의역을 하고 있다.

## 16-2. 산냐를 여의라는 이 가르침을 신해하는 것이 수억의 부처님을 시봉하는 것보다 수승하다

**[원문]**

16b) tat kasya hetoḥ? abhijānāmy ahaṃ Subhūte 'tīte 'dhvany asaṃkhyeyaiḥ kalpair asaṃkhyeyatarair Dīpaṅkarasya Tathāgatas ya arhataḥ samyaksambuddhasya pareṇa paratareṇa caturaśītibuddha-koṭiniyutaśatasahasrāṇy abhūvan ye mayā ārāgitā ārāgyā na virā-gitāḥ. yac ca mayā Subhūte te Buddhā Bhagavantaḥ ārāgitā ārāgyā na virāgitā, yac ca paścime kāle paścime samaye paścimāyāṃ pañca-śatyāṃ saddharmavīpralopakāle vartamāna imān evaṃrūpān sūtrāntān udgrahīṣyanti dhārayiṣyanti vācayiṣyanti paryavāpsyanti parebhyaś ca vistareṇa samprakāśayiṣyanti, asya khalu punaḥ Subhūte puṇya-skandhasya antikād asau paurvakaḥ puṇyaskandhaḥ śatatamīm api kalāṃ nopaiti, sahasratamīṃ api śatasahasratamīm api, koṭitamīm api koṭiśatasatamīm api koṭi śatahasratamīn api koṭiniyutaśatasahasratamim api, saṃkhyām api kalām api gaṇanām apy upamām apy upaniṣadam api yāvad aupamyam api na kṣamate.

**[鳩摩羅什]**

須菩提야 我念過去無量阿僧祇劫이 於然燈佛前에 得値八百四千萬億那由他諸佛하야 悉皆供養承事하야 無空過者호라 若復有人이 於後末世에 能受持讀誦此經하면 所得功德이 於我所供養諸佛功德으로 百分에 不及一이며 千萬億分과 乃至算數譬喩로 所不能及이니라

**[玄奘]**

何以故. 善現. 我憶過去於無數劫復過無數. 於然燈如來應正等覺先復過先. 曾値八十四俱胝那庾多百千諸佛我皆承事. 旣承事已皆無違犯. 善現. 我於如是諸佛世尊皆得承事. 旣承事已皆無違犯. 若諸有情後時後分後五百歲. 正法將滅時分轉時. 於此經典受持讀誦究竟通利. 及廣爲他宣說開示如理作意. 善現. 我先福聚於此福聚. 百分計之所不能及. 如是千分若百千分. 若俱胝百千分. 若俱胝那庾多百千分. 若數分若計分若算分若喩分. 若鄔波尼殺曇分亦不能及.

**[번역]**

16-2. "그것은 [다시] 무슨 이유에서인가? 수보리여, 나는 분명하게 아나니, 과거세에 셀 수 없고 [도저히] 더 셀 수 없는 그런 겁들 이전에, 연등 여래 아라한 정등각의 이전 더욱 더 이전에 팔만사천 백천만억 나유타의 부처님들이 계셨나니, 나는 그분들을 편히 모셨고 편히 모셨기에 그분들도 불편함이 없으셨다. 수보리여, 다시 나는 [거듭 거듭] 그 불세존들을 편히 모셨고 편히 모셨기에 그분들도 불편함이 없으셨다.

다시 미래세의 후오백세에 정법이 쇠퇴할 시기가 되었을 때에 [선남자 선여인들이] 이런 경전의 말씀들을 배우고 [마음에] 간직하고 독송하고 이해하고 남들에게 자세히 설명해준다면 참으로 다시 수

보리여, 이 공덕의 무더기에 비하면 저 앞의 공덕의 무더기는 백분의 일에도 미치지 못하고 천분의 일에도 미치지 못하고 십만분의 일에도 억분의 일에도 백억분의 일에도 십조분의 일에도 백천억조분의 일에도 산수로도 비유로도 유비로도 나아가서는 상사(相似)로도 미치지 못한다."

**[대역]**

16-2) tat kasya hetoḥ그것은 무슨 이유에서인가(Ⓚ ×, 何以故)?

abhijānāmi ahaṃ나는 분명하게 아나니 Subhūte수보리여 atīte adhvani과거세에 asaṃkhyeyaiḥ셀 수 없는 kalpair겁들을 asaṃkhyeyatarair[도저히] 더 셀 수 없는 [그런 겁들 이전에](Ⓚ 須菩提我念過去無量阿僧祇劫, Ⓗ 善現 我憶過去於無數劫復過無數)

Dīpaṅkarasya연등[1] Tathāgatasya arhataḥ samyaksambuddhasya여래 아라한 정등각의 pareṇa이전에 para-tareṇa더욱 더 그 이전에(於然燈佛前, Ⓗ 於然燈如來應正等覺先復過先)

catur-aśīti-buddha-koṭi-niyuta-śatasahasrāṇi팔만 사천 꼬띠 니유따 백천의 부처님들이 abhūvan계셨나니(Ⓚ 得值八百四千萬億那由他諸佛, Ⓗ 曾值八十四俱胝那庾多百千諸佛)

ye그 분들은 mayā나에 의해서 ārāgitā편히 모셔졌고[2] ārāgyā편히 모셔지고서는 na virāgitāḥ불편함이 없으셨다(Ⓚ 悉皆供養承事 無空過者, Ⓗ 我皆承事 旣承事已皆無違犯).

yac ca다시 mayā나에 의해서 Subhūte수보리여 te그들 Buddhā Bhagavantaḥ불 세존들은 ārāgitā ārāgyā na virāgitā편히 모셔졌고 편히 모셔졌기에 불편함이 없으셨다(Ⓚ ×, 善現 我於如是諸佛世尊皆得承事 旣承事已皆無違犯)

yac ca그리고 paścime kāle다음 시기 paścime samaye다음 시간

의 paścimāyāṃ pañca-śatyāṃ다음 오백세에 sad-dharma-vipralopa-kāle vartamāne정법이 쇠퇴할 시기가 되었을 때(Ⓚ 若復有人 於後末世, Ⓗ 若諸有情 後時後分後五百歲 正法將滅時分轉時)

imān evaṃrūpān sūtrāntān이런 형태의 경전들을 udgrahīṣyanti 배우고 dhārayiṣyanti호지하고 vācayiṣyanti독송하고 paryavāpsyanti이해하고 parebhyaś ca vistareṇa samprakāśayiṣyanti남들에게 자세히 설명한다면(Ⓚ 能受持讀誦此經, Ⓗ 於此經典受持讀誦究竟通利及廣爲他宣說開示如理作意)

asya이 khalu punaḥ참으로 다시 Subhūte수보리여 puṇyaskanhasya공덕의 무더기에 antikād비하면(Ⓚ 所得功德, Ⓗ 善現 我先福聚)

asau저 paurvakaḥ앞의 puṇya-skandhaḥ공덕의 무더기는(Ⓚ 於我所供養諸佛功德, Ⓗ 於此福聚)[3)]

śatatamīm api백 분의 일의 kalāṃ부분에도 na upaiti미치지 못하고(Ⓚ 百分 不及一, Ⓗ 百分計之 所不能及),

sahasratamīm api천분의 일에도(Ⓚ ×, Ⓗ 如是千分)

śatasahasratamīm api십만분의 일에도(Ⓚ ×, Ⓗ 若百千分),

koṭitamīm api억분의 일에도(Ⓚ ×, Ⓗ 若俱胝百千分)

koṭi-śatasatamīm api백억분의 일에도(Ⓚ ×, Ⓗ 若俱胝那庾多百千分)

koṭi-śatahasratamīm api십조분의 일에도

koṭi-niyuta-śatasahasratamīm api,백천억조 분의 일에도

saṃkhyām api수량으로도(Ⓚ ×, Ⓗ 若數分)

kalām api구분으로도(Ⓚ ×, Ⓗ 若計分)

gaṇanām api계산으로도(Ⓚ ×, Ⓗ 若算分)

upamām api비유로도(Ⓚ ×, Ⓗ 若喩分)

upaniṣadam api유비(類比)로도

yāvad나아가서 [내지는] aupamyam api상사(相似)로도(Ⓚ 千萬億

分 乃至算數譬喩, Ⓗ 若鄔波尼殺曇分)

na kṣamate미치지 못한다[4] (Ⓚ 所不能及, Ⓗ 亦不能及).

**[주해]**

1) **따라서 증득하게 될 것이다(anuprāpsyanti)**: anu(~를 따라서)+pra(앞으로)+√āp(to get)의 동사 미래 3인칭 복수형이다. '무엇을 따라서 얻는다'는 뜻이다. 여기서는 부처님이 실현하신 깨달음(buddha-bodhi)과 같은 깨달음을 얻게 될 것이라는 뜻이다.

2) **연등(然燈, Dīpaṅkara)**: dīpa는 √dīp(to shine)에서 파생된 명사이며 '등불'을 뜻한다. 이것의 목적격으로 dīpam을 만들고 여기에다 동사 √kṛ(to do)에서 파생된 명사 kara를 붙여서 dīpaṅkara가 된 것이며 '등불을 켠다'는 뜻이다. 그래서 구마라집과 현장은 然燈으로 옮기고 있다.

24과거불 가운데서 제일 처음 부처님을 일컫는다. 석가모니 부처님이 이 연등불로부터 수기를 받았다고 불전문학은 전하고 있다. 칠불이니 24불이니 하는 과거불 사상은 일찍부터 불교 안으로 자연스럽게 도입되어 들어왔는데 그 시초는 벽지불이라 부르는 4분의 빠쩨까붓다(Pacceka-buddha)에서부터 비롯되는 것 같으며 이 빠쩨까붓다 사상은 자이나교에서도 통용되고 있다.

자이나교에서는 24명의 띠르탕까라(Tīrthaṅkāra)라 하여 자이나교의 창시자 마하위라(Mahāvīra) 이전에 23분의 각자(覺者)가 있었음을 인정하고 있는데 이러한 사문전통에서 내려오던 전설이 자연스럽게 불교에서도 정착이 된 게 아닌가 생각된다.

본 경에서는 이러한 연등불보다 헤아릴 수 없는 겁 이전에 수없이 많은 부처님이 계셨다고 하며 석가모니 부처님은 그들을 모두 다 섬겨 편히 모셨다고 표현하고 있다. 이렇게 개념이나 사상이나 전설은 시대에 따라 확장되어 가는 것이다.

3) **편히 모셨고 그분들도 불편함이 없으셨다(ārāgitā, na virā-gitāḥ)**: ārāgita는 ā(향하여)+√raj/rañj(to color)의 과거분사로 '즐겁게 하다, 만족스럽게 하다, 위로하다'의 의미가 있으며 virāgita는 여기에다 분리를 뜻하는 접두어 'vi-'를 써서 반대되는 뜻을 나타낸다. 구마라집은 悉皆供養承事 無空過者로 의역을 하고 있으며 현장은 承事와 無違犯으로 옮겼다.

4) **백분의 일 … (śatatamīm api … )**: 이하 여러 수의 개념은 다른 책들을 참고할 것.

5) **미치지 못한다(na kṣamate)**: √kṣam(to endure)의 동사 삼인칭 단수형이다. √kṣam은 빠라스마네 빠다와 아뜨마네 빠다 두 가지로 다 쓰인다. 4류동사 빠라스마네 빠다로 쓰이면 '견디다'는 뜻으로 여기서 인욕을 뜻하는 명사 kṣānti(Pāli. khanti)가 파생되었다.(인욕에 대해서는 14-5장의 1번, 4번 주해와 28장 3번 주해를 참조할 것.)

1류동사 아뜨마네 빠다로 쓰이면 '허락하다, 겪다'는 뜻이 되는데 여기서는 이렇게 쓰였다. 본문에서는 부정어 na가 와서 '~에 미치지 못한다'는 의미이다. 빠알리어는 khamati이다. 초기경에서도 na khamati라 하여 '그것은 옳지 못하다'는 의미로 쓰인다. 구마라집은 所不能及으로 현장은 亦不能及으로 옮겼다.

## 16-3. 산냐를 여의라는 이 가르침을 들으면 하근 중생들은 마음이 광란하게 된다

**[원문]**

16c) sacet punaḥ Subhūte teṣām kulaputrāṇāṃ kuladuhitrīṇāṃ vāhaṃ puṇyaskandhaṃ bhāṣeyam, yāvat te kulaputrā vā kuladuhitaro vā tasmin samaye puṇyaskandhaṃ prasaviṣyanti pratigrahīṣyanti, unmādaṃ sattvā anuprāpnuyuś cittavikṣepaṃ vā gaccheyuḥ. api tu khalu punaḥ Subhūte 'cintyo 'yaṃ dharmaparyāyas Tathāgatena bhāṣitaḥ, asyācintya eva vipākaḥ pratikāṅkṣitavyaḥ.

**[鳩摩羅什]**

須菩提야 若善男子善女人이 於後末世에 有受持讀誦此經하는 所得功德을 我若具說者면 或有人이 聞하고 心卽狂亂하야 狐疑不信하리라 須菩提야 當知是經은 義도 不可思議며 果報도 亦不可思議니라

**[玄奘]**

善現. 我若具說. 當於爾時. 是善男子或善女人所生福聚. 乃至是善男子是善女人所攝福聚. 有諸有情則便迷悶心惑狂亂. 是故善現. 如來宣說如是法門. 不可思議不可稱量. 應當希冀不可思議所感異熟.

**[번역]**

16-3. "만일 다시 수보리여, 내가 그 선남자나 선여인들이 그 때에 쌓고 얻게 될 그들의 공덕의 무더기를 모두 말한다면 중생들은 미치거나 마음이 광란하게 될 것이다.

수보리여, 참으로 이 법문은 불가사의하다고 여래는 설하였지만 이 [법문의] 과보도 또한 불가사의하다고 기대해도 좋다."

**[대역]**

16-3) sacet만일 punaḥ다시 Subhūte수보리여(Ⓚ 須菩提, Ⓗ 善現) teṣām그들 kula-putrāṇāṃ kuladuhitrīṇāṃ vā선남자 선여인들의 (Ⓚ 若善男子善女人, Ⓗ ×) ahaṃ내가 puṇyaskandhaṃ공덕의 무더기를(於後末世 有受持讀誦此經 所得功德, Ⓗ ×) bhāṣeyam말한다면(Ⓚ 我若具說者, Ⓗ 我若具說),

yāvat te그들 kulaputrā vā kuladuhitaro vā선남자 선여인들이 tasmin samaye그때에 puṇyaskandhaṃ공덕의 무더기를 prasaviṣy-anti쌓고 pratigrahīṣyanti얻게 될(Ⓚ 或有人聞, Ⓗ 當於爾時 是善男子或善女人 所生福聚 乃至是善男子是善女人 所攝福聚),

unmādaṃ광란을[1] sattvā중생들은 anuprāpnuyuś얻게 되거나(Ⓚ 心卽狂亂, Ⓗ 有諸有情 則便迷悶) citta-vikṣepaṃ vā마음이 돌게 gaccheyuḥ될 것이다(Ⓚ 狐疑不信, Ⓗ 心惑狂亂).

api tu그리고 khalu punaḥ참으로 다시 Subhūte수보리여(Ⓚ ×, 是故善現) acintyo불가사의하다 ayaṃ이 dharmaparyāyas법문은 [이라고] Tathāgatena bhāṣitaḥ여래는 설하였지만(Ⓚ 須菩提 當知是經義不可思議, Ⓗ 如來宣說 如是法門 不可思議 不可稱量),

asya그것의 acintya eva불가사의하다 vipākaḥ과보[2]도 pratikāṅ-kṣitavyaḥ[라고] 기대해도 좋다[3](Ⓚ 果報 亦不可思議, Ⓗ 應當希冀 不可思議 所感異熟).

**[주해]**

1) **광란하고 마음이 돈다(unmāda, citta-vikṣepa)**: unmāda(Pāli.

ummāda)는 ud(위로)+√mad(to be exhilarated)의 명사로서 마음이 비정상적으로 들떠버린 것을 뜻하며 미치거나 광란하는 것을 나타낸다. 구마라집은 心卽狂亂으로 현장은 迷悶으로 옮겼다. vikṣepa는 vi(분리해서)+√kṣip(to throw)의 명사이다. '산만, 산란, 혼란, 미침, 광기, 광란' 등을 뜻한다. citta와 함께 쓰여서 마음이 비정상적이 되는 것을 뜻한다. 빠알리어는 citta-vikkhepa이다. 구마라집은 狐疑不信으로 현장은 心惑狂亂으로 옮겼다.

15-2장에서는 "최상승에 굳게 나아가는 중생들의 이익을 위하고, 최고로 수승한 승[最殊勝乘]에 굳게 나아가는 자들의 이익을 위해서 여래는 이런 법문을 설했다."고 했고 참으로 확신이 부족한 중생들은 이 법문을 들을 수가 없으며 보살의 서원을 가지지 않은 중생들은 이 법문을 듣거나 배우거나 [마음에] 간직하거나 독송하거나 이해할 수가 없다고 하고서 여기서는 이 법문의 공덕이 하도 크기 때문에 그 공덕을 말하는 것을 들으면 보통사람들은 마음이 돌기까지 한다고 하고 있다.(15-2장 3번 주해 참조)

저 인도 사상계를 보라. 무아를 설하고 자아라는 산냐를 가지지 말라고 가르치는 불교를 두고 2천 5백여 년간 광기 어린 비방과 비난을 얼마나 많이 퍼부어 왔는가. 그들의 논지가 조금이라도 법답고 이치에 맞고 근거가 있는 소리라면 겸허하게 받아들여야겠지만 모두가 무상의 법칙이 너무나도 잘 적용이 되는 육근과 육경에 바탕한 세간적인 지식과 판단 위에서 불교는 허무를 말하는 종교라는 등 대중의 무지를 선동하여 퍼붓고 있는 비방이라서 일고의 가치도 없다 하겠다.

힌두라는 실체도 없는 산냐를 지켜나가기 위해서 역사적으로 강한 외세에는 아첨하고 약하다 싶은 계급이나 인욕하는 집단에는 수 없는 저주와 선동과 교사를 일삼아온 인도 지식계급(바라문 계급)의 선동과 그에 부화뇌동한 무지한 대중들은 무아라는 말을 듣고 참으로 힌두라는 그들의 가치체계가 무너질까봐 두려워 마음이 광란하여 있지 않는가.

물심의 현상을 거대한 흐름으로 파악하여 이 거대한 흐름의 근저에는 저 상카라로 표현되는 의도들이 강하게 뿌리하고 있으며 그래서 매 순간 순간을 의도의 흐름대로 떠밀려 살게 아니라 계(戒, 실라), 정(定, 사마디), 혜(慧, 빤냐)로써 이런 의도들을 정화하여 향상된 삶을 살고 그래서 필경에는 완전히 정화된 삶을 영위할 것을 설하는 보편적인 가르침으로 인도인들이 불교를 다시 받아들일 날은 올 것인가.

2) **과보(vipāka)**: vi(분리해서)+√pac(to cook)의 명사이다. '다르게 익는다'는 원의미를 살려 현장은 異熟으로 옮기고 있다. 직역으로 많이 나타나는 용어이다. 과일이 익는 의미를 살려 과보(果報)라고 옮기기도 하는데 가장 보편적으로 통용되는 한문이며 구마라집은 이렇게 옮기고 있다. 주로 업의 결과 즉 업보(業報)라는 의미에서 kamma-vipāka로 나타난다. 이 경우는 업이숙(業異熟)으로 옮긴다. 빠알리어도 vipāka이다.

산냐를 극복할 것을 설한 이 경의 수승함을 경의 후반부로 오면서 거듭해서 설하고 있다 하겠다. 너무 이런 것을 강조하다 보니 산냐의 극복이라는 본뜻은 멀어지고 그냥 경을 독송하여 복덕을 모으는 데만 빠져 엉뚱한 방향으로 가고 있는 게 현금(現今)의 한국불교에서의 금강경의 위치가 아닌지 걱정스럽다. 소승이든 대승이든 후대불교 경전이나 논서들은 모두가 이념서적으로서의 구실을 톡톡히 한 셈인데 이런 의미에서 금강경의 이런 말씀까지도 신행생활을 관념화하고 이념화하는 데 이용될 수 있다 하겠다.

3) **기대해도 좋다(pratikāṅkṣitavyaḥ)**: prati(대하여)+√kāṅkṣ(to

desire)의 Pot.분사로 쓰였으며 '바라다, 원하다, 기대하다'의 의미로 쓰인다. 빠알리어 동사는 paṭikaṅkhati이다. 현장은 應當希冀로 옮겼다.

## 17-1. 산냐를 가지면 그는 보살이 아니다

**[원문]**

17a) atha khalv āyuṣmān Subhūtir Bhagavantam etad avocat: kathaṃ Bhagavan bodhisattvayānasamprasthitena sthātavyam, kathaṃ pratipattavyam, kathaṃ cittaṃ pragrahītavyam?

Bhagavān āha: iha Subhūte bodhisattvayānasamprasthitenaivaṃ cittam utpādayitavyaṃ: sarve sattvā mayānupadhiśeṣe nirvaṇa-dhātau parinirvāpayitavyāḥ. evaṃ ca sattvān parinirvāpya, na kaścit sattvaḥ parinirvāpito bhavati. tat kasya hetoḥ? sacet Subhūte bodhisattvasya sattvasaṃjñā pravarteta, na sa bodhi-sattva iti vaktavyaḥ. jīvasaṃjñā vā yāvat pudgalasaṃjñā vā, pravarteta, na sa bodhisattva iti vaktavyaḥ. tat kasya hetoḥ? nāsti Subhūte sa kaścid dharmo yo bodhisattvayānasamprasthito nāma.

**[鳩摩羅什]**

• 究竟無我分 第十七

爾時에 須菩提가 白佛言하사대 世尊하 善男子善女人이 發阿耨多羅三藐三菩提心하니는 云何應住며 云何降伏其心하리잇고 佛이 告須菩提하사대 若善男子善女人이 發阿耨多羅三藐三菩提心者는 當生如是心이니 我應滅度一切衆生호리라 滅度一切衆生已하야는 而無有一衆生도 實滅度者니라 何以故오 須菩提야 若菩薩이 有我相人相衆生相壽者相이면 則非菩薩이니라

所以者가 何오 須菩提야 實無有法發阿耨多羅三藐三菩提心者니라

**[玄奘]**

爾時具壽善現復白佛言. 世尊. 諸有發趣菩薩乘者. 應云何住. 云何修行. 云何攝伏其心. 佛告善現. 諸有發趣菩薩乘者. 應當發起如是之心. 我當皆令一切有情於無餘依妙涅槃界而般涅槃. 雖度如是一切有情令滅度已. 而無有情得滅度者. 何以故. 善現. 若諸菩薩摩訶薩有情想轉不應說名菩薩摩訶薩. 所以者何. 若諸菩薩摩訶薩不應說言有情想轉. 如是命者想士夫想補特伽羅想意生想摩納婆想作者想受者想轉. 當知亦爾. 何以故. 善現. 無有少法名爲發趣菩薩乘者.

**[번역]**

17-1. 그 때 참으로 수보리 존자가 세존께 이렇게 말씀드렸다. "세존이시여, 보살승에 굳게 나아가는 자는 어떻게 머물러야 하고 어떻게 수행해야 하고 어떻게 마음을 조복받아야 합니까?"

세존께서 말씀하셨다. "수보리여, 여기 [이 세상에서] 보살승에 굳게 나아가는 자는 이렇게 마음을 내어야 한다. '나는 일체 중생들을 [모두] 무여 열반의 경지로 완전히 열반에 들게 하리라. 이렇게 셀 수 없이 많은 중생들을 완전히 열반에 들게 했다 하더라도 어떠한 중생도 완전히 열반에 든 자는 없다'라고.

그것은 무슨 이유에서인가? 만일 수보리여, 보살에게 중생이라는 산냐가 생긴다면 그는 보살이라고 말할 수 없기 때문이다. 영혼이라는 산냐나 나아가서 개아라는 산냐가 생긴다면 보살이라고 말할 수 없기 때문이다. 그것은 [다시] 무슨 이유에서인가? 수보리여, 보살승에 굳게 나아가는 자라 이름할 그 어떤 법도 없기 때문이다."

**[대역]**

17-1) atha그 때[1] khalu참으로 āyuṣmān Subhūtir존자 수보리가

Bhagavantam세존께 etad avocat이렇게 말씀드렸다(Ⓚ 爾時 須菩提白佛言, Ⓗ 爾時具壽善現復白佛言):

kathaṃ어떻게 Bhagavan세존이시여 bodhisattva-yāna-samprasthitena보살승에 굳게 나아가는 자는 sthātavyaṃ머물러야 하고(Ⓚ 世尊 善男子善女人 發阿耨多羅三藐三菩提心 云何應住, Ⓗ 世尊. 諸有發趣菩薩乘者. 應云何住)

kathaṃ어떻게 pratipattavyaṃ수행해야 하고(Ⓚ ×, Ⓗ 云何修行)

kathaṃ어떻게 cittaṃ마음을 pragrahītavyam조복받아야 하겠습니까[2)](Ⓚ 云何降伏其心, Ⓗ 云何攝伏其心)?

Bhagavān āha세존께서 대답하셨다(Ⓚ 佛 告須菩提, Ⓗ 佛告善現):

iha여기 [이 세상에서] Subhūte수보리여 bodhisattva-yāna-samprasthitena보살승에 굳게 나아가는 자는(Ⓚ 若善男子善女人 發阿耨多羅三藐三菩提心者, Ⓗ 諸有發趣菩薩乘者) evaṃ cittam utpādayitavyaṃ이와 같이 마음을 내어야 한다(Ⓚ 當生如是心, Ⓗ 應當發起 如是之心):

sarve sattvā모든 중생들은[3)] mayā나에 의해서 anupadhiśeṣe nirvaṇa-dhātau무여 열반계에 parinirvāpayitavyāḥ완전히 열반에 들게 해야 한다(Ⓚ 我應滅度一切衆生, Ⓗ 我當皆令 一切有情 於無餘依妙涅槃界 而般涅槃)

evaṃ이렇게 ca다시 sattvān중생들을 parinirvāpya완전히 열반에 들게 하고서(Ⓚ 滅度一切衆生已, Ⓗ 雖度如是一切有情 令滅度已) na kaścit어떤 sattvaḥ중생도 parinirvāpito완전히 열반에 들게 bhavati 되지 않았다(Ⓚ 而無有一衆生 實滅度者, Ⓗ 而無有情 得滅度者).

tat kasya hetoḥ그것은 무슨 이유에서인가(Ⓚ=Ⓗ 何以故)?

sacet만일 Subhūte수보리여 bodhisattvasya보살에게 sattva-saṃjñā중생이라는 산냐가 pravarteta생긴다면, na sa bodhisattva iti그는 보살이 아니라고 vaktavyaḥ말해져야 하기 때문이다(Ⓚ ×, Ⓗ 善現 若諸菩薩摩訶薩有情想轉不應說名菩薩摩訶薩 所以者何 若諸菩薩摩訶薩 不應說言 有情想轉)

jīva-saṃjñā vā영혼이라는 산냐나 yāvat나아가서 pudgalasaṃjñā vā개아라는 산냐가 pravarteta생긴다면(Ⓚ 須菩提 若菩薩 有我相人相衆生相壽者相, Ⓗ 如是命者想 士夫想 補特伽羅想 意生想 摩納婆想 作者想受者想轉), na sa bodhisattva iti vaktavyaḥ그는 보살이 아니다라고 말해져야 하기 때문이다(Ⓚ 則非菩薩, Ⓗ 當知亦爾)

tat kasya hetoḥ그것은 무슨 이유에서인가(Ⓚ 所以者何, Ⓗ 何以故)?

na asti없기 때문이다 Subhūte수보리여 sa그 kaścid어떤 dharmo법도 yo bodhisattva-yāna-samprasthito보살승에 굳게 나아가는 자라 nāma이름할 것이[4](Ⓚ 須菩提 實無有法發阿耨多羅三藐三菩提心者, Ⓗ 善現 無有少法 名爲發趣菩薩乘者)

**[주해]**

1) 13장에서 본 경의 이름을 무엇이라 호지하리까 하고 수보리가 묻고 세존이 반야바라밀경이라고 호지하라고 하신 그 곳까지, 혹은 14장에서 수보리가 체루비읍하고 이제 자기에게 지혜가 생겼다고 한 그 부분까지로 금강경의 가르침은 일단락된 것이다. 그 이후부터는 계속해서 앞에 나온 개념들과 비유들을 서로 조합해가면서 반복해서 산냐를 극복할 것과 산냐를 극복하라는 이런 수승한 가르침을 설한 이 경의 공덕을 설하고 있다. 특히 이 장 이후부터는 더욱 간결한 형태로 산냐를 극복할 것을 반복해서 공부하게 하고 있다.

2) **보살승에 굳게 나아가는 자는 어떻게 머물러야 하고 어떻게 수행해야 하고 어떻게 마음을 조복받아야 합니까?**: 2장에서 수보리 존자가 세존께 여쭌 질문 그대로이다. 단지 다르다면 2장에서는 '보살승에 굳게 나아가는 선남자 선여인이'라고 나타났는데 여기서는 '선남자 선여인'이라는 말이 빠졌다.

많은 한글 역자들이 구마라집이 2장에서는 應云何住로 옮기고 여기서 云何應住라고 옮겼다고 해서 2장에서는 위없는 큰 발심을 하기 전의 보살을 지칭한 것이고 여기서부터는 앞에서 법문을 듣고 이미 큰 발심을 한 사람은 어떻게 머무르고 수행해야 하는가를 설한 것이라고 해설하고 있다. 그러나 범어 원문으로 보면 전혀 그런 뜻은 없다 하겠다. 굳이 다른 점을 경문을 통해서 유추해 본다면 2장에서는 선남자 선여인 즉 불자들의 문제로 설하였다고 한다면 여기서는 선남자 선여인으로 표현되는 불자들뿐만 아니라 누구에게나 통용되는 보편적인 가르침으로서 산냐를 극복하는 것을 설하고 있다고 하겠으나 이것도 조금은 무리한 해석이라 하겠다. 17장 이후부터는 더욱 더 간결하게 산냐를 극복할 것을 반복 학습시키고 있다고 보는 것이 제일 타당한 해석일 것이다.

3) **나는 일체 중생들을 [모두] 무여 열반의 경지로 완전히 열반에 들게 하리라**: 3장에서 나열했던 중생의 분류를 생략하고 간결하게 산냐를 가지지 말라는 주제로 바로 접근하고 있다.

4) **그것은 [다시] 무슨 이유에서인가? 수보리여, 보살승에 굳게 나아가는 자라 이름할 그 어떤 법도 없기 때문이다**: 이 부분은 3장에는 나타나지 않는다. 여기서는 보살승에 굳게 나아가는 자라 이름할 어떤 법도 없음을 강조하여 앞에서도 거듭 밝힌 대로 법이라는 산냐를 경계하고 있다. 이렇게 문장과 어조를 바꾸어서 거듭 거

듭 반복적으로 산냐의 문제를 부각시켜 마음에 새기게 하고 있다.

## 17-2. 깨달은 법이 있다는 산냐가 없었기에 석가모니라 수기를 받았다

**[원문]**

17b) tat kiṃ manyase Subhūte asti sa kaścid dharmo yas Tathāgatena Dīpaṅkarasya Tathāgatasyāntikād anuttarāṃ samyaksambodhim abhisambuddhaḥ?

evam ukta āyuṣmān Subhūtir Bhagavantam etad avocat: yathā 'haṃ Bhagavan Bhagavato bhāṣitasyārtham ājānāmi, nāsti sa Bhagavan kaścid dharmo yas Tathāgatena Dīpaṅkarasya Tathāgatasy ārhataḥ samyaksambuddhasya antikād anuttarāṃ samyaksambodhim abhisambuddhaḥ.

evam ukte Bhagavān āyuṣmantaṃ Subhūtim etad avocat: evam etat Subhūte evam etat, nāsti Subhūte sa kaścid dharmo yas Tathāgatena Dīpaṅkarasya Tathāgatasyārhataḥ samyaksambuddhasyāntikād anuttarāṃ samyaksambodhim abhisambuddhaḥ. sacet punaḥ Subhūte kaścid dharmas Tathāgatenābhisambuddho 'bhaviṣyat, na māṃ Dīpaṅkaras Tathāgato vyākariṣyad: bhaviṣyasi tvaṃ māṇavānāgate 'dhvani śākyamunir nāma Tathāgato 'rhan samyaksambuddha iti. yasmāt tarhi Subhūte Tathāgatenārhatā samyaksambudhena nāsti sa kaścid dharmo yo 'nuttarāṃ samyaksambodhim abhisambuddhas, tasmād ahaṃ Dīpaṅkareṇa Tathāgatena vyākṛto: bhaviṣyasi tvaṃ māṇavānāgate 'dhvani śākya-munir nāma Tathāgato 'rhan samyaksambuddhaḥ.

**[鳩摩羅什]**

須菩提야 於意云何오 如來가 於然燈佛所에 有法得阿耨多羅三藐三菩提不아 不也니이다 世尊하 如我解佛所說義컨댄 佛이 於然燈佛所에 無有法得阿耨多羅三藐三菩提니이다 佛言하사대 如是如是하다 須菩提야 實無有法如來得阿耨多羅三藐三菩提니라 須菩提야 若有法如來得阿耨多羅三藐三菩提者인댄 然燈佛이 卽不與我授記하사대 汝於來世에 當得作佛호대 號를 釋迦牟尼어니와 以實無有法得阿耨多羅三藐三菩提일새 是故로 然燈佛이 與我授記하사 作是言하사대 汝於來世에 當得作佛하야 號를 釋迦牟尼라하시니

**[玄奘]**

佛告善現. 於汝意云何. 如來昔於然燈如來應正等覺所. 頗有少法能證阿耨多羅三藐三菩提不. 作是語已具壽善現白佛言. 世尊如我解佛所說義者. 如來昔於然燈如來應正等覺所. 無有少法能證阿耨多羅三藐三菩提. 說是語已佛告具壽善現言. 如是如是. 善現. 如來昔於然燈如來應正等覺所. 無有少法能證阿耨多羅三藐三菩提. 何以故. 善現. 如來昔於然燈如來應正等覺所. 若有少法能證阿耨多羅三藐三菩提者. 然燈如來應正等覺. 不應授我記言. 汝摩納婆於當來世. 名釋迦牟尼如來應正等覺. 善現. 以如來無有少法能證阿耨多羅三藐三菩提. 是故然燈如來應正等覺授我記言汝摩納婆於當來世名釋迦牟尼如來應正等覺.

**[번역]**

17-2. "이것을 어떻게 생각하는가, 수보리여. 여래가 연등 여래의 곁에서 무상 정등각을 철저히 깨달았다 할 그 어떤 법이 있는가?"

이와 같이 말씀하셨을 때 수보리 존자가 세존께 이렇게 말씀드렸다. "세존이시여, 제가 세존께서 말씀하신 것을 깊이 아는 바로는 여래께서 연등 여래 아라한 정등각의 곁에서 무상 정등각을 철저히

깨달았다 할 그 어떤 법도 없습니다."

이와 같이 말씀드리자 세존께서 수보리 존자에게 이렇게 말씀하셨다. "참으로 그러하다, 수보리여. 참으로 그러하다. 여래가 연등 여래 아라한 정등각의 곁에서 무상 정등각을 철저히 깨달았다 할 그 어떤 법이란 없다. 만일 여래가 철저히 깨달았다 할 그 어떤 법이 있었다면 연등 여래가 나를 인정하지 않았을 것이다. '젊은이여, 그대는 미래세에 석가모니라 이름하는 여래 아라한 정등각이 될 것이다'라고. 참으로 수보리여, 여래가 연등 여래 아라한 정등각의 곁에서 무상 정등각을 철저히 깨달았다 할 그 어떤 법이란 없기 때문에 연등 여래가 나를 인정하기를 '젊은이여, 그대는 미래세에 석가모니라 이름하는 여래 아라한 정등각이 될 것이다'라고 한 것이다."

**[대역]**

17-2) tat kiṃ manyase Subhūte이를 어떻게 생각하는가, 수보리여(Ⓚ 須菩提 於意云何, Ⓗ 佛告善現 於汝意云何),

asti있는가 sa그 kaścid어떤 dharmo법이 yas Tathāgatena여래에 의해서 Dīpaṅkarasya연등 Tathāgatasya여래의 antikād곁에서 anuttarāṃ samyaksambodhim무상정등각을 abhisambuddhaḥ철저히 깨달았다 할[1](Ⓚ 如來 於然燈佛所 有法得阿耨多羅三藐三菩提不, Ⓗ 如來昔於然燈如來應正等覺所 頗有少法 能證阿耨多羅三藐三菩提不)?

evam ukte이와 같이 말씀하셨을 때 āyuṣmān Subhūtir존자 수보리가 Bhagavantam세존께 etad avocat이렇게 말씀드렸다(Ⓚ ×, Ⓗ 作是語已具壽善現白佛言):

yathā ahaṃ제가 Bhagavan세존이시여 Bhagavato세존께서 bhāṣitasya말씀하신 것의 artham뜻을 ājānāmi깊이 아는 바로는(Ⓚ 如我解佛所說義, Ⓗ 世尊如我解佛所說義者),

na asti없습니다 sa그 Bhagavan세존이시여 kaścid어떤 dharmo법도, yas그 Tathāgatena여래에 의해서 Dīpaṅkarasya Tathāgatasya arhataḥ samyaksambuddhasya연등 여래 아라한 정등각의 antikād 곁에서 anuttarāṃ samyaksambodhim무상정등각을 abhisambuddhaḥ 철저히 깨달았다 할(Ⓚ 不也 世尊 佛 於然燈佛所 無有法得阿耨多羅三藐三菩提, Ⓗ 如來昔於然燈如來應正等覺所 無有少法 能證阿耨多羅三藐三菩提).

evam ukte이와 같이 말씀드리자(Ⓚ ×, Ⓗ 說是語已) Bhagavān세존께서 āyuṣmantaṃ Subhūtim존자 수보리에게 etad avocat이렇게 말씀하셨다(Ⓚ 佛言, Ⓗ 佛告具壽善現言):

evam그러하다 etat이것은 Subhūte수보리여 evam etat그러하다 이것은(Ⓚ 如是如是 須菩提, Ⓗ 如是如是 善現),

na asti Subhūte sa kaścid dharmo yas Tathāgatena Dīpaṅkarasya Tathāgatasya arhataḥ samyaksambuddhasya antikād anuttarāṃ samyaksambodhim abhisambuddhaḥ수보리여, 여래에 의해서 연등 여래 아라한 정등각의 곁에서 무상정등각을 철저히 깨달았다 할 그 어떤 법도 없다(Ⓚ 實無有法如來得阿耨多羅三藐三菩提, Ⓗ 如來 昔於然燈如來應正等覺所 無有少法 能證阿耨多羅三藐三菩提).

sacet만일 punaḥ다시 Subhūte수보리여(Ⓚ 須菩提, Ⓗ 何以故 善現)

kaścid어떤 dharmas법이 Tathāgatena abhisambuddho여래에 의해서 철저히 깨달아졌다고 abhaviṣyat한다면(Ⓚ 若有法如來得阿耨多羅三藐三菩提者, Ⓗ 如來昔於然燈如來應正等覺所 若有少法 能證阿耨多羅三藐三菩提者),

na māṃ나를 Dīpaṅkaras Tathāgato연등 여래는 vyākariṣyad인정하시지 않았을 것이다(Ⓚ 然燈佛 卽不與我授記, Ⓗ 然燈如來應正等覺

不應授我記言):

bhaviṣyasi될 것이다 tvaṃ그대는 māṇava젊은이여[2](Ⓚ ×, Ⓗ 汝摩納婆), anāgate adhvani미래세에 śākyamunir nāma석가모니라 이름하는 Tathāgato arhan samyaksambuddha iti여래 아라한 정등각이라고(Ⓚ 汝於來世 當得作佛 號釋迦牟尼, Ⓗ 於當來世 名釋迦牟尼如來應正等覺).

yasmāt tarhi참으로 Subhūte수보리여 Tathāgatena arhatā samyaksambuddhena여래 아라한 정등각에 의해서 na asti없기 때문에 sa kaścid그 어떤 dharmo법도 yo anuttarāṃ samyaksambodhim abhisambuddhas무상정등각을 철저히 깨달은 [그런](Ⓚ 以實無有法得阿耨多羅三藐三菩提, Ⓗ 善現 以如來 無有少法 能證阿耨多羅三藐三菩提),

tasmād그렇기 때문에 ahaṃ나는 Dīpaṅkareṇa Tathāgatena연등여래에 의해서 vyākṛto인정이 되었다(Ⓚ 是故 然燈佛 與我授記 作是言, Ⓗ 是故 然燈如來應正等覺 授我記言):

bhaviṣyasi tvaṃ그대는 되리라 māṇava젊은이여(Ⓚ ×, Ⓗ 汝摩納婆) anāgate adhvani미래세에 śākyamunir nāma Tathāgato arhan samyaksambuddhaḥ석가모니라 이름하는 여래 아라한 정등각[이라고](Ⓚ 汝於來世 當得作佛 號釋迦牟尼, Ⓗ 於當來世名釋迦牟尼如來應正等覺).

**[주해]**

1) **여래가 연등 여래의 곁에서 무상 정등각을 철저히 깨달았다 할 그 어떤 법이 있는가?**: 7장에서 언급된 여래가 철저히 깨달은(abhisambuddha) 법이 있는가 하는 문제를 16-2장에서 언급된 연등불을 시봉하는 문제와 결부시켜 설하고 있다. 여래가 연등불전에서 철저히 깨달았다고 주장할 어떤 법이 있기는 한가라고 다시 문제를

제기시켜서 깨달은 법이라는 산냐가 남아 있다면 그것은 깨달음이 아님을 다시 상기시키면서 법에 대한 산냐를 거듭 척파하고 있다.

2) **젊은이여(māṇava)**: māṇava는 결혼하지 않은 젊은 사람이라는 뜻이다. 원래는 결혼하지 않은 바라문 계급의 젊은 사람을 의미했다. 현장은 摩納婆로 음역을 했다. 빠알리어도 māṇava이다. 초기경에 보면 바라문들이 부처님께 와서 논쟁을 할 때 주로 이런 젊은 바라문 생도들을 내세우고 있다.

## 17-3. 여래의 진정한 의미

**[원문]**

17c) tat kasya hetos? Tathāgata iti Subhūte bhūtatathatāyā etad adhivacanaṃ. Tathāgata iti Subhūte anutpādadharmatāyā etad adhivacanaṃ. Tathāgata iti Subhūte dharmocchedasyaitad adhivacanaṃ. Tathāgata iti Subhūte atyantānutpannasyaitad adhivacanaṃ. tat kasya hetoḥ? eṣa Subhūte anutpādo yaḥ paramārthaḥ.

**[鳩摩羅什]**

何以故오 如來者는 卽諸法如義니라

**[玄奘]**

所以者何. 善現. 言如來者卽是眞實眞如增語. 言如來者卽是無生法性增語. 言如來者卽是永斷道路增語. 言如來者卽是畢竟不生增語. 何以故. 善現. 若實無生卽最勝義

**[번역]**

17-3. "그것은 무슨 이유에서인가? 수보리여, 여래라 하는 것은 '참되고 그러함'을 두고 하는 말이기 때문이다. 수보리여, 여래라 하는 것은 '생겨남이 없음'을 두고 하는 말이기 때문이다. 수보리여, 여래라 하는 것은 '법이라는 것까지 완전히 끊어짐'을 두고 하는 말이기 때문이다.

수보리여, 여래라 하는 것은 '결코 생겨남이 없음'을 두고 하는 말이기 때문이다. 그것은 무슨 이유에서인가? 수보리여, 생겨남이 없음, 그것이 곧 최상의 이치이기 때문이다."

**[대역]**

17-3) tat kasya hetos그것은 무슨 이유에서인가(Ⓚ 何以故, Ⓗ 所以者何)?

Tathāgata iti여래라는 것은 Subhūte수보리여 bhūta-tathatāyā참되고 그러함의[1] etad이 adhivacanaṃ다른 이름[2]이기 때문이다(Ⓚ 如來者 卽諸法如義, Ⓗ 善現 言如來者 卽是眞實 眞如增語)

Tathāgata iti Subhūte여래라는 것은 수보리여[3](Ⓚ ×, Ⓗ 言如來者) anutpādadharmatāyā생겨남이 없음[4]의(Ⓚ ×, Ⓗ 卽是無生法性) etad이 adhivacanam다른 이름이기 때문이다.(Ⓚ ×, Ⓗ 增語)

Tathāgata iti Subhūte여래라는 것은 수보리여(Ⓚ ×, Ⓗ 言如來者) dharmocchedasya법이 완전히 끊어짐[5]의(Ⓚ ×, Ⓗ 卽是永斷道路) etad이 adhivacanam다른 이름이기 때문이다(Ⓚ ×, Ⓗ 增語).

Tathāgata iti Subhūte여래라는 것은 수보리여(Ⓚ ×, Ⓗ 言如來者) atyantānutpannasya완전히 생겨나지 않음[6]의(Ⓚ ×, Ⓗ 卽是畢竟不生) etad이 adhivacanam다른 이름이기 때문이다(Ⓚ ×, Ⓗ 增語).

tatkasya hetoḥ그것은 무슨 이유에서인가?(Ⓚ ×, Ⓗ 何以故)

eṣa이 Subhūte수보리여(Ⓚ ×, Ⓗ 善現) anutpādo생겨남이 없음이

(Ⓚ ×, Ⓗ 若實無生) yaḥ그(Ⓚ ×, Ⓗ 卽) paramārthaḥ최상의 이치[7]이기 때문이다(Ⓚ ×, Ⓗ 最勝義).

**[주해]**

1) **참되고 그러함의(bhūta-tathatāyā)**: bhūta는 6장의 7번 주해를 참조할 것. tathatā는 tathā(그러한)에다가 추상명사를 만드는 접미어 '-tā'를 붙여서 만들어진 명사로서 여기서는 소유격으로 쓰였다. '그러함, 그러한 상태'를 나타낸다. 초기경에는 나타나지 않는 개념이며 후대 논서에서 등장하는 개념으로 특히 대승불교에서 많이 나타나는 술어이다. 이 bhūta-tathatā를 구마라집은 諸法如義로 현장은 眞實眞如로 옮겼다.

2) **다른 이름(adhivacanaṃ)**: adhi([어디]로)+√vac(to speak)의 명사형으로 '칭호, 명칭, 술어, 비유' 등의 뜻으로 쓰인다. 현장은 增語라 옮겼다.

이하 본 문단의 끝까지는 산스끄리뜨 원본과 현장본에는 나타나지만 구역인 구마라집본에는 나타나지 않는다.

3) **생겨남이 없음의(anutpādadharmatāyā)**: anutpāda는 an(부정접두어)+ud(위로)+√pad(to go)의 명사이다. 현장은 無生이라고 옮겼다. 이것이 성질을 의미하는 dharma와 합성되고 다시 추상명사어미인 -tā를 붙여서 추상명사로 만들었다. 그래서 이 전체를 현장은 無生法性이라고 직역하고 있다.

4) **법이 완전히 끊어짐의(dharmocchedasya)**: dharma+uccheda의 소유격으로 쓰였다. uccheda는 ud(위로)+√chid(to cut)의 명사형

으로 '부서짐, 소멸'의 뜻으로 쓰인다.(27장 3번 주해 참조) 현장은 永斷道路로 dharma를 道路로 의역해서 옮기고 있다.

5) **완전히 생겨나지 않음(atyantānutpannasya)**: atyanta+anutpanna의 소유격이다. atyanta는 ati(아주, 지나친)+anta(끝)가 합성해서 이루어진 단어인데 주로 부사로 쓰여서 '철저히, 완전히, 최종적으로'의 뜻으로 쓰인다. anutpanna는 an(부정 접두어)+ut(위로)+√pad(to go)의 과거분사로서 '생겨나지 않은, 발생하지 않은'의 뜻이다. 이 합성어를 현장은 畢竟不生이라고 옮겼다.

6) **최상의 이치(paramārthaḥ)**: '궁극, 최상, 최고'를 뜻하는 parama와 '이치, 뜻, 의미'를 나타내는 artha가 합성해서 만들어진 단어이다. 빠알리어는 paramattha이고 초기불교와 대·소승 불교뿐만 아니라 인도의 6파철학과 자이나에서도 널리 쓰이는 술어이다. 각 파의 구극의 이념이나 주장, 진리를 이 술어로 나타낸다. 예를 들면 남방 아비담마에서는 심(心, citta), 심소(心所, cetasika), 물질(色, rūpa), 열반(nibbāna)의 넷을 빠라맛타라 부르고 궁극의 실재로 설한다. 현장은 最勝義라고 옮겼다.

## 17-4. 법이라는 산냐를 여의었기에 일체 법이 불법이다.

**[원문]**

17d) yaḥ kaścit Subhūte evaṃ vadet: Tathāgatenārhatā samyaksambuddhenānuttarā samyaksambodhir abhisambuddheti, sa vitatham vadet, abhyācakṣīta māṃ sa Subhūte asatodgṛhitena. tat kasya hetoḥ? nāsti Subhūte sa kaścid dharmo yas Tathāgatenānuttarāṃ samyaksambodhim abhisambuddhaḥ. yaś ca Subhūte Tathāgatena dharmo abhisambuddho deśito vā, tatra na satyaṃ na mṛṣā. tasmāt Tathāgato bhāṣate sarvadharmā Buddhadharmā iti. tat kasya hetoḥ? sarvadharmā iti Subhūte adharmās Tathāgatena bhāṣitā. tasmād ucyante sarvadharmā Buddhadharmā iti.

17e) tad yathāpi nāma Subhūte puruṣo bhaved upetakāyo mahākāyaḥ.

āyuṣmān Subhūtir āha: yo 'sau Bhagavaṃs Tathāgatena puruso bhāṣita upetakāyo mahākāya iti, akāyaḥ sa Bhagavaṃs Tathāgatena bhāṣitaḥ. tenocyata upetakāyo mahākāya iti.

**[鳩摩羅什]**

若有人이 言如來得阿耨多羅三藐三菩提라하면 須菩提야 實無有法佛得阿耨多羅三藐三菩提하니 須菩提야 如來所得阿耨多羅三藐三菩提는 於是中에 無實無虛하니라 是故로 如來가 說一切法이 皆是佛法이라하노니 須菩提야 所言一切法者는 卽非一切法일새 是故로 名一切法이니라

須菩提야 譬如人身長大하니라 須菩提가 言하사대 世尊하 如來가 說人身長大가 卽爲非大身일새 是名大身이니이다

**[玄奘]**

善現. 若如是說如來應正等覺能證阿耨多羅三藐三菩提者. 當知此言爲不眞實. 所以者何. 善現. 由彼謗我起不實執. 何以故. 善現. 無有少法如來應正等覺能證阿耨多羅三藐三菩提. 善現. 如來現前等所證法. 或所說法. 或所思法. 卽於其中非諦非妄. 是故如來說一切法皆是佛法. 善現. 一切法一切法者. 如來說非一切法. 是故如來說名一切法一切法.

佛告善現. 譬如士夫具身大身. 具壽善現卽白佛言. 世尊. 如來所說士夫具身大身. 如來說爲非身. 是故說名具身大身.

**[번역]**

17-4. "수보리여, 어떤 자가 말하기를, '여래 아라한 정등각은 무상 정등각을 철저히 깨달았다'라고 한다면 그는 거짓을 말하며 사실이 아닌 것에 집착하여 나를 비방하는 것이다.

그것은 무슨 이유에서인가? 수보리여, 여래가 무상 정등각을 철저히 깨달았다 할 그 어떤 법이 없기 때문이다. 그리고 수보리여, 여래가 철저히 깨달았거나 설한 법에는 진실도 없고 거짓도 없기 때문이다. 그러므로 여래는 설하기를 '일체 법이 불법'이라고 한 것이다.

그것은 [다시] 무슨 이유에서인가? 일체 법이라 한 것은 수보리여, [일체] 법이 아니라고 여래는 설하였기 때문이다. 그래서 말하기를 일체 법이 불법이라고 한 것이다. 예를 들면 수보리여, 사람이 있어 구족한 몸과 큰 몸을 가진 것과 같다."

수보리 존자가 대답했다. "세존이시여, 여래께서 사람에 대해서 설하시기를 구족한 몸, 큰 몸이라고 하신 것, 그것은 [구족하고 큰] 몸이 아니라고 여래께서는 설하셨습니다. 그래서 말하기를 구족한 몸, 큰 몸이라고 하신 것입니다."

**[대역]**

17-4) yaḥ kaścit어떤 자가 Subhūte수보리여 evaṃ이렇게 vadet 말하기를(Ⓚ 若有人言, Ⓗ 善現 若如是說):

Tathāgatena arhatā samyaksambuddhena여래 아라한 정등각에 의해서 anuttarā samyaksambodhir abhisambuddhā iti무상 정등각이 철저히 깨달아졌다라고 한다면(Ⓚ 如來得阿耨多羅三藐三菩提, Ⓗ 如來應正等覺能證阿耨多羅三藐三菩提者),

sa그는 vitathaṃ vadet거짓을 말하는 것이며[1](Ⓚ ×, Ⓗ 當知此言

爲不眞實), abhyācakṣīta비방하는[2] 것이다 māṃ나를 sa그는 Subhūte 수보리여 asat-udgṛhītena사실이 아닌 것에 집착함에 의해서[3](Ⓚ ×, Ⓗ 所以者何 善現. 由彼謗我起不實執)

tat kasya hetoḥ그것은 무슨 이유에서인가(Ⓚ ×, Ⓗ 何以故)?

na asti없기 때문이다 Subhūte수보리여 sa kaścid그 어떤 dharmo 법이, yas Tathāgatena여래에 의해서 anuttarāṃ samyaksam-bodhim abhisambuddhaḥ무상 정등각이 철저히 깨달아졌다 할(Ⓚ 須菩提 實無有法佛得阿耨多羅三藐三菩提, Ⓗ 善現 無有少法 如來應正等覺能 證阿耨多羅三藐三菩提).

yaś ca그리고 Subhūte수보리여 Tathāgatena여래에 의해서 dha-rmo법이 abhisambuddho철저히 깨달아지거나 deśito vā설해진(Ⓚ 須菩提 如來所得阿耨多羅三藐三菩提, Ⓗ 善現 如來現前等所證法 或所說法 或所思法),

tatra거기에는(Ⓚ 於是中, Ⓗ 卽於其中) na satyaṃ진실도 없고 na mṛṣā거짓도 없기 때문이다[4](Ⓚ 無實無虛, Ⓗ 非諦非妄).

tasmāt그러므로 Tathāgato bhāṣate여래는 설하기를 sarva-dha-rmā일체 법이 Buddha-dharmā불법이다[5] iti라고 한 것이다(Ⓚ 是故如來 說一切法 皆是佛法, Ⓗ 是故如來 說一切法皆是佛法).

tat kasya hetoḥ그것은 무슨 이유에서인가?

sarva-dharmā iti일체 법이라 한 것은 Subhūte수보리여

a-dharmās법이 아니라고 Tathāgatena bhāṣitā여래에 의해서 설해졌기 때문이다(Ⓚ 須菩提 所言一切法者 卽非一切法, Ⓗ 善現 一切法一切法者 如來說非一切法).

tasmād ucyante그래서 말해지기를 sarva-dharmā Buddha-dha-rmā iti일체 법이 불법이라 한 것이다(Ⓚ 是故 名一切法, Ⓗ 是故 如來說名 一切法一切法).

tad yathā api nāma그것은 마치 [예를 들면] Subhūte수보리여(Ⓚ 須菩提 譬如, Ⓗ 佛告善現 譬如) puruṣo bhaved사람이 있어 upetakāyo mahākāyaḥ구족한 몸과 큰 몸을 가진 것과 같다[6](Ⓚ 人身長大, Ⓗ 士夫具身大身).

āyuṣmān Subhūtir āha존자 수보리가 대답했다(須菩提 言, Ⓗ 具壽善現卽白佛言): yo asau이 Bhagavaṃs세존이시여 Tathāgatena여래에 의해서 puruso사람이 bhāṣita설해지기를 upetakāyo mahākāya iti구족한 몸과 큰 몸이라 하신 것은(Ⓗ 世尊 如來 說人身長大, Ⓗ 世尊 如來所說 士夫具身大身),

a-kāyaḥ[구족하거나 큰] 몸이 아니다 sa그것은 이라고 Bhagavaṃs세존이시여 Tathāgatena bhāṣitaḥ여래에 의해서 설해졌습니다(Ⓗ 卽爲非大身, Ⓗ 如來說爲非身).

tena ucyate그래서 말해지기를 upetakāyo mahākāya iti구족한 몸, 큰 몸이라고 하신 것입니다(Ⓚ 是名大身, Ⓗ 是故說名 具身大身).

**[주해]**

1) **거짓을 말하며(vitathaṃ vadet)**: 10-2장 2번 주해와 14-7장 3번 주해를 참조할 것. vadet는 √vad(to speak)의 가능태(Potential) 삼인칭 단수형이다.

2) **비방하는(abhyācakṣīta)**: abhi(향하여, 위로)+ā(향하여)+√cakṣ (to see)의 Aor. 과거로서 위아래로 쳐다보는 모양을 연상하면 되겠다. 그래서 경멸하고 경시하는 뜻으로 쓰였다. 현장은 謗으로 옮겼다.

3) **사실이 아닌 것에 집착함에 의해서(asat-udgṛhītena)**: asat는 √as(to be)의 현재분사인 sat에다 부정 접두어 a-를 붙여서 이루진 단어로서 '존재하지 않는'의 뜻이다. udgṛhīta는 8장 8번 주해 참조할

것. 전체 합성어는 도구격으로 쓰였다. 현장은 起不實執이라 옮겼다.

4) **여래가 철저히 깨달았거나 설한 법에는 진실도 없고 거짓도 없기 때문이다**: 14-7장에서 나타난 개념이다. 이렇게 반복해서 법이라는 산냐를 극복하도록 하고 있다.

5) **일체법이 불법이다(sarvadharmā Buddha-dharmā)**: 여기서 일체법은 마노(mano, Sk. manas, 意)의 대상인 물심의 모든 현상을 뜻한다. 불법은 부처님의 가르침을 뜻한다. 일체의 모든 생겨나고 사라지는 현상이 그대로가 부처님의 가르침이라는 말이겠다. 그러나 일체법으로 정해진 그 무엇이 있다고 생각하면 그것도 산냐가 되고 만다. 모든 현상은 생겼다가는(samudaya) 사라지고(vaya) 사라졌다가는 다시 생겨나는 것이다. 또 그런 현상은 모두 마노(意)의 대상이라서 마노의 향상의 정도에 따라 달리 파악된다 하겠다. 부처님 가르침이라고 하지만 이것도 사실은 마노의 대상이다. 그래서 받아들이는 사람의 향상의 정도에 따라서 달리 이해되는 것이다. 거듭 말하지만 이렇게 법(그것이 현상이든 진리든 부처님 가르침이든)을 마노의 대상으로 파악하는 게 불교의 큰 특징이요, 마노의 기능[意根]을 개발하는 것이 불교의 근본이며, 이 마노의 기능은 마음챙김(sati, 正念)과 평온(upekkha, 捨)으로 개발되는 것이다. 그래서 마노야말로 참으로 향상근(向上根)이라 표현할 수 있겠다. 그래서 법구경은 "마노뿝방가마 담마 마노세타 마노마야 - [일체의 모든] 법(현상)들은 마음이 항상 그들에 앞서 가며, 마음을 수승한 것으로 하며, 마음으로 이루어진 것이다."로 시작한다.

6) **사람이 있어 구족한 몸과 큰 몸을 가진 것과 같다(puruṣo bhaved upetakāyo mahākāyaḥ)**: 10-3장에서 길게 나온 비유를 여기

서는 간략히 줄여서 언급하고 있다. 이처럼 앞에서 나온 비유나 개념을 간략하게 언급하면서 여러 산냐에 걸리지 말 것을 본 경의 후반부에서는 반복해서 가르치고 있다.

## 17-5. 법에 대한 모든 산냐를 여의라

**[원문]**

17f) Bhagavān āha: evam etat Subhūte. yo bodhisattvo evaṃ vaded: ahaṃ sattvān parinirvāpayiṣyāmīti, na sa bodhisattva iti vaktavyaḥ. tat kasya hetoḥ, asti Subhūte sa kaścid dharmo yo bodhisattvo nāma?

Subhūtir āha: no hidaṃ Bhagavan, nāsti sa kaścid dharmo yo bodhisattvo nāma.

Bhagavān āha: sattvāḥ sattvā iti Subhūte asattvās te Tathāgatena bhāṣitās, tenocyante sattvā iti. tasmāt Tathāgato bhāṣate: nirātmānaḥ sarvadharmā niḥsattvāḥ nirjīvā niṣpudgalāḥ sarvadharmā iti.

**[鳩摩羅什]**

須菩提야 菩薩도 亦如是하야 若作是言호대 我當滅度無量衆生이라하면 卽不名菩薩이니 何以故오 須菩提야 實無有法名爲菩薩이니라 是故로 佛說一切法이 無我無人無衆生無壽者라하노라

**[玄奘]**

佛言善現. 如是如是. 若諸菩薩作如是言. 我當滅度無量有情. 是則

不應說名菩薩. 何以故. 善現. 頗有少法名菩薩不. 善現答言. 不也世尊. 無有少法名爲菩薩. 佛告善現. 有情有情者. 如來說非有情故名有情. 是故如來說一切法無有有情. 無有命者無有士夫無有補特伽羅等.

**[번역]**

17-5. 세존께서 말씀하셨다. "참으로 그와 같다. 수보리여, 보살이 말하기를 '나는 중생들을 완전히 열반에 들게 하리라'라고 한다면 '그는 보살이 아니다'라고 말해야 할 것이다.

그것은 무슨 이유에서인가? 수보리여, 보살이라고 이름할 만한 그 어떤 법이 있는가?"

수보리가 대답했다. "참으로 그렇지 않습니다. 보살이라고 이름할 만한 그 어떤 법은 없습니다."

세존께서 말씀하셨다. "'중생들, 중생들'이라는 것은 그들은 수보리여, 중생들이 아니라고 여래는 설했다. 그래서 말하기를 중생들이라 한다. 그러므로 여래는 설하기를 '일체 법은 자아가 없고 일체 법은 중생이 없고 영혼이 없고 개아가 없다'고 한 것이다."

**[대역]**

17-5) Bhagavān āha세존께서 말씀하셨다(Ⓚ ×, Ⓗ 佛言善現):

evam etat Subhūte그와 같다. 그것은 수보리여. yo bodhisattvo보살이 evaṃ vaded이와 같이 말하기를(Ⓚ 須菩提 菩薩 亦如是 若作是言, Ⓗ 如是如是 若諸菩薩作如是言):

ahaṃ나는 sattvān중생들을 parinirvāpayiṣyāmi iti완전히 열반에 들게 하리라고 한다면(Ⓚ 我當滅度無量衆生, Ⓗ 我當滅度 無量有情), na sa그는 bodhisattva iti보살이 아니다라고 vaktavyaḥ말해져야 한다[1] (Ⓚ 卽不名菩薩, Ⓗ 是則不應說名菩薩).

tat kasya hetoḥ그것은 무슨 이유에서인가?(Ⓚ=Ⓗ 何以故),

asti있겠는가 Subhūte수보리여 sa그 kaścid어떤 dharmo법이 yo

bodhisattvo nāma즉 보살이라고 이름할 만한 [그런](Ⓚ 須菩提 實無有法名爲菩薩, Ⓗ 善現 頗有少法名菩薩不)?

Subhūtir āha수보리가 대답했다(Ⓚ ×, Ⓗ 善現答言):

no hi idaṃ Bhagavan참으로 그렇지 않습니다(Ⓚ ×, Ⓗ 不也世尊), na asti sa kaścid dharmo그 어떤 법도 없습니다 yo bodhisattvo nāma보살이라고 이름할 만한(Ⓚ ×, Ⓗ 無有少法名爲菩薩).

Bhagavān āha세존께서 말씀하셨다(Ⓚ ×, Ⓗ 佛告善現):

sattvāḥ sattvā iti중생들 중생들이라는 것은 Subhūte수보리여(Ⓚ ×, Ⓗ 有情有情者) a-sattvās중생들이 아니다 [라고] te그들은 Tathāgatena bhāṣitās여래에 의해서 설해졌다(Ⓚ ×, Ⓗ 如來說非有情), tena ucyante그래서 말해지기를 sattvā iti중생들이라 한다[2)](Ⓚ ×, Ⓗ 故名有情)

tasmāt그러므로 Tathāgato bhāṣate여래는 설하기를: nirātmānaḥ자아가 없다 sarva-dharmā일체 법들은, niḥ-sattvāḥ중생이 없고 nir-jīvā영혼이 없고 niṣ-pudgalāḥ개아가 없나니 sarva-dharmā일체 법들은 iti이라고[3)](Ⓚ 是故 佛說一切法 無我無人無衆生無壽者, Ⓗ 是故如來說一切法 無有有情 無有命者 無有士夫 無有補特伽羅等).

**[주해]**

1) **'나는 중생들을 완전히 열반에 들게 하리라'라고 한다면 '그는 보살이 아니다'라고 말해야 할 것이다**: 3장에서 언급한 반열반의 문제를 다시 제기하고 있다.

3장에서는 반열반하게 할 중생이라는 산냐를 가지지 말라고 했는데 여기서는 다시 반열반하게 한다고 하면 그는 보살이 아니라고 하여 반열반하게 하는 자에 초점을 맞추어서 설하고 있다. 보살이라 이름할 법이 본래 없다고 강조하고 그런 법이라는 산냐를 가지지 말라고 거듭 부연하고 있다.

2) **그래서 말하기를 중생들이라 한다**: 3장에서 중생이라는 산냐가 생기면 보살이 아니다라고 했는데 여기서는 다시 어법을 바꾸어 중생이라 하지만 이름뿐으로 중생이라 할 실체가 없음을 말하면서 중생이라는 산냐를 가지지 말 것을 설하고 있다. 14-7장에서는 보시를 설하면서 중생이라는 산냐를 가지지 말 것을 설했었다.

3) **일체 법은 자아가 없고 일체 법은 중생이 없고 영혼이 없고 개아가 없다**: 3장에서는 아·인·중생·수자의 산냐를 가지면 보살이 아니라 했고 여기서는 어법을 바꾸어 제법에는 본래 아·인·중생·수자가 없음을 설하고 있다. 이렇게 후반부에 내려오면서 어법을 바꾸어서 산냐의 문제를 설하고 있다.

## 17-6. 불국 건설의 산냐를 가지면 진정한 보살이 아니다

**[원문]**

17g) yaḥ Subhūte bodhisattva evaṃ vaded: ahaṃ kṣetravyūhān niṣpādayiṣyāmīti, so 'pi tathaiva vaktavyaḥ. tat kasya hetoḥ? kṣetravyūhā kṣetravyūhā iti Subhūte 'vyūhās te Tathāgatena bhāṣitāḥ, tenocyante kṣetravyūhā iti.

**[鳩摩羅什]**

須菩提야 若菩薩이 作是言호대 我當莊嚴佛土라하면 是不名菩薩이니 何以故오 如來가 說莊嚴佛土者는 卽非莊嚴일새 是名莊嚴이니라

**[玄奘]**

善現. 若諸菩薩作如是言. 我當成辦佛土功德莊嚴亦如是說. 何以故. 善現. 佛土功德莊嚴佛土功德莊嚴者. 如來說非莊嚴. 是故如來說名佛土功德莊嚴佛土功德莊嚴.

**[번역]**

17-6. "수보리여, 보살이 이와 같이 말하기를 '나는 [불]국토를 건설하리라'라고 한다면 그도 역시 그와 같이 [보살이 아니라고] 해야 할 것이다.

그것은 무슨 이유에서인가? '[불]국토 건설, [불]국토 건설'이라는 것, 그것은 수보리여, [불국토] 건설이 아니라고 여래는 설했나니 그래서 말하기를 [불]국토 건설이라고 한 것이기 때문이다."

**[대역]**

17-6) yaḥ Subhūte수보리여 bodhisattva보살이 evaṃ이와 같이 vaded말하기를(Ⓚ 須菩提 若菩薩 作是言, Ⓗ 善現. 若諸菩薩作如是言):

ahaṃ나는 kṣetra-vyūhān[불]국토의 장엄들을 niṣpādayiṣyāmi iti 이룩하리라 한다면[1](Ⓚ 我當莊嚴佛土, Ⓗ 我當成辦 佛土功德莊嚴), so api그도 역시 tathā그와 같이 [보살이 아니라고] eva오직 vaktavyaḥ 말해져야 한다(Ⓚ 是不名菩薩, Ⓗ 亦如是說).

tat kasya hetoḥ그것은 무슨 이유에서인가(Ⓚ=Ⓗ 何以故)?

kṣetra-vyūhā kṣetra-vyūhā iti[불]국토 장엄들, [불]국토의 장엄들이라는 것들은 Subhūte수보리여 avyūhās[불국토] 장엄들이 아니

다 te그것들은 이라고 Tathāgatena bhāṣitāh여래에 의해서 설해졌나니(Ⓚ 如來 說莊嚴佛土者 卽非莊嚴, Ⓗ 善現 佛土功德莊嚴 佛土功德莊嚴者 如來說非莊嚴), tena ucyante그래서 말해지기를 kṣetra-vyūhā iti[불]국토의 장엄들이라고 한 것이다(Ⓚ 是名莊嚴, Ⓗ 是故 如來說名佛土功德莊嚴 佛土功德莊嚴).

**[주해]**

1) **'나는 [불]국토를 건설하리라'라고 한다면 그도 역시 그와 같이 [보살이 아니라고] 해야 할 것이다**: 10-2장에서 거론된 불국토 건설을 다시 언급하고 있다. 10-2장에서는 '보살이 불국토를 건설하리라고 한다면 그는 거짓말을 하고 있다'고 표현했고 여기서는 그냥 '그러면 보살이 아니라'고 표현을 조금 바꾸었다. 이렇게 불국토 건설이라는 산냐에 빠지지 말 것을 거듭해서 설하고 있다.

## 17-7. 제법무아를 확신하는 자를 일러 보살이라 한다

**[원문]**

17h) yaḥ Subhūte bodhisattvo nirātmāno dharmā nirātmāno dharmā iti adhimucyate, sa Tathāgatenārhatā samyaksambuddhena bodhisattvo mahāsattva iti ākhyātaḥ.

**[鳩摩羅什]**

須菩提야 若菩薩이 通達無我法者는 如來가 說名眞是菩薩이니라

**[玄奘]**

善現. 若諸菩薩於無我法無我法深信解者. 如來應正等覺說爲菩薩菩薩.

**[번역]**

17-7. "수보리여, 보살이 '법들은 자아가 없다, 법들은 자아가 없다'고 확신할 때 그를 여래 아라한 정등각은 보살 마하살이라고 부른다."

**[대역]**

17h) yaḥ Subhūte수보리여 bodhisattvo보살이 nirātmāno자아가 없는 dharmā법들 nirātmāno자아가 없는 dharmā법들 iti이라고 adhimucyate확신[信解]하는(Ⓚ 須菩提 若菩薩 通達無我法者, Ⓗ 善現. 若諸菩薩 於無我法無我法 深信解者),

sa그는 Tathāgatena arhatā samyaksambuddhena여래 아라한 정등각에 의해서 bodhisattvo mahāsattva iti보살 마하살이라고 ākhyātaḥ불러진다[1)](Ⓚ 如來 說名眞是菩薩, Ⓗ 如來應正等覺 說爲菩薩菩薩)

**[주해]**

1) **'법들은 자아가 없다, 법들은 자아가 없다'고 확신할 때 그를 여래 아라한 정등각은 보살 마하살이라고 부른다**: 이렇게 본 장에서는 중생이니 무상정등각이니 보살이니 불국토 건설이니 하는 불교 특히 대승불교의 가장 중요한 개념들을 거론하고 이런 것들이 고정불변의 진리로 정해져 있다는 생각 즉 법이라는 산냐를 거듭해서 척파하고 있다. 그리고 여기서 제법무아라는 불교의 가장 기본적이고 중요한 가르침을 제기하면서 여기에 확신을 가져야만 그를 일러 보살 마하살이라 한다고 통쾌하게 결론짓고 있다.

그러나 우리의 현실은 어떠한가? 모두 우빠니샤드의 아류적인 발상으로 참선을 하고 불교를 설하고 있지는 않은가. 마음, 마음 하지만 그 마음을 아뜨만적인 견해로 받아들여 가르치고 있지는 않은가. 우빠니샤드의 아류적인 발상으로 생사를 초월한 영원한 생명자리인 자아(ātman)가 있나니 그것을 찾기 위해서 생명을 걸자고 힘으로 몰아붙이고 있지는 않은가? 참으로 이러한 힘의 논리를 앞세워, 화두를 힘으로 밀어붙여 타파해야 할 그 무엇으로 간주하여서 온 몸과 마음을 몰아세워가고 있지는 않은가? 힘으로 밀어붙여 화두가 핵폭발하는 것처럼 어느 순간에 펑하고 터지면 그 즉시에 도인이 되고 부처가 되어 만중생의 존경과 귀의와 찬탄과 예경을 받게 되는 것으로 돈오돈수를 생각하고 있지나 않은가?

조금 거칠게 표현하기는 했지만 아무래도 한국불교의 수행에는 이러한 허망하기 짝이 없는 힘의 논리가 너무나 강하게 자리하고 있다는 느낌은 지울 수가 없다. 그게 자아든 불성이든 대아든 진아든 진인이든 자성이든 주인공이든 내 부처든 불생불멸이든 공이든 그 어떤 존재론적인 무엇을 상정하여 그것을 추구하고 그것과 하나가 되려고 몰입하면 아무래도 힘으로 그것을 향해서 밀어붙이게 되고 그렇게 되면 점점 극단적인 신비주의로 빠져들게 되니 바른 수행은 아니라 할 것이다. 무엇보다도 그렇게 힘으로 밀어붙이는 게 업이 되면 매사가 그런 힘을 쓰려는 강력한 의도에 지배되어 정념정지(正念正知) 즉 살피는 기능이 개발되지 못해서 경계에 속게 될 것이다. 아니, 건전한 상식이나 경우를 무시하고 세상사 모두를 힘으로 밀어붙여 해결하려 들게 될 것이다. 이런 배경 때문에 조계종의 여러 문제는 생겨나는 것이 아닌가 생각한다.

그런데 설사 힘으로 밀어붙여 그것과 하나가 되었다고 위대한 선포를 하더라도 기실 그것은 그것과 하나되었다는 산냐에 지나지 않는다고 본 경은 설하고 있지 않은가? 그러니 어떤 영원한 무엇이 있다. 불변의 실체가 있다는 견해가 얼마나 두려운 것인가 알아야 하겠다. 그래서 본 경은 거듭해서 그런 것이 없다고 제법무아를 역설하고 있는 것이다. 그러니 요즘 몇 몇 불자들이 얼토당토않게 '이 뭣고'를 '꼬아함(ko ahaṃ)'[32]의 아류쯤으로 이해하려 드는데 이러고서도 한국불교를 선(禪)의 정통 운운하면서 세계불교에 내세울 수 있을까? 우리는 선종의 소의경전인 이 금강경으로써 화두라는 산냐, 선종이라는 산냐, 마음 깨쳐 성불한다는 산냐 등 일체의 공부에 대한 산냐를 한번쯤 점검해봐야 하지는 않을까. 그렇다고 역자의 말을 화두 참구하지 말라, 참선하지 말라고 받아들이는 자가 있다면 참 슬픈 일이라 아니 할 수 없다.

## 18-1. 여래에게는 오안(五眼)이 있다

**[원문]**

18a) Bhagavān āha: tat kiṃ manyase Subhūte, saṃvidyate Tathāgatasya māṃsacakṣuḥ?

Subhūtir āha: evam etad Bhagavan, saṃvidyate Tathāgatasya māṃsacakṣuḥ.

Bhagavān āha: tat kiṃ manyase Subhūte, saṃvidyate Tathāgatasya divyaṃ cakṣuḥ?

Subhūtir āha: evam etad Bhagavan, saṃvidyate Tathāgatasya

32) '나는(aham) 누구인가(kaḥ)'로 번역되는 산스끄리뜨로 베단따 본류를 자처하는 상까라(Saṅkara)파의 힌두 수행자들이 참구하는 명상 주제임. 이들은 이 '나'를 영원한 자아(아뜨만)라 하여 이 아뜨만에 몰입하는 것으로 수행을 삼으니 화두참구를 이런 수준으로 파악한다면 참으로 문제가 많다고 하겠다. 그리고 요즘 몇 몇 인도 사두들은 숨을 들이쉬면서 '꼬(ko)'하고 내쉬면서 '[아]함(aham)'하라고 지도를 한다니 참 화두와는 십만 팔천 리라 하겠다.

divyaṃ cakṣuḥ.

Bhagavān āha: tat kiṃ manyase Subhūte, saṃvidyate Tathāgatasya prajñācakṣuḥ?

Subhūtir āha: evam etad Bhagavan, saṃvidyate Tathāgatasya prajñācakṣuḥ.

Bhagavān āha: tat kiṃ manyase Subhūte, saṃvidyate Tathāgatasya dharmacakṣuḥ?

Subhūtir āha: evam etad Bhagavan, saṃvidyate Tathāgatasya dharmacakṣuḥ.

Bhagavān āha: tat kiṃ manyase Subhūte, saṃvidyate Tathāgatasya buddhacakṣuḥ?

Subhūtir āha: evam etad Bhagavan, saṃvidyate Tathāgatasya buddhacakṣuḥ.

**[鳩摩羅什]**

• 一體同觀分 第十八

須菩提야 於意云何오 如來가 有肉眼不아 如是니이다 世尊하 如來가 有肉眼이니이다 須菩提야 於意云何오 如來가 有天眼不아 如是니이다 世尊하 如來가 有天眼이니이다 須菩提야 於意云何오 如來가 有慧眼不아 如是니이다 世尊하 如來가 有慧眼이니이다 須菩提야 於意云何오 如來有法眼不아 如是니이다 世尊하 如來有法眼이니이다 須菩提야 於意云何오 如來有佛眼不아 如是니이다 世尊하 如來有佛眼이니이다

**[玄奘]**

佛告善現. 於汝意云何如來等現有肉眼不. 善現答言. 如是世尊. 如來等現有肉眼. 佛言善現. 於汝意云何. 如來等現有天眼不. 善現答言. 如是世尊. 如來等現有天眼. 佛言善現. 於汝意云何. 如來等現有慧眼不. 善現答言. 如是世尊. 如來等現有慧眼. 佛言善現. 於汝意云何. 如

來等現有法眼不. 善現答言. 如是世尊. 如來等現有法眼. 佛言善現. 於汝意云何. 如來等現有佛眼不. 善現答言. 如是世尊. 如來等現有佛眼.

**[번역]**

18-1. 세존께서 말씀하셨다. "이것을 어떻게 생각하는가, 수보리여. 여래는 육안(肉眼)이 있는가?" 수보리가 대답했다. "참으로 그러합니다, 세존이시여. 여래는 육안이 있습니다."

세존께서 말씀하셨다. "이것을 어떻게 생각하는가, 수보리여. 여래는 천안(天眼)이 있는가? 수보리가 대답했다. "참으로 그러합니다, 세존이시여. 여래는 천안이 있습니다."

세존께서 말씀하셨다. "이것을 어떻게 생각하는가, 수보리여. 여래는 혜안(慧眼)이 있는가?" 수보리가 대답했다. "참으로 그러합니다, 세존이시여. 여래는 혜안이 있습니다."

세존께서 말씀하셨다. "이것을 어떻게 생각하는가, 수보리여. 여래는 법안(法眼)이 있는가?" 수보리가 대답했다. "참으로 그러합니다, 세존이시여. 여래는 법안이 있습니다."

세존께서 말씀하셨다. "이것을 어떻게 생각하는가, 수보리여. 여래는 불안(佛眼)이 있는가? 수보리가 대답했다. "참으로 그러합니다, 세존이시여. 여래는 불안이 있습니다."

**[대역]**

18-1) Bhagavān āha세존께서 말씀하셨다:

tat kiṃ manyase Subhūte이를 어떻게 생각하는가, 수보리여, saṃvidyate있는가 Tathāgatasya여래의 māṃsa-cakṣuḥ육안이[1](Ⓚ須菩提 於意云何 如來 有肉眼不, Ⓗ 佛告善現 於汝意云何如來等現有肉眼不)?

Subhūtir āha수보리가 대답했다:

evam etad Bhagavan참으로 그러합니다 세존이시여(Ⓚ 如是 世尊, Ⓗ 善現答言 如是 世尊), saṃvidyate있습니다 Tathāgatasya여래의 māṃsacakṣuḥ육안은(Ⓚ 如來 有肉眼, Ⓗ 如來等現有肉眼).

Bhagavān āha세존께서 말씀하셨다:
tat kiṃ manyase Subhūte이를 어떻게 생각하는가, 수보리여(Ⓚ 須菩提 於意云何, Ⓗ 於汝意云何), saṃvidyate있는가 Tathāgatasya여래의 divyaṃ천 cakṣuḥ안이(Ⓚ 如來 有天眼不, Ⓗ 如來等現有天眼不)?
Subhūtir āha수보리가 대답했다:
evam etad Bhagavan참으로 그러합니다 세존이시여(Ⓚ 如是 世尊, Ⓗ 善現答言 如是世尊), saṃvidyate있습니다 Tathāgatasya여래의 divyaṃ cakṣuḥ천안은(Ⓚ 如來 有天眼, Ⓗ 如來等現有天眼).

Bhagavān āha세존께서 말씀하셨다:
tat kiṃ manyase Subhūte이를 어떻게 생각하는가, 수보리여, saṃvidyate있는가 Tathāgatasya여래의 prajñā-cakṣuḥ혜안이(Ⓚ 須菩提 於意云何 如來 有慧眼不, Ⓗ 佛言善現 於汝意云何 如來等現有慧眼不)?
Subhūtir āha수보리가 대답했다:
evam etad Bhagavan참으로 그러합니다 세존이시여, saṃvidyate 있습니다 Tathāgatasya prajñā-cakṣuḥ여래의 혜안은(Ⓚ 如是 世尊 如來 有慧眼, Ⓗ 善現答言 如是世尊 如來等現有慧眼).

Bhagavān āha세존께서 말씀하셨다:
tat kiṃ manyase Subhūte이를 어떻게 생각하는가, 수보리여, saṃvidyate있는가 Tathāgatasya여래의 dharma-cakṣuḥ법안이(Ⓚ 須菩提 於意云何 如來 有法眼不, Ⓗ 佛言善現 於汝意云何 如來等現有法眼不)?
Subhūtir āha수보리가 대답했다:

evam etad Bhagavan참으로 그러합니다, 세존이시여. saṃvidyate 있습니다 Tathāgatasya dharma-cakṣuḥ여래의 법안은(Ⓚ 如是 世尊 如來 有法眼, Ⓗ 善現答言 如是世尊 如來等現有法眼).

Bhagavān āha세존께서 말씀하셨다:

tat kiṃ manyase Subhūte이를 어떻게 생각하는가, 수보리여, saṃvidyate있는가 Tathāgatasya여래의 buddha-cakṣuḥ불안이(須菩提 於意云何 如來 有佛眼不, Ⓗ 佛言善現 於汝意云何 如來等現有佛眼不)?

Subhūtir āha수보리가 대답했다:

evam etad Bhagavan참으로 그러합니다 세존이시여, saṃvidyate 있습니다 Tathāgatasya buddha-cakṣuḥ여래의 불안은[2](Ⓚ 如是 世尊 如來 有佛眼, Ⓗ 善現答言 如是世尊 如來等現有佛眼).

**[주해]**

1) 본 장에서는 부처님이 갖추셨다는 '다섯 가지 눈[五眼]'의 문제가 거론되고 있다. 오안을 간추려 보면;

① 육안(肉眼, māṃsa-cakṣu): māṃsa는 살점을 뜻한다.(15-2장 5번 주해 참조) cakṣu는 √cakṣ(to see)에서 파생된 명사로 '눈[目]'을 나타낸다. 보통 범부들도 다 가지고 있는 육신의 눈을 뜻한다. 빠알리어로는 maṃsa-cakkhu이다.

② 천안(天眼, divya-cakṣu): divya는 √dīv/div(to shine)에서 파생된 형용사로 '신성한, 신령스러운, 신에 속하는' 등의 뜻으로 쓰인다. 이 동사에서 파생된 말이 deva 즉 신(神) 혹은 천(天)이다. 그래서 천안은 보통 사람들의 시계(視界)로는 볼 수 없는 초능력을 뜻한다. 빠알리어에 나타나는 정형구는 다음과 같다. "그는 인간의 능력을 넘어선 청정한 하늘 눈[天眼]으로 모든 중생들이 천박하거나 고상하게, 아름답거나 추하게, 좋은 곳에 가거나 나쁜 곳에 가면서 죽고 나

고 하는 것을 본다."[33]

③ 혜안(慧眼, prajñā-cakṣu): prajñā는 반야 즉 지혜(智慧)를 말한다. 빠알리어는 paññā-cakkhu이다. M43번 경에서는 이렇게 나타난다. "알아야 하는 법을 빤냐짝쿠[慧眼]로 빠자나띠한다."[34]

④ 법안(法眼, dharma-cakṣu): 법을 보는 눈이라는 뜻인데 초기 경들에 아주 많이 나타나고 있다. 초기경에서는 다음과 같은 정형구로 많이 나타난다. "욕망을 여읜[離慾] 청정한 법안이 생겨났나니 - 생겨난 법은 모두 멸하는 법이라고."[35]

⑤ 불안(佛眼, buddha-cakṣu): 부처님의 눈이라는 의미인데 초기경에서는 거의 나타나지 않고 율장에 한 번 정도 그리고 주석서들에서 나타나고 있다. 빠알리어는 buddha-cakkhu이다.

숫따니빠따의 주석서이며 소부니까야에 포함되어 있는 닛데사(Niddesa, 義釋)에도 다섯 가지 눈에 대해 언급되고 있는데 다음과 같다. ㈎ maṃsa-cakkhu(육안), ㈏ dibba-cakkhu(천안), ㈐ paññā-ca-kkhu(혜안), ㈑ buddha-cakkhu(불안), ㈒ samanta-cakkhu(普眼, 완전한 눈)의 다섯인데 네 번째의 법안 대신에 완전한 혹은 전지전능한 눈이 언급되고 있다.

2) 이처럼 여래는 다섯 가지 눈을 구족하고 있다고 하시고 이런 눈으로 여래는 모든 중생들의 마음의 흐름을 다 안다고 다음에서 설하고 있다.

---

33) So dibbena cakkhunā visuddhena atikkantamānusakena satte passati cavamāne upapajjamāne hīne paṇīte suvaṇṇe dubbaṇṇe sugate duggate.

34) neyyaṃ kho, āvuso, dhammaṃ paññācakkhunā pajānātī ti.

35) virajaṃ vītamalaṃ dhammacakkhuṃ udapādi, yaṃ kiñci samudaya-dhammaṃ sabbaṃ taṃ nirodhadhamman ti.

## 18-2. 여래는 오안으로 중생들의 마음의 흐름을 다 알지만 마음의 흐름이라는 산냐를 가지지 않는다

**[원문]**

18b) Bhagavān āha: tat kiṃ manyase Subhūte, yāvantyo Gaṅgāyāṃ mahānadyāṃ vālukā, api nu tā vālukās Tathāgatena bhāṣitāḥ?

Subhūtir āha: evam etad Bhagavan, evam etat Sugata, bhāṣitās Tathāgatena vālukāḥ.

Bhagavān āha: tat kiṃ manyase Subhūte yāvantyo Gaṅgāyāṃ mahānadyāṃ vālukās tāvantya eva Gaṅgānadyo bhaveyuḥ, tāsu yā vālukās tāvantaś ca lokadhātavo bhaveyuḥ, kaccid bahavas te lokadhātavo bhaveyuḥ?

Subhūtir āha: evam etad Bhagavan, evam etat Sugata, bahavas te lokadhātavo bhaveyuḥ.

Bhagavān āha: yāvantaḥ Subhūte teṣu lokadhātuṣu sattvās teṣām ahaṃ nānābhāvāṃ cittadhārāṃ prajānāmi. tat kasya hetoḥ? cittadhārā cittadhāreti Subhūte adhāraiṣā Tathāgatena bhāṣitās. tenocyate cittadhāreti. tat kasya hetoḥ? atītaṃ Subhūte cittaṃ nopalabhyate, anāgataṃ cittaṃ nopalabhyate, pratyutpannaṃ cittaṃ nopalabhyate.

**[鳩摩羅什]**

須菩提야 於意云何오 如恒河中所有沙를 佛說是沙不아 如是니이다 世尊하 如來가 說是沙니이다 須菩提야 於意云何오 如一恒河中所有沙하야 有如是沙等恒河어든 是諸恒河所有沙數佛世界가 如是寧爲多不아 甚多니이다

世尊하 佛이 告須菩提하사대 爾所國土中所有衆生의 若干種心을 如來悉知하노니 何以故오 如來가 說諸心이 皆爲非心일새 是名爲心이니 所以者何오 須菩提야 過去心不可得이며 現在心不可得이며 未來心不可得이니라

**[玄奘]**

佛告善現. 於汝意云何. 乃至殑伽河中所有諸沙. 如來說是沙不. 善現答言. 如是世尊. 如是善逝. 如來說是沙. 佛言善現. 於汝意云何. 乃至殑伽河中所有沙數. 假使有如是等殑伽河. 乃至是諸殑伽河中所有沙數. 假使有如是等世界. 是諸世界寧爲多不. 善現答言. 如是世尊. 如是善逝. 是諸世界其數甚多. 佛言善現. 乃至爾所諸世界中所有有情. 彼諸有情各有種種. 其心流注我悉能知. 何以故. 善現. 心流注心流注者. 如來說非流注. 是故如來說名心流注心流注. 所以者何. 善現. 過去心不可得. 未來心不可得. 現在心不可得.

**[번역]**

18-2. 세존께서 말씀하셨다. "이것을 어떻게 생각하는가, 수보리여. 강가 큰 강의 모래알들에 관해서 참으로 여래가 설한 적이 있는가?"

수보리가 대답했다. "참으로 그러합니다, 세존이시여. 참으로 그러합니다, 선서시여. 여래께서는 모래알들에 관해서 설하신 적이 있습니다."

세존께서 말씀하셨다. "이것을 어떻게 생각하는가, 수보리여. 강가 큰 강의 모래알들만큼의 많은 강가 강들이 있다 하자. [다시] 그들 [강가 강들의] 모래알들만큼 많은 강가 강들과 그만큼의 세계들이 있다고 한다면 그 세계들은 어떻든 많다 하겠는가?"

수보리가 대답했다. "참으로 그러합니다, 세존이시여. 참으로 그러합니다, 선서시여. 그 세계들은 많습니다."

세존께서 말씀하셨다. "수보리여, 그들 세계들에 있는 그들 중생들의 여러 가지 마음의 흐름을 나는 [지혜로] 알고 있다. 그것은 무슨 이유에서인가? '마음의 흐름, 마음의 흐름'이라는 것, 그것은 수

보리여, [마음의] 흐름이 아니라고 여래는 설했나니 그래서 말하기를 마음의 흐름이라 하기 때문이다.

그것은 [다시] 무슨 이유에서인가? 수보리여, 과거심도 얻지 못하고 미래심도 얻지 못하며 현재심도 얻지 못하기 때문이다."

**[대역]**

18-2) Bhagavān āha세존께서 말씀하셨다(Ⓚ ×, Ⓗ 佛告善現):

tat kiṃ manyase Subhūte이를 어떻게 생각하는가, 수보리여(Ⓚ 須菩提 於意云何, Ⓗ 於汝意云何)

yāvantyo Gaṅgāyāṃ강가 mahā-nadyāṃ큰 강에 있는 vālukā모래알들에 관한 한[1] (Ⓚ 如恒河中所有沙, Ⓗ 乃至殑伽河中 所有諸沙),

api nu참으로 tā그들 vālukās모래알들이 Tathāgatena여래에 의해서 bhāṣitāḥ설해진 적이 있는가(Ⓚ 佛說是沙不, Ⓗ 如來說是沙不)?

Subhūtir āha수보리가 대답했다(Ⓚ ×, Ⓗ 善現答言):

evam etad Bhagavan참으로 그러합니다 세존이시여, evam etat Sugata참으로 그러합니다 선서시여(Ⓚ 如是 世尊, Ⓗ 如是世尊 如是善逝), bhāṣitās설해졌습니다 Tathāgatena여래에 의해서 vālukāḥ모래알들은(Ⓚ 如來 說是沙, Ⓗ 如來說是沙).

Bhagavān āha세존께서 말씀하셨다(Ⓚ ×, Ⓗ 佛言善現):

tat kiṃ manyase Subhūte이를 어떻게 생각하는가, 수보리여(Ⓚ 須菩提 於意云何, Ⓗ 於汝意云何) yāvantyo Gaṅgāyāṃ mahā-nadyāṃ vālukās강가 큰 강의 모래알들만큼(Ⓚ 如一恒河中所有沙, Ⓗ 乃至殑伽河中所有沙數) tāvantya그만큼의 eva오직 Gaṅgā-nadyo강가 강들이 bhaveyuḥ있다 하고(Ⓚ 有如是沙等恒河, Ⓗ 假使有如是等殑伽河)

tāsu그들에 있는 yā vālukās모래알들과 tāvantaś그만큼의 ca그리

고 lokadhātavo세계들이 bhaveyuḥ있다고 한다면(Ⓚ 是諸恒河所有沙數佛世界, Ⓗ 乃至是諸殑伽河中所有沙數 假使有如是等世界), kaccid어떻든 bahavas많은 것이 te그들 lokadhātavo세계들은 bhaveyuḥ되겠는가(Ⓚ 如是寧爲多不, Ⓗ 是諸世界寧爲多不)?

Subhūtir āha수보리가 대답했다(Ⓚ ×, Ⓗ 善現答言):

evam etad Bhagavan참으로 그러합니다 세존이시여, evam etat Sugata참으로 그러합니다 선서시여, bahavas많은 것이 te그들 loka-dhātavo세계들은 bhaveyuḥ되겠습니다(Ⓚ 甚多世尊, Ⓗ 如是世尊 如是善逝 是諸世界其數甚多).

Bhagavān āha세존께서 말씀하셨다(Ⓚ 佛告須菩提, Ⓗ 佛言善現):

yāvantaḥ Subhūte수보리여 teṣu그들 loka-dhātuṣu세계들에 [있는] sattvās중생들(Ⓚ 爾所國土中 所有衆生, Ⓗ 乃至爾所諸世界中 所有有情), teṣām그들의 ahaṃ나는 nānābhāvāṃ여러 가지[2] citta-dhārāṃ마음의 흐름[3]을 (Ⓚ 若干種心, Ⓗ 彼諸有情 各有種種 其心流注) prajānāmi지혜로써 알고 있다[4](Ⓚ 如來悉知, Ⓗ 我悉能知).

tat kasya hetoḥ그것은 무슨 이유에서인가(Ⓚ=Ⓗ 何以故)?

citta-dhārā마음의 흐름 citta-dhārā iti마음의 흐름이라는 것은 Subhūte수보리여(Ⓚ 如來說諸心, Ⓗ 善現 心流注心流注者) a-dhārā마음의 흐름이 아니다 eṣā이것은 [이라고] Tathāgatena bhāṣitās여래에 의해서 설해졌나니(Ⓚ 皆爲非心, Ⓗ 如來說非流注). tena ucyate citta-dhāreti그래서 말해지기를 마음의 흐름이라 합니다(Ⓚ 是名爲心, Ⓗ 是故如來說名 心流注心流注).

tat kasya hetoḥ그것은 무슨 이유에서인가(Ⓚ=Ⓗ 所以者何)?

atītaṃ과거 Subhūte수보리여 cittaṃ심은 na upalabhyate얻어지지

못하고[5](Ⓚ 須菩提 過去心不可得, Ⓗ 善現 過去心不可得), anāgataṃ cittaṃ미래심도 na upalabhyate얻어지지 못하고(Ⓚ=Ⓗ 未來心不可得), pratyutpannaṃ cittaṃ현재[6]심도 na upalabhyate얻어지지 못하기 때문이다(Ⓚ=Ⓗ 現在心不可得[7]).

**[주해]**

1) **강가 큰 강의 모래알들에 관해서 참으로 여래는 설한 적이 있는가?**: 11장에서 강가 강의 모래알들처럼 많은 그런 강가 강들의 모래알들과 같이 많은 세계들을 칠보로써 가득 채워 보시하는 것보다 이 경의 사구게의 한 구절이라도 남에게 잘 설해주는 공덕이 더 크다고 하고, 다시 13-5장에서 그런 강가 강의 모래알들처럼 많은 자기 몸을 바치는 공덕보다도 이 경의 사구게 한 구절이라도 남에게 알려주는 것이 더 공덕이 크다고 변형해서 설했으며, 15-1장에서는 다시 이런 몸을 아침 점심 저녁으로 무수 억겁을 바치는 개념으로 확장되었다.

다시 여기서는 11장과 같은 그러한 많은 세계의 모든 중생들의 마음의 흐름을 여래는 [이런 다섯 가지의 눈으로] 다 안다고 설하고 있다. 이렇게 한 가지 비유가 다른 문맥에서 조금씩 변형이 되면서 전개되고 있는 것이 본 경의 큰 특징이라 하겠다.

2) **여러 가지(nānābhāvāṃ)**: nānā는 강조를 위한 불변사인 na/nā를 겹쳐 써서 '그렇고 그런'의 의미로 쓰인다. bhāva는 √bhū(to be, become)의 명사형으로 기본적으로는 '~됨'의 의미로 영어의 '-ness'의 뜻을 가졌다. 한문으로는 性이라 번역한다.(10-3장의 5번 주해 참조). 구마라집은 若干種으로 현장은 各有種種으로 옮겼다.

3) **마음의 흐름(citta-dhārā)**: citta는 √cit(to think)에서 파생된

명사로 우리의 사고작용, 생각 일반을 뜻한다.(2장 21번 주해 참조) dhārā는 √dhāv(to run)에서 파생된 명사이며 '흐름'을 뜻한다. 빠알리어도 dhārā이다. citta-dhārā를 구마라집은 그냥 心으로 옮기고 있고 현장은 其心流注로 옮기고 있다. 초기경에서는 citta-dhārā라는 단어는 나타나지 않는다. 대신에 sota(√sru, to flow, Sk. srota, 흐름)라는 단어가 자주 나타나며 bhava-sota(존재의 흐름)라거나 viññāṇa-sota(의식의 흐름) 등의 표현이 드물게 나타난다. 특히 남방 아비담마 논서들에서는 bhavaṅga-sota라 하여 '잠재의식의 흐름'을 중요시하고 있다.

거듭 정리해서 말하자면, 불교의 큰 특징 중의 하나가 마음 - 마음뿐만 아니라 물질세계까지도 - 을 이처럼 흐름으로, 거대한 용틀임으로 파악하고 있다는 것이다. 그래서 물심의 모든 현상은 서로서로 깊은 관계 속에서 매 순간 생겼다가는 사라지고 또 다른 조건에서 다시 생겼다가는 사라지고를 거듭하면서[緣起] 천류(遷流)해가는 과정(process)인 것이다. 그래서 마음을 불변하는 실체로 상정하거나 생각 너머에 존재한다는 아뜨만이니 진아니 대아니 하는 일체의 존재론적인 발상을 산냐일 뿐이라고 결론짓고 있다. 이런 부처님의 근본 입각처를 분명히 파악하지 못하면 고구정녕하신 부처님의 메시지를 결코 읽어내지 못한다고 역자는 말하고 싶다.

대부분의 불교학자들이 무아라면 윤회는 어떻게 설명하는가 하는 문제로 고민하고 있다. 거기에 대한 답이 바로 이 흐름이다. 불교에서는 윤회를 흐름으로 파악한다. 탐·진·치로 대표되는 수많은 의도(상카라)가 용틀임하며 흘러가는 것이 윤회요, 바로 중생의 삶의 현주소이다. 이런 흐름을 과거·현재·미래나 전생·금생·내생이라는 틀로 부르지만 그것은 실제로는 매 찰나의 흐름일 뿐 과거·현재·미래라는 실상은 얻을 수가 없는 것이다. 그래서 과거심도 불가득이요, 현재심도 미래심도 불가득이라고 결론짓는 것이다.

4) **지혜로써 알고 있다(prajānāmi)**: pra(앞으로)+√jñā(to know)의 동사 현재 일인칭 단수형이다. 지혜로 번역하는 반야(般若, prajñā, Pāli. paññā)는 이 동사의 명사형이다. 구마라집은 知로 현장은 能知로 옮겼다. 빠알리어는 pajānāti(3인칭 단수)이다.(√jñā에서 파생된 여러 술어들에 대해서는 6장 27번 주해를 참조할 것)

5) **얻어지지 못하고(na upalabhyate)**: upa(위로)+√labh(to get)의 동사 수동태로 쓰였다. '얻다'라는 뜻이다. 빠알리어 능동태는 upalabhati이다. 우리의 사고작용(citta)은 흐름(dhārā)이기 때문에 불변의 실체가 있는 것은 아니다. 과거의 마음이라고는 하지만 흐름이기 때문에 실체가 있는 것이 아니다. 미래의 마음이라고는 하지만 아직 오지 않았다. 현재의 마음이라고 하지만 그것도 찰나 찰나에 흘러가는 것이니 불변의 실체가 있는 것이 아니다.

한국 불교의 문제점 중의 하나가 마음을 너무 강조하다 보니 마음이라는 어떤 실체를 상정하고 있다는 것이라 하겠다. 그래서 이미 지적했다시피 마음을 자성이니 불성이니 여래장이니 자성불이니 내부처니 하여 저 힌두의 자아(ātman) 아니면 진아(뿌루샤)나 대아와 동일시하도록 가르치고 있다는 점일 것이다.

그래서 심외무법이니 일체유심조니 하는 말조차도 모두 아뜨만식으로 설명하고 있는 실정이고 마음을 관(觀)하라 하는 가르침도 마음이라는 불변의 실체가 있으니 그것을 관하라는 식으로 설하고 받아들이고 있다 하겠다. 그렇게 되면 당연히 따라오는 생각이 그렇다면 마음을 관하는 그것은 무엇인가 하는 의문이다. 마음으로 마음을 보는 것인가, 아니면 생각으로 마음을 보는 것인가, 그것도 아니면 마음으로 생각을 보는 것인가 하는 등의 생각이 꼬리를 물고 일어나게 된다.

그러면 또 이렇게 가르칠 것이다. 그런 것은 다 알음알이다. 그런 알음알이를 넘어선 저 나고 죽음도 없고 어떤 생각조차도 붙을 수 없는 그런 당체(當體), 그것을 관하라는 말이다 라고 하여 점점 지고(至高)의 아뜨만, 일체를 초월한(nirguṇa) 아뜨만 하는 식의 자아라는 산냐[我相]를 강조하게 되고 대부분 이런 식으로 마음을 관하는 공부를 생각하고 있다고 할 것이다.

그런데 과연 이런 것이 옛 스님들이 말씀하신 마음을 관하는 공부일까. 역자는 아니라고 생각한다. 엄밀히 말하면 지금 마음을 관하는 그것은 무엇인가 하는 생각을 일으켰을 뿐이다. 거기에는 마음을 관하는 그것은 무엇인가 하는 생각이 있을 뿐이다. 마음으로 마음을 보는 것이라든지 생각으로 마음을 보는 것이라든지 하는 그런 생각이 있을 뿐이다. 그런 찰나 후에는 곧 이어서 그 생각은 또 다른 생각으로 변이되어 가는 것이다. 그러한 사실을 알아채는 것을 마음을 관한다고 해야 한다고 말하고 싶다. 이런 알아차림을 초기불교에서는 삼빠자나(sampajāna, 正知)라고 하는데 마음챙김을 뜻하는 사띠(sati)와 함께 쓰여 사띠삼빠자나(sati-sampajāna, 正念正知)로 대념처경을 위시한 수행에 관계된 경들에서 아주 많이 쓰이고 있다.(6장 27번 주해 참조)

그런데 '알아채는 그것은 무엇인가'라고 또 생각한다면 지금 그런 생각이 또 일어났을 뿐이다. 단지 그런 생각이 있을 뿐이다. 그 배후가 무엇일까, 같은가, 다른가 하는 의문은 모두 생각 일으킴에 지나지 않는다. 그런 생각은 다시 다른 조건을 만나면 바뀌고 사라지게 되어 있다. 그렇게 생각은 생겼다가는 사라지고 또 생겼다가는 사라지는 것이다(upajjitvā nirujjhati). 이렇게 분명하게 아는 것을 마음을 관한다고 해야 할 것이다.

그리고 그 생각의 대상은 그것이 어떤 것이든 간에 이미 찰나라도 과거의 것 아니면 미래의 것이니 그것은 실체가 없다. 이런 여러 종류의 생각들은 오온(五蘊, pañca-kkhanda) 가운데서는 인식[想,

saññā]이거나 의도들[行, saṅkhāra]에 속할 뿐이어서 무상한 것이고 실체가 없는 것이다. 그래서 부처님은 거듭거듭 오온무상(無常, anicca)과 오온무아(無我, anatta)를 설하신 것이다.

보는 자가 있다, 생각하는 자가 있다 라는 것도 모두 생각에 속하고 생각은 무상이요, 무아이다. 생각을 넘어선 배후를 궁글리는 생각이 있을 뿐이다. 이런 이치를 알지 못하면 자아라는 산냐[我相] 내지는 유신견(有身見, sakkāyadiṭṭhi)에서 벗어나지 못하게 되고 이 유신견을 극복 못하고서는 제 아무리 날고 기어도 깨달음의 초보 단계(예류과)에도 미치지 못한다.

마음을 관한다는 말을 마음을 실체시하여 그것을 들여다보는 것쯤으로 아니면 그것과 하나되기 위해서 힘으로 밀어 붙이는 것으로 이해한다면 불교 수행과는 아무런 관계도 없는 저 우빠니샤드식의 행법이라 한다면 역자의 지나친 말일까?

부처님은 우다나에서 분명히 말씀하신다.

"볼 때는 봄만 있고, 들을 때는 들음만 있고, 생각할 때는 생각함만 있고, 알 때는 앎만 있다."[36]고.

6) **현재(pratyutpanna)**: prati(대하여)+ud(위로)+√pad(to go)의 과거분사이다. '지금 막 위로 생겨난'의 의미로서 '현재의'라는 형용사로 쓰인다.

7) **現在心不可得** : 구마라집은 과거·현재·미래의 순서로 번역했다.

---

36) diṭṭhe diṭṭhamattaṃ bhavissati, sute sutamattaṃ bhavissati, mute mutamattaṃ bhavissati, viññāte viññātamattaṃ bhavissatī'ti. (Udāna 10)

# 19. 공덕의 무더기라는 산냐를 가지지 말라

**[원문]**

19. tat kiṃ manyase Subhūte yaḥ kaścit kulaputro vā kuladuhitā vemaṃ trisāhasramahāsāhasraṃ lokadhātuṃ saptaratnaparipūrṇaṃ kṛtvā Tathāgatebhyo 'rhadbhyaḥ samyaksambuddhebhyo dānaṃ dadyāt, api nu sa kulaputro vā kuladuhitā vā tato nidānaṃ bahu puṇyaskandhaṃ prasunuyāt?

Subhūtir āha: bahu Bhagavān bahu Sugata.

Bhagavān āha: evam etat Subhūte evam etat, bahu sa kulaputro vā kuladuhitā vā tato nidānaṃ puṇyaskandhaṃ prasunuyād. tat kasya hetoḥ? puṇyaskandhaḥ puṇyaskandha iti Subhūte askandhaḥ sa Tathāgatena bhāṣitaḥ. tenocyate puṇyaskandha iti. sacet Subhūte puṇyaskandho 'bhaviṣyan, na Tathāgato 'bhāṣiṣyat puṇyaskandhaḥ puṇyaskandha iti.

**[鳩摩羅什]**

• 法界通化分 第十九

須菩提야 於意云何오 若有人이 滿三千大千世界七寶로 以用布施하면 是人이 以是因緣으로 得福多不아 如是니이다 世尊하 此人이 以是因緣으로 得福이 甚多니이다 須菩提야 若福德이 有實인댄 如來가 不說得福德多어니와 以福德이 無故로 如來가 說得福德多니라

**[玄奘]**

佛告善現. 於汝意云何. 若善男子或善女人. 以此三千大千世界盛滿七寶奉施如來應正等覺. 是善男子或善女人. 由是因緣所生福聚寧爲多

不. 善現答言. 甚多世尊. 甚多善逝. 佛言善現. 如是如是. 彼善男子或善女人. 由此因緣所生福聚其量甚多. 何以故. 善現. 若有福聚如來不說福聚福聚.

**[번역]**

19. "이것을 어떻게 생각하는가, 수보리여. 어떤 선남자나 선여인이 이 삼천대천세계를 칠보로써 가득 채우고서 여래 아라한 정등각들께 보시를 행한다면 그 선남자나 선여인은 이로 인해서 참으로 많은 공덕의 무더기를 쌓겠는가?"

수보리가 대답했다. "많습니다, 세존이시여. 많습니다, 선서시여."

세존께서 말씀하셨다. "참으로 그러하다. 수보리여, 참으로 그러하다. 그 선남자나 선여인은 이로 인해서 많은 공덕의 무더기를 쌓을 것이다. 그것은 무슨 이유에서인가? '공덕의 무더기, 공덕의 무더기'라는 것, 그것은 [공덕의] 무더기가 아니라고 여래는 설하였나니 그래서 말하기를 공덕의 무더기라 하기 때문이다. 수보리여, 만일 공덕의 무더기가 [실제로] 있다고 한다면 여래는 '공덕의 무더기, 공덕의 무더기'라고 설하지 않았을 것이다."

**[대역]**

19. tat kiṃ manyase Subhūte이를 어떻게 생각하는가, 수보리여(Ⓚ 須菩提 於意云何, Ⓗ 佛告善現 於汝意云何),

yaḥ kaścit어떤 kulaputro vā선남자나 kuladuhitā vā선여인이 imaṃ이 trisāhasramahāsāhasraṃ삼천대천 lokadhātuṃ세계를 sapta-ratna-paripūrṇaṃ kṛtvā칠보로써 가득 채우고서(Ⓚ 若有人 滿三千大千世界七寶, Ⓗ 若善男子或善女人 以此三千大千世界 盛滿七寶)

Tathāgatebhyo arhadbhyaḥ samyaksambuddhebhyo여래 아라한 정등각들께 dānaṃ dadyāt보시를 행한다면(Ⓚ 以用布施, Ⓗ 奉施如來應正等覺),

api nu참으로 sa그 kulaputro vā kuladuhitā vā선남자나 선여인은(Ⓚ 是人, Ⓗ 是善男子或善女人) tato nidānaṃ이로 인해서 bahu많은 puṇya-skandhaṃ공덕의 무더기를 prasunuyāt쌓겠는가[1](Ⓚ 以是因緣 得福多不, Ⓗ 由是因緣 所生福聚 寧爲多不)?

Subhūtir āha수보리가 대답했다 善現答言: bahu Bhagavān많습니다 세존이시여 bahu Sugata많습니다 선서시여(Ⓚ 如是 世尊, Ⓗ 甚多世尊 甚多善逝).

Bhagavan āha세존께서 말씀하셨다(Ⓚ ×, Ⓗ 佛言善現):
evam etat Subhūte참으로 그러하다 수보리여 evam etat참으로 그러하다(Ⓚ ×, Ⓗ 如是如是), bahu많은 sa그 kulaputro vā kuladuhitā vā선남자 선여인은 tato nidānaṃ이로 인해서 puṇya-skandhaṃ공덕의 무더기를 prasunuyād쌓을 것이다(Ⓚ 此人 以是因緣 得福甚多[2], Ⓗ 彼善男子或善女人 由此因緣 所生福聚 其量甚多).

tat kasya hetoḥ그것은 무슨 이유에서인가(Ⓚ ×, Ⓗ 何以故)?
puṇya-skandhaḥ puṇya-skandha iti공덕의 무더기 공덕의 무더기라는 것은 Subhūte수보리여 a-skandhaḥ무더기가 아니다 [라고] sa그것은 Tathāgatena bhāṣitaḥ여래에 의해서 설해졌기 때문이다. tena ucyate그래서 말해지기를 puṇya-skandha iti공덕의 무더기라 한다.[3]
sacet만일 Subhūte수보리여 puṇya-skandho공덕의 무더기가 abhaviṣyat[참으로] 있다고 한다면(Ⓚ 須菩提 若福德 有實, Ⓗ 善現 若有福聚), na Tathāgato여래는 abhāṣiṣyat설하지 않았을 것이다 puṇya-skandhaḥ puṇya-skandha iti공덕의 무더기, 공덕의 무더기라고(Ⓚ 如來 不說得福德多 以福德 無故 如來 說得福德多[4], Ⓗ 如來不說福聚福聚).

**[주해]**

1) **이로 인해서 참으로 많은 공덕의 무더기를 쌓았겠는가?**: 8장에서는 삼천대천세계를 칠보로 가득 채워서 부처님께 보시하는 것도 공덕이 많지만 그것보다는 이 경의 사구게의 한 구절을 잘 설해주는 것이 공덕이 더 크다고 했는데 여기서는 칠보로 가득 채워서 부처님께 보시하는 공덕이 큰데 그 큰 공덕이라는 것도 본래 실체가 있는 것이 아니라고 공덕이라는 산냐에 빠지지 말 것을 설하고 있다.

2) **此人 以是因緣 得福甚多**: 구마라집은 수보리가 이렇게 말한 것처럼 옮겼다.

3) **그것은 무슨 이유에서인가? '공덕의 무더기, 공덕의 무더기'라는 것, 그것은 [공덕의] 무더기가 아니라고 여래는 설하였나니 그래서 말하기를 공덕의 무더기라 하기 때문이다**: 이 부분은 구마라집역본에도 현장역본에도 나타나지 않는다.

4) **如來 不說得福德多 以福德 無故 如來 說得福德多**: 구마라집은 '공덕의 무더기, 공덕의 무더기' 부분을 생략한 대신에 이처럼 의역을 하고 있다.

## 20-1. 색신을 구족했기 때문에 여래라는 견해를 가지지 말라

**[원문]**

20a) tat kiṃ manyase Subhūte rūpakāyapariniṣpattyā Tathāgato draṣṭavyaḥ?

Subhūtir āha: no hīdaṃ Bhagavan, na rūpakāyapariniṣpattyā Tathāgato draṣṭavyaḥ tat kasya hetoḥ? rūpakāyapariniṣpatti rūpa-kāyapariniṣpattir iti Bhagavan apariniṣpattir eṣā Tathāgatena bhāṣitā tenocyate rūpakāyapariniṣpattir iti.

**[鳩摩羅什]**

• 離色離相分 第二十

須菩提야 於意云何오 佛을 可以具足色身으로 見不아 不也니이다 世尊하 如來를 不應以具足色身으로 見이니 何以故오 如來가 說具足色身이 卽非具足色身일새 是名具足色身이니이다

**[玄奘]**

佛告善現. 於汝意云何. 可以色身圓實觀如來不. 善現答言. 不也世尊. 不可以色身圓實觀於如來. 何以故. 世尊. 色身圓實色身圓實者. 如來說非圓實. 是故如來說名色身圓實色身圓實.

**[번역]**

20-1. "이것을 어떻게 생각하는가, 수보리여. 색신을 구족하고 있기 때문에 여래라고 보아야 하는가?"

수보리가 대답했다. "참으로 그렇지 않습니다, 세존이시여. 색신을 구족하고 있기 때문에 여래라고 보아서는 안 됩니다.

그것은 무슨 이유에서인가 하면, 세존이시여, '색신 구족, 색신 구족'이라는 것, 그것은 [색신] 구족이 아니라고 세존께서 설하셨나니 그래서 말하기를 색신 구족이라 하기 때문입니다."

**[대역]**

20-1) tat kiṃ manyase Subhūte이를 어떻게 생각하는가, 수보리여(Ⓚ 須菩提 於意云何, Ⓗ 佛告善現. 於汝意云何)

rūpa-kāya-pariniṣpattyā색신을 완전히 갖추고 있는 것으로[1] Tathāgato여래는 draṣṭavyaḥ보여져야 하는가(Ⓚ 佛可以具足色身 見不, Ⓗ 可以色身圓實 觀如來不)?

Subhūtir āha수보리가 대답했다(Ⓚ ×, Ⓗ 善現答言):

no hi idaṃ Bhagavan참으로 그렇지 않습니다 세존이시여(Ⓚ=Ⓗ 不也世尊), na rūpa-kāya-pariniṣpattyā Tathāgato draṣṭavyaḥ색신을 완전히 갖추고 있는 것으로 여래는 보여져서는 안 됩니다(Ⓚ 如來 不應以具足色身見, Ⓗ 不可以色身圓實 觀於如來)

tat kasya hetoḥ그것은 무슨 이유에서인가 하면(Ⓚ=Ⓗ 何以故)

rūpa-kāya-pariniṣpatti rūpakāya-pariniṣpattir iti색신 구족 색신구족이라는 것은 Bhagavan세존이시여(Ⓚ 如來 說具足色身, Ⓗ 世尊 色身圓實 色身圓實者) apariniṣpattir구족이 아니다 [라고] eṣā이것은 Tathāgatena bhāṣitā여래에 의해서 설해졌나니(Ⓚ 卽非具足色身, Ⓗ 如來說非圓實), tenocyate그래서 말해지기를 rūpakāya-pariniṣpattir iti색신 구족이라는 것이기 때문입니다(Ⓚ 是名具足色身, Ⓗ 是故 如來說名 色身圓實 色身圓實).

**[주해]**

1) **색신을 완전히 갖추고 있는 것으로(rūpa-kāya-pariniṣpattyā)**: rūpa는 '물질, 형상, 색'을 뜻하는 명사이고 kāya는 몸을 나타낸다. 초기경에서는 드물게 rūpa-kāya(色身)가 nāma-kāya(名身)의 상대되는 개념으로 쓰인다. 즉 정신적인 몸에 상대되는 육체로서의 개념으로 쓰였으며 이처럼 색신구족이라는 개념은 나타나지 않는다.

pariniṣpatti는 pari(둘레에, 원만히)+nis(밖으로)+√pat(to fall)에서

파생된 명사로서 '완전하게 된'의 의미로 '완성, 완결'을 뜻한다. 빠알리어에는 나타나지 않는다. 전체 합성어가 도구격으로 쓰였다. 구마라집은 具足色身으로 현장은 色身圓實로 옮겼다.

## 20-2. 32가지 대인상을 구족했으므로 여래라는 견해를 가지지 말라

**[원문]**

20b) Bhagavān āha: tat kiṃ manyase Subhūte, lakṣaṇasampadā Tathāgato draṣṭavyaḥ?

Subhūtir āha: no hīdaṃ Bhagavan, na lakṣaṇasampadā Tathāgato draṣṭavyaḥ. tat kasya hetoḥ? yaiṣā Bhagavaṃl lakṣaṇasampat Tathāgatena bhāṣitā, alakṣaṇasampad eṣā Tathāgatena bhāṣitā. tenocyate lakṣaṇasampad iti.

**[鳩摩羅什]**

須菩提야 於意云何오 如來를 可以具足諸相으로 見不아 不也니이다 世尊하 如來를 不應以具足諸相으로 見이니 何以故오 如來가 說諸相具足이 卽非具足일새 是名諸相具足이니이다

**[玄奘]**

佛告善現. 於汝意云何. 可以諸相具足觀如來不. 善現答言. 不也世尊. 不可以諸相具足觀於如來. 何以故. 世尊. 諸相具足諸相具足者. 如來說爲非相具足. 是故如來說名諸相具足諸相具足.

**[번역]**

20-2. 세존께서 말씀하셨다. "이것을 어떻게 생각하는가, 수보리여. [32가지 대인]상을 구족했다 하여 여래라고 보아야 하는가?"

수보리가 대답했다. "참으로 그렇지 않습니다, 세존이시여. [32가지 대인]상을 구족했다 하여 여래라고 보아서는 안 됩니다. 그것은 무슨 이유에서인가 하면, 세존이시여, [32가지 대인]상을 구족했다고 여래께서 설하신 것 그것은 [32가지 대인]상이 아니라고 여래는 설하셨나니 그래서 [32가지 대인]상이라고 하기 때문입니다."

**[대역]**

20-2) Bhagavān āha세존께서 말씀하셨다(Ⓚ ×, Ⓗ 佛告善現):

tat kiṃ manyase Subhūte이를 어떻게 생각하는가, 수보리여(Ⓚ 須菩提 於意云何, Ⓗ 於汝意云何), lakṣaṇa-sampadā[32가지 대인]상을 갖춘 것[1]으로 Tathāgato여래는 draṣṭavyaḥ보여져야 하는가(Ⓚ 如來可以具足諸相 見不, Ⓗ 可以諸相具足 觀如來不)?

Subhūtir āha수보리가 대답했다(Ⓚ ×, Ⓗ 善現答言):

no hi idaṃ Bhagavan그렇지 않습니다. 세존이시여(Ⓚ=Ⓗ 不也世尊), na lakṣaṇa-sampadā Tathāgato draṣṭavyaḥ[32가지 대인]상을 갖춘 것으로 여래는 보여져서는 안 됩니다(Ⓚ 如來 不應以具足諸相見, Ⓗ 不可以諸相具足 觀於如來).

tat kasya hetoḥ그것은 무슨 이유에서인가 하면(Ⓚ=Ⓗ 何以故)

yā eṣā이 Bhagavan세존이시여 lakṣaṇa-sampat[32가지 대인]상을 갖추었다고 Tathāgatena bhāṣitā여래에 의해서 설해진 것은(Ⓚ 如來說諸相具足, Ⓗ 世尊 諸相具足 諸相具足者) alakṣaṇa-sampad[32가지 대인]상을 갖춤이 아니다 [라고] eṣā이것은 Tathāgatena bhāṣitā여

래에 의해서 설해졌나니(Ⓚ 卽非具足, Ⓗ 如來說爲 非相具足), tena ucyate lakṣaṇa-sampad iti그래서 [32가지 대인]상을 갖추었다고 하기 때문입니다(Ⓚ 是名諸相具足, Ⓗ 是故 如來說名 諸相具足 諸相具足).

**[주해]**

1) **[32가지 대인]상을 구족했기 때문에 여래라고 보아야 하는가?**: 5장에서 이 락샤나 삼빠다의 문제가 거론되었고 그것이 13-4장에서 마하뿌루샤락샤나(mahā-puruṣa-lakṣaṇa, 大人相)라고 구체적인 술어로 다시 제기되어서 세존이 32상을 갖추었기에 깨달음을 증득했다는 산냐를 척파하였다. 다시 본 장에서는 색신을 구족해서 여래라는 견해를 가지지 말 것을 설하고 다시 색신구족과 같은 맥락에 있는 32가지 대인상의 문제를 5장과는 문장을 약간 다르게 구성하여서 32가지 대인상을 구족해서 여래가 되었다는 산냐를 가지지 말 것을 거듭 말하고 있다.(5장 1번, 3번 주해와 13-4장 1번 주해 참조).

인도대륙을 여행해본 사람들은 알 것이다. 인도 사두(힌두 수행자)들이 얼마나 외모를 위엄있게? 잘 갖추고 있는지를. 인도 사두들치고 나름대로 겉모양을 장엄하지 않은 자를 역자는 아직 보지 못했다. 그만큼 인도인들 아니 세인들은 겉모양을 가지고 사람을 판단한다는 말이겠다.

## 21-1. 여래가 법을 설하였다는 산냐를 가지지 말라

**[원문]**

21a) Bhagavān āha: tat kiṃ manyase Subhūte, api nu Tathāgatasyaivaṃ bhavati: mayā dharmo deśita iti?

Subhūtir āha: no hīdaṃ Bhagavan, na Tathāgatasyaivaṃ bhavati: mayā dharmo deśita iti.

Bhagavān āha: yaḥ Subhūte evaṃ vadet: Tathāgatena dharmo deśita iti, sa vitathaṃ vadet, abhyācakṣīta māṃ sa Subhūte 'satodgṛhitena. tat kasya hetoḥ? dharmadeśanā dharmadeśaneti Subhūte, nāsti sa kaścid dharmo yo dharmadeśanā nāmopalabhyate.

**[鳩摩羅什]**

• 非說所說分 第二十一

須菩提야 汝勿謂如來가 作是念호대 我當有所說法이라하라 莫作是念이니 何以故오 若人이 言如來가 有所說法이라하면 卽爲謗佛이라 不能解我所說故니라 須菩提야 說法者는 無法可說을 是名說法이니라

**[玄奘]**

佛告善現. 於汝意云何. 如來頗作是念. 我當有所說法耶. 善現. 汝今勿當作如是觀. 何以故. 善現. 若言如來有所說法卽爲謗我. 爲非善取. 何以故. 善現. 說法說法者. 無法可得故名說法.

**[번역]**

21-1. 세존께서 말씀하셨다. "이것을 어떻게 생각하는가, 수보리여. 참으로 여래가 '나는 법을 설했다'는 이런 [생각을] 내겠는가?"

수보리가 대답했다. "참으로 그렇지 않습니다, 세존이시여. 여래께서는 '나는 법을 설했다'는 그런 [생각을] 내시지 않습니다."

세존께서 말씀하셨다. "수보리여, 누가 이와 같이 말하기를, '여래는 법을 설했다'고 한다면 그는 거짓을 말하며 사실이 아닌 것에 집착하여 나를 비방하는 것이다.

그것은 무슨 이유에서인가? '설법, 설법'이라 [하지만] 수보리여,

설법이라는 이름을 얻을 만한 그 어떤 법도 없기 때문이다."

**[대역]**

21-1) Bhagavān āha세존께서 말씀하셨다(Ⓚ ×, Ⓗ 佛告善現):
tat kiṃ manyase Subhūte이를 어떻게 생각하는가, 수보리여(Ⓚ 須菩提 汝勿謂, Ⓗ 於汝意云何), api nu참으로 Tathāgatasya여래에게 evaṃ이런 bhavati[생각이] 생기겠는가(如來 作是念, Ⓗ 如來頗作是念): mayā나에 의해서 dharmo법은 deśita가르쳤다[1] iti고 하는(Ⓗ 我當有所說法, Ⓗ 我當有所說法耶)?

Subhūtir āha수보리가 대답했다:
no hīdaṃ Bhagavan참으로 그렇지 않습니다 세존이시여(Ⓚ 莫作是念, Ⓗ 善現 汝今勿當作如是觀)[2], na Tathāgatasyaivaṃ bhavati여래께 이런 [생각이] 생기지 않습니다: mayā dharmo deśita iti나에 의해서 법은 설해졌다고 하는.

Bhagavān āha세존께서 말씀하셨다:
yaḥ누가 Subhūte수보리여 evaṃ이와 같이 vadet말하기를:
Tathāgatena여래에 의해서 dharmo법은 deśita iti설해졌다고 한다면(Ⓚ 何以故 若人言 如來 有所說法, Ⓗ 何以故 善現 若言如來有所說法), sa그는 vitathaṃ거짓을 vadet말하는 것이며[3], abhyācakṣīta비방한 것이다 māṃ나를(Ⓚ 即爲謗佛, Ⓗ 即爲謗我), sa그는 Subhūte수보리여 asat-udgṛhītena있지도 않는 것 집착함에 의해서(Ⓚ 不能解我所說故, Ⓗ 爲非善取).

tat kasya hetoḥ그것은 무슨 이유에서인가(Ⓚ ×, Ⓗ 何以故)?
dharma-deśanā dharma-deśanā iti설법[4] 설법이라는 것은 Subh-

ūte수보리여(Ⓚ 須菩提 說法者, Ⓗ 善現 說法說法者), na asti없기 때문이다 sa그 kaścid어떤 dharmo법이, yo dharma-deśanā설법이라는 nāma이름이 upalabhyate얻어지는 그런(Ⓚ 無法可說 是名說法, Ⓗ 無法可得 故名說法).

**[주해]**

1) **참으로 여래가 '나는 법을 가르쳤다'는 이런 [생각을] 내겠는가?**: 7장에서 거론된 '여래가 무상 정등각을 철저히 깨달았다 할 그 어떤 법이 있지도 않으며 여래는 어떤 법을 가르치지 않았다'는 문제를 여기서 문장을 바꾸어서 반복해서 가르치고 있다. 여기서는 법을 가르친 바가 없다고 먼저 제시하고 왜냐하면 설법이라고 이름붙일 만한 법이 없기 때문이다 라고 바꾸어서 설하고 있다.

2) **莫作是念/善現 汝今勿當作如是觀**: 구마라집과 현장은 공히 세존과 수보리와의 대화가 아닌 세존의 직설로 옮기고 있다.

3) **그는 거짓을 말하며 사실이 아닌 것에 집착하여**: (10-2장 2번, 14-7장 3번, 17-4장 1번 주해를 참조할 것). 이처럼 후반부에서는 앞에서 나온 개념들을 이 곳 저 곳에 적절히 배치하면서 반복해서 산냐를 극복할 것을 설하거나 아니면 이런 산냐의 극복을 설하는 이 경의 수승한 공덕을 설하고 있다.

4) **설법(dharma-deśanā)**: deśanā는 √diś(to point)의 명사이다. 가르침의 의미로 쓰인다. 빠알리어는 dhamma-desanā인데 초기경에 많이 나타나는 단어이다. 구마라집과 현장 모두 說法으로 옮기고 있다.

## 21-2. 산냐를 가지지 말라는 이런 법문을 듣고 수승한 믿음을 내는 자는 이미 중생이 아니다

**[원문]**

21b) evam ukta āyuṣmān Subhūtir Bhagavantam etad avocat: asti Bhagavan kecit sattvā bhaviṣyanty anāgate 'dhvani paścime kāle paścime samaye paścimāyāṃ pañcaśatyāṃ saddharmavipralope kāle vartaṃāne ya imān evaṃrūpān dharmāñ śrutvābhiśraddadhāsyanti?

Bhagavān āha: na te Subhūte sattvā nāsattvāḥ. tat kasya hetoḥ? sattvāḥ sattvā iti Subhūte sarve te Subhūte asattvās Tathāgatena bhāṣitāḥ tenocyante sattvā iti.

**[鳩摩羅什]**

爾時에 慧命須菩提가 白佛言하사대 世尊하 頗有衆生이 於未來世에 聞說是法하고 生信心不잇가 佛言하사대 須菩提야 彼非衆生이며 非不衆生이니 何以故오 須菩提야 衆生衆生者는 如來가 說非衆生일새 是名衆生이니라

**[玄奘]**

爾時具壽善現白佛言. 世尊. 於當來世後時後分後五百歲. 正法將滅時分轉時. 頗有有情聞說如是色類法已能深信不. 佛言善現. 彼非有情非不有情. 何以故. 善現. 一切有情者. 如來說非有情故名一切有情.

**[번역]**

21-2. 이와 같이 말씀하셨을 때 수보리 존자가 세존께 이렇게 말씀드렸다. "세존이시여, 어떤 중생들이 있어서 미래세의 후오백세에

정법이 쇠퇴할 시기가 되었을 때에 이런 형태의 법들을 듣고서 수승한 믿음을 일으키겠습니까?"

세존께서 말씀하셨다. "수보리여, 그들은 중생이 아니고 중생이 아님도 아니다.

그것은 무슨 이유에서인가? 수보리여, '중생, 중생'이라 [부르는] 그들 모두는 중생이 아니라고 여래는 설하였나니 그래서 말하기를 중생이라 하기 때문이다."

**[대역]**

21-2) evam이와 같이 ukte말씀하셨을 때 āyuṣmān Subhūtir존자 수보리는 Bhagavantam세존께 etad avocat이렇게 말씀드렸다(Ⓚ 爾時 慧命須菩提 白佛言, Ⓗ 爾時具壽善現白佛言):

asti있겠습니까 Bhagavan세존이시여 kecit어떤 sattvā중생들이 bhaviṣyanti있어서 anāgate adhvani미래세의 paścime kāle다음 시기 paścime samaye다음 시간의 paścimāyāṃ pañca-śatyāṃ다음 오백세에 sad-dharma-vipralopa-kāle vartamāne정법이 쇠퇴할 시기가 되었을 때(Ⓚ 世尊 頗有衆生 於未來世, Ⓗ 世尊 於當來世後時後分後五百歲 正法將滅時分轉時 頗有有情),

ye imān이들 evaṃrūpān이런 형태의 dharmāñ법들을 śrutvā듣고서(Ⓚ 聞說是法, Ⓗ 聞說如是色類法已) abhiśraddadhāsyanti수승한 믿음을 내는[1] 자들이(Ⓚ 生信心不, Ⓗ 能深信不)?

Bhagavān āha세존께서 말씀하셨다(Ⓚ=Ⓗ 佛言):

na te그들은 Subhūte수보리여 sattvā중생들이 아니고 na a-sattvāḥ중생이 아님도 아니다(Ⓚ 須菩提 彼非衆生 非不衆生, Ⓗ 善現. 彼非有情 非不有情).

tat kasya hetoḥ그것은 무슨 이유에서인가(Ⓚ=Ⓗ 何以故)?

sattvāḥ sattvā iti중생 중생이라는 것은 Subhūte수보리여(Ⓚ 須菩提 衆生衆生者, Ⓗ 善現 一切有情者) sarve일체 te그들은 Subhūte수보리여 a-sattvās중생들이 아니라고 Tathāgatena bhāṣitāḥ여래에 의해서 설해졌나니(Ⓚ 如來 說非衆生, Ⓗ 如來說非有情), tena ucyante그래서 말해지기를 sattvā iti중생들이라고 하기 때문이다[2](Ⓚ 是名衆生, Ⓗ 故名一切有情).

**[주해]**

1) **수승한 믿음을 내는(abhiśraddadhāsyanti)**: abhi(위로 오는)+śrad(가슴)+√dhā(to put)의 동사 미래 복수형이다. 동사 śrad-dadhāti에다 접두어 abhi가 붙어서 이루어진 단어이다. abhi는 勝의 의미로 중국 역경인들은 이해하고 있다. śraddhā는 인도의 제 문헌에서 '믿음'이라는 넓은 의미로 쓰이고 있다.(믿음에 대해서는 6장 12번 주해 참조) 구마라집은 生信心으로 현장은 能深信으로 옮겼다.

6장에서는 "이런 경전의 말씀을 듣고 참되다는 산냐(bhūta-saṃjñā)를 일으키겠습니까?"라고 수보리가 묻고 있는데 여기서는 이렇게 "수승한 믿음을 내겠습니까?"라고 묻고 있다. 이렇게 조금씩 어휘를 바꾸어가면서 반복해서 같은 주제를 다루고 있다.

2) **그래서 말하기를 중생들이라고 하기 때문이다**: 3장에서 중생이라는 산냐가 생기면 보살이 아니라고 했는데 여기서는 다시 어법을 바꾸어 중생이라 하지만 이름뿐으로 중생이라 할 실체가 없음을 말하면서 중생이라는 산냐를 가지지 말 것을 설한다. 14-7장에서는 보시를 설하면서 중생이라는 산냐를 가지지 말 것을 설했다. 그리고 17-6장에서도 3장의 연장선상에서 중생이라는 산냐를 가지지 말 것을 설했으며 다시 여기에서 어법을 조금 바꾸어서 계속적으로 중생이라는 산냐를 가지지 말라고 반복하고 있다. 경은 아무래도 꾸준히

독송하기 마련이니 이렇게 계속해서 같은 주제를 거듭 반복하여 설해서 자연스럽게 젖어들게 하고 있다.

## 22. 무상 정등각이라 할 어떤 법이 있다는 산냐를 가지지 말라

**[원문]**

22. tat kiṃ manyase Subhūte, api nv asti sa kaścid dharmo yas Tathāgatenānuttarāṃ samyaksambodhim abhisambuddhaḥ?

āyuṣmān Subhūtir āha: no hīdam Bhagavan nāsti sa Bhagavan kaścid dharmo yas Tathāgatenānuttarāiṃ samyaksambodhim abhisambuddhaḥ.

Bhagavān āha: evam etat Subhūte evam etat, aṇur api tatra dharmo na saṃvidyate nopalabhyate. tenocyate 'nuttarā samyaksambodhir iti.

**[鳩摩羅什]**

• 無法可得分 第二十二

須菩提가 白佛言하사대 世尊하 佛이 得阿耨多羅三藐三菩提는 爲無所得耶니이다 佛言하사대 如是如是하다 須菩提야 我於阿耨多羅三藐三菩提에 乃至無有少法可得일새 是名阿耨多羅三藐三菩提니라

**[玄奘]**

佛告善現. 於汝意云何. 頗有少法如來應正等覺現證無上正等菩提耶. 具壽善現白佛言. 世尊. 如我解佛所說義者. 無有少法如來應正等覺現

證無上正等菩提. 佛言善現. 如是如是. 於中少法無有無得故名無上正等菩提.

**[번역]**

22. "이것을 어떻게 생각하는가, 수보리여. 여래가 무상 정등각을 철저히 깨달았다 할 그 어떤 법이 있는가?"

수보리 존자가 대답했다. "참으로 그렇지 않습니다, 세존이시여. 여래께서 무상 정등각을 철지히 깨달았다 할 그 어떤 법이 있지 않습니다."

세존께서 말씀하셨다. "참으로 그러하다, 수보리여. 참으로 그러하다. 털끝만한 법도 있지 않으며 얻은 것이 없으니 그래서 말하기를 무상 정등각이라고 한다."

**[대역]**

22. tat kiṃ manyase이를 어떻게 생각하는가, Subhūte수보리여(Ⓚ ×, Ⓗ 佛告善現 於汝意云何) api nu참으로 asti있기나 한가, sa그 kaścid어떤 dharmo법이(Ⓚ ×, Ⓗ 頗有少法), yas그 Tathāgatena여래에 의해서 anuttarāṃ samyaksambodhim 무상 정등각을 abhisambuddhaḥ철저히 깨달았다고 할(Ⓚ ×, Ⓗ 如來應正等覺 現證無上正等菩提耶)?

āyuṣmān Subhūtir āha존자 수보리가 대답했다(Ⓚ 須菩提 白佛言, Ⓗ 具壽善現 白佛言):

no hīdam Bhagavan참으로 그렇지 않습니다 세존이시여, na asti 있지 않습니다 sa그 Bhagavan세존이시여 kaścid어떤 dharmo법이, yas Tathāgatena anuttarāiṃ samyaksambodhim abhisambuddhaḥ 여래에 의해서 무상 정등각을 철저히 깨달았다고 할(Ⓚ 世尊 佛得阿耨多羅三藐三菩提 爲無所得耶, Ⓗ 世尊 如我解佛所說義者 無有少法 如來

應正等覺 現證無上正等菩提).

Bhagavān āha세존께서 말씀하셨다:

evam etat Subhūte evam etat그러하다 수보리여, 그러하다(Ⓚ 佛言 如是如是 須菩提, Ⓗ 佛言善現 如是如是), aṇur api털끝만한[1] tatra거기서 dharmo법도 na saṃvidyate있지 않으며[2] na upalabhyate얻은 것이 없으니(Ⓚ 我於阿耨多羅三藐三菩提 乃至無有少法可得, Ⓗ 於中少法 無有無得), tenocyate그래서 말해지기를 anuttarā samyak-sambodhir iti무상 정등각이라고 한다(Ⓚ 是名阿耨多羅三藐三菩提, Ⓗ 故名無上正等菩提).

**[주해]**

1) **털끝만한(aṇur api)**: aṇu는 '미세한, 작은'을 뜻하는 형용사로 쓰이며 명사로 쓰이면 물질의 최소단위라 할 만한 '원자'라는 뜻으로 쓰인다. 빠알리어도 aṇu이다. aṇu dhamma라는 식의 표현은 초기경에 나타나지 않는다. api는 '역시'를 뜻하는 강조를 나타내는 불변사이다.

2) **털끝만한 법도 있지 않으며 얻은 것이 없으니 그래서 말하기를 무상 정등각이라고 한다**: 본 경에서 거듭 거듭 설하고 있는 법이라는 산냐를 가지지 말라는 가르침을 여기서 다시 설하고 있다. 무상정등각을 깨달았다고 주장할 어떤 법이 정해져 있는 것이 아니라고 거듭 설하고 있다. 여기서 aṇuḥ api dharma(털끝만한 법)를 구마라집과 현장은 少法이라고 옮기고 있는데 특히 현장은 본 경 전체에서 이런 식으로 '少法도 존재하지 않는다'고 aṇu라는 단어가 없어도 少法이라고 강조해서 옮기고 있다.

## 23. 무상 정등각은 꾸살라 담마[善法]에 의해서 깨달아진다

**[원문]**

23. api tu khalu punaḥ Subhūte samaḥ sa dharmo na tatra kiṃcid viṣamam. tenocyate 'nuttarā samyaksambodhir iti. nirātmatvena niḥsattvatvena nirjīvatvena niṣpudgalatvena samā sānuttarā samyaksambodhiḥ sarvaiḥ kuśalair dharmair abhisambudhyate. tat kasya hetoḥ? kuśalā dharmāḥ kuśalā dharma iti Subhūte adharmaś caiva te Tathāgatena bhāṣitāḥ. tenocyante kuśalā dharmā iti.

**[鳩摩羅什]**

• 淨心行善分 第二十三

復次須菩提야 是法이 平等하야 無有高下일새 是名阿耨多羅三藐三菩提니 以無我無人無衆生無壽者로 修一切善法하면 卽得阿耨多羅三藐三菩提하리라 須菩提야 所言善法者는 如來가 說卽非善法일새 是名善法이니라

**[玄奘]**

復次善現. 是法平等於其中間無不平等故名無上正等菩提. 以無我性無有情性無命者性無士夫性無補特伽羅等性平等故名無上正等菩提. 一切善法無不現證. 一切善法無不妙覺. 善現. 善法善法者. 如來一切說爲非法. 是故如來說名善法善法.

**[번역]**

23. "그런데 참으로 다시 수보리여, 이 법은 평등하여 거기에는 어떤 차별이 없다. 그래서 말하기를 무상정등각이라 한다. 무상정등각

은 자아가 없고, 중생이 없고, 영혼이 없고 개아가 없기 때문에 평등하나니 그것은 모든 능숙한 법[善法]에 의해서 철저히 깨달아지는 것이다.

그것은 무슨 이유에서인가? 수보리여, '능숙한 법들, 능숙한 법들'이라는 것, 그것들은 [능숙한] 법들이 아니라고 여래는 설하였나니 그래서 말하기를 능숙한 법들이라 하기 때문이다."

**[대역]**

23. api tu그리고 khalu참으로 punaḥ다시 Subhūte수보리여(Ⓚ 復次須菩提, Ⓗ 復次善現), samaḥ평등하다 sa그 dharmo법은 na tatra거기에는 kiṃcid어떤 viṣamam차별이 없다[1)](Ⓚ 是法平等 無有高下, Ⓗ 是法平等 於其中間 無不平等).

tena ucyate그래서 말해지기를 anuttarā samyaksambodhir iti무상정등각이라고 한다(Ⓚ 是名阿耨多羅三藐三菩提, Ⓗ 故名無上正等菩提).

nirātmatvena자아가 없고 niḥsattvatvena중생이 없고 nirjīva-tvena 영혼이 없고 niṣpudgalatvena개아가 없기 때문에 samā평등하나니(Ⓚ 以無我無人無衆生無壽者, Ⓗ 以無我性 無有情性 無命者性 無士夫性 無補特伽羅等性 平等 故名無上正等菩提[2)])

sā그 anuttarā samyaksambodhiḥ무상 정등각은 sarvaiḥ모든 kuśalair능숙한 dharmair법들에 의해서[3)] abhisambudhyate철저히 깨달아지는 것이다(Ⓚ 修一切善法 卽得阿耨多羅三藐三菩提, Ⓗ 一切善法 無不現證 一切善法 無不妙覺).

tat kasya hetoḥ그것은 무슨 이유에서인가?

kuśalā dharmāḥ kuśalā dharma iti능숙한 법들, 능숙한 법들이라는 것은 Subhūte수보리여(Ⓚ 須菩提 所言善法者, Ⓗ 善現 善法善法者) a-dharmaś[능숙한] 법들이 아니다 라고 ca eva다시 오직 te그것들

은 Tathāgatena여래에 의해서 bhāṣitāḥ설해졌나니(Ⓚ 如來 說卽非善法, Ⓗ 如來說爲非法), tena ucyante그래서 말해지기를 kuśalā dharmā iti능숙한 법들이라고 하기 때문이다[4](Ⓚ 是名善法, Ⓗ 是故如來說名善法善法).

**[주해]**

1) **이 법은 평등하여 거기에는 어떤 차별이 없다(samaḥ sa dharmo na tatra kiṃcid viṣamam)**: sama는 접두어 'sam-'에서 파생된 형용사로 보며 영어의 same과 같은 어원을 가진 인도-유럽어로 간주한다. 그래서 '같은, 평평한, 균등한, 곧은' 등의 의미를 가졌다. viṣama는 분리 접두어 'vi-'를 붙여서 반대의 뜻을 나타낸다. 법의 보편성을 나타내는 말이라 하겠다. 법은 어떤 정해진 실체가 없고 그래서 아·인·중생·수자 등의 어떠한 산냐도 붙일 수가 없기에 평등하다고 설명하고 있다.

2) **故名無上正等菩提**: 현장은 무아·인·중생·수자 등이기에 평등하고 그래서 무상정등각이라 하며 이것은 모든 능숙한 법들에 의해서 철저히 깨달아진다로 해석함.

3) **능숙한 법들[善法, kuśalā dharmā]**: 꾸살라(kusala, Sk. kuśala, 善)라는 단어는 인도의 전통에서는 'kusa+la'로 분석하고 있는데 여기서 꾸사는 꾸사라는 풀을 의미한다. 그리고 √la는 동사의 어근으로서 '자르다, 베다(to cut)'는 의미가 있다. 그래서 꾸살라라는 의미는 '꾸사풀을 꺾는 것'을 뜻한다. 이런 의미에서 꾸살라는 '능숙한, 숙련된'의 의미가 강하다 하겠다. 왜 꾸살라(선)가 이 의미와 연결되어 있나 하는 문제와 꾸살라에 대한 논의는 6장 11번 주해를 참조할 것.

다시 말하지만 이 꾸살라 다르마는 초기경들에서 아주 중요한 술어로 나타나는데 이 꾸살라 다르마[善法]는 팔정도의 정정진이나 지혜로운 주의(요니소 마나시까라, yoniso manasikāra)와 마음챙김(sati) 등에 의해서 간택되어서 향상으로, 해탈열반으로, 무상 정등각으로 인도하는 법들이다.

그래서 본 경의 이 부분에서도 "무상 정등각은 자아가 없고, 중생이 없고, 영혼이 없고 개아가 없기 때문에 평등하나니 그것은 모든 능숙한 법[善法]에 의해서 철저히 깨달아지는 것이다."라고 강조하고 있는 것이다. 재삼 강조하지만 선·불선, 꾸살라·아꾸살라의 철저한 간택 – 이런 노력을 통해서 깨달음은 성취가 되는 것이라고 대승경전인 본 경도 힘주어 말하고 있음을 분명히 알아야 하겠다.

그리고 여기서 다시 거론하고 싶은 것은 이 꾸살라·아꾸살라를 간택하여 꾸살라는 증장시키도록, 아꾸살라는 소멸시키도록 노력하는 것이 불교의 정진[正精進]이지 깨달아야 할 대상이나 목표로 대아나 진아나 불성이나 공이나 진리나 해탈열반을 설정하고 그것을 향해서 힘으로 밀어붙이는 것은 결코 정진이 아니라는 점이다. 정진에 개재된 이런 밀어붙이기 식의 힘의 논리는 폭력과 자연스럽게 연결이 되어버린다는 것을 우리는 명심해야 할 것이다.

4) **그래서 말하기를 능숙한 법들이라고 하기 때문이다**: 물론 꾸살라 다르마가 아무리 중요하다 할지라도 꾸살라 다르마라는 산냐를 내고 그것에 집착하는 것은 엄중히 경계해야 할 것이다.

## 24. 복을 감히 산냐를 여의라는 이 가르침에 견주랴

**[원문]**

24. yaś ca khalu punaḥ Subhūte strī vā puruṣo vā yāvantas tri-sāhasramahāsāhasre lokadhātau Sumeravaḥ parvatarājānas tāvato rāśīn saptānāṃ ratnānām abhisaṃhṛtya Tathāgatebhyo 'rhad-bhyaḥ samyaksambuddhebhyo dānaṃ dadyāt, yaś ca kulaputro vā kuladuhitā vetaḥ prajñāpāramitāyā dharmaparyāyād antaśaś catuṣpādikām api gāthām udgṛhya parebhyo desáyed, asya Su-bhūte puṇyaskandhasyāsau paurvakaḥ puṇyaskandhaḥ śatatamīm api kalāṃ nopaiti yāvad upaniṣadam api na kṣamate.

**[鳩摩羅什]**

• 福智無比分 第二十四

須菩提야 若三千大千世界中所有諸須彌山王의 如是等七寶聚를 有人이 持用布施어든 若人이 以此般若波羅蜜經으로 乃至四句偈等을 受持讀誦하야 爲他人說하면 於前福德으로 百分에 不及一이며 百千萬億分과 乃至算數譬喩로 所不能及이니라

**[玄奘]**

復次善現. 若善男子或善女人. 集七寶聚量等三千大千世界. 其中所有妙高山王持用布施. 若善男子或善女人. 於此般若波羅蜜多經中乃至四句伽他受持讀誦究竟通利. 及廣爲他宣說開示如理作意. 善現. 前說福聚於此福聚. 百分計之所不能及. 如是千分若百千分若俱胝百千分. 若俱胝那庾多百千分. 若數分若計分若算分若喩分若烏波尼殺曇分亦

不能及.

**[번역]**

24. “참으로 다시 수보리여, 여자나 남자가 삼천대천세계에 [있는] 산의 왕인 [모든] 수메루들과 같은 무더기만큼의 칠보들을 모아서 여래 아라한 정등각들께 보시를 행한다 하더라도 다시 선남자나 선여인이 이 법문으로부터 단지 네 구절로 된 게송이라도 뽑아내어 남들에게 가르쳐 준다면 이 공덕의 무더기에 비하여 저 앞의 공덕의 무더기는 백분의 일에도 미치지 못하고 내지는 유비(類比)로도 미치지 못한다.”

**[대역]**

24. yaś ca그리고 khalu참으로 punaḥ다시 Subhūte수보리여(Ⓚ 須菩提, Ⓗ 復次善現)

strī vā puruṣo vā여자나 남자가 yāvantas trisāhasramahāsāhasre lokadhātau삼천대천세계에 Sumeravaḥ수메루들 parvata-rājānas산의 왕들 tāvato그와 같은 rāśīn무더기만큼의 saptānāṃ ratnānām칠보들을 abhisaṃhṛtya함께 모아서(Ⓚ 若三千大千世界中 所有諸須彌山王 如是等七寶聚, Ⓗ 若善男子或善女人 集七寶聚 量等三千大千世界 其中所有 妙高山王) Tathāgatebhyo arhadbhyaḥ samyaksambuddhebhyo 여래 아라한 정등각들께 dānaṃ dadyāt보시를 행한다 하더라도(Ⓚ 有人 持用布施, Ⓗ 持用布施),

yaś ca다시 kulaputro vā kuladuhitā선남자나 선여인이 ito이 dharma-paryāyād법문으로부터(Ⓚ 若人 以此般若波羅蜜經, Ⓗ 若善男子或善女人 於此般若波羅蜜多經中) antaśaś catuṣpādikām api단지 네 구절로 된 gāthām게송을(Ⓚ 乃至四句偈等, Ⓗ 乃至四句伽他) udgṛhya 뽑아 내어서 parebhyo남에게 desáyed가르쳐 준다면(K, 受持讀誦 爲他人說, Ⓗ 受持讀誦究竟通利 及廣爲他宣說開示如理作意),

asya이 Subhūte수보리여 puṇyaskandhasya공덕의 무더기에 대하여 asau저 paurvakaḥ앞의 puṇya-skandhaḥ공덕의 무더기는(Ⓚ 於前福德, Ⓗ 善現 前說福聚於此福聚)

śatatamīm api백분의 일의 kalāṃ부분에도 na upaiti미치지 못하고, yāvad내지는 upaniṣadam api유비(類比)로도 na kṣamate미치지 못한다.[1](Ⓚ 百分 不及一 百千萬億分 乃至算數譬喩 所不能及, Ⓗ 百分計之所不能及 如是 千分 若百千分 若俱胝百千分 若俱胝那庾多百千分 若數分 若計分 若算分 若喩分 若烏波尼殺曇分 亦不能及).

**[주해]**

1) **내지는 유비(類比)로도 미치지 못한다**: 이처럼 8장에서 언급한 개념을 16-2장에 나타나는 수량의 개념과 합하여 본 경의 사구게 한 구절이라도 남에게 알려주는 공덕이 더 큼을 설하고 있다.

## 25. 여래가 해탈케 한 중생이 있다는 산냐를 세운다면 그것은 집착일 뿐이다

**[원문]**

25. tat kiṃ manyase Subhūte api nu Tathāgatasyaivaṃ bhavati: mayā sattvāh parimocitā iti? na khalu punaḥ Subhūte evaṃ draṣṭavyaṃ. tat kasya hetoḥ? nāsti Subhūte kaścit sattvo yas Tathāgatena parimocitaḥ. yadi punaḥ Subhūte kaścit sattvo 'bhaviṣyat yas Tathāgatena parimocitaḥ syāt, sa eva Tathāgatasya ātmagrāho 'bhaviṣyat, sattvagrāho jīvagrāhaḥ pudgala-

grāho 'bhaviṣyat. ātmagrāhā iti Subhūte agrāha eṣa Tathāgatena bhāṣitaḥ. sa ca bālapṛthagjanair udgṛhītaḥ. bālapṛthagjanā iti Subhūte ajanā eva te Tathāgatena bhāṣitāḥ. tenocyante bāla-pṛthagjanā iti.

**[鳩摩羅什]**

• 化無所化分 第二十五

須菩提야 於意云何오 汝等은 勿謂如來作是念호대 我當度衆生이라하라 須菩提야 莫作是念이니 何以故오 實無有衆生如來度者니 若有衆生如來度者면 如來가 卽有我人衆生壽者니라 須菩提야 如來가 說有我者는 卽非有我어늘 而凡夫之人이 以爲有我일새 須菩提야 凡夫者는 如來가 說卽非凡夫是名凡夫니라

**[玄奘]**

佛告善現. 於汝意云何. 如來頗作是念. 我當度脫諸有情耶. 善現. 汝今勿當作如是觀. 何以故. 善現. 無少有情如來度者. 善現. 若有有情如來度者. 如來卽應有其我執有有情執有命者執有士夫執有補特伽羅等執. 善現. 我等執者如來說爲非執. 故名我等執. 而諸愚夫異生强有此執. 善現. 愚夫異生者. 如來說爲非生故名愚夫異生.

**[번역]**

25. "이것을 어떻게 생각하는가, 수보리여. 참으로 여래가 '나는 중생들을 완전히 해탈하게 했다'는 이런 [생각을] 내겠는가? 참으로 그러나 수보리여, 이렇게 보아서는 안 된다.

그것은 무슨 이유에서인가? 수보리여, 여래가 완전히 해탈하게 한 어떤 중생도 없기 때문이다. 만일 다시 수보리여, 여래가 완전히 해탈하게 했다 할 어떤 중생이 존재한다면 참으로 여래에게 자아에 대한 집착이 있는 것이고 중생에 대한 집착, 영혼에 대한 집착, 개아에 대한 집착이 있는 것이다. 자아에 대한 집착 그것은 수보리여,

[자아에 대한] 집착이 아니라고 여래는 설하였다. 그것은 단지 어리석은 범부들이 집착하는 것이다. 수보리여, 어리석은 범부들이라 하지만 그들은 [어리석은] 범부들이 아니라고 여래는 설하였나니 그래서 말하기를 어리석은 범부들이라 한다."

**[대역]**

25. tat kiṃ manyase Subhūte이를 어떻게 생각하는가, 수보리여(Ⓚ 須菩提 於意云何, Ⓗ 佛告善現 於汝意云何) api nu참으로 Tathāgatasya여래에게 evaṃ이러한 bhavati[생각이] 생기겠는가:

mayā나에 의해서 sattvāh중생들은 parimocitā완전히 해탈되었다[1] iti라는(Ⓚ 汝等 勿謂如來作是念 我當度衆生, Ⓗ 如來頗作是念 我當度脫諸有情耶)?

na khalu참으로 punaḥ다시 Subhūte수보리여 evaṃ이렇게 draṣṭavyaṃ보아서는 안 된다(Ⓚ 須菩提 莫作是念, Ⓗ 善現 汝今勿當作如是觀).

tat kasya hetoḥ그것은 무슨 이유에서인가(Ⓚ=Ⓗ 何以故)?

na asti없기 때문이다 Subhūte수보리여 kaścit어떤 sattvo중생도 yas Tathāgatena여래에 의해서 parimocitaḥ완전히 해탈이 된(Ⓚ 實無有衆生 如來度者, Ⓗ 善現 無少有情 如來度者).

yadi만일 punaḥ다시 Subhūte수보리여 kaścit어떤 sattvo중생이 abhaviṣyat[실로] 존재한다면 yas즉 Tathāgatena여래에 의해서 parimocitaḥ완전히 해탈되었다고 syāt할(Ⓚ 若有衆生 如來度者, Ⓗ 善現. 若有有情 如來度者), sa그것은 eva참으로 Tathāgatasya여래에게 있어서 ātma-grāho자아에 대한 집착이 abhaviṣyat있는 셈이 될 것이고, sattva-grāho중생에 대한 집착 jīva-grāhaḥ영혼에 대한 집착 pudgala-grāho개아에 대한 집착이 abhaviṣyat있는 셈이 될 것이다

(Ⓚ 如來 卽有我人衆生壽者, Ⓗ 如來 卽應有其我執有 有情執有 命者執有 士夫執有 補特伽羅等執).

ātma-grāhā iti자아에 대한 집착이라는 것은 Subhūte수보리여 agrāha집착이 아니다 라고 eṣa이것은 Tathāgatena bhāṣitaḥ여래에 의해서 설해졌다(Ⓚ 須菩提 如來 說有我者 卽非有我, Ⓗ 善現 我等執者 如來說爲非執 故名我等執). sa그것은 ca그리고 bālapṛthagjanair어리석은 범부들[2)]에 의해서 udgṛhītaḥ집착되어 있다(Ⓚ 而凡夫之人 以爲有我, Ⓗ 而諸愚夫異生 强有此執).

bālapṛthag-janā iti어리석은 범부들이라는 것은 Subhūte수보리여 a-janā범부들이 아니다 라고 eva단지 te그들은 Tathāgatena bhāṣitāḥ여래에 의해서 설해졌다(Ⓚ 須菩提 凡夫者 如來 說卽非凡夫, Ⓗ 善現 愚夫異生者 如來說爲非生). tena ucyante bālapṛthagjanā iti그래서 말해지기를 어리석은 범부들이라고 한 것이다(Ⓚ 是名凡夫, Ⓗ 故名愚夫異生).

**[주해]**

1) **완전히 해탈하게 했다 할(parimocitā)**: pari(둘레에, 원만히)+√muc(to release)의 사역 과거분사이다. '해탈하게 해진'의 뜻이다. 접두어 'pari-'는 '완전히, 철저한, 원만한'의 뜻을 내포하고 있다. 구마라집은 當度로 현장은 當度脫로 옮겼다.

3장에서 보살이 일체 중생을 모두 반열반케 하리라는 산냐에 빠지지 말 것을 설하였고 여기서는 여래에 의해서 해탈된 중생이라는 산냐를 경계하고 있다.

2) **어리석은 범부들(bālapṛthagjanā)**: bāla(발라)는 원래 '어려서 말을 못하고 발발대는 것'을 나타내는 의성어나 의태어였다고 보여

지고 그래서 형용사로는 '어린애 같은, 유치한, 어리석은' 등의 뜻으로 쓰인다. 명사로는 '어린이'의 뜻이다. pṛthagjana는 pṛthag와 jana의 합성어이다. pṛthag는 √pṛth(to expand)에서 파생된 형용사로서 '분리된, 개개의'의 뜻으로 쓰인다. jana는 √jan(to generate)에서 파생된 명사로서 '사람' 일반을 나타낸다. 그래서 pṛthagjana는 '개개의 인간' 즉 범부를 뜻한다. 빠알리어로는 puthujjana이다. bālapṛthag-jana를 구마라집은 凡夫之人으로 현장은 愚夫異生으로 옮겼다.

초기경에서는 거의 대부분 '배우지 못한 범부(assutavā puthuj-jano)'라는 문구로 나타난다. 여기서 배우지 못했다고 옮긴 assutavā는 문자적으로는 '듣지 못한'의 뜻이며 구전으로 스승의 가르침을 배우던 고대 인도의 전통에서 보면 듣지 못했다는 말은 배우지 못했다는 뜻이 된다.(1장 1번 주해 참조) 이 배우지 못한 범부의 반대되는 문구로서는 '잘 배운 성스런 제자(sutavā ariyasāvako)'라는 표현이 여러 곳에서 대(對)가 되어서 나타난다. 잘 배운(문자적으로는 '들음을 가진') 성스러운 제자는 다름 아닌 불제자의 초기 불교적인 표현이다.

그리고 이 뿌툿자나를 설명하는 정형구가 초기경의 여러 곳에서 나타난다. "여기 배우지 못한 범부는 성스런 분들을 만나지 못하고 성스런 법에 정통하지 못하고 성스런 법에 인도되지 못하고 바른 사람을 만나지 못하고 바른 사람의 법에 정통하지 못하고 바른 사람의 법에 인도되지 못했다."[37] 한편 아리야 사와까(ariya sāvaka, 성스러운 제자)의 정형구는 위와 정반대로 나타나고 있다.

37) idha assutavā puthujjano ariyānaṃ adassāvī ariyadhammassa akovido ariyadhamme avinīto, sappurisānaṃ adassāvī sappurisadhammassa akovido sappurisadhamme avinīto.

# 26. 모양을 떠나 법으로써 여래를 보라

**[원문]**

26a) tat kiṃ manyase Subhūte, lakṣaṇasampadā Tathāgato draṣṭavyaḥ?

Subhūtir āha: no hīdaṃ Bhagavān, yathāhaṃ Bhagavato bhāṣitasyārtham ājānāmi na lakṣaṇasampadā Tathāgato draṣṭavyaḥ.

Bhagavān āha: sādhu sādhu Subhūte, evam etat Subhūte evam etad, yathā vadasi: na lakṣaṇasampadā Tathāgato draṣṭavyaḥ. tat kasya hetoḥ? sacet punaḥ Subhūte lakṣaṇasampadā Tathāgato draṣṭavyo ābhaviṣyad, rājāpi cakravartī Tathāgato ābhaviṣyat. tasmān na lakṣaṇasampadā Tathāgato draṣṭavyaḥ.

āyuṣmān Subhūtir Bhagavantam etad avocat: yathāhaṃ Bhagavato bhāṣitasyārtham ājānāmi, na lakṣaṇasampadā Tathāgato draṣṭavyaḥ.

Atha khalu Bhagavāṃs tasyāṃ velāyām ime gāthe abhāṣata:

ye maṃ rūpeṇa ca adrakṣur
ye māṃ ghoṣeṇa ca anvayuḥ
mithyāprahāṇaprasṛtā
na māṃ drakṣyanti te janāḥ

26b) dharmato Buddhā draṣṭavyā
dharmakāyā hi nāyakāḥ
dharmatā ca na vijñeyā

na sā śakyā vijānituṃ.

**[鳩摩羅什]**

• 法身非相分 第二十六

須菩提야 於意云何오 可以三十二相으로 觀如來不아 須菩提가 言하사대 如是如是하니이다 以三十二相으로 觀如來니이다 佛言하사대 須菩提야 若以三十二相으로 觀如來者인댄 轉輪聖王이 卽是如來로다 須菩提가 白佛言하사대 世尊하 如我解佛所說義컨댄 不應以三十二相으로 觀如來니이다 爾時에 世尊이 而說偈言하사대

若以色見我어나　以音聲求我하면
是人은 行邪道라　不能見如來니라

**[玄奘]**

佛告善現. 於汝意云何. 可以諸相具足觀如來不. 善現答言. 如我解佛所說義者. 不應以諸相具足觀於如來. 佛言善現. 善哉善哉. 如是如是. 如汝所說. 不應以諸相具足觀於如來. 善現. 若以諸相具足觀如來者. 轉輪聖王應是如來. 是故不應以諸相具足觀於如來. 如是應以諸相非相觀於如來. 爾時世尊而說頌曰

諸以色觀我 以音聲尋我 彼生履邪斷 不能當見我
應觀佛法性 卽導師法身 法性非所識 故彼不能了

**[번역]**

26. "이것을 어떻게 생각하는가, 수보리여. [32가지 대인]상을 구족했기 때문에 여래라고 보아야 하는가?"

수보리가 대답했다. "참으로 그렇지 않습니다, 세존이시여. 제가 세존의 설하신 뜻을 깊이 아는 바로는 [32가지 대인]상을 구족했기 때문에 여래라고 보아서는 안 됩니다."

세존께서 말씀하셨다. "선재 선재라. 수보리여, 참으로 그러하다 수보리여, 참으로 그러하다. [32가지 대인]상을 구족했기 때문에 여

래라고 봐서는 안 된다.

그것은 무슨 이유에서인가? 만일 다시 수보리여, [32가지 대인]상을 구족했기 때문에 여래라고 보아야 한다면 전륜성왕도 역시 여래가 될 것이기 때문이다. 그러므로 [32가지 대인]상을 구족했기 때문에 여래라고 봐서는 안 된다."

수보리 존자가 세존께 이렇게 말씀드렸다. "제가 세존의 설하신 뜻을 깊이 아는 바로는 [32가지 대인]상을 구족했기 때문에 여래라고 봐서는 안 됩니다."

그러자 참으로 세존께서 그 때에 이 게송을 읊으셨다.

"형상으로 나를 보았거나
소리로써 나를 찾았던 자들은
그릇되이 정진한 것이니
그 사람들은 나를 보지 못할 것이다."

"법으로 부처님들을 보아야 한다.
참으로 스승들은 법을 몸으로 하기 때문이다.
그러나 법의 본성은 분별로 알아지지 않나니
그것은 분별해서 알 수 없기 때문이다."

**[대역]**

26) tat kiṃ manyase Subhūte이것을 어떻게 생각하는가, 수보리여(Ⓚ 須菩提 於意云何, Ⓗ 佛告善現 於汝意云何),

lakṣaṇa-sampadā[32가지 대인]상을 구족한 것으로 Tathāgato여래는 draṣṭavyaḥ보여져야 하는가[1)](Ⓚ 可以三十二相 觀如來不, Ⓗ 可以諸相具足 觀如來不)?

Subhūtir āha수보리가 대답했다(Ⓚ 須菩提言, Ⓗ 善現答言):

no hīdaṃ Bhagavān참으로 그렇지 않습니다 세존이시여, yathā ahaṃ제가 Bhagavato세존이 bhāṣitasya설하신 바의 artham뜻을 ājānāmi깊이 아는 한(Ⓚ ×, Ⓗ 如我解佛所說義者) na lakṣaṇa-sampadā Tathāgato draṣṭavyaḥ[32 가지 대인]상을 구족한 것으로 여래는 보여져서는 안 됩니다(Ⓚ 如是如是 以三十二相 觀如來, Ⓗ 不應以諸相具足觀於如來).

Bhagavān āha세존께서 말씀하셨다(Ⓚ=Ⓗ 佛言):

sādhu sādhu Subhūte선재 선재라 수보리여(Ⓚ ×, Ⓗ 善現. 善哉善哉),

evam etat Subhūte evam etad참으로 그러하다 수보리여, 참으로 그러하다(Ⓚ ×, Ⓗ 如是如是), yathā vadasi그대가 말한 대로(Ⓚ ×, Ⓗ 如汝所說): na lakṣaṇa-sampadā Tathāgato draṣṭavyaḥ[32 가지 대인]상을 구족한 것으로 여래는 보여져서는 안 된다(Ⓚ ×, Ⓗ 不應以諸相具足觀於如來).

tat kasya hetoḥ그것은 무슨 이유에서인가?

sacet만일 punaḥ다시 Subhūte수보리여 lakṣaṇa-sampadā Tathāgato draṣṭavyo abhaviṣyad[32 가지 대인]상을 구족한 것으로 여래는 보여져야 한다고 한다면(Ⓚ 須菩提 若以三十二相 觀如來者, Ⓗ 善現若以諸相具足 觀如來者), rājā api cakravartī전륜성왕 역시[2] Tathāgato abhaviṣyat여래가 될 것이기 때문이다(Ⓚ 轉輪聖王 卽是如來, Ⓗ 轉輪聖王應是如來). tasmād그러므로 na lakṣaṇa-sampadā Tathāgato draṣṭavyaḥ[32가지 대인]상을 구족한 것으로 여래는 보여져서는 안 된다(Ⓚ ×, Ⓗ 是故 不應以諸相具足 觀於如來).

āyuṣmān Subhūtir존자 수보리가 Bhagavantam세존께 etad avocat이렇게 말씀드렸다(Ⓚ 須菩提 白佛言, Ⓗ ×):

yathā ahaṃ제가 Bhagavato세존께서 bhāṣitasya말씀하신 artham 뜻을 ājānāmi깊이 아는 한(Ⓚ 世尊 如我解佛所說義, Ⓗ ×), na lakṣaṇa-sampadā Tathāgato draṣṭavyaḥ[32가지 대인]상을 구족한 것으로 여래는 보여져서는 안 됩니다(Ⓚ 不應以三十二相 觀如來, Ⓗ 如是 應以諸相非相 觀於如來[3]).

Atha그러자 khalu참으로 Bhagavāṃs세존께서는 tasyāṃ그 velāyām때에 ime gāthe이 게송을 abhāṣata읊으시었다(Ⓚ 爾時 世尊 而說偈言, Ⓗ 爾時世尊 而說頌曰):

> ye maṃ나를 rūpeṇa형상으로 ca그리고 adrakṣur보았거나[4]
> (Ⓚ 若以色見我, Ⓗ 諸以色觀我)
> ye māṃ나를 ghoṣeṇa소리로 ca그리고 anvayuḥ찾았던[5] [자들은]
> (Ⓚ 以音聲求我, Ⓗ 以音聲尋我)
> mithyā-prahāṇa-prasṛtā그릇되이 정진한 것이니[6]
> (Ⓚ 是人行邪道, Ⓗ 彼生履邪斷)
> na māṃ나를 drakṣyanti보지[7] 못할 것이다 te그 janāḥ사람들은[8]
> (Ⓚ 不能見如來, Ⓗ 不能當見我)

dharmato법으로부터 Buddhā부처님들은 draṣṭavyā보여져야 한다(Ⓗ 應觀佛法性). dharmakāyā법을 몸으로 하기 때문이다 hi참으로 nāyakāḥ스승들은[9](Ⓗ 卽導師法身)

dharmatā법됨은 ca그리고 na vijñeyā알아지지 않는다[10](Ⓗ 法性非所識). na sā그것은 śakyā수 없는 것이다[11] vijānituṃ알(Ⓗ 故彼不能了).

**[주해]**

1) **[32가지 대인]상을 구족했기 때문에 여래라고 보아야 하는가?**: 다시 [32 가지] 대인상을 구족한 것으로 부처님을 볼 수 있는가 하는 문제를 제기하고 있다. 5장, 13-4장, 20-2장에서 거론되었는데 여기서 다시 제기되고 있다. 이처럼 대인상을 비롯한 형상으로써 여래를 보지 말라는 초기경에서 세존이 간곡히 하신 말씀을 여기서도 되풀이하고 있다.(5장 1번, 13-4장 1번 및 20-2장 1번 주해 참조)

2) **如是如是 以三十二相 觀如來**: 범어 원문에는 '[32가지 대인]상을 구족한 것으로 여래라 봐서는 안 된다'고 되어 있는데 구마라집은 '그렇다'라고 정반대로 번역하고 있다. 그러나 그 다음에서 세존께서 '그렇다면 전륜성왕도 여래라 할 것이다' 하자 그 때서야 수보리가 '참으로 [32가지 대인]상을 구족한 것으로 여래라 봐서는 안 됩니다'라고 수긍하는 것으로 좀 극적으로 번역하고 있다.

3) **전륜성왕(rājā api cakravartī)**: rājan은 '왕'을 뜻하고 cakravartī는 cakra와 vartin의 합성어이다. cakra는 '바퀴'나 '원반'을 뜻한다. vartin은 √vṛt(to turn)의 형용사로 '관련된, 가진, 행하는' 등의 뜻을 가졌다. '-in' 접미어는 '~하는 사람'이라는 의미이다. 그래서 전체적으로 '바퀴를 가진(혹은 돌리는) 왕'이라는 의미이다. 그래서 구마라집과 현장 모두 轉輪聖王으로 옮기고 있다. 빠알리어는 rājā cakkavattī인데 초기경에 아주 많이 나타나는 단어이다. 마치 부처님이 법의 짜끄라[法輪, dhamma-cakka, Sk. dharma-cakra]를 굴려서 천하에 법을 펴듯이 인도의 전설에 의하면 32상을 갖춘 이런 대성왕(大聖王)이 즉위하면 하늘에서 이 짜끄라(輪)가 주어져서 이 윤보(輪寶)로써 천하를 평정한다고 한다. 이 전륜성왕도 32상을 갖추었다고 하므로 32상을 갖추었기 때문에 부처님이라고 한다면 전

륜성왕도 마땅히 부처님이라 해야 할 것이니 32상을 갖춘 것으로 부처님이라고 해서는 안 된다는 뜻이다.

4) **如是 應以諸相非相 觀於如來**: 현장은 이 수보리의 대답을 번역하지 않고 대신에 세존께서 이렇게 '[32가지 대인]상이 상이 아닌 것으로써 여래를 봐야 한다'고 결론지어 말씀하신 것으로 번역하고 있다.

5) **보았거나(adrakṣur)**: √dṛś(to see)의 동사 Aorist 과거 삼인칭 복수로 쓰였다. 일반 산스끄리뜨에서는 잘 나타나지 않는 형태인데 빠알리어에서는 addakkhum(Aorist 과거 삼인칭 복수)으로 나타난다. 일반 클래식 산스끄리뜨에서는 Imperfect 과거형이 많이 쓰이지만 빠알리어에 나타나는 과거형은 거의가 Aorist 과거형이다. 본 경에서도 과거는 거의 모두가 Aorist형으로 나타나고 있다. '보았다'의 뜻이다. 구마라집은 見으로 현장은 觀으로 옮겼다.

"형상으로 부처님을 보아서는 안 된다."는 가르침은 초기경에서 잘 알려진 가르침이다. 병상에 누워 죽어 가는 왁깔리 비구를 찾아가신 세존께서 그에게 마지막 설법으로 해주신 상응부 S22.87번 왁깔리경의 유명한 구절을 인용한다. "그만하라. 왁깔리여, 이 더러운 몸을 봐서 무엇하겠는가? 왁깔리여, 법을 보는 자는 나를 보고 나를 보는 자는 법을 본다."[38] 법으로써 부처님을 보라는 이 가르침이야말로 부처님의 대사자후이며 보편을 지향하는 불교의 근본 모토이다. 물론 법이라는 산냐를 세운다면 본 경에서 거듭 말하듯이 그것은 세존의 뜻을 저버리는 것이 되고 말지만.

6) **찾았던(anvayuḥ)**: anu(따라서)+√i(to go)의 동사 Aorist 과거

---

38) alam vakkali kim te iminā pūtikāyena diṭṭhena. yo kho vakkali dhammam passati so mam passati yo mam passati so dhammam passati.

삼인칭 복수로 쓰였다. '따르다, 접근하다, 나아가다'의 뜻이다. 구마라집은 求로 현장은 尋으로 옮겼다.

7) **잘 못된 정진으로 나아간 자들이니(mithyā-prahāṇa-prasṛtā)**: mithyā는 √mith(to alternate)에서 파생된 명사이며 원의미는 '교체된, 분리된, 반대의'의 뜻이며 그래서 '잘 못된, 거짓의'라는 뜻으로 쓰인다. samyak(바른, 正)의 반대되는 말이다. 빠알리어는 micchā이며 초기경에 sammā의 반대되는 뜻으로 많이 나타난다. 구마라집과 현장은 邪로 옮겼다.

prahāṇa는 두 가지 어원을 생각해볼 수 있다. 첫째는 pra(앞으로)+√hā(to abandon)의 명사형으로 '버림, 극복, 떠남'을 뜻한다고 볼 수 있다. 빠알리어는 pahāna인데 같은 의미로 쓰이며 후대 주석서에서는 5가지의 pahāna를 언급하고 있다.

둘째는 pradhāna의 쁘라끄리뜨형으로 볼 수 있는데 BHS(불교산스끄리뜨사전)는 이것을 선호하고 있으며 역자도 이렇게 보고 있다. 특히 본문에 나타나는 mithyā-prahāṇa는 sammā-padhāna의 반대가 되는 개념으로 봐야 하기 때문이다. pradhāna는 pra(앞으로)+√dhā(to put)의 명사로서 '앞으로 내딛는다'는 의미에서 '노력, 애씀, 정진, 정근'의 뜻이다. 빠알리어는 padhāna로 초기경에서 많이 나타나는 술어이며 sammappadhāna로 많이 나타나는데 37조도품의 하나인 사정근(四正勤, cattari sammappadhānāni)을 뜻한다.

구마라집은 道로 pradhāna의 입장에서 번역했다고 보여지며 현장은 斷으로 prahāṇa의 입장에서 옮겼다.

참고로 초기경(S49.1 등)에 나타나는 사정근의 정형구는 다음과 같다. "① 비구들이여, 여기 비구가(idha bhikkhave bhikkhu) 아직 생겨나지 않은 삿되고 나쁜 법을 생겨나지 않게 하기 위해서(anuppannānam pāpakānam akusalānam chammānam anuppādāya) 의욕을 가지고 노력하고 애를 쓰며 마음을 모으고 정진한다.(chandam janeti vāyamati viriyam ārabbhati cittam paggaṇhāati padahati) ② 이미 생겨난 삿되고 나쁜 법을 버리기 위해서(uppannānaṃ pāpakānaṃ akusalānaṃ dhammānaṃ pahānāya) … ③ 아직 생기지 않은 좋은 법을 생기게 하기 위해서(anuppannānaṃ kusalānaṃ dhammānaṃ uppādāya) … ④ 이미 생겨난 좋은 법을(uppannānaṃ kusalānaṃ dhammānaṃ) 확립하고 잃어버리지 않고 거듭 수행하고 충만하게 수행하고 완성하기 위해서(ṭhitiyā asammosāya bhiyyobhāvāya vepullāya bhāvanāya pāripūriyā) … 의욕을 가지고 노력하고 애를 쓰며 마음을 모으고 정진한다. 이것이 비구들이여 네 가지 정근이다.” 이 바른 노력(正勤, sammā-padhāna)의 반대가 바로 잘못된 노력 즉 micchā-padhāna이다.

이 사정근은 8정도의 6번째인 정정진(正精進, sammāvāyāma)의 내용이기도 하며, 오근(五根, pañca-indriya)과 오력(五力, pañca-bala)의 두 번째인 정진(精進, viriya)의 내용이다. 이 padhāna와 vāyāma (vi+ā+√yam, to stretch out의 명사로 문자적인 의미 그대로 뻗으려고 애쓰는 것을 나타내어 ‘정진, 노력’의 뜻으로 쓰인다)와 viriya(‘힘센 사람, 용감한 자’를 뜻하는 vīra의 추상명사인 vīrya의 빠알리어로 ‘힘센 상태’를 뜻하여 ‘정진, 노력, 힘, 원기’ 등을 뜻한다)는 동의어라 하겠는데 초기경에서는 이렇게 다르게 정형화되어서 쓰이고 있다 하겠다.

그리고 이 pradhāna(Pāli. padhāna)는 4여의족(四如意足, cattari iddhipāda)의 정형구로도 나타난다. 초기경(M16 등)에 나타나는 사여의족의 정형구는 다음과 같다. “① 그는 의욕(chanda)에 의해서 선정을 닦는(samādhi) 정근의 [수승한] 행을 수반하는 여의족을 수행한다. ② 정진(viriya)에 의해서 선정을 닦는 … , ③ 마음(citta)에 의해서 선정을 닦는 … , ④ 검증함(vīmaṃsā)에 의해서 선정을 닦는 정근의 수승행을 수반하는 여의족을 수행한다.”[39]이다.

39) So chandasamādhi-padhāna-saṅkhāra-samannāgatam iddhipādaṃ

prasṛta는 pra(앞으로)+√sṛ(to flow)의 과거분사이다. 문자 그대로 '앞으로 나아가다, 진행하다, 생겨나다, 출현하다, 발생하다' 등의 뜻으로 쓰인다. 구마라집은 行으로 현장은 生履로 옮겼다.

8) **볼 것이다(drakṣyanti)**: √dṛś(to see)의 동사 미래 삼인칭 복수형으로 쓰였다.

9) **법으로 부처님들을 봐야 한다** … : 이 게송은 구마라집역본에는 없고 범어원본과 현장본에는 나타난다. 전형적인 슬로까(śloka, Pāli. siloka 혹은 anuśtubh이라고도 함) 운율로 된 시인데 위의 시에 비하면 연대적으로 후대에 만들어진 시인 것 같다. 그리고 dharma-kāya 같은 술어는 초기경에 거의 나타나지 않는다.

10) **스승들은(nāyakāḥ)**: √nī(to lead)에서 파생된 명사로서 '지도자, 인도자, 주인' 등의 의미로 쓰인다. 불교경전에서는 주로 부처님의 별칭으로 쓰인다.

11) **알아지지 않는다(na vijñeyā)**: vi(분리해서)+√jñā(to know)의 Pot. 분사이다. 여기서 알음알이(識)로 옮겨지는 술어인 vijñāna가 파생되었다. 현장은 그래서 非所識으로 옮기고 있다. 法性(dharmatā)은 알음알이로 분별되어서 알아지지 않는다는 의미이다.(6장 27번 주해 참조)

12) **할 수 있다(śakyā)**: √śak(to be able)에서 파생된 일종의 불변사이다. 부정사(-tum)와 함께 쓰여서 '~할 수 있다'는 의미이다. 현장은 能으로 옮겼다.

---

bhāveti, viriya-samādhi- … , citta-samādhi- … , vīmaṃsā-samādhi- ….

# 27. 산냐를 세우지 말라 한다 해서 단멸을 가르친다는 소견을 가지지 말라

**[원문]**

27. tat kiṃ manyase Subhūte lakṣaṇasampadā Tathāgatena anuttarā samyaksambodhir abhisambuddhā? na khalu punas te Subhūte evaṃ draṣṭavyaṃ. tat kasya hetoḥ? na hi Subhūte lakṣaṇasampadā Tathāgatena anuttarā samyaksambodhir abhisambuddhā syāt. na khalu punas te Subhūte kaścid evaṃ vaded: bodhisattvayānasampratisthitaiḥ kasyacid dharmasya vināśaḥ prajñaptaucchedo veti. na khalu punas te Subhūte evaṃ draṣṭavyam. tat kasya hetoḥ? na bodhisattvayānasamprasthitaiḥ kasyacid dharmasya vināśaḥ prajñapto nocchedaḥ.

**[鳩摩羅什]**

• 無斷無滅分 第二十七

須菩提야 汝若作是念호대 如來가 不以具足相故로 得阿耨多羅三藐三菩提아 須菩提야 莫作是念호대 如來가 不以具足相故로 得阿耨多羅三藐三菩提라하라 須菩提야 汝若作是念호대 發阿耨多羅三藐三菩提心者는 說諸法斷滅가 莫作是念이니 何以故오 發阿耨多羅三藐三菩提心者는 於法에 不說斷滅相이니라

**[玄奘]**

佛告善現. 於汝意云何. 如來應正等覺以諸相具足現證無上正等覺耶. 善現. 汝今勿當作如是觀. 何以故. 善現. 如來應正等覺不以諸相具足現證無上正等菩提.

復次善現. 如是發趣菩薩乘者. 頗施設少法若壞若斷耶. 善現. 汝今勿當作如是觀. 諸有發趣菩薩乘者. 終不施設少法若壞若斷.

**[번역]**

27. "이것을 어떻게 생각하는가? 수보리여, [32가지 대인]상을 구족하였기 때문에 여래는 무상 정등각을 철저하게 깨달았는가? 참으로 다시 수보리여, 그대는 이렇게 보아서는 안 된다.

그것은 무슨 이유에서인가? 참으로 수보리여, [32가지 대인]상을 구족하였기 때문에 여래는 무상 정등각을 철저하게 깨달은 것이 아니기 때문이다. 참으로 다시 수보리여, 누구도 그대에게 이렇게 말하지 않았을 것이다. '보살승에 굳게 나아가는 자들은 어떤 법의 소멸이나 단멸을 인정한다'라고. 수보리여, 참으로 그대는 이렇게 봐서는 안 된다. 그것은 무슨 이유에서인가? 보살승에 굳게 나아가는 자들은 어떤 법의 소멸이나 단멸을 결코 인정하지 않기 때문이다."

**[대역]**

27. tat kiṃ manyase Subhūte이를 어떻게 생각하는가? 수보리여(Ⓚ 須菩提 汝若作是念, Ⓗ 佛告善現 於汝意云何)

Talakṣaṇa-sampadā[32 가지 대인]상을 구족한 것에 의해서 Tathāgatena여래에 의해서 anuttarā samyaksambodhir무상 정등각이 abhisambuddhā철저히 깨달은 것이 아니기 때문이다.[1)](Ⓚ 如來 不以具足相故[2)] 得阿耨多羅三藐三菩提, Ⓗ 如來應正等覺 以諸相具足 現證無上正等覺耶)?

na khalu punas참으로 다시 te그대에 의해서 Subhūte수보리여 evaṃ이렇게 draṣṭavyaṃ보여져서는 안 된다(Ⓚ 須菩提 莫作是念, Ⓗ 善現 汝今勿當 作如是觀).

tat kasya hetoḥ그것은 무슨 이유에서인가(Ⓚ ×, Ⓗ 何以故)?

na hi참으로 Subhūte수보리여 lakṣaṇa-sampadā[32 가지 대인]상을 구족한 것에 의해서 Tathāgatena여래에 의해서 anuttarā samyaksambodhir무상 정등각이 abhisambuddhā syāt철저히 깨달아지지 않기 때문이다(Ⓚ 如來 不以具足相故 得阿耨多羅三藐三菩提, Ⓗ 善現 如來應正等覺 不以諸相具足 現證無上正等菩提).

na khalu punas참으로 다시 te그대에게 Subhūte수보리여 kaścid 누구도 evaṃ이렇게 vaded말하지 않을 것이다(Ⓚ 須菩提 汝若作是念, Ⓗ 善現 汝今勿當 作如是觀):

bodhisattva-yāna-sampratisthitaiḥ보살승에 굳게 나아가는 자들에 의해서(Ⓚ 發阿耨多羅三藐三菩提心者, Ⓗ 復次善現 如是發趣菩薩乘者)

kasyacid어떤 dharmasya법의 vināśaḥ소멸이 prajñaptaḥ인정되었다 ucchedo vā혹은 단멸[3] iti이라고(Ⓚ 說諸法斷滅, Ⓗ 頗施設少法 若壞若斷耶).

na khalu punas참으로 다시 te그대에게 Subhūte수보리여 evaṃ draṣṭavyam이렇게 보여져서는 안 된다[4](Ⓚ 莫作是念, Ⓗ 善現 汝今勿當作如是觀).

tat kasya hetoḥ그것은 무슨 이유에서인가(Ⓚ 何以故, Ⓗ ×)?

na bodhisattva-yāna-sampratisthitaiḥ보살승에 굳게 나아가는 자들에 의해서 kasyacid어떤 dharmasya법의 vināśaḥ소멸도 prajñapta 인정되지 않았고 na ucchedaḥ단멸도 [인정되지] 않았기 때문이다(Ⓚ 發阿耨多羅三藐三菩提心者 於法 不說斷滅相, Ⓗ 諸有發趣菩薩乘者 終不施設 少法 若壞若斷).

**[주해]**

1) **[32가지 대인]상을 구족하였기 때문에 여래는 무상 정등각을 철저하게 깨달았는가?**: 다시 한 번 더 여래는 32상을 구족해서

무상 정등각을 얻은 것이 아니라고 강조하고 있다. 독송을 통해서 반복학습의 효과를 극대화할 수 있게 경이 편찬되어 있다고 하겠다.

2) **如來 不以具足相故 …**: 이 부분을 한문본만 보고 "32상을 구족하지 않았기 때문에 여래는 깨달음을 얻었다고 생각하지 말라"는 식으로 잘못 옮기는 경우가 많다. 이것은 이미 앞에서 32상을 구족했기 때문에 여래가 깨달음을 얻은 것은 아니라고 했기 때문에 여기서는 그러면 구족하지 않았기 때문에 깨달음을 얻었다고도 보지 말라는 식으로 잘 못 이해하고 번역한 것이다. 산스끄리뜨 원문을 보지 않고 한문본, 특히 구마라집본만 의지해서 번역을 하니 그럴 수밖에 없을 것이다.

3) **어떤 법의 소멸이나 단멸을 인정한다(kasyacid dharmasya vināśaḥ prajñaptaḥ ucchedo vā)**: vināśa는 vi(분리해서)+√naś(to be lost)에서 파생된 명사이다. '소멸, 파멸, 손실, 잃음' 등을 뜻한다. 빠알리어는 vināsa이다. 구마라집은 uccheda와 함께 斷滅이라 옮겼고 현장은 壞로 옮겼다. prajñapta는 pra(앞으로)+√jñā(to know)의 사역동사인 prajñāpayati/ prajñāpeti의 과거분사이다. '알게 하다'의 뜻에서 '선언하다, 가르치다, 지명하다, 정의하다, 설명하다, 서술하다' 등의 뜻으로 쓰인다.(1장 24번, 3장 8번, 6장 27번 주해 참조) 구마라집은 說로, 현장은 施設로 옮겼다. uccheda는 ud(위로)+√chid(to cut)의 명사형으로 '부서짐, 소멸'의 뜻으로 쓰인다. 빠알리어도 uccheda이다. 현장은 斷으로 옮겼다. 단멸론자를 uccheda-vādin이라 하고 반대로 상견론자를 sassata-vādin이라 한다.

이 구문은 이 세상 사람들이 가질 수 있는 62가지 견해를 상술한 장부의 저 유명한 범망경(D1)에서 미래를 말하는 44가지 견해 중 단멸을 설하는(ucchedavādā) 7가지 견해를 다루면서 정형구로 나타나는 다음 구문과 일치하고 있다. "비구들이여, 어떤 사문 바라문들은 '단멸을 설하는 자들'이어서 유정의 단멸(uccheda)과 소멸(vināsa)과 없어짐(vibhava)을 설한다."40)

4) **참으로 그대는 이렇게 봐서는 안 된다**: 법이라는 산냐를 가지지 말라고 거듭 설하고, 무상정등각이라고 이름할 그 어떤 깨달은 법이란 없다고 계속해서 강조하면 근기가 약한 대부분의 사람들은 분명히 '그럼 아무 것도 없는 것이로구나'라고 하여 이런 단멸의 산냐를 가지게 될 것이므로 단멸상 즉 단멸이라는 산냐도 가지지 말라고 강조하고 계신 것이다.

## 28. 무아를 통달하는 것이 더 큰 공덕이지만 굳이 공덕의 무더기를 국집하지 말라

**[원문]**

28. yaś ca khalu punaḥ Subhūte kulaputro vā kuladuhitā vā gaṅgānadivālukāsamāṃl lokadhātūn saptaratnaparipūrṇān kṛtvā Tathāgatebhyoārhadbhyaḥ samyaksambuddhebhyo dānaṃ dadyāt, yaś ca bodhisattvo nirātmakeṣv anutpattikeṣu dharmeṣu kṣāntiṃ pratilabhate, ayam eva tato nidānaṃ bahutaraṃ puṇyaskandhaṃ prasaved aprameyam asaṃkhyeyam. na khalu punaḥ Subhūte bodhisattvena mahāsattvena puṇyaskandhaḥ parigrahītavyaḥ.

---

40) santi bhikkhave eke samaṇabrāhmaṇā ucchedavādā sato sattassa ucchedaṃ vināsaṃ vibhavaṃ paññapenti.

āyuṣmān Subhūtir āha: nanu Bhagavan bodhisattvena puṇya-skandhaḥ parigrahītavyaḥ?

Bhagavān āha: parigrahītavyaḥ Subhūte nodgrahītavyaḥ tenocyate parigrahītavya iti.

**[鳩摩羅什]**

• 不受不貪分 第二十八

須菩提야 若菩薩이 以滿恒河沙等世界七寶로 持用布施어든 若復有人이 知一切法無我하야 得成於忍하면 此菩薩이 勝前菩薩의 所得功德이니 何以故오 須菩提야 以諸菩薩이 不受福德故니라 須菩提가 白佛言하사대 世尊하 云何菩薩이 不受福德이니잇고 須菩提야 菩薩의 所作福德은 不應貪著일새 是故로 說不受福德이니라

**[玄奘]**

復次善現. 若善男子或善女人. 以殑伽河沙等世界盛滿七寶奉施如來應正等覺. 若有菩薩於諸無我無生法中獲得堪忍. 由是因緣所生福聚甚多於彼.

復次善現. 菩薩不應攝受福聚. 具壽善現卽白佛言. 世尊. 云何菩薩不應攝受福聚. 佛言善現. 所應攝受不應攝受. 是故說名所應攝受.

**[번역]**

28. "참으로 다시 수보리여, 선남자나 선여인이 강가 강의 모래알들과 같이 많은 세계들을 칠보로써 가득 채우고서 여래 아라한 정등각들에게 보시를 행한다 하더라도 다시 보살이 자아도 없고 생겨남도 없는 법들에서 인욕을 성취한다면 이로 인해서 참으로 측량할 수 없고 헤아릴 수 없는 더 많은 공덕의 무더기를 쌓을 것이다.

참으로 다시 수보리여, 보살 마하살은 공덕의 무더기를 수용해서는 안 된다."

수보리 존자가 여쭈었다. "세존이시여, 참으로 보살은 공덕의 무

더기를 수용해서는 안 됩니까?"

세존께서 말씀하셨다. "수보리여, 수용은 하더라도 국집해서는 안 된다. 그래서 말하기를 수용해야 한다고 한 것이다."

**[대역]**

28. yaś ca khalu punaḥ참으로 다시 Subhūte수보리여(Ⓚ 須菩提, Ⓗ 復次 善現)

kulaputro vā kuladuhitā vā선남자나 선여인이 gaṅgānadi-vālukā-samān강가 강의 모래알들과 같은 lokadhātūn세계들을 sapta-ratna-paripūrṇān kṛtvā칠보로 가득 채우고서[1](Ⓚ 若菩薩 以滿恒河沙等世界七寶, Ⓗ 若善男子或善女人 以殑伽河沙等世界 盛滿七寶)

Tathāgatebhyo arhadbhyaḥ samyaksambuddhebhyo여래 아라한 정등각들께 dānaṃ dadyāt보시를 행하고(Ⓚ 持用布施, Ⓗ 奉施如來應正等覺),

yaś ca다시 bodhisattvo보살이 nirātmakeṣu자아도 없고 anutpattikeṣu생겨남도 없는[2] dharmeṣu법들에서(Ⓚ 若復有人 知一切法無我, Ⓗ 若有菩薩 於諸無我 無生法中) kṣāntiṃ인욕을 pratilabhate성취한다면[3](Ⓚ 得成於忍, Ⓗ 獲得堪忍),

ayam eva이것이 오직 tato nidānaṃ이로 인해서 bahutaraṃ더 많은 puṇya-skandhaṃ공덕의 무더기를 prasaved쌓을 것이니 aprameyam측량할 수 없고 asaṃkhyeyam셀 수 없는(Ⓚ 此菩薩 勝前菩薩所得功德, Ⓗ 由是因緣 所生福聚 甚多於彼).

na khalu punaḥ참으로 다시 Subhūte수보리여 bodhisattvena mahāsattvena보살 마하살에 의해서 puṇya-skandhaḥ공덕의 무더기가 parigrahītavyaḥ수용되어서는[4] 안 된다(Ⓚ 何以故 須菩提 以諸菩薩不受福德故, Ⓗ 復次善現 菩薩不應攝受福聚).

āyuṣmān Subhūtir āha존자 수보리가 여쭈었다(Ⓚ 須菩提 白佛言, Ⓗ 具壽善現 卽白佛言):

nanu참으로 [어떻게] Bhagavan세존이시여 bodhisattvena보살에 의해서 puṇyaskandhaḥ공덕의 무더기는 parigrahītavyaḥ수용되어서는 안 됩니까?(Ⓚ 世尊 云何菩薩 不受福德, Ⓗ 世尊 云何菩薩 不應攝受福聚)?

Bhagavān āha세존께서 말씀하셨다(Ⓚ ×, Ⓗ 佛言善現):

parigrahītavyaḥ수용은 되더라도 Subhūte수보리여 na udgrahītavyaḥ국집되어서는[5] 안 된다(Ⓚ 須菩提 菩薩 所作福德 不應貪著, Ⓗ 所應攝受 不應攝受). tena ucyate그래서 말해지기를 parigrahītavya iti 수용되어야 한다고 한 것이다(Ⓚ 是故 說不受福德, Ⓗ 是故說名 所應攝受).

**[주해]**

1) **강가 강의 모래알들과 같이 많은 세계들을 칠보로써 가득 채우고서 …** : 8, 11, 19장에서 언급한 주제를 문장과 문맥을 조금 바꾸어서 언급하고 있다.

2) **생겨남이 없는(anutpattika)**: an(부정 접두어)+ud(위로)+√pad (to generate, to produce)에서 파생된 명사로서 '생겨나지 않음'의 뜻이다. 구마라집은 옮기지 않았고 현장은 無生으로 옮겼다.

3) **생겨남이 없는 법들에서 인욕을 성취한다(anutpattikeṣu dharmeṣu kṣāntiṃ pratilabhate)**: 흔히 한문으로 무생법인(無生法忍)으로 옮긴다. 초기경들에서는 나타나지 않는 표현이다. 대승논서에서 여러 가지로 무생법인을 설명하고 있지만 역자는 무아요, 무생을 설하는 법을 인욕으로써 받아들인다는 데는 음미해야 할 뜻이 있다고

본다. 불교가 무아를 근본 입장으로 표방하자 인도의 종교와 사상계에서는 지금까지도 이 무아설을 가장 천박한 수준으로 비난하고 있다. 아무 것도 없는 데서 모든 것이 생겨났다니 이것은 논리적으로도 모순이요, 허무주의의 가르침이라고 지금까지도 그렇게 설명하면서 불교를 아무 것도 아닌 가르침으로 비하하려 하고 있다.

후대로 오면서 불교가 인도를 떠나게 되자 뿌라나(Purāṇa) 문헌들에서 부처님은 그들 비슈누 신의 9번째 화신이라고 적당히 받아들여 찬사를 보내면서도 부처님의 가르침은 이 말세인 깔리유가를 빨리 망하게 하고 정법시대를 빨리 실현시키기 위한 파멸의 가르침이니 받아들이지 말라고 강조하고 있고 대다수의 인도인들은 그렇게 믿고 있다. 그러나 그것을 의식해서 무엇을 세워서 법이라고 한다면 이미 그것은 법도 아니요, 무아도 아니다. 본 경이 거듭 설하고 있는 것이 이런 법의 산냐를 척파하는 것이 아닌가. 그래서 여기에 대처하는 방법은 인욕으로 무아와 무생을 묵묵히 수용하여 향상과 해탈열반과 무상정등각을 지금 여기서 실현하려 노력하는 것이라 하겠다. 그래서 무생법인이라는 말이 인도생활을 오래한 역자에게는 가장 실감나는 무아(無我)인 법에 대한 용기 있는 태도라고 다가온다. (인욕, kṣānti는 14-5장 1번 주해를 참조할 것)

여기서 역자는 사족을 하나 더 붙이고자 한다.

용수 스님은 그의 대작인 회쟁론에서 힘주어 강조하고 있다. 연기(緣起, paṭicca-samuppāda, 조건지워져서 생겨남)이기에 무아요, 무아이기에 공(空, śūnya)이라고. 이것은 용수 스님의 대작인 중론을 비롯한 다른 논서에서도 일관되는 입장이요, 뿐만 아니라 불교의 근본입장이기도 하다.

잘 알다시피 부처님은 연기이기에 무아라는 입장을 여러 경들에서 거듭 설하고 계신다. 저 유명한 상응부(Saṃyutta-nikāya)의 제 12

장 니다나 상응(Nidāna-saṃyutta, 연기상응)의 제 15 가전연경(Kaccāyanagotta-sutta, S12.15)은 이런 부처님의 입장을 극명히 보여주는 너무나 중요한 경이고, 용수도 그의 중론에서 이 경을 인용하여 자신의 일관된 사상체계로 받아들이고 있다.

그러면 부처님은 연기와 무아만을 강조하셨는데 용수 스님은 왜 여기다가 공이라는 재음미를 덧붙였을까? 그것은 시대적인 요청 때문이었을 것이다. 지금까지도 그러하지만 인도 지성들이 불교가 생긴 후 지금까지도 받아들이기를 강하게 거부할 뿐 아니라 없애려고 무진 애를 쓰고 있는 게 이 무아의 가르침이다. 자아(아뜨만=브라흐만)가 있다고 그들 나름의 논리로 주장하고 믿고 헌신함을 모든 생활의 근본으로 여기는 인도인들 입장에서 무아의 가르침은 청천벽력과도 같은 말이다. 어떤 우빠니샤드를 읽어보아도 사실 그것은 저 아뜨만과 브라흐만의 예찬에 지나지 않다고 해도 지나친 말은 아닐 것이다. 역자는 인도에 있으면서 초기 10가지 우빠니샤드와 브라흐마수뜨라, 냐야수뜨라, 요가수뜨라, 상캬까리까 등등을 원문으로 몇 번을 읽었다. 그러면서 역자가 신물나도록 느낀 것은 자아에 대한 엄청난 집착을 빼버리고 나면 인도사상에 남는 것은 아무 것도 없다고 해도 과언이 아니라는 점이다. 그러다 보니 무아의 가르침을 그들은 도저히 용납할 수가 없는 것이다.

아니 그들이 여러 중요 논서에서 그렇게 자아를 강조하고 찬양하고 경배해 마지않는 것은 아마 이런 불교의 입장을 너무나 의식해서인지도 모른다. 그러다 보니 그들은 두 귀를 틀어막고 이 무아의 가르침이 잘못되었다고 온갖 수단을 다 동원하여 증명하여 보이려 하고 어르고 달래고 협박하고 해 내려온 게 불교와 천 오백여 년을 지속해온 사상 논쟁이었을 것이다.

오죽했으면 가장 논리적이어야 할 후대 인명(논리)학 논서에서조차도 "불교 논사는 '무아다'라고 외치고 절벽에서 떨어지자 즉사해

버렸고 그들 냐야(인명) 논사는 '자아는 있다'라고 외치고 절벽에서 뛰어내렸지만 살았다. 그래서 자아는 있고 위대하다."고 마지막으로 결론짓고 있을까!! 그러다 보니 용수 스님도(물론 용수는 이보다 훨씬 이전의 사람이지만) 이런 무아의 가르침을 공이라는 술어로 재포장해서 인도 사상계에 제시한 것이 아닐까 하고 이해해보고 싶다.

그런데 아마 용수 때까지는 문제가 없었는지 모르지만 이 공이라는 말로 연기법과 무아 내지는 열반까지도 설명하게 되자 오히려 문제는 불교 내부에 있지 않았나 싶기도 하다. 말룽꺄뿟따(Māluṅkyāputta)에게 10사 무기를 설하신 것처럼(M63 등) 세존께서는 존재론적인 사유가 백해무익함을 당신의 근본입장으로 견지해오셨다. 세존께서 항상 문제시하신 것은 현실에 대한 인식론적인 접근으로서 인식의 전환과 그에 바탕한 고(苦)의 해결이었다 할 것이다. 그런 불교의 입장이 이 공이라는 술어 때문에 존재론적인 입장으로 흘러가게 된 결정적인 계기가 된 게 아닌가 역자는 한번 생각해보고 있다. 공이라 하니 텅 빈 그릇, 텅 빈 허공, 텅 빈 마음, 생사가 본래 없는 마음자리 등등의 존재를 상정하게 되는 결정적 계기를 준 것은 아닌지 살펴보고 싶다는 말이다.

아이러니컬하게도 용수가 공을 설파하고 체계화시키자 불교의 존재론적인 사유의 집대성인 유식이 크게 성행하고 나중에는 여래장사상과 불성론까지 집대성되어서 불교가 완전히 존재론적인 입장으로 흘러가버린 것이 아닌지 반성해보고 싶다는 말이다.

일단 존재론적인 가정 - 역자는 모든 존재론은 가정일 수밖에 없다고 보는 입장이다 - 이 성립된 불교는 아뜨만-브라흐만이라는 엄청난 존재론을 갈고 닦은 인도 철학 본류의 강한 도전을 받아 큰 타격을 입게 되고 결국은 그 곳으로 흘러들어 가버리게 된 것이 아닌가 보고 싶다. 재미있는 현상은 인도 본류의 철학에서도 상까라(Saṅkara)라는 베단따(Vedānta) 학파의 거장이 나와서 불이일원론

(Advaita)으로 모든 것을 초월한 아뜨만-브라만(니르구나 브라흐만, nirguṇa brahman)의 이론을 완성하여 상캬(Sāṅkhya)학파를 제압하자 마자 이 지고의 브라흐만은 라마누자나 마가완 같은 자들에 의해서 곧바로 믿음의 대상으로 받아들여지고 숭배되어서 인도에서도 후대에는 이 지고의 브라흐만에 대한 헌신(박띠)이 강조되는 쪽으로 흘러 가버리게 되었다는 것이다. 그럴 수밖에 없을 것이다. 존재론을 극단적으로 상정하고 사유하고 상상하다 보면(이것이야말로 산냐 중의 산냐이다) 그것에 대한 경외감, 두려움, 공경심이 생길 수밖에 없게 되는 것이 그 귀결점일 것이다. 그러다 보니 무신론에서 출발한 인도 인명(논리)학조차도 후대에 오면 어쩔 수 없이 유신론으로 가버리고 나중에는 그 신에 대한 무한한 헌신으로 결론지을 수밖에 없게 되었다. 존재론의 태생적인 한계일 수밖에 없을 것이다.

이제 우리 한국 불교도 존재론적인 사유나 가정, 가설 - 이 모두를 본 경에서는 산냐라고 척파하고 있다 - 그리고 거기에 바탕한 수행관에서 과감히 벗어나 세존께서 고구정녕히 설하신 고(苦, dukkha)라는 엄연한 실존을 해결하기 위한 인식의 전환(연기법적인 사유)과 거기에 기초한 바른 수행(팔정도)을 찾을 때가 되지 않았는가 하고 모든 산냐를 극복하라고 거듭 거듭 강조하고 있는 본 경을 대하면서 한 생각을 일으켜 본다.

4) **수용되어서는(parigrahītavyaḥ)**: pari(둘레에, 원만히)+√gṛh(to seize, 붙잡다)의 Pot. 분사로 여기서는 주격 단수로 쓰였다. 구마라집은 受로 현장은 攝受로 번역하였다. 2장에서는 anuparigṛhita가 쓰였는데 현장은 역시 攝受로 번역하였다.(2장 15번 주해 참조)

5) **국집되어서는(udgrahītavyaḥ)**: ud(위로)+√grah(to seize)의 Pot. 분사로 꽉 움켜쥐는 것을 나타내며 구마라집은 貪著으로 옮기고 있다.

본 경에서 많이 나타나는 동사인데 6장에서 'dharma udgrahītavyo법이 국집되어서도, adharmaḥ법 아닌 것이 [국집되어서도]'로 그리고 14장 등등에서 'dharma-paryāyaṃ법문을 udgrahīṣyanti 배우고'로 나타나고 있다. 공덕을 수용은 하더라도 그것에 집착해서는 안 된다고 설하고 있다.

## 29. 행주좌와(行住坐臥)라는 산냐로 여래를 보지 말라

**[원문]**

29. api tu khalu punaḥ Subhūte yaḥ kaścid evaṃ vadet: Tathāgato gacchati vā āgacchati vā, tiṣṭhati vā niṣīdati vā śayyāṃ vā kalpayati, na me Subhūte sa bhāṣitasyārtham ājānāti. tat kasya hetoḥ? Tathāgata iti Subhūte ucyate na kvacid gato na kutaścid āgataḥ. tenocyate Tathāgato 'rhan samyaksambuddha iti.

**[鳩摩羅什]**

• 威儀寂靜分 第二十九

須菩提야 若有人이 言如來가 若來若去若坐若臥라하면 是人은 不解我所說義니 何以故오 如來者는 無所從來며 亦無所去일새 故名如來니라

**[玄奘]**

復次善現. 若有說言如來若去若來若住若坐若臥. 是人不解我所說義. 何以故. 善現. 言如來者卽是眞實眞如增語. 都無所去無所從來故名如來應正等覺.

**[번역]**

29. "그런데 참으로 다시 수보리여, 어떤 자가 이와 같이 말하기를 '여래는 가거나 오거나 서거나 앉거나 눕는다'라 하면 그는 나의 설한 바 뜻을 깊이 알지 못한다. 그것은 무슨 이유에서인가? 수보리여, 여래라고 일컫는 것은 어디로 가지도 않았으며 어디로부터 온 것도 아니기 때문이다. 그래서 말하기를 여래 아라한 정등각이라 한다."

**[대역]**

29. api tu khalu punaḥ그런데 참으로 다시 Subhūte수보리여(Ⓚ 須菩提, Ⓗ 復次善現) yaḥ kaścid어떤 자가 evaṃ이와 같이 vadet말하기를(Ⓚ 若有人言, Ⓗ 若有說言):

Tathāgato여래는 gacchati vā가거나 āgacchati vā오거나, tiṣṭhati vā서거나 niṣīdati vā앉거나 śayyāṃ vā kalpayati눕는다고 하면[1] (Ⓚ 如來 若來若去若坐若臥, Ⓗ 如來若去若來若住若坐若臥), na me나의 Subhūte수보리여 sa그는 bhāṣitasya artham설한 바 뜻을 ājānāti깊이 알지 못한다(Ⓚ=Ⓗ 是人 不解我所說義).

tat kasya hetoḥ그것은 무슨 이유에서인가(Ⓚ=Ⓗ 何以故)?

Tathāgata iti여래라고 Subhūte수보리여 ucyate일컬어지는 자는 (Ⓚ 如來者, Ⓗ 善現 言如來者 卽是眞實 眞如增語[2]) na kvacid어디로 gato가지도 않았으며 na kutaścid어디로부터 āgataḥ온 것도 아니다[3] (Ⓚ 無所從來 亦無所去, Ⓗ 都無所去 無所從來).

tena ucyate그래서 말해지기를 Tathāgato arhan samyaksambuddha iti여래 아라한 정등각이라고 하기 때문이다(Ⓚ 故名如來, Ⓗ 故名如來應正等覺).

**[주해]**

1) **눕는다(śayyāṃ kalpayati)**: śayyā는 √śī(to lie)의 명사로서 '머

무는 곳, 자리, 침대'의 뜻으로 쓰이며 kalpayati는 √kḷp(to be adapted)의 동사 사역형이다.

√kḷp는 아주 다양한 뜻을 가졌는데 '준비하다, 만들다'에서부터 '생각하다, 간주하다, 상상하다, 사량분별하다' 등의 뜻으로 쓰인다.(14-2장 1번 주해와 15-1장 3번 주해 참조) 여기서 śayyāṃ kalpayati는 숙어로 '자리를 만들다=눕다'는 의미로 쓰였다.

2) **卽是眞實 眞如增語**: 현장은 이 두 구절을 더 첨가해서 번역했다.

3) **여래라고 일컫는 것은 어디로 가지도 않았으며 어디로부터 오는 것도 아니기 때문이다**: 여래의 원어인 tathāgata를 tathā+ā-gata로 보면 여래(如來)라는 뜻이 되고 tathā+gata로 분석하면 여거(如去)의 뜻이 된다. 그러나 항상 여여(如如, tathāta)하기 때문에 오는 것에도 가는 것에도 걸리지 않는다고 어원을 가지고 설명하고 있다.

## 30-1. 원자의 모음이라는 산냐를 세워 세계를 보지 말라

**[원문]**

30a) yaś ca khalu punaḥ Subhūte kulaputro vā kuladuhitā vā yāvantas trisāhasramahāsāhasre lokadhātau pṛthivīrajāṃsi tāvatāṃ lokadhātūnām evaṃrūpaṃ maṣiṃ kuryāt yāvad evam asaṃkhyeyena viryeṇa tad yathāpi nāma paramāṇusaṃcayaḥ tat kiṃ manyase Subhūte api nu bahuḥ sa paramāṇusaṃcayo bhavet?

Subhūtir āha: evam etat Bhagavann, evam etat Sugata, bahuḥ sa paramāṇusaṃcayo bhavet. tat kasya hetoḥ? saced Bhagavan bahuḥ paramāṇusaṃcayo ābhaviṣyat, na Bhagavān avakṣyat paramāṇusaṃcaya iti. tat kasya hetoḥ? yo āsau Bhagavan paramāṇusaṃcayas Tathāgatena bhāṣitaḥ, asaṃcayaḥ sa Tathāgatena bhāṣitaḥ. tenocyate paramāṇusaṃcaya iti.

**[鳩摩羅什]**

• 一合理相分 第三十

須菩提야 若善男子善女人이 以三千大千世界로 碎爲微塵하면 於意云何오 是微塵衆이 寧爲多不아 甚多니이다 世尊하 何以故오 若是微塵衆이 實有者인댄 佛이 卽不說是微塵衆이니 所以者가 何오 佛說微塵衆이 卽非微塵衆일새 是名微塵衆이니이다

**[玄奘]**

復次善現. 若善男子或善女人. 乃至三千大千世界大地極微塵量等世界. 卽以如是無數世界色像爲墨如極微聚. 善現. 於汝意云何. 是極微聚寧爲多不. 善現答言. 是極微聚. 甚多世尊甚多善逝. 何以故. 世尊. 若極微聚. 是實有者. 佛不應說爲極微聚. 所以者何. 如來說極微聚卽爲非聚故名極微聚.

**[번역]**

30-1. "참으로 다시 수보리여, 선남자나 선여인이 삼천대천세계에 있는 땅의 미진들만큼의 세계들을 헤아릴 수 없는 노력으로, 원자덩이와 같은 그러한 형태의 가루로 만든다 하자. 이것을 어떻게 생각하는가, 수보리여. 참으로 그 원자덩이는 많다 하겠는가?"

수보리가 대답했다. "그러합니다. 세존이시여, 그러합니다. 선서시여, 그 원자덩이는 많습니다.

그것은 무슨 이유에서인가 하면 세존이시여, 그 원자덩이가 [참으로] 많은 것이라면 세존께서 원자덩이라 설하지 않으셨을 것이기 때문입니다.

그것은 [다시] 무슨 이유에서인가 하면 여래께서 설하신 원자덩이, 그것은 [원자]덩이가 아니라고 여래께서는 설하셨나니 그래서 말하기를 원자덩이라 하기 때문입니다."

**[대역]**

30-1) yaś ca khalu punaḥ그리고 참으로 다시 Subhūte수보리여(Ⓚ 須菩提, Ⓗ 復次善現)

kulaputro vā kuladuhitā vā선남자나 선여인이(Ⓚ 若善男子善女人, Ⓗ 若善男子或善女人) yāvantas trisāhasra-mahāsāhasre lokadhātau 삼천대천세계에 있는 pṛthivī-rajāṃsi땅의 미진들[1](Ⓚ 以三千大千世界, Ⓗ 乃至三千大千世界 大地極微塵量等世界) tāvatāṃ그만큼의 lokadhātūnām세계들의 evaṃrūpaṃ이러한 형태의 maṣiṃ가루를 kuryāt 만든다 하자[2]

yāvad evam이와 같이 asaṃkhyeyena셀 수 없는 viryeṇa노력으로 tad yathāpi그것은 마치 nāma이를테면 paramāṇu-saṃcayaḥ원자덩이[3]와 같은(Ⓚ 碎爲微塵, Ⓗ 卽以如是無數世界 色像爲墨 如極微聚).

tat kiṃ manyase Subhūte이를 어떻게 생각하는가, 수보리여(Ⓚ 於意云何, Ⓗ 善現 於汝意云何), api nu참으로 bahuḥ많은 sa그 paramāṇu-saṃcayo원자덩이가 bhavet되겠는가(Ⓚ 是微塵衆 寧爲多不, Ⓗ 是極微聚 寧爲多不)?

Subhūtir āha수보리가 대답했다(Ⓚ ×, Ⓗ 善現答言):

evam etat Bhagavan그러합니다 세존이시여, evam etat Sugata그러합니다 선서시여, bahuḥ많은 sa그 paramāṇu-saṃcayo원자의 모

음이 bhavet됩니다(Ⓚ 甚多 世尊, Ⓗ 是極微聚 甚多世尊 甚多善逝).

tat kasya hetoḥ그것은 무슨 이유에서인가 하면(Ⓚ=Ⓗ 何以故)

saced만일 Bhagavan세존이시여 bahuḥ많은 paramāṇu-saṃcayo 원자덩이가 abhaviṣyat된다면(Ⓚ 若是微塵衆 實有者, Ⓗ 世尊 若極微聚 是實有者), na Bhagavān세존께서 avakṣyat설하시기를 paramāṇu-saṃcaya iti원자덩이라고 하지 않으셨을 것이기 때문입니다(Ⓚ 佛 卽不說是微塵衆, Ⓗ 佛不應說爲極微聚).

tat kasya hetoḥ그것은 무슨 이유에서인가 하면(Ⓚ=Ⓗ 所以者何)

yo asau이 Bhagavan세존이시여 paramāṇu-saṃcayas원자덩이는 Tathāgatena bhāṣitaḥ여래에 의해서 설해지기를(Ⓚ 佛說微塵衆, Ⓗ 如來說極微聚), a-saṃcayaḥ덩이가 아니다 라고 sa그것은 Tathāgatena bhāṣitaḥ 여래에 의해서 설해졌습니다(Ⓚ 卽非微塵衆, Ⓗ 卽爲非聚). tenocyate paramāṇu-saṃcaya iti그래서 말해지기를 원자덩이라 하기 때문입니다[4](Ⓚ 是名微塵衆, Ⓗ 故名極微聚).

**[주해]**

1) **삼천대천세계에 있는 땅의 미진들** … : 13-3장에서는 삼천대천세계의 땅의 미진이 많다는 말을 했는데 여기서는 그 개념이 확장되어서 그런 미진만큼의 세계를 가루로 만들어 생기는 그 원자들(빠라마누, paramāṇu)에 대해서 언급하고 있다. 땅의 미진(pṛthivī-rajas)에 대해서는 13-3장 1번 주해를 참조할 것.

2) **가루를 만든다 하자(maṣiṃ kuryāt)**: maṣi는 가루, 특히 불로 태워서 남는 잿가루나 숯가루를 뜻한다.

kuryāt는 √kṛ(to do)의 동사 Pot. 형이다. 그래서 maṣim karoti는

‘재로 만들다’는 것이 기본 뜻이다. 빠알리어는 masi이다. 그래서 현장은 色像爲墨으로 옮겼고 구마라집은 그냥 碎로 옮겼다.

3) **원자덩이(paramāṇu-saṃcayaḥ)**: paramāṇu는 parama(최고의, 최상의)+aṇu(미세한 혹은 원자)로 이루어진 합성어이다. aṇu에 대해서는 22장 1, 2번 주해를 참조할 것. 논서에서는 paramāṇu는 aṇu의 36분의 1의 크기라고 하며 눈으로 볼 수 있는 최소의 단위이며 수량에서는 잴 수 있는 최소의 단위로 간주한다. 초기경에는 나타나지 않는 단어이며 주석서에 나타나고 있다.

saṃcaya는 saṃ(함께)+√ci(to gather)에서 파생된 명사로 ‘집합, 쌓임, 축적, 모음, 덩이, 양’을 뜻한다. 빠알리어는 sañcaya이다.

삼천대천세계가 아무리 크다 할지라도 물질세계일 뿐이다. 물질세계는 모두 물질의 최소단위인 이 빠라마누의 모음일 뿐이라는 말이다. 구마라집은 微塵으로 현장은 極微聚로 옮겼다.

4) **그래서 말하기를 원자덩이라 하기 때문입니다**: 원자덩이(paramāṇu-saṃcaya)라고 하는 산냐에 빠지지 말 것을 강조하고 있다. 세계는 육외입(六外入 혹은 處, āyatana)인 색·성·향·미·촉·법일 뿐이고 그래서 여섯 감각기관의 대상일 뿐이다. 그 대상이란 변하기 마련이고[無常] 괴로움을 줄 뿐이며[苦] 그래서 실체가 없는 것이다[無我]. 그런 것을 이 세계는 최소의 물질단위의 집합체라고 하여 집착하면 안 된다는 말씀이다.

## 30-2. 삼천대천세계란 단지 원자들이 한덩어리로 뭉쳐진 것[一合相]이라는 산냐를 세우지 말라

**[원문]**

30b) yaś ca Tathāgatena bhāṣitas trisāhasramahāsāhasro lokadhātur iti, adhātuḥ sa Tathāgatena bhāṣitaḥ. tenocyate trisāhasramahāsāhasro lokadhātur iti. tat kasya hetoḥ? saced Bhagavan lokadhātur abhaviṣyat, sa eva piṇḍagrāho 'bhaviṣyat, yaś caiva piṇḍagrāhaś Tathāgatena bhāṣitaḥ, agrāhah sa Tathāgatena bhāṣitaḥ. tenocyate piṇḍagrāha iti.

Bhagavān āha: piṇḍagrāhaś caiva Subhūte āvyavahāro ānabhilapyaḥ. na sa dharmo nādharmaḥ, sa ca bālapṛthagjanair udgṛhītaḥ.

**[鳩摩羅什]**

世尊하 如來所說三千大千世界가 卽非世界일새 是名世界니 何以故오 若世界가 實有者인댄 卽是一合相이니 如來가 說一合相은 卽非一合相일새 是名一合相이니이다 須菩提야 一合相者는 卽是不可說이어늘 但凡夫之人이 貪著其事

**[玄奘]**

如來說三千大千世界卽非世界故名三千大千世界. 何以故. 世尊. 若世界是實有者卽爲一合執. 如來說一合執卽爲非執故名一合執. 佛言善現. 此一合執不可言說不可戲論. 然彼一切愚夫異生强執是法.

**[번역]**

30-2. "그리고 삼천대천세계라 여래께서 설하신 것, 그것은 [삼천대천] 세계가 아니라고 여래께서는 설하셨나니 그래서 말하기를 삼천대천세계라 하는 것입니다.

그것은 무슨 이유에서인가 하면, 세존이시여, 만일 세계가 있다면 그것은 다만 한 덩어리로 뭉쳐진 것이기 때문입니다. 그리고 한 덩어리로 뭉쳐진 것이라고 여래께서 설하신 것, 그것은 [한 덩어리로] 뭉쳐진 것이 아니라고 여래께서는 설하셨나니 그래서 말하기를 한 덩어리로 뭉쳐진 것이라고 하기 때문입니다."

세존께서 말씀하셨다. "그런데 수보리여, 한 덩어리로 뭉쳐진 것은 말로써 표현할 수 없고 희론할 수 없다. 그것은 법이 아니요, 법이 아님도 아니다. 그것은 다만 어리석은 범부들이 [그와 같이] 집착할 뿐인 것이다."

**[대역]**

30-2) yaś ca그리고 Tathāgatena bhāṣitas여래에 의해서 설해지기를 trisāhasramahāsāhasro lokadhātur iti삼천대천세계라는 것은(Ⓚ 世尊 如來所說三千大千世界, Ⓗ 如來說三千大千世界) a-dhātuḥ세계가 아니다 sa그것은 [이라고] Tathāgatena bhāṣitaḥ여래에 의해서 설해졌나니(Ⓚ=Ⓗ 卽非世界) tenocyate trisāhasramahāsāhasro lokadhātur iti그래서 말해지기를 삼천대천세계라 하는 것입니다[1](Ⓚ 是名世界, Ⓗ 故名三千大千世界).

tat kasya hetoḥ그것은 무슨 이유에서인가 하면(Ⓚ=Ⓗ 何以故)

saced만일 Bhagavan세존이시여 loka-dhātur abhaviṣyat세계가 있다면(Ⓚ 若世界 實有者, Ⓗ 世尊 若世界 是實有者), sa그것은 eva오직 piṇḍa-grāho한 덩어리로 뭉쳐진 것[2]이 abhaviṣyat될 것이며(Ⓚ 卽是

一合相, Ⓗ 卽爲一合執),

yaś ca eva그리고 piṇḍa-grāhaś한 덩어리로 뭉쳐진 것이라고 Tathāgatena bhāṣitaḥ여래에 의해서 설해진 것은(Ⓚ 如來說 一合相, Ⓗ 如來說 一合執), agrāhah뭉쳐진 것이 아니다 라고 sa그것은 Tathāgatena bhāṣitaḥ여래에 의해서 설해졌나니(Ⓚ 卽非一合相, Ⓗ 卽爲非執), tena ucyate piṇḍa-grāha iti그래서 말해지기를 한 덩어리로 뭉쳐진 것이라고 하기 때문입니다(Ⓚ 是名一合相, Ⓗ 故名一合執).

Bhagavān āha세존께서 말씀하셨다(Ⓚ ×, Ⓗ 佛言):

piṇḍa-grāhaś한 덩어리로 뭉쳐진 것은 ca eva그런데 Subhūte수보리여(Ⓚ 須菩提 一合相者, Ⓗ 善現 此一合執) avyavahāro말로써 표현할 수 없고[3] anabhilapyaḥ희론할 수 없다[4](Ⓚ 卽是不可說, Ⓗ 不可言說 不可戱論).

na sa그것은 dharmo법이 아니요 na adharmaḥ법이 아님도 아니다, sa그것은 ca다만 bālapṛthagjanair어리석은 범부들에 의해서 udgṛhītaḥ집착될 뿐인 것이다(Ⓚ 但凡夫之人 貪著其事, Ⓗ 然彼一切愚夫異生 强執是法).

**[주해]**

1) **그래서 말하기를 삼천대천세계라 하는 것입니다**: 삼천대천세계라는 것도 따지고 보면 물질의 기본이 되는 원자덩이(빠라마누 산짜야, paramāṇu-saṃcaya)로 된 것이고 이 빠라마누 산짜야도 고정불변의 실체가 있는 것은 아니다. 당연히 삼천대천세계라는 것도 산냐일 뿐이지 불변하는 실체가 있는 것은 아니라는 말씀이다. 그래서 이름 지어진 모든 것들, 삼천대천세계니, 원자의 모음이니, 다음에 나오는 한 덩어리로 뭉쳐진 것(piṇḍa-grāha, 一合相)이니 하는 그런 것들, 그런 산냐에 빠지지 말라는 말이다. 이렇게 본 경은 마지막까

지 우리가 가질 수 있는 여러 가지 산냐에 대해서 거기에 집착하고 그것을 실체시하는 것을 경계하고 있다. 산냐를 산냐로 있는 그대로 알고 그것에 속지 않고 집착하지 않고 그것을 실체시하는 견해를 국집하지 말 것을 본 경은 반복해서 가르치고 있는 것이다.

2) **한 덩어리로 뭉쳐진 것(piṇḍa-grāha)**: piṇḍa는 덩어리를 말하며 특히 후대에서는 음식 덩어리를 나타낸다. piṇḍa에 대해서는 1장 7번과 16번 주해를 참조할 것. grāha는 √grah(to seize)의 명사로서 '움켜쥠, 붙잡음, 파악, 이해, 견해' 등의 뜻으로 쓰인다. 빠알리어로는 gāha이다. 물론 한 덩어리로 뭉쳐진 것이라는 개념은 초기경에는 나타나지 않는다. 구마라집은 一合相으로 현장은 一合執으로 옮겼다. 이 세계라는 것은 모든 것이 다 뭉뚱그려져 있는 거대한 하나의 덩어리라는 말이다. 그러나 그렇게 거대한 한 덩어리로 뭉쳐짐이라고는 하지만 그런 한 덩이로 뭉쳐진 고정불변의 실체가 있는 것은 결코 아니다. 그러니 한 덩어리라는 산냐에 빠져서는 안 된다.

3) **말로써 표현할 수 없는 것(avyavahāra)**: vyavahāra는 vi(분리해서)+ava(아래로)+√hṛ(to carry)의 명사로서 '칭호, 명칭, 술어, 언어, 말, 세속적 논리, 움직임, 동작, 사업' 등의 뜻으로 쓰인다. 빠알리어로는 vohāra이며 초기경에도 많이 나타나는 술어이다. 여기에다가 부정 접두어 a-를 붙여서 반대의 뜻으로 쓰였다. 구마라집은 不可說이라 옮겼고 현장은 不可言說이라고 옮겼다.

4) **희론할 수 없다(anabhilapyaḥ)**: abhilapya는 abhi(위로)+√lap(to prate)의 Pot. 분사로서 '재잘대다, 수다떨다, 말하다'의 뜻으로 쓰이며 부정 접두어 'an-'을 붙여서 반대의 뜻으로 쓰였다. 현장은 不可戱論으로 옮겼다.

# 31-1. 견해를 세우지 말라

**[원문]**

31a) tat kasya hetoḥ? yo hi kaścit Subhūta evaṃ vaded: ātmadṛṣṭis Tathāgatena bhāṣitā, sattvadṛṣṭir jīvadṛṣṭiḥ pudgaladṛṣṭis Tathāgatena bhāṣitā, api nu sa Subhūte samyagvadamāno vadet?

Subhūtir āha: no hīdaṃ Bhagavan no hīdaṃ Sugata, na samyagvadamāno vadet. tat kasya hetoḥ? yā sā Bhagavann ātmadṛṣṭis Tathāgatena bhāṣitā, adṛṣṭiḥ sā Tathāgatena bhāṣitā. tenocyata ātmadṛṣṭir iti.

**[鳩摩羅什]**

• 知見不生分 第三十一

須菩提야 若人이 言佛說我見人見衆生見壽者見이라하면 須菩提야 於意云何오 是人이 解我所說義不아 不也니이다 世尊하 是人이 不解如來所說義니 何以故오 世尊이 說我見人見衆生見壽者見은 卽非我見人見衆生見壽者見일새 是名我見人見衆生見壽者見이니이다

**[玄奘]**

何以故. 善現. 若作是言. 如來宣說我見有情見命者見士夫見補特伽羅見意生見磨納婆見作者見受者見. 於汝意云何. 如是所說爲正語不. 善現答言. 不也世尊. 不也善逝. 如是所說. 非爲正語. 所以者何. 如來所說我見有情見命者見士夫見補特伽羅見意生見摩納婆見作者見受者見卽爲非見故名我見乃至受者見.

**[번역]**

31-1. "그것은 무슨 이유에서인가? 수보리여, 어떤 자가 이와 같

이 말하기를, '여래는 자아라는 견해를 설하셨다. 여래는 중생이라는 견해, 영혼이라는 견해, 개아라는 견해를 설하셨다'라고 한다면 참으로 그는 바른 말을 한 것인가?"

수보리가 대답했다. "참으로 그렇지 않습니다, 세존이시여. 참으로 그렇지 않습니다, 선서시여. 그는 바르게 말한 것이 아닙니다.

그것은 무슨 이유에서인가 하면, 세존이시여, 자아라는 견해라고 여래께서 설하신 것 그것은 [자아라는] 견해가 아니라고 여래께서는 설하셨나니 그래서 말하기를 자아라는 견해라 하기 때문입니다."

**[대역]**

31-1) tat kasya hetoḥ그것은 무슨 이유에서인가(Ⓚ ×, Ⓗ 何以故)?

yo hi참으로 kaścit어떤 자가 Subhūte수보리여 evaṃ vaded이렇게 말하기를(Ⓚ 須菩提 若人言, Ⓗ 善現 若作是言):

ātma-dṛṣṭis자아라는 견해가[1] Tathāgatena bhāṣitā여래에 의해서 설해졌다, sattva-dṛṣṭir중생이라는 견해 jīva-dṛṣṭiḥ영혼이라는 견해 pudgala-dṛṣṭis개아라는 견해가 Tathāgatena bhāṣitā여래에 의해서 설해졌다[고 한다면](Ⓚ 佛說我見人見衆生見壽者見, Ⓗ 如來宣說 我見有情見命者見士夫見補特伽羅見意生見磨納婆見作者見受者見),

api nu참으로 sa그는 Subhūte수보리여 samyag-vadamāno바르게 말하면서[2] vadet말한 것인가(Ⓚ 須菩提 於意云何 是人 解我所說義不, Ⓗ 於汝意云何 如是所說 爲正語不)?

Subhūtir āha수보리가 대답했다(Ⓚ ×, Ⓗ 善現答言):

no hīdaṃ Bhagavan그렇지 않습니다 세존이시여 no hīdaṃ Sugata 그렇지 않습니다 선서시여(Ⓚ 不也 世尊, Ⓗ 不也世尊 不也善逝), na samyag-vadamāno vadet바르게 말하면서 말한 것이 아닙니다(Ⓚ

是人 不解如來所說義, Ⓗ 如是所說 非爲正語).

tat kasya hetoḥ그것은 무슨 이유에서인가 하면(Ⓚ 何以故, Ⓗ 所以者何), yā sā그 Bhagavan세존이시여 ātma-dṛṣṭis자아라는 견해라고 Tathāgatena bhāṣitā여래에 의해서 설해진 것은(Ⓚ 世尊 說我見人見衆生見壽者見, Ⓗ 如來所說 我見有情見命者見士夫見補特伽羅見意生見摩納婆見作者見受者見),

a-dṛṣṭiḥ[자아라는] 견해가 아니다 sā그것은 [이라고] Tathāgatena bhāṣitā여래에 의해서 설해졌습니다(Ⓚ 卽非我見人見衆生見壽者見, Ⓗ 卽爲非見). tena ucyate ātma-dṛṣṭir iti그래서 말해지기를 자아라는 견해라고 한 것이기 때문입니다(Ⓚ 是名我見人見衆生見壽者見, Ⓗ 故名我見乃至受者見).

**[주해]**

1) **견해(dṛṣṭi)**: √dṛś(to see)의 명사로서 見이라 한역된다. 빠알리어로는 diṭṭhi이다. 초기경에서도 중요한 술어로 아주 많이 나타나고 있다. 15-2장에서 dṛstika(견해를 가진 자)라는 표현이 나왔다. 산냐가 집착(grāha)으로 발전하고 그래서 견해(dṛṣti, Pāli. diṭṭhi)로 고착이 된다. 본 경에서 이 세 술어가 차례로 쓰였음을 주목할 만하다. 참으로 이 산냐[想, 相]와 딧티[見]의 문제는 최초기의 부처님 직설로 모든 학자들이 동의하는 저 숫따니빠따 4장의 가장 핵심적인 용어이다. 이렇게 최초기에 부처님이 사문 바라문들에게 제기한 문제가 바로 이 산냐와 딧티의 문제이다. 사람은 이 두 가지에 걸려 있기 때문에 자기가 본 것, 자기가 깨달은 것만이 진리요, 그 외는 다 거짓이라고 주장하여 논쟁에 휩싸여 아만과 증오심만 기르고 있다고 지적하시고 참으로 이런 이치를 아는 자는 상과 견에서 초연하여 항상 편안하다고 하시고 있다. 참으로 본 경은 이런 최초기 부처님

의 직설을 그대로 계승하고 있다 하겠다.

그런데 우리가 가질 수 있는 견해는 잘 분석해보면 모두가 두 가지에 관한 것이라 할 수 있다. 첫째는 과거에 관한 것이고 둘째는 미래에 관한 것이다. 엄밀히 말해서 현재가 존재한다면 소위 말하는 찰나로서만 존재할 수 있기 때문에 견을 세운다면 그것은 모두 과거 아니면 미래에 관한 것일 뿐이다.

과거에 관한 것은 있다[常, sassata] 없다[斷, uccheda]로 나누어 볼 수 있다. 예를 들면 태초에 신은 있었다고 주장하면 그것은 일종의 상견(常見)이겠고 무에서 생겨났다고 한다면 단견(斷見)이라 하겠다. 태초의 인간이라든지 창조라든지 진화라든지 하는 문제는 그래서 엄밀히 말하면 하나의 견해의 문제로 귀착되는 것이다.

아무도 태초에 있지를 않았으니 알 수가 없고 신을 보지 못했으니 있다 없다 할 수 없다. 물론 여러 종교에서 신을 봤다고 강하게 주장하는 분들이 많은 것 같지만 그것을 형상으로 봤다거나 소리로 들었다고 한다면 그것은 내 눈과 귀의 대상이 되고, 마음으로 봤다면 그것은 마음의 대상인 여러 가지 생각, 관념, 이념, 망상, 상상 등속의 하나일 수밖에 없게 되어, 그러한 대상은 그것이 형상이든 소리든 생각이든 모두 찰나 찰나에 변화를 거듭하니 실체는 아니라 할 것이다. 게다가 인식하는 나와 인식 그 자체도 매순간 변하고 있지 않은가. 신이 있다고 강변하는 사람은 사실은 신이 있음을 강변하는 게 아니고 신이 있다는 자신의 견해를 주장하는 것일 뿐이다.

이렇게 일단 어떤 주장을 하면 그것은 견해의 문제에 귀착이 되고 만다 하겠다.

그래서 이런 견해가 옳은 것을 뒷받침하기 위해서 인류는 여러 노력을 해왔다고 봐야 하겠는데 별 뾰족한 수단이 없었던 옛날에는 폭력에 의지하여 자기 견해의 옳음을 입증해 왔다. 종교의 권위, 왕의 권위 등을 빌은 폭력으로 상대를 제압하여 자기나 한 집단의 견해를 신성불가침으로 선언해 온 것이다. 요즘도 이런 집단이 아직 득세하고 있는 것 같아서 유감천만이다.

이런 폭력에 항거하며 피를 흘려왔던 인류는 자유를 쟁취하게 되고 이제 시대가 바뀌어 소위 말하는 과학이라는 방법론을 제창하여 사물을 체계적으로 관찰하려 노력했고 그래서 많은 성과가 있었던 것은 주지하는 바이다. 그러나 이 과학적 방법이라는 것도 한 결론(견해)에 도달하기 위한 자료가 얼마나 신뢰할 수 있는가 하는 데서 문제가 노출이 되고 그래서 거기에는 조건이 붙는다 하겠다. 이런 자료(조건)에 의하면 이러하다라는 상대적인 결론에 도달할 뿐이라 하겠다. 그래서 현대과학은 신뢰성이 높은 자료의 확보에 혼신의 힘을 다하고 있지 않은가.

그러니 이런 객관적인 자료를 확보하기가 어려운 분야(철학이나 종교적 논쟁 등)의 결론(견해)은 논란이 많을 수밖에 없는 것이다. 정말 겸허한 하나의 견해로서, 가설로서 주장할 수밖에는 없는 것이다. 사실 이런 분야에서는 방법론 내지는 인식론에 더 치중을 하지만. 물론 신을 내세우는 종교에서는 믿음은 견해에 앞선다고 하겠지만 이것도 하나의 견해일 뿐이라 하겠다. 'One of Them'일 뿐이다.

어떻든 과거에 관한 것은 모두 단견 아니면 상견의 두 견해나 이 둘을 절충한 견해일 뿐이다. 그러니 신이 있든 없든 우주의 시작이 있든 없든, 우주가 팽창되든, 팽창되었다가 다시 수축이 되든 그것은 모두 지금, 즉금(diṭṭhe vā dhamme)의 나의 견해의 문제로 귀결이 된다 하겠다. 다만 우리는 과학적인 방법이 동원된 가설이나 견해나 결론에 항상 마음을 열어두고 수용하면 되겠다. 부처님께서 인간이 가질 수 있는 견해를 총 망라해서 62가지로 나누어서 설명하고 계시는 저 장부 제1경 범망경(Brahmajālasutta)에서 과거에 관한 이런 견해를 18가지로 분류해서 설명하고 계신데 일독하고 음미해볼 가치가 크다 하겠다.

미래에 관한 것도 아무도 실제 보지 못했으니 예측의 문제인데 그 예측도 지금의 인식(산냐, saññā)을 근거로 해서 하게 된다. 내게 주어진 대상이나 자료를 어떻게 인식하는가에 따라서 여러 견해를 가지게 되겠는데 부처님께서는 범망경에서 44가지의 가능성을 열거하고 계신다.

이처럼 우리는 단지 현금(現今)의 인식(想, saññā)과 그것을 바탕한 견해(見, diṭṭhi)에 지배되어서 과거를 분별하고 미래를 예측하게 된다. 그래서 부처님께서는 거듭거듭 이런 인식과 견해를 뛰어넘음을 것을 말씀하고 계시는 것이다. 참으로 이 상(인식)과 견(견해)에서 자유로운 자 그를 참다운 수행자, 대장부 그리고 무니(muṇi, 성자)라고 할 것이다.

그래서 범망경에서 부처님은 이렇게 결론지으신다. "[이들 62가지 견해들은] 그들 알지 못하고 보지 못하는 사문 바라문들이 느낀 것일 뿐이며(vedayita) 그들 갈애에 계박된 자들이(taṇhā-gata) 뇌로워하고(paritassita) 펄펄 뛰는 것일 뿐이다(vipphandita). … 그들은 모두 62가지 경우(vatthu, 대상)들에 의해서 여러 가지 의견을 말하는데 그들은 모두 여섯 가지 촉입(六觸入, phassāyatana)들[41]에 의해서 닿고 닿아서(phassetva) 경험한다(paṭisaṃvedenti). 이것들의 느낌[受, vedanā]에 연(緣, paccaya)하여 갈애[愛, taṇhā]가, 갈애에 연하여 취착[取, upādāna]이, 취착에 연하여 [존재의] 되어감[有, bhava]이, [존재의] 되어감에 연하여 태어남[生, jāti]이, 태어남에 연하여 노사우비고뇌가 생겨나는 것이다. 비구들이여, 비구는 육촉입들의 생겨남(samudaya), 사라짐(atthaṅgama), 맛(assāda), 재난(ādīnava), 출구(nissaraṇa)를 있는 그대로 여실히 안다(如實知見, yathābhūtam pajānāti). 이것이 이들 모든 것들을 넘어서서 바르게 아는 것이다(pajānāti)."라고.

---

41) 안·이·비·설·신·의와 색·성·향·미·촉·법의 육내외입이 맞닿음을 말함.

거듭 말하지만 이렇게 아야따나(āyatana, 處, 入)에 걸려서 촉·수·애·취·유로 전개되어 가는 것이 우리의 삶의 현주소이고 모든 견해들도 그것이 제 아무리 수승하고 미묘하다 하더라도 모두 이 육내외처의 촉(phassa)에 의한 느껴진 것(vedayita)[42]에 바탕한 것일 뿐이다. 그러니 마음챙김(sati, 正念)을 오롯이 하여 마노가 아야따나로서의 기능에 빠져 촉·수·애·취·유·생·노사우비고뇌의 밑도 끝도 없는 윤회전생의 길로 가게 할 것이 아니라 마노가 인드리야(indriya, 根)의 기능을 하여 저 해탈열반의 향상일로로 매진해야 참으로 부처님의 제자라 할 것이다.

2) **바른 말을 하는(samyag-vadamāno)**: samyak은 '바른(正)'의 뜻이고 vadamāna는 √vad(to speak)의 현재분사로 쓰였다. 그래서 '바른 말을 하는 [사람]'을 뜻한다.

## 31-2. 법이라는 산냐를 일으키지 말고 제법을 알고 보고 확신하라

**[원문]**

31b) Bhagavān āha: evaṃ hi Subhūte bodhisattvayāna samprasthitena sarvadharmā jñātavyā draṣṭavyā adhimoktavyāḥ. tathā ca jñātavyā draṣṭavyā adhimoktavyāḥ yathā na dharmasamjñā pratyupasthāhe.[43] tat kasya hetoḥ? dharmasaṃjñā dharmasaṃjñeti

42) 느껴진 것(vedayita)에 대해서는 부록의 '초기경에 나타나는 산냐'를 참조할 것.

43) Mithila Institute 본에는 'yathā na dharmasamjñā pratyupasthāhe' 대신에 'yathā na dharmasamjñāyāmpi pratyupaṣṭhenādharmasamjñāyāṃ.'으로 나

Subhūte asaṃjñaiṣā Tathāgatena bhāṣitā. tenocyate dharma-saṃjñeti.

**[鳩摩羅什]**

須菩提야 發阿耨多羅三藐三菩提心者는 於一切法에 應如是知하며 如是見하며 如是信解하야 不生法相이니 須菩提야 所言法相者는 如來가 說卽非法相일새 是名法相이니라

**[玄奘]**

佛告善現. 諸有發趣菩薩乘者. 於一切法應如是知. 應如是見. 應如是信解. 如是不住法想. 何以故. 善現. 法想法想者. 如來說爲非想. 是故如來說名法想法想.

**[번역]**

31-2. 세존께서 말씀하셨다. "참으로 그와 같다. 수보리여, 보살승에 굳게 나아가는 자는 참으로 일체 법들을 알아야 하고 보아야 하고 확신을 가져야 한다. 법이라는 산냐를 일으키지 않고 알아야 하고 보아야 하고 확신을 가져야 한다.

그것은 무슨 이유에서인가? 수보리여, '법이라는 산냐, 법이라는 산냐'라는 것, 그것은 [법이라는] 산냐가 아니라고 여래는 설하였나니 그래서 말하기를 법이라는 산냐라 하기 때문이다."

**[대역]**

31-2) Bhagavān āha세존께서 말씀하셨다(Ⓚ ×, Ⓗ 佛告善現):

evaṃ hi Subhūte참으로 그러하다 수보리여 bodhisattva-yāna-samprasthitena보살승에 굳게 나아가는 자에 의해서(Ⓚ 須菩提 發阿耨多羅三藐三菩提心者, Ⓗ 諸有發趣菩薩乘者) sarva-dharmā일체 법들

---

타난다.

은(Ⓚ=Ⓗ 於一切法) jñātavyā알아져야 하고 draṣṭavyā보여져야 하고 adhimoktavyāḥ확신이 가져져야 한다[1](Ⓚ 應如是知 如是見 如是信解, Ⓗ 應如是知 應如是見 應如是信解).

tathā그렇게 ca그리고 jñātavyā알아져야 하고 draṣṭavyā보여져야 하고 adhimoktavyāḥ확신이 가져져야 하나니 yathā즉 na dharma-samjñā법이라는 산냐가 pratyupasthāhe생겨나지 않고[2](Ⓚ 不生法相, Ⓗ 如是 不住法想).

tat kasya hetoḥ그것은 무슨 이유에서인가(Ⓚ ×, Ⓗ 何以故)?

dharma-saṃjñā dharma-saṃjñā iti법이라는 산냐, 법이라는 산냐라는 것은 Subhūte수보리여(Ⓚ 須菩提 所言法相者, Ⓗ 善現 法想法想者) a-saṃjñā산냐가 아니다 라고 eṣā이것은 Tathāgatena bhāṣitā여래에 의해서 설해졌나니(Ⓚ 如來說卽 非法相, Ⓗ 如來說爲非想).

tena ucyate dharma-saṃjñā iti그래서 말해지기를 법이라는 산냐라 하기 때문이다[3](Ⓚ 是名法相, Ⓗ 是故如來說名 法想法想).

**[주해]**

1) **알아져야 하고 보여져야 하고 확신이 가져져야 한다(jñātavyā draṣṭavyā adhimoktavyāḥ)**: jñātavya는 6장 27번 주해를, draṣṭavya는 5장 2번 주해를, adhimoktavya는 6장 12번 주해를 각각 참조할 것. 일체 법은 알아져야 하고 보여져야 하고 확신이 가져져야 한다고 강조하고 있다.

흥미로운 점은 브르하다란냐까 우빠니샤드에 거듭 강조해서 "아뜨만은 보여져야 하고 생각되어져야 하고 명상되어져야 한다(ātmā dṛṣtavyo mantavyo nididhyāsitavyaḥ)."고 나타난다. 그러나 아주 중요하게도 부처님의 최초기의 가르침에 속하는 숫따니빠따 4장에서는 이러한 것을 모두 산냐라고 결론지으면서 "여기에 보고 듣고 생각한 것에 티끌만한(aṇu) 산냐도 세우지 않았나니 아무런 견해를 상정하지 않는 그 수행자(바라문)를 누가 이 세상에서 사량분별하겠는가."[44]라고 나타난다. 참으로 세존의 대 사자후가 아닐 수 없고 본 경과 일맥상통하는 법을 설하고 계신다 하겠다.(부록을 참조할 것)

2) **법이라는 산냐가 생겨나지 않고(na dharma-samjñā pratyupasthāhe)**: pratyupasthāhe는 prati(대하여) + upa(위로) + √sthā(to stand)의 동사 사역형인 pratyupasthāpayate의 쁘라끄리뜨화된 표현이라 보면 되겠다. 당연히 법이라는 산냐가 없이 일체법은 알아져야 하고 보여져야 하고 확신이 되어야 한다. 법이라는 산냐를 가지지 말라 해서 법을 잘 사유하여 바르게 알고 바른 견해와 바른 확신을 가지는 것까지도 부정한다고 생각하면 그 사람은 금강경을 읽을 자격이 없다 하겠다. 참으로 성숙된 안목과 인격을 가진 자라야 금강경을 읽고 향상일로로 나아갈 수 있다 하겠다.

3) **그래서 말하기를 법이라는 산냐라 하기 때문이다**: 법이라는 산냐니 산냐가 아니니 하는 분별마저도 다 떨어져야 하겠다. 그래서 널리 배우고 지혜로운 주의를 기울여(요니소 마나시까라) 선법(善法, 꾸살라다르마)과 불선법(不善法, 아꾸살라다르마)을 바르게 간택하고 항상 깊이 사유하며 겸허한 마음으로 선지식을 찾고 매 순간 순간 '지금 여기'에서 마음을 챙겨 우리의 의근을 저 향상일로로 향하게 해야 하겠다.

---

44) tassīdha diṭṭhe va sute mute vā, pakappitā natthi aṇūpi saññā|
tam brāhmaṇam diṭṭhim anādiyānam, kenīdha lokasmim vikappayeyya||
(Sn 808)

## 32-1. 산냐를 세우지 말라는 이 가르침의 공덕은 크다, 형성된 것[諸行]을 떠나 있으므로

**[원문]**

32a) yaś ca khalu punaḥ Subhūte bodhisattva mahāsattvo 'prameyān asaṃkhyeyāṃl lokadhātūn saptaratnaparipūrṇaṃ kṛtvā Tathāgatebhyo arhadbhyaḥ samyaksambuddhebhyo dānaṃ dadyāt, yaś ca kulaputro vā kuladuhitā vetaḥ prajñāpāramitāya dharmaparyāyād antaśaś catuṣpādikām api gāthām udgṛhya dhārayed deśayed vācayet paryavāpnuyāt parebhyaś ca vistareṇa samprakāśayed, ayam eva tato nidānaṃ bahutaraṃ puṇya-skandhaṃ prasunuyād aprameyam asaṃkhyeyam. kathaṃ ca samprakāśayet? yathā na prakāśayet. tenocyate samprakāśayed iti.

tārakā timiraṃ dīpo
māyā-avaśyāya budbudaṃ
supinaṃ vidyud abhraṃ ca
evaṃ draṣṭavyaṃ saṃskṛtam

**[鳩摩羅什]**

• 應化非眞分 第三十二

須菩提야 若有人이 滿無量阿僧祇世界七寶로 持用布施어든 若有善男子善女人이 發菩薩心者가 持於此經하야 乃至四句偈等을 受持讀誦하야 爲人演說하면 其福이 勝彼하리니 云何爲人演說고 不取於相하야 如如不動이니라 何以故오

一切有爲法이　　如夢幻泡影하며
如露亦如電하니　　應作如是觀이니라

**[玄奘]**

復次善現. 若菩薩摩訶薩以無量無數世界盛滿七寶奉施如來應正等覺. 若善男子或善女人. 於此般若波羅蜜多經中乃至四句伽他. 受持讀誦究竟通利如理作意. 及廣爲他宣說開示. 由此因緣所生福聚. 甚多於前無量無數. 云何爲他宣說開示. 如不爲他宣說開示故名爲他宣說開示. 爾時世尊而說頌曰

諸和合所爲 如星翳燈幻
露泡夢電雲 應作如是觀.

**[번역]**

32-1. "참으로 다시 수보리여, 보살 마하살이 측량할 수 없고 헤아릴 수 없이 [많은] 세계들을 칠보로 가득 채우고서 여래 아라한 정등각들께 보시를 행한다 하자. 그리고 다시 선남자나 선여인이 이 반야바라밀 법문으로부터 단지 네 구절로 된 게송이라도 뽑아내어 [마음에] 간직하고 가르쳐주고 독송하고 이해하고 [아울러] 남들에게 상세하게 잘 가르쳐 준다면 이로 인해서 이것이 측량할 수도 없고 헤아릴 수도 없이 더 많은 공덕의 무더기를 쌓을 것이다. 그러면 어떻게 자세히 가르쳐주어야 하는가? 가르쳐주지 않는 것처럼 해야 하나니 그래서 말하기를 자세히 가르쳐주어야 한다고 하는 것이다.

형성된 것은 참으로 이와 같이 보아야 하나니
별, 눈의 가물거림, 등불과도 같고
환영, 이슬, 물거품과도 같으며
꿈, 번개, 구름과 같다."고.

**[대역]**

32-1) yaś ca khalu punaḥ그리고 참으로 다시 Subhūte수보리여(Ⓚ 須菩提, Ⓗ 復次善現) bodhisattva mahāsattvo보살 마하살이 a-prameyān측량할 수 없고 asaṃkhyeyān셀 수 없는 lokadhātūn세계들을 saptaratna-paripūrṇaṃ kṛtvā칠보로 가득 채우고서(Ⓚ 若有人滿無量阿僧祇世界七寶, Ⓗ 若菩薩摩訶薩 以無量無數世界 盛滿七寶) Tathāgatebhyo arhadbhyaḥ samyaksambuddhebhyo여래 아라한 정등각들께 dānaṃ dadyāt보시를 행한다 하고(Ⓚ 持用布施, Ⓗ 奉施 如來應正等覺),

yaś ca그리고 kulaputro vā kuladuhitā vā선남자나 선여인이(Ⓚ 若有善男子善女人 發菩薩心者, Ⓗ 若善男子或善女人) itaḥ이 prajñā-pāramitāya반야바라밀이란 dharmaparyāyād법문으로부터 antaśaś catuṣpādikām api단지 네 구절로 된 gāthām게송을(Ⓚ 持於此經 乃至四句偈等, Ⓗ 於此般若波羅蜜多經中 乃至四句伽他) udgṛhya뽑아 내어서 dhārayed[마음에] 간직하고 deśayed가르쳐 주고 vācayet독송하고 paryavāpnuyāt이해하고 parebhyaś남들에게 ca그리고 vistareṇa 상세하게 samprakāśayed잘 가르쳐 준다면(Ⓚ 受持讀誦 爲人演說, Ⓗ 受持讀誦究竟通利如理作意 及廣爲他 宣說開示),

ayam이것이 eva오직 tato nidānaṃ이로 인해서 bahutaraṃ더 많은 puṇya-skandhaṃ prasunuyād공덕의 무더기를 쌓을 것이니 aprameyam측량할 수도 없고 asaṃkhyeyam셀 수 없는 그런[1](Ⓚ 其福勝彼, Ⓗ 由此因緣所生福聚 甚多於前無量無數).

kathaṃ어떻게 ca그러면 samprakāśayet자세히 가르쳐 주어야 하는가(Ⓚ 云何爲人演說, Ⓗ 云何爲他 宣說開示)?

yathā na prakāśayet가르쳐주지 않는 것처럼 하는 것이니(Ⓚ 不取於相 如如不動, Ⓗ 如不爲他 宣說開示) tena ucyate samprakāśayed iti

그래서 말해지기를 자세히 가르쳐주어야 한다고 한 것이다.[2](Ⓚ ×, Ⓗ 故名爲他宣說開示).

(Ⓚ 何以故, Ⓗ 爾時世尊而說頌曰)

Tārakā별 timiraṃ눈의 가물거림 dīpo등불.
māyā환영 avaśyāya이슬 budbudaṃ물거품
supinaṃ꿈 vidyud번개 abhraṃ ca구름이라고
evaṃ이렇게 draṣṭavyaṃ보여져야 하나니
saṃskṛtaṃ형성된 것은[3), 4)]
(Ⓚ 一切有爲法 如夢幻泡影 如露亦如電 應作如是觀)
(Ⓗ 諸和合所爲 如星翳燈幻 露泡夢電雲 應作如是觀)

**[주해]**

1) **이로 인해서 이것이 측량할 수도 없고 헤아릴 수도 없이 더 많은 공덕의 무더기를 쌓은 것이다**: 마지막으로 다시 이 경을 남에게 알려주는 공덕이 무량함을 설하면서 경을 마감하고 있다. 산냐를 극복하는 이 한 가지야말로 불교가 불교인 이유이며 또한 수행의 가장 요긴한 말씀이기 때문이다.

2) **가르쳐 주지 않는 것처럼 해야 하나니 그래서 말하기를 자세히 가르쳐 주어야 한다고 하는 것이다**: 마지막으로 가르쳐 준다는 산냐마저도 가져서는 안 된다고 설하고 있다. 매 순간 순간 마음을 낼 때마다 따라 붙는 산냐! 이 산냐는 마음챙김(sati, 正念)으로 산냐가 일어났으면 일어났다고 아는(pajānāti) 수밖에는 극복할 길이 없을 것 같다. 참으로 산냐에서 자유롭고 이미 느껴진 느낌에서 자유로워질 때(산냐웨다이따니로다, saññāvedayita-nirodha, 想受滅) 저

해탈열반, 해탈지견의 대 자유는 바로 지금 여기서(diṭṭhe vā dhamme) 실현되는(sacchikiriyā) 것일 것이다.

부처님의 일대사를 한마디로 표현하라면 역자는 8정도의 실현으로 보고 싶다. 그래서 부처님께서 고구정녕히 말씀하신 팔정도를 우리가 찰나 찰나에 실현하려고 노력한다면 그 사람이야말로 참다운 불자요, 바로 성자의 길, 해탈 열반의 도정으로 들어선 자라고 감히 말하고 싶다.

그러나 우리의 현실은 어떠한가. 불자로서 바르게 신행을 하려는 자가 당연히 고뇌하고 간구할 수밖에 없는 저 팔정도를 사유하고 실현하려는 노력보다는 테크닉으로 도를 구하려고 하고 있지 않은가. 그래서 "간화선이야말로 진짜 수행법이다."라고 하여 장판때가 잔뜩 묻어 거들먹거리거나, 아니면 "아니다. 간화선은 후대에 발전된 수행법이고 위빠사나야말로 부처님께서 직접 설한 수행법이다."라고 하여 남방에서 후대에 발전된 수행기법을 부처님이 직접 설하신 것으로 오해하여 역시 팔정도를 잃어버리고 있다. 이처럼 도를 테크닉에만 치중하여 접근하게 되면 우리가 불교 역사에서 보는 모든 비불교적인 양태가 발생할 수밖에 없다는 게 역자의 소견이다.

팔정도는 쉽다면 가장 쉽고 어렵다면 가장 어려운 것일 것이다. 팔정도는 매 찰나 찰나에 삶과 직면하는 것이라 해야 할 것이다. 진지한 삶, 성숙된 삶, 치열한 삶을 구현하는 게 팔정도일 것이다. 대승에서 그토록 강조하는 보살행을 팔정도는 전혀 언급하지 않는다. 보살행이라는 산냐를 용납할 수 없기 때문일 것이다. 그렇지만 최고의 보살행이라면 보살행이라 할 수 있다. 마치 중국 선종이 최상승이라는 이름으로 대승을 극복하려는 노력을 했고, 그 최상승이란 내용을 보면 보살행은 나타나지 않는다. 이런 의미에서 몇몇 남방 학자들은 중국 선종은 대승불교 속의 테라와다(Theravada, 상좌부)라고 하는 것을 읽은 적이 있다.

팔정도의 출발은 정견(正見, sammā-diṭṭhi, 바른 견해)이다. 역자는 다행히 처음 출가해서 얼마 안 되어 근본불교라는 이름조차도 모르시는 선방의 한 노스님으로부터 '정견이면 성불'이라는 말씀을 듣고 마음에 깊이 새긴 적이 있다. 정견을 가지려 노력하고 끝없이 고뇌하고 사유하고 어떠한 고정 관념, 경계에도 속지 않으려고 애를 쓸 때 팔정도의 법바퀴는 드디어 육중하게 구르기 시작한다 하겠다. 그건 어느 수행법(테크닉)이 좋으냐 나쁘냐, 옳으냐 그르냐의 문제가 아니라 생각한다.

테크닉은 시대와 환경의 산물이다. 그래서 역사적으로 거듭 거듭 바뀌어 오는 것이다. 남방의 위빠사나 기법이 그렇고 북방의 간화선이 그러하다. 요즘 위빠사나를 부처님이 직접 설하신 것으로 주장하는 사람들이 그 출처로 거론하는 위방가(Vibhaṅga)는 남방의 아비담마 논서의 두 번째이고, 청정도론(Visuddhimagga)은 남방불교의 부동의 준거로 붓다고사 스님의 대작이다. 그래서 이들은 남방 아비담마 불교의 이론이지 근본불교의 가르침과는 완전히 구분되어야 한다. 여러 가지 위빠사나 기법은 청정도론에서 40가지 명상주제(kammaṭṭhāna, 깜맛타나)로 정리되어서 상세한 설명을 하고 있는데 지금 남방에서 통용되고 있는 위빠사나 기법들은 이 40가지 수행법과는 그러나 또 다르다. 그 후에 긴 세월을 통해서 자꾸 개발되어서 체계화하고 정리해온 수행법인 것이다.

간화선만 해도 그렇다. 선종의 초기에는 화두란 기법이 없었으며 세월이 가면서 여러 스님들이 제창하여 온 것을 대혜 스님이 체계화한 것이라 해야 할 것이다. 중국 청조에는 다시 염불선으로 정착이 되고 지금 시대의 중국선은 염불선이 기본이라 하겠다. 이런 자체가 이미 기법은 시대에 따라 환경에 따라 변해오고 있다는 말이 아닌가.

거듭 분명히 해두고 싶은 것은 이제 우리는 이런 위빠사나 수행법이 옳으냐 간화선이 옳으냐는 것에서 자유로워져야 한다는 것이다. 이런 기법들 중에서 어떤 것이 더 정통성이 있느냐는 무의미하고 어찌 보면 유치해 보이기까지 하는 이러한 고뇌는 아무런 의미가 없다고 생각하며 실제로 지금의 역자에게는 별 의미가 없다. 물론 이리 되기까지는 많은 고뇌와 시간이 필요했다. 하지만 어찌 알겠는가. 역자의 관점이 또 바뀔지. 역자의 관심은 이런 기법의 배후에 항상 흐르고 있는 부처님의 가르침, 바로 저 팔정도이다. 기법이라는 관점에서 풀려날 때 그 때 저 팔정도는 구르기 시작하는 게 아닌지 생각해본다.

위에서도 언급했듯이 팔정도에서는 대승불교에서 강조하는 보살행이 없다. 사회에 대한 성급한 열정이 오히려 팔정도를 가로막는 장애가 될 수 있기 때문일 것이다. 어떤 사람이 위빠사나에서 향상의 길을 찾았다면 그 길을 묵묵히 가면서 팔정도를 구현하면 되겠고 간화선에서 향상의 길을 발견한 사람은 또 그 길을 열심히 가면 될 것이다. 그러다가 이게 아니지 않은가 하고 깊은 고뇌를 하게 되고 결단이 되면 우리 세존께서 6년의 엄청난 난행고행을 포기하고 동시대 고행자들의 비난을 뒤로 하고 분연히 일어서셔서 유일한 길(eka- yāna)이라 표현되는 마음챙김(sati, 正念)을 찾아내어 실현하셨듯이 그런 태도, 그런 불굴의 용기를 가지고 팔정도를 행하려 노력하면 된다고 생각한다. 팔정도를 진지하게 가는 사람은 항상 성급한 열정을 경계해야 할 것이다.

처음부터 부처님 가르침은 대기(對機)설법이었고 그래서 다양한 방법이 나타날 수밖에 없었으며 그게 또 역사적으로 불교가 걸어온 길이기도 하다. 그런데 방편에만 빠져서 근본을 잃어버리면 또 온갖 사이비들이 정법이라는 기치를 들고 한소식이라는 창을 들고 무리를 지어서 온갖 난리를 부려댄 것이 또 피할 수 없는 불교역사이었고 지금도 그런 무리들이 횡행하고 있음을 우리는 잘 안다.

그럴수록 정견(正見)이 얼마나 중요하고 우리가 사무치도록 가슴에 담아야 하고 찾아야 하고 사유해야 하고 실행해야 하는 것인가를 절감한다. 그러기 위해서 근본부처님의 가르침을 나름대로 열심히 찾고 고뇌하고 사유하고 내 삶에 매순간 적용하려는 노력을 포기해서는 안 될 것이다.

3) **형성된(saṃskṛtaṃ)**: saṃ(함께)+√kṛ(to do)의 과거분사이다. '함께 모아진'의 의미에서 '형성된'의 뜻이다. 이것의 명사인 saṃskāra(Pāli. saṅkhāra)는 行으로 혹은 有爲로 번역되는 불교에서 가장 중요하게 쓰이는 술어 중의 하나이다. 여기서는 구마라집은 一切有爲法으로 현장은 諸和合所爲라고 번역하고 있다.

이 단어는 베다에서는 나타나지 않는 단어이며 에픽(Epic)과 클래식(Classic) 산스끄리뜨에서부터 나타나는데 주로 인도인들이 나서부터 죽을 때까지 일생 동안 치르는 18단계의 의식(儀式)을 일컬으며 철학적으로 쓰이면 '이전의 인상(impression)'이라는 의미로 쓰인다.

초기불교에서는 아주 중요하게 쓰이는 술어이면서도 옮기기에 가장 어려운 용어 중의 하나라 할 수 있다. 중국의 역경사들도 원어의 의미를 살려서 그냥 行으로 옮기고 있고 아니면 有爲 정도로 옮기고 있다. 초기경들에 의해서 보면 상카라는 크게 세 가지 의미로 쓰인다 하겠다. 첫째는 오온의 네 번째로 나타나는데 모든 심적인 요소들 가운데서 의도(cetanā)가 있는 것들을 통틀어서 상카라라고 한다. 오온의 두 번째인 느낌(vedanā, 受)과 세 번째인 인식(想, saññā)은 그래서 의도가 포함되기 전의 단계이다. 이 느낌과 인식이 갈애나 증오, 악의 등등의 의도로 발전되면 그것들은 상카라의 영역에 포함되는 것이다. 그래서 이 상카라는 경에서 항상 복수형태로 나타나고 있음을 유의해야 한다. 후대 주석서 특히 청정도론은 이 상카라들을 52가지로 분류해서 설명하고 있다.

두 번째는 제행(諸行, sabbe saṅkhāra)이라는 문맥에서 나타나고 있다. 특히 제행무상(諸行無常, sabbe saṅkhāra aniccā)으로나 제행무상 시생멸법(諸行無常 是生滅法, aniccā vata sankhārā uppādavaya-dhammino)으로 나타나는 경우이다. 이 경우에는 '모든 형성된 것들'이라는 의미이고 모든 물심의 현상계를 나타낸다고 보면 되겠다. 이런 의미에서 오온 자체를 상카라(行)라고 보기도 한다.

세 번째는 이 이외에 쓰이는 경우들로서 '요소, 성질, 조건' 등의 의미로 쓰인다 하겠는데 주로 신행, 구행, 의행(身行kāya-saṅkhāra, 口行vacī-saṅkhāra, 意行citta-saṅkhāra)으로 나타나고 목숨의 상카라(āyu-saṇkhāra), 존재의 상카라(bhava-sankhāra), 생명의 상카라(jīvita-saṇkhāra) 등의 형태로 나타난다.

4) **별, 눈의 가물거림, 등불과도 같고 …** : 초기경에 이와 비슷한 잘 알려진 시가 나타난다. 오온을 비유한 것이다. 본 경과 같은 단어는 bubbuḷa(수포)와 māyā(환영)이다.

색(色, rūpa)은 거품덩이와 같고
느낌[受, vedanā]은 수포와 같다.
인식[想, saññā]은 신기루와 같고
행(行, saṅkhārā)은 까달리(파초)와 같으며
식(識, viññāṇa)은 환영과 같다고
태양의 후예는 비추셨다.(1)[45]

---

45) pheṇapiṇḍūpamam rūpaṃ, vedanā bubbuḷupamā|
marīcikūpamā saññā, saṅkhārā kadalūpamā|
māyūpamañca viññāṇaṃ, dīpitādiccabandhunā||

이와같이 정려(靜慮)하고 근원적으로 되새기고
근원적으로 보는 자에게 그것은 공허하고 비어 있다.(2)[46]

## 32-2. 산냐를 여의라는 이 가르침을 듣고 대중은 환희용약하였다

**[원문]**

32b) Idam avocad Bhagavān. āttamanāḥ sthavira Subhūtis, te ca bhikṣubhikṣuṇyupāsakopāsikās te ca bodhisattvāḥ sadevamān-uṣaasuragandharvaś ca loko Bhagavato bhāṣitam abhyanandann

**[鳩摩羅什]**

佛이 說是經已하시니 長老須菩提와 及諸比丘比丘尼와 優婆塞優婆夷와 一切世間天人阿修羅가 聞佛所說하고 皆大歡喜하야 信受奉行하시니라

**[玄奘]**

時薄伽梵說是經已. 尊者善現及諸苾芻苾芻尼鄔波迦鄔波斯迦. 幷諸世間天人阿素洛健達縛等. 聞薄伽梵所說經已. 皆大歡喜. 信受奉行.
大般若波羅蜜多經卷第五白七十七

**[번역]**

32-2. 세존께서 이렇게 말씀하셨다. 장로 수보리와 그리고 그들 비구·비구니·우바새·우바이들과 보살들과 천·인·아수라·간다르와 등

46) yathā yathā nijjhāyati, yoniso upaparikkhati|
rittakaṃ tucchakaṃ hoti, yo naṃ passati yoniso|| (S22.95. pheṇa)

[모든] 세계는 세존의 말씀을 듣고 환희하고 기뻐했다.

**[대역]**

32-2) Idam이것을 avocad말씀하셨다 Bhagavān세존께서는[1](Ⓚ 佛說是經已, Ⓗ 時薄伽梵說是經已).

āttamanāḥ환희하였다[2] sthavira장로 Subhūtis수보리와 te그들 ca 그리고 bhikṣu-bhikṣuṇy-upāsaka-upāsikās비구 비구니 우바새 우바이들(Ⓚ 長老須菩提 及諸比丘 比丘尼 優婆塞 優婆夷, Ⓗ 尊者善現 及諸苾芻 苾芻尼 鄔波迦 鄔波斯迦)

te ca그리고 그들 bodhisattvāḥ보살들 sa-deva-mānuṣa-asura-gandharvaś ca그리고 천 인간 아수라 간다르와들을 포함한 loko세계는(Ⓚ 一切世間 天人阿修羅, Ⓗ 并諸世間 天人阿素洛 健達縛等) Bhagavato세존의 bhāṣitam설하신 바를 abhyanandan기뻐했다[3](Ⓚ 聞佛所說 皆大歡喜 信受奉行, Ⓗ 聞薄伽梵所說經已 皆大歡喜 信受奉行).

**[주해]**

1) **세존께서 이렇게 말씀하셨다(idam avocad Bhagavān)**: 초기경들에서도 이와 꼭 같은 구문으로 끝나는 경들이 아주 많다. 빠알리어로는 "Idam avoca bhagavā, attamanā te bhikkhū bhagavato bhāsitaṃ abhinandunti(세존께서 이렇게 설하셨고 그들 비구들은 세존의 설법에 기뻐했다)."이다.

본 경에서는 '그들 비구(te bhikkhu)' 대신에 '장로 수보리와 그들 비구 비구니 우바새 우바이들 그리고 그들 보살들 그리고 천 인간 아수라 간다르와들을 포함한 세상은'이라고 나와 있다. 본 경의 시작과 끝이 초기경들의 형태와 꼭 같다고 하겠다.

2) **환희하였다(āttamanāḥ)**: ātta와 mana의 합성어이다. ātta는 ā(향하여)+√dā(to give)의 과거분사형으로 '받은', 그래서 '고무된' 등

의 뜻이며 mana는 manas를 의미한다. 주격 복수로 쓰였으며 전체적으로는 '마음이 고무되어서, 환희용약하여'의 뜻이다. 빠알리어로는 attamāna이다.

3) **기뻐했다(abhyanandan)**: abhi(위로)+√nand(to rejoice)의 동사 과거 삼인칭 복수형태이다. '기뻐하다, 환희하다'의 뜻이다. 구마라집과 현장은 모두 大歡喜에다 信受奉行을 첨가하여 옮겼다.

**[원문]**

iti Ārya-Vajracchedikā Bhagavatī Prajñāpāramitā samāptā.

**[번역]**

이렇게 고귀한 금강이요 복덕 구족한 반야바라밀은 완결되었다.

**[대역]**

iti이렇게 Ārya-vajracchedikā고귀한 금강이요 Bhagavatī복덕 구족한 Prajñāpāramitā반야바라밀은 samāptā완결되었다.[1)]

**[주해]**

1) **완결되었다(samāptā)**: saṃ(함께)+√āp(to get)의 과거분사로서 문자적으로는 '다 갖춘'의 의미이며 그래서 '[다 갖추어] 완성된, 끝이 난, 완결된'의 의미이다.(12장 4번 주해 참조)

이렇게 산냐를 극복하라는 고구정녕하신 메시지가 담긴 금강경은 완결이 되었다. 나는 산냐를 극복했는가, 못했다면 도대체 어떻게 극복할 것인가가 금강경을 읽는 우리들의 과제라 본다. 이런 의미에서 참으로 남북 양 전통에서 풀려나 초기 부처님의 가르침을 읽고 배워서 알고 보고 확신을 가지려는 노력을 해야 하겠다. 그것이 역자가 감히 이 금강경 번역과 해설을 시도한 저의이기도 하다.

불교 역사는 불교 문화사이기도 하다. 불교는 가는 곳마다 독특한 문화전통을 창출해내었다. 그것이 인도불교, 중국불교, 한국불교, 일본불교, 티벳불교, 남방불교 등등으로 불리는 것이다. 달라이 라마 스님께서도 힘주어 강조하셨듯이 우리 시대는 이런 각 나라의 불교 문화 전통과 근본 부처님 가르침을 분리해내는 노력이 필요하다. 부처님의 근본 가르침과 불교문화 전통을 분리해서 생각할 줄 알아야 한다. 그래서 한국불교[문화]는 한국불교[문화]대로 티벳불교[문화]는 티벳불교[문화]대로 전통을 잘 계승하면서도 우리의 마음은 항상 부처님의 근본 가르침으로 향하고 열려 있어야 하겠다. 그렇지 않으면 전통이라는 산냐에 가려서 귀중한 금구의 말씀을 등지고 말기 때문이다.

부 록

# 초기경에 나타나는 산냐

"여기서 비구는 스스로의 산냐를 가진 자가 되는데(sakasaññī hoti),
그 곳으로부터 점차적으로 산냐의 구경에 다다르게 된다(saññaggaṃ phusati).
그 산냐의 구경에 다다른 그에게 이런 [생각이] 생겨난다.
'내가 의도하는 것은(cetayamānassa) 나쁘다(pāpiyo).
내가 의도하지 않는 것은 좋다(seyyo). 만일 내가 의도하고(ceteyyaṃ)
위작(爲作)하기만 하면(abhisaṅkhareyyaṃ) 이런 나의 산냐는 멸하고
(nirujjheyyuṃ) 다른 더 거친(oḷārikā) 산냐가 생겨날 것이다(uppajjeyyuṃ).
그러므로 참으로 나는 의도하지 않고 위작하지 않으리라' 라고.
그래서 그는 의도하지 않고 위작하지 않는다. 그가 의도하지 않고 위작하지 않기에
그 산냐는 소멸하고 다른 거친 산냐는 생겨나지 않는다.
[마침내] 그는 지멸에 닿게 된다(nirodhaṃ phusati).
이와 같이 뽓타빠다여, 점진적인 산냐의 소멸을 알아차리는(正知) 등지(等持)가 있다
(anupubbābhisaññānirodha-sampajāna-samāpatti hoti)."

# 초기경에 나타나는 산냐

초기경에서 나타나는 산냐에 대해서 논의하기 전에 먼저 산스끄리뜨 문헌, 그 중에서도 불교 이전이나 불교와 비슷한 시대에 편찬되었다고 보여지는 베딕 문헌과 그리고 초기 자이나 문헌에서는 산냐가 어떻게 나타나는가를 간단히 살펴보는 것이 산냐를 이해하는데 도움이 되리라 생각한다.

결론적으로 말해서 베딕 문헌에나 자이나 문헌에서는 산냐라는 용어가 중요한 전문술어로는 거의 쓰이지 않는다. 이 산냐라는 단어는 부처님께서 그 시대에 쓰이던 단어를 받아들여서, 아니면 신조어를 통해서 그 시대 아니 모든 인간이 인식하고 이름지어 개념화하고 수행자들이 수행의 높은 경지로 집착하는 것을 표현하는 불교화된 술어라고 해야 하겠다.

베다 본집(삼히따)에서 삼즈냐(saṃjñā)라는 산스끄리뜨는 나타나지 않는다. 동사 sam+√jñā(to know)와 이것의 명사형인 saṃjñāna(삼즈냐나)는 나타나지만 그 뜻은 모두 불교에서 말하는 '인식하다'라거나 '안다'라는 의미로 쓰이지 않고 '함께 안다'는 문자적인 의미 그대로 '서로 같은 의견이다, 서로 조화하다, 서로 동의하다'는 의미로 쓰이며 명사 saṃjñāna도 같은 뜻으로 쓰이고 있다. 제의서(브라흐마나)에서는 삼즈냐(saṃjñā)라는 산스끄리뜨 술어가 아주 드물게 나타나지만 그 뜻은 모두 삼히따의 삼즈냐나(saṃjñāna)와 같은 의미로 쓰이고 있다. 우빠니샤드에서도 아주 드물게 나타난다. 주목할 만한 문구가 브르하다란냐까우빠니샤드에 두 번(BU 2.4.12:13, 4.5.13) 나타나는데 초기 불교에서 쓰이는 개념과 비교해 볼 만하다 하겠지만 여기서 논의는 생략한다. 어쨌든 중요한 술어로는 쓰이지 않았고 후대 주석가들로부터 아무런 주목을 받지도 않는다. 빠니니 문법서인 아슈타댜이에서 문법 전문 술어들 즉 테크니컬 텀들을 삼즈냐(saṃjñā)라고 부르고 있으며 이후 클래식 산스끄리뜨에서는 '이름, 명칭, 술어'라는 뜻이 보편적으로 통용되는 삼즈냐의 의미라 하겠으며 초기불교에서와 같은 의미로 쓰이고 있다고 하겠다.

한편 자이나 문헌에서도 산냐(saṇṇā, Sk. samjñā의 아르다마가디)는 그렇게 중요한 술어로 취급되지는 않는 것 같다. 초기 자이나 경전인 앙가숫따(Aṅgasutta)들에서도 산냐라는 단어는 그렇게 많이 나타나지는 않는다. 주석가들은 문맥에 따라서 두 가지 의미로 산냐를 이해하는데 Āyaraṅgasutta-Nirukti에 의하면 그들은 산냐를 경험(aṇubhavaṇa)과 지혜(jāṇaṇa)로 나누고 경험을 다시 16가지로 말하고 있다. 그 16가지는 ①음식(āhāra), ②두려움(bhaya) ③소유(parigraha), ④성행위(methuna), ⑤즐거움(sukha), ⑥괴로움(duḥkha), ⑦미혹(moha), ⑧회의적 의심(vicikitsā), ⑨분노(krodha), ⑩자만(māna), ⑪속임수(māya), ⑫탐욕(lobha), ⑬슬픔(soka), ⑭세상(loka), ⑮법(dharma), ⑯[세속의] 흐름(ogha)을 들고 있다. 자이나 학자들은 이런 산냐를 instinct(본능)라고 옮기고 있는데 역자는 수행자가 가질 수 있는 수행에 방해되는 나쁜 [본능적인] 관념들이라고 이해하고 있다. 이처럼 베딕이나 자이나 문헌에서는 산냐가 초기불교에서처럼 아주 중요한 의미로는 쓰이지 않는다고 하겠다.

그러면 이제 초기 경들에서는 산냐가 어떤 문맥에서 나타나는지를 살펴보도록 하자. 먼저 최초기 부처님의 말씀으로 모든 학자들이 동의하는 숫따니빠따 제4장 앗타까왁가(Aṭṭhaka-vagga)에 나타나는 산냐에 대해서 알아보자.

숫따니빠따 4장 앗타까왁가의 두번째 경인 Guhaṭṭhakasutta의 맨 마지막 게에서 세존께서는 고구정녕히 설하신다.

> 산냐를 완전히 알고서 격류를 건너야 하나니
> 성자는 소유(움켜쥠)들(pariggaha)에 물들지 않는다.
> 쇠살을 뽑아내어 버리고 방일하지 않고 유행하나니
> 이 세상과 저 세상을 바라지 않는다.[47]

수행자가 산냐에 걸려 있어서는 그것이 제 아무리 고결하고 고상하다 하더라도 생사의 탁류는 건널 수 없다는 말씀이다. 무소유처와 비상비비상처라는 당대의 최고의 경지까지 터득하셨지만 그것이 결국은 산냐일 뿐임을 스스로 통찰하시고 구경의 경지를 홀로 이루신 세존의 간곡한 메시지가 담겨있는 말씀이라 하겠다.

4장의 4번째 경은 청정경(Suddhaṭṭhakasutta)으로 잘 알려진 경이다. 여기서 세존은 말씀하신다. 인간의 청정은 견해(diṭṭhi)에 의해서 성취된다고 하는 사람들이 있지만 바라문(참 수행자)은 그렇게 보지 않는다. 본 것, 계를 지니는 것, 생각한 것, 그리고 공덕이나 죄악에 물들지 않는다(diṭṭhe sute sīlavate mute vā puññe ca pāpe ca anūpālitto). 단지 스스로 서계(vata, Sk. vrata)를 가지고 산냐에 붙들린 자가 여러 가지 [견해]를 가질 뿐이다(sayaṃ samādāya vatāni jantu, uccāvacaṃ gacchati saññasatto). 참 지혜를 완성해서 법을 알고서는 지자는 이런 여러 가지 [견해]를 가지지 않는다(vidvā ca vedehi samecca dhammaṃ, na uccāvacaṃ gacchati bhūripañño)라고 사자후를

47) saññaṃ pariññā vitareyya oghaṃ, pariggahesu muni nopālitto|
abbūḷhasallo caramappamatto, nāsīsatī lokamimaṃ parañcāti|| (Sn. 785)

하신다.

이 얼마나 통쾌한 설법인가. 바로 본 금강경에서도 자기의 수행 정도에 따라서 산냐를 가지게 되고 그 산냐는 집착(grāha, 위 구핫타까 숫따에서도 pariggaha라는 용어를 써서 산냐를 완전히 아는 자는 빠릭가하에 물들지 않는다고 하셨다!)으로 발전하고 그 집착은 다시 견해로 고착이 되는 과정으로 설하고 계시지 않는가! 참으로 산냐와 여기에 기인한 견해에 붙들린 자는 저 4처에 걸린 자여서 구경의 해탈은 실현하지 못한다. 최초기의 가르침인 이 숫따니빠따 4장의 여러 군데에서 세존께서 상과 견의 극복을 거듭 말씀하고 계시듯 본 금강경도 이 상과 견에서 자유로울 것을 설하고 있으며 금강경의 주석가들도 이런 상과 견에 빠져 있는 중생들을 상견중생(相見衆生)이라고 말하고 있는 것을 본 적이 있다.

그럼 앗타까왁가의 다음 다섯 번째 경을 보자. 다음 경은 최상경(Paramaṭṭhakasutta)이라 이름하는데 역시 무엇이 구극이고 최상인가 하는 것을 보여주는 경이다. "이것이 최상(parama)이다라는 것을 다른 사람은 저열하다(hīna)라고 한다."고 이 경에서 세존께서는 말씀하신다. 후대 불교사에서 대승이니 소승이니 하여 서로 내가 큰 수레요, 너는 저급한 수레요, 나는 정통 상좌부요, 너는 이단이라고 해 온 것과 같은 반목을 그 때 사문·바라문들도 하고 있었다 하겠다.

세존께서는 말씀하신다. "본 것, 계를 가진 것, 생각한 것, 그런 것을 움켜쥐고 있기에 다른 모두를 저열하다고 보는 것이니 선법에 능통한 자는 그것 역시 간타(덫)라 본다."[48]고 하시고, 그러므로 비구는 본 것, 들은 것, 생각한 것, 계를 가진 것에 의지해서는 안 된다(bhikkhu na nissayeyya)고 하신다. 그리고 결론으로 대 사자후를 토

---

48) diṭṭhe sute sīlavate mute vā, tad eva so tattha samuggahāya|
nihīnato passati sabbam aññaṃ, taṃ vāpi ganthaṃ kusalā vadanti||

하고 계신다.

"여기에 보고 듣고 생각하고 사량분별한 것에는 티끌만한(aṇu) 산냐도 없나니 그런 견해를 상정하지 않는 그 수행자(바라문)를 누가 이 세상에서 분별하겠는가."[49]라고. 참으로 산냐를 극복한 수행자라야 할 일을 다 해 마친 출격대장부라는 말씀이다. 본 금강경에서 산냐를 척파하라는 가르침을 설한 이것이 최상의 바라밀(parama-pāramittā)이라 하고 있는 것과 일맥상통한다 하겠다.(14-4장 2번 주해 참조할 것) 이런 최초기 세존의 가르침을 그대로 계승하고 있는 금강경이야말로 대승 중의 테라와다, 이런 금강경을 소의경전으로 하고 있는 한국불교야말로 세존의 금구의 말씀을 그대로 전승하고 있다고 할 것이다. 문제는 이런 것을 잘 못 이해하고 있는 금 시대 우리의 무지에 있다 해야 할 것이다.

그럼 계속해서 9번째 마간디야 경(Māgandiyasutta)을 살펴보자.

여기서도 세존께서는 지자는 본 것, 들은 것, 냐나[智], 계와 서계(vrata)를 가짐으로도 보지 않은 것, 듣지 않은 것, 냐나가 아닌 것, 실라와 워라따를 가지지 않은 것으로도 청정을 말하지 않는다고 하신다. 그러자 마간디야는 그렇다면 그것은 사람을 미혹하게 하는 법(momuham eva dhammam)이라고 생각한다고 말한다. 그러자 세존께서는 그대는 그대 자신의 견해(diṭṭhi)에 의지해서 질문하기 때문에 그렇게 질문을 할 뿐이다. 움켜쥐고 있는(samuggahīta) 자들은 미혹으로 가게 마련이다. 여기 [나의 가르침]에서는 털끝만한 산냐도 보지 못하나니 그러므로 그대가 미혹함에 놓여 있는 것이라고 하신다.[50]

---

49) tassīdha diṭṭhe va sute mute vā, pakappitā natthi aṇūpi saññā|
tam brāhmaṇam diṭṭhim anādiyānam, kenīdha lokasmim vikappayeyya||
-Sn 808.

그리고 나서 맨 마지막 게에서 결론으로 말씀하신다.

산냐에 물들지 않는 자에게 간타(덫)들은 없다.
지혜로써 해탈한 자에게 모하(미혹)들은 없다.
산냐와 딧티를 취착하지 않는 자들,
그들은 세상을 쳐부수고(√ghaṭṭ, to beat) 유행한다.[51]

참으로 산냐와 딧티에 물들지 않는 것을 설하는 본 경과 일맥상통하는 대 사자후라 아니할 수 없다. 이렇게 최초기의 가르침인 숫따니빠따는 조그마한 과보에 주저앉지 않고 구극의 해탈, 해탈했다는 것까지도 얽매이지 않고 뛰어넘은 출격대장부의 길을 보여 주신다 하겠다. 실로 산냐와 그에 기인한 딧티를 초극할 것을 설하기에 불교가 불교인 것이다.

다음은 11번째 경을 보자. 11번째 경은 깔라하위와다경(Kalahavivādasutta)으로서 깔라하와 위와다는 둘다 언쟁과 논쟁을 뜻하는 용어이다. 여기서 세존께서는 논쟁이 생기는 이유를 설하시면서

"산냐를 인식하는 자도 아니요, 바뀌는 산냐를 인식하는 자도 아니요,
인식이 없는 자도 아니요, 소멸을 인식하는 자도 아니다.
이렇게 간주하는 자에게 색은 소멸하나니
산냐를 인하여 퍼져나가는(빠빤짜) 헤아림은 있기 때문이다."[52]

---

50) diṭṭhañca nissāya anupucchamāno samuggahītesu pamohamāgā|
ito ca nāddakkhi aṇumpi saññaṃ, tasmā tuvaṃ momuhato dahāsi|| (Sn.808)

51)saññāvirattassa na santi ganthā paññāvimuttassa na santi mohā|
saññañca diṭṭhiñca ye aggahesuṃ, te ghaṭṭayantā vicaranti loke ti|| (Sn.853)

52) na saññasaññī na visaññasaññī, nopi asaññī na vibhūtasaññī|

라고 하신다.

여기서 빠빤짜(Sk. prapañca)는 불교에서 쓰이는 용어로서 희론(戱論)이라고 한역하고 있는데 '빵(pañc)' 하면서 터져서 퍼져나가는 것을 나타내는 의성어라고 역자는 보고 있다. 여러 가지 사량분별이 확장되고 전이되어 가는 것을 나타내는 불교술어이다.(아래 빠빤짜산냐상카를 참조할 것) 산냐니 위산냐니 아산닌이니 위부따산닌이니 하는 이 모든 사량분별의 근저에는 저 산냐가 있음을 세존께서는 지적하고 계시며 이런 산냐를 극복할 때 모든 희론이 적멸해진다고 설하고 계신다.

다음의 12번째 Cūḷaviyūhasutta에서 세존께서는 말씀하신다. 수행자들이나 학자들은 모두 자신들의 견해에만 의지해서 자기 견해만이 제일이고 최고로 청정하다고 하지만 실제로 여러 다른 진리들이 있는 것은 아니다. 이 세상에서 산냐의 다름 때문에 여러 진리가 있는 것처럼 보일 뿐이라고 하시고, 그래서 [이런 산냐에서 생긴] 견해들에서 [다시] 논리(takka)를 계교하고서 진실이다 거짓이다라는 두 가지 법을 말한다고 하신다.53) 산냐 때문에 견해가 생기고 그런 견해에 의지해서 나의 견해가 진리고 너의 견해는 거짓이라고 하는 것은 참으로 허망하기 그지없다는 말씀이라 하겠다. 그래서 이런 이치를 아는 참다운 수행자들은 논쟁에 휩쓸려 들지 말고 모든 것에서 초탈해서 유행할 것을 설하고 계신다. 참으로 무아의 가르침은 인욕으로써 성취한다는 본 경 28장의 가르침과 일맥상통하며(28장 3번 주해 참조) 아울러 14-8, 17-4장에 나오는 진실도 없고 거짓도 없

---

evaṃsametassa vibhoti rūpaṃ, saññānidānā hi papañcasaṅkhā|| (Sn.880)

53) na heva saccāni bahūni nānā, aññatra saññāya niccāni loke|
takkañca diṭṭhīsu pakappayitvā, saccaṃ musāti dvayadhammamāhu||
-Sn.892.

다는 가르침과 일맥상통하는 가르침이라 하겠다.

이렇게 숫따니빠따 4장의 핵심되는 가르침은 금강경의 근본 가르침과 일맥상통하며 그 술어까지도 같은 것이 많음을 알 수 있다.

이제 4부 니까야 일반에서는 산냐가 어떤 문맥에서 나타나는지를 살펴보자. 제일 먼저 산냐는 오온의 세 번째로 나타나고 있음을 언급할 수 있다. 이 오온과 연관지어서 니까야에서는 산냐가 3500번 정도나 나타나고 있다.

오온(pañca-kkhanda)은 너무나 잘 알려진 부처님의 가르침으로 몸 혹은 물질(rūpa, 色), 느낌(vedanā, 受), 인식(saññā, 想), 의도적 행위(saṅkhāra, 行), 알음알이(viññāṇa, 識)를 말하며 인간이 '나'라고 여기는 것을 이렇게 다섯 가지로 분류하고, 분석하고, 분해하고, 해체하여(vibhajja) 설하고 계신다. 그냥 '존재'니, '나'니 하면 무슨 불변하는 존재의 실체나 불변하는 나가 있다는 산냐를 가질 수 있겠지만 이렇게 해체해서 하나하나 관찰하게 되면 이들이 매순간 변화해가며[無常, anicca], 그래서 이런 것을 '나'라거나 '내 것'이라 하여 취착하게 되면 고(苦, dukkha)를 가져다 줄 뿐이며, 그러므로 나라고 내세울 아무런 실체가 없음[無我, anatta]을 통찰할 수가 있는 것이다. 4부 니까야에서 비구들과 대화로써 이렇게 오온의 무상·고·무아를 설하는 경들이 아주 많이 나타나고 있음은 주지의 사실이다.

여기서 느낌(vedanā)은 √vid(to know)의 사역동사 vedeti에서 파생된 명사인데 일차적인 의미는 역시 '안다'는 데 있다. 여기서 안다는 것은 그것이 앎이든 지식이든 지혜든 무엇을 인식해서 안다는 의미가 아니고 느껴서, 특히 몸으로 생생하게 체험해서 안다, 온 몸으로 경험한다는 의미라 하겠다. 산스끄리뜨 일반과 자이나 문헌에서는 이 웨다나는 주로 고통이나 고통스런 느낌을 나타내는 용어로 나타나고 있다.

불교에서는 느낌은 사랑하고 미워하고 집착하고 염오하고 하는 등, 우리의 정서적인 의도나 반응이나 반작용(상카라, 行)으로 발전하게 되는 단초가 되는 경험으로서 즐겁다(sukha, 樂), 괴롭다(dukkha, 苦), 괴롭지도 즐겁지도 않다(adukkhamasukha, 不苦不樂)는 세 가지 느낌을 말한다. 상응부 느낌상응의 게송에 의하면 이 중에서 불고불락수는 범부들은 느끼기 힘든 것이며 수행을 많이 한 수행자들이 느끼는 평화로운 느낌인데 여기도 맛들여 취착하면 안 된다고 설하고 계심을 언급하고 싶다. 우리가 생명을 가진 한 특히 이 몸을 가지고 있는 한 이런 느낌들은 한 순간도 피할 수 없다 하겠는데 문제는 이런 느낌에 반응(상카라)을 하면 애·취·유로 발전하여 생·노사우비고뇌를 야기시킨다는 점이다. 그래서 세존께서는 초기경의 곳곳에서 이 느낌들을 잘 수관(隨觀, anupassana, 혹은 samanupassana)하여 이 연기(緣起)의 고리를 끊고 해탈열반을 실현할 것을 설하고 계신다.

웨다나(느낌)가 우리의 정서적인 의도(상카라)의 단초가 되는 것이라면 산냐는 우리의 지적 사고작용(상카라)의 밑바탕이 되는 것이라 하겠다. 앞서도 몇 번 이야기했지만 산냐는 대상을 접하여 그것을 인식하는 작용, 더 구체적으로 말하자면 대상을 받아들여 이름을 짓고 개념을 가지는 작용이라 하겠다. 이런 개념작용은 또 무수한 취착을 야기시키고 무수한 의도적 행위들(상카라)을 일으킨다 하겠다.

상카라는 saṃ(함께)+√kṛ(to do)에서 파생된 명사로서 같은 동사 √kṛ에서 파생된 karma(kamma)와 그 의미가 통하는 술어이다. 상카라와 까르마는 둘다 의도(cetana)작용을 기본으로 가지고 있다 하겠다. 즉 위의 느낌과 인식이 야기시키는 수많은 의도(volition)를 말한다. 중생의 생명현상이 계속되는 한 웨다나(느낌)와 산냐(인식)는 피할 수 없다 하겠는데 문제는 이런 느낌과 인식에 쉼 없이 반작용과 반응을 일으키는 이 상카라에 있다고 하겠다. 이 의도야말로 우리를 고에 붙박아 매 찰나 찰나뿐만 아니라 수없는 생 동안 윤회를 거듭하게 만드는 당체이며 그래서 이 상카라를 쉬어서 길들이고 박멸시키는 것이 부처님 가르침의 핵심이라 하겠다.(여기에 대해서는 16-1장 6번 주해를 참조할 것)

윈냐나는 대상을 접했을 때 대상이 있음을 아는(mere awareness) 알음알이로서 육내처(안·이·비·설·신·의)와 육외처(색·성·향·미·촉·법)가 매순간 순간 맞닿을 때마다 생겼다가는 사라지고 생겼다가는 사라지고 하는 순간적인 현상이라 하겠다. 물론 몸, 느낌, 인식, 의도도 순간 순간 변하기는 마찬가지이지만 이 알음알이는 더욱 더 그러하다 하겠다. 오히려 너무나 빨리 변하기 때문에 변하지 않는 것으로 인식할 수도 있는 그런 현상이라 할 것이다.

이쯤에서 웨다나와 산냐와 윈냐나를 명사가 만들어진 문법적인 측면에서 분석해보는 것도 의미가 있을 것이다. vedana와 viññāṇa는 둘다 동사어근에다가 '-na' 어미를 붙여서 만들었는데 범어일반에서 이 '-na' 어미는 모두 진행형(-ing)의 의미를 내포하고 있다. 즉 웨다나라 하면 느껴진 것이라는 의미가 아니라 계속해서 느끼고 있는 상태를 말하는 것이고 윈냐나는 알아진 것이 아니라 알음알이가 매순간 진행되고 있음을 나타낸다 하겠다. 반면에 saññā는 추상명사로서 말 그대로 어떤 개념이 추상화된 것을 나타낸다. 즉 산이니 물이니 책이니 꽃이니 했을 때는 산, 물, 책, 꽃이라는 추상화된 정지적인 개념을 나타낸다고 하겠다.

여기서 주의 깊게 살펴보아야 할 점은 이 vedanā와 상수멸(saññā-vedayita-nirodha)에 나타나는 vedayita의 차이점이다. 한문에서는 같이 受로 옮기고 말지만 미묘하면서도 아주 중요한 차이가 있다. 웨다나는 앞에서 말했듯이 우리가 살고 있는 한 거부할 수 없이 진행되어 가는 그런 것이요, 웨다이따는 문법적으로 동사 vedeti의 과거분사이어서 '느껴진' 것을 뜻한다. 이미 느껴져서 고착된 것이라 할 수 있고, 엄밀히 말하면 살아있는 한 웨다나(vedanā)는 멸할 수가 없는 것이다. 그래서 상수멸이라 할 때는 이미 느껴진 것이라는 뜻의 웨다이따를 써서 표현하고 있다! 느끼고 있는 것은 멸할 수가 없기 때문이다.

이렇게 세존께서 쓰신 용어는 정말 분명한 메시지가 들어있다. 거듭 강조하고 싶은 점은 세존께서 사용하신 술어는 그 용처가 분명하다는 것이다. 이런 분명한 용처를 나타내는 술어들을 바르게 새기고 음미하여 수행으로 확인하는 것이 각 시대를 살아가는 우리 불자들의 의무요, 책임이며 또한 권리이다. 우리 시대에서는 우리 시대의 언어로 세존께서 엄격하게 사용하신 술어들의 참 뜻을 찾아내어 우리 삶에 구현하는 것이 이 시대를 살아가는 우리 불자들의 의무 중의 의무인 것이다. 이런 노력을 통해서 또 그 시대에 맞는 일종의 아비담마가 창출되는 것이며 이런 작업을 통해서 이 시대 이 나라의 불교사상과 그를 기반으로 한 불교문화는 발전되어 가는 것일 것이다. 불교의 모든 것은 부처님의 원음을 찾으려는 진지하고 끈기 있는 노력에서부터 출발할 수밖에 없다고 생각한다.

초기경에서 산냐 문제를 집중적으로 거론하고 있는 경을 들라면 역시 장부 제 9경 뽓타빠다 숫따(Poṭṭhapāda-sutta)를 빼놓을 수가 없다. 세존께서 이 금강경을 설하신 사위성 기수급고독원에 머무실 때 하루는 뽀타빠다라는 300명의 제자를 거느린 유행승(paribbājaka)의 처소로 가셨다. 그러자 그는 세존께 요 며칠간 사문과 바라문들 사이에서 산냐의 소멸(abhisaññānirodha)에 대한 논쟁이 있었는데 어떤 자들은 "인과 연이 없이(ahetu appaccayā) 산냐는 생기고 멸한다(uppajjati pi nirujjhati pi). 산냐가 생길 때 상념하는 자(saññī)이고 산냐가 멸할 때는 상념하지 않는 자(asaññī)이다."라고 하고, 어떤 자들은 "산냐야말로 인간의 자아(purisassa attā)인데 그것은 일어나기도 하고 사라지기도 한다, 일어나면 상념하는 자이고 사라지면 상념하지 않는 자이다."라고 하고, 또 어떤 사람들은 주장하기를 "신통력을 가진 사문 바라문들이나 신통력을 가진 신들이 이 산냐를 집어넣기도 하고 끄집어내기도 한다, 집어넣으면 상념하는 자이고 끄집어내면 상념하지 않는 자이다."라고 하는데 이 문제를 세존께서는 어떻게 보시는가라고 질문을 드린다.

세존께서는 산냐는 인과 연이 있어서 생기기도 하고 인과 연이 있어서 멸하기도 한다고 결론적으로 말씀하시면서 공부 지음(sikkhā)으로 해서 어떤 산냐들은 생기기도 하고 공부 지음으로 해서 어떤 산냐들은 멸하기도 한다고 하시면서 다음의 7가지 경우를 들고 계신다.

첫째, 초선(初禪)을 증득하여 머무르는 자에게는 이전에 생겼던(purimā) 감각적 욕망의 산냐(kāmasaññā)가 멸한다. 그리고 그 때에 초연함에서 생긴 희열과 행복이라는 미세하지만 참된 산냐가 생겨나고(vivekaja-pīti-sukha-sukhuma-saccasaññā tasmiṃ samaye hoti) 그 때에 그는 초연함에서 생긴 희열과 행복이라는 미세하지만 참된 산냐를 가진 자가 된다(vivekajapītisukha-sukhuma-saccasaññīyeva tasmiṃ hoti)고 하신다.

둘째, 이선(二禪)을 증득하여 머무르는 자에게는 전의 초연함에서 생긴 희열과 행복이라는 미세하지만 참된 산냐는 소멸하고 삼매에서 생긴 희열과 행복이라는 미세하지만 참된 산냐(samādhija-pīti-sukha-sukhuma-saccasaññā)가 그 때 생겨나며 그 때에 그는 삼매에서 생긴 희열과 행복이라는 미세하지만 참된 산냐를 가진 자가 된다.

셋째, 삼선(三禪)을 증득하여 머무르는 자에게는 삼매에서 생긴 희열과 행복이라는 미세하지만 참된 산냐는 소멸하고 평온에 기인한 행복이라는 미세하지만 참된 산냐(upekkhāsukha-sukhuma-saccasaññā)가 그 때 생겨나며 그 때에 그는 평온에 기인한 행복이라는 미세하지만 참된 산냐를 가진 자가 된다.

넷째, 사선(四禪)을 증득하여 머무르는 자에게는 평온에 기인한 행복이라는 미세하지만 참된 산냐는 소멸하고 괴롭지도 즐겁지도 않음[不苦不樂]이라는 미세하지만 참된 산냐(adukkhamasukha-sukhuma-saccasaññā)가 생겨나며 그는 불고불락이라는 미세하지만 참된 산냐를 가진 자가 된다.

다섯째, 공무변처(ākāsānañcāyatana)를 증득하여 머무르는 자에게는 형상에 대한 산냐(rūpasaññā)가 소멸되고 공무변처라는 미세하지만 참된 산냐(ākāsānañcāyatana-sukhuma-saccasaññā)가 그 때 생겨나며 그는 공무변처라는 미세하지만 참된 산냐를 가진 자가 된다.

여섯째, 같이하여 식무변처(viññāṇañcāyatana)를 증득하여 머무는 자는 공무변처라는 미세하지만 참된 산냐가 소멸되고 식무변처라는 미세하지만 참된 산냐(viññāṇañcāyatana-sukhumasaccasaññā)가 생겨나고 그런 산냐를 가진 자가 된다.

일곱째, 같이하여 무소유처(ākiñcaññāyatana)를 증득하여 머무는 자는 식무변처라는 미세하지만 참된 산냐가 소멸되고 무소유처라는 미세하지만 참된 산냐(ākiñcaññāyatana-sukhumasaccasaññā)가 생겨나고 그런 산냐를 가진 자가 된다.

이렇게 차례대로 설하시면서 이런 인과 이런 연으로 상은 생겨나기도 하고 멸하기도 한다고 하신다. 나아가서 세존께서는,

"여기서 비구는 스스로의 산냐를 가진 자가 되는데(sakasaññī hoti), 그 곳으로부터 점차적으로 산냐의 구경에 다다르게 된다(saññaggaṃ phusati). 그 산냐의 구경에 다다른 그에게 이런 [생각이] 생겨난다. '내가 의도하는 것은(cetayamānassa) 나쁘다(pāpiyo). 내가 의도하지 않는 것은 좋다(seyyo). 만일 내가 의도하고(ceteyyaṃ) 위

작(爲作)하기만 하면(abhisaṅkhareyyaṃ) 이런 나의 산냐는 멸하고(nirujjheyyuṃ) 다른 더 거친(oḷārikā) 산냐가 생겨 날 것이다(uppajjeyyuṃ). 그러므로 참으로 나는 의도하지 않고 위작하지 않으리라'라고. 그래서 그는 의도하지 않고 위작하지 않는다. 그가 의도하지 않고 위작하지 않기에 그 산냐는 소멸하고 다른 거친 산냐는 생겨나지 않는다. [마침내] 그는 지멸에 닿게 된다(nirodhaṃ phusati). 이와 같이 뽓타빠다여, 점진적인 산냐의 소멸을 알아차리는(正知) 등지(等持)가 있다(anupubbābhisaññā-nirodha-sampajāna-samāpatti hoti)."라고 설하신다.

인용이 길었지만 참으로 수행자들이 깊이 새겨 봐야 할 설법이라서 원문을 직역으로 옮겨보았다. 장부 제33 합송경(Saṅgīti Sutta) 등에서는 여기에다 비상비비상처와 상수멸까지를 포함해서 구차제멸(九次第滅, nava-anupubba-nirodhā)이라고 정리하고 있고 구차제등지(等持, samāpatti)라고 부르기도 한다. 그 외 여러 경에서 비슷한 방법으로 산냐를 사처와 결부시켜서 설하고 있는데 깊이 음미해 볼 필요가 있다 하겠다. 그 중에서도 중부 제 111경(Anupada Sutta)은 꼭 살펴봐야 할 필요가 있는 경이지만 지면관계상 다음 기회로 미루겠다.

이렇게 설하시고 경의 후반부에서 산냐와 자아는 같은가 다른가를 두고 뽓타빠다와 대화를 하시는데 뽓타빠다가 이런 것이 자아라고 상정을 하면 세존께서는 산냐는 그러한 자아와는 다르다고 답하신다. 그리고 나서 그가 그럼 저와 같은 자는 산냐와 자아는 같은지 다른지 알 수가 없습니까라고 묻자 다른 견해를 가졌고 다른 요가행을 가졌고 다른 수행을 가진 그대가 상과 자아가 같은가 다른가를 아는 것은 어렵다고 하신다.

다시 '세상은 영원한가 아닌가' 등의 십사(十事)를 뽓타빠다가 묻자 세존께서는 나는 이런 것을 설명하지 않는다(abyākata, 無記)라고 하시면서 이것은 의미가 없고 법과 관계가 없으며 초범행이 아니며 염오·이욕·지멸·적정·초범지·정각·열반이 아니기 때문에 그래서 나는 설명하지 않는다고 하신다. 그러면 세존께서는 무엇을 설명하십니까(byākata)라고 묻자 저 유명한 "이것은 고다라고 나는 말한다. 이것은 고의 일어남이다, 이것은 고의 소멸이다, 이것은 고의 소멸로 이르는 길이다라고 나는 말한다. 왜냐하면 이것은 의미가 있고 법과 관계가 있으며 초범지·정각·열반이 있기 때문이다."라고 결론지으신다.(10사무기를 설하신 저 유명한 중부 제 63, 64경 Cūḷa-, Mahā-mālukyasutta와 같은 내용임)

인용이 역시 길었지만 본 금강경과 일맥상통하는 대사자후를 하신 법문이라서 자세하게 적어봤다. 그 외에도 여러 경들에서 여러 가지 산냐가 거론되고 있는데 수행상 필요에 의해서 가져야 할 산냐도 있고 극복되어야 할 산냐도 있지만 분명한 것은 구경에서는 반드시 이런 모든 산냐에 걸리지 않아야 한다는 점이다.

예를 들면 장부 33경 Saṅgīti Sutta와 증지부의 몇몇 경들에서는 여러 가지 산냐를 나열하여 5가지 산냐니, 9가지 산냐니, 10가지 산냐니 하면서 최종적으로 10가지로 분류하고 있는데 그 10가지는 ① 무상이라는 산냐(anicca-saññā), ② 무상에서 고라는 산냐(anicce dukkha-saññā), ③ 고에서 무아라는 산냐(dukkhe anatta-saññā), ④ 버림이라는 산냐(pahāna-saññā), ⑤ 이욕(離慾)이라는 산냐(virāga-saññā) ⑥ 부정(不淨)에 대한 산냐(asubha-saññā), ⑦ 죽음이라는 산냐(maraṇa-saññā), ⑧ 음식에 혐오하는 산냐(āhāre paṭikkūla-saññā), ⑨ 모든 세속에 즐거워하지 않는 산냐(sabbaloke anabhirati-saññā), ⑩ 지멸의 산냐(nirodha-saññā)이다. D33 상기띠숫따에서는 이 중에서 5번까지를 해탈을 익게 하는 산냐(vimuttiparipācanīyā saññā)라고 정리하고 있고 여기다가 ⑩ 지멸의 산냐를 더하여 이 여섯 가지를 '꿰뚫어야 할 부분의 산냐(nibbedhabhāgiyā saññā)'라고 정리하고 있다.

이처럼 무상을 있는 그대로 지혜로써 꿰뚫어 보지[如實知見, yathābhūtaṃ pajānāti] 못하는 자는 이렇게 산냐로써 무상·고·무아·버림·이욕 등을 마음에 상정하고 그것을 통해서 수행의 한 방편으로 정진을 한다고 할 수 있겠다. 아니 사실은 무상·고·무아를 여실지견한다든지 사제를 여실지견한다든지 하는 것은 보통 수행자들에게는 기대할 수 없는 것일 것이다. 그래서 번뇌를 다한[漏盡] 지혜의 경지에 가야 이것이 고다라고 여실지견하고 … 이것이 고의 멸에 이르는 길이다라고 여실지견하여 '생은 다하고 … ' 하는 원지(圓智, aññā)를 선언하여 구경의 깨달음의 경지를 실현한다고 경에 나타나 있다.

그러니 사실은 우리가 무상 · 고 · 무아를 안다고 하거나 사제를 안다고 하는 것은 이처럼 산냐로써 안다고 해야 할 것이다. 그래서 이러한 산냐들을 마음에 잡드려 점점 향상의 길로 나아가서 구경에는 산냐까지 극복한 구경의 해탈(saññāvimokhe parama vimutti, Sn 5장)을 실현하게 된다고 해야 할 것이다. 어쨌든 분명한 것은 초기경 곳곳에서 이 모든 산냐마저도 극복해야 구경의 해탈이라 하고 있다는 점이다. 문제는 그런 산냐를 산냐인 줄 모르고 구경의 경지인 양 착각하여 그것을 밑천 삼아 공부 다한 양 거기에 머물거나 날뛰는 데 있다고 해야 할 것이다.

그리고 초기경에 나타나는 산냐를 언급하면서 빼놓을 수 없는 경이 중부 제 18경 밀환유경(蜜丸喩經, Madhupiṇḍikasutta, 중아함 115경)이다. 여기서 단다빠니(Daṇḍapāṇi, 손에 지팡이를 든 사람)라는 석가족 사람이 산책을 나왔다가 세존을 만나서 "사문은 무슨 교설을 가지고 무엇을 선언하십니까?"라고 묻자 세존께서는 "감각적 욕망을 벗어나 머물며 의문이 없고 회한을 잘랐고 모든 존재[諸有]에 갈애가 사라진 그 바라문을 산냐들이 잠복하지 못한다는 이러한 교설을 나는 선언한다."고 하셨고 이 문제를 세존께서 비구들에게 제기하시자 비구들이 그 뜻이 무엇인가를 거듭 여쭙자 세존께서는 다시 조금 더 살을 붙여서 설하시는데 빠빤짜산냐상카(papañcasaññāsaṅkhā, 희론에 의한 산냐라는 사량분별)라는 키워드를 말씀하시고 자리를 뜨셨다.

그러자 비구들이 가전연(Mahā-kaccāyana) 존자에게 가서 그 뜻을 묻고, 가전연 존자가 설하기를, "눈과 형상을 반연하여 안식(眼識, cakkhuviññāṇa)이 생겨난다. 이 셋의 화합이 촉이다(tiṇṇaṃ saṅgati phasso). 촉을 연하여(paccayā) 느낌(vedanā)이 있다. 느끼는 것을 산자나띠(sañjānāti, 인식하다)하고 산자나띠하는 것을 추론하고(vitakketi) 추론하는 것을 희론하고(papañceti=확장시켜 나가고) 희론하는 것을 인연하여 인간에게 희론에 의한 산냐라는 사량분별(papañcasaññāsaṅkhā, 빠빤짜는 희론으로 상카는 사량 즉 헤아림으로 옮긴다)이 생겨난다(samudācaranti).

과거 현재 미래의 눈으로 알아지는 형상들에서 눈이 있고 형상이 있고 안식(眼識)이 있을 때 촉(phassa)이라는 가설(개념, paññatti)을 가설한다(paññāpessati)는 것은 근거가 있다. 촉이라는 가설이 있을 때 느낌(vedanā)이라는 가설을 가설한다는 것은 근거가 있다. 느낌이라는 가설이 있을 때 산냐라는 가설을 가설한다는 것은 근거가 있다. 산냐라는 가설이 있을 때 궁글림[尋, vitakka]이라는 가설을 가설한다는 것은 근거가 있다. 궁글림이라는 가설이 있을 때 빠빤짜산냐상카가 발생하는 가설을 가설한다는 것은 근거가 있다.

[그러므로] 안(眼)이 없고 형상이 없고 안식(眼識)이 없을 때 촉이라는 가설을 가설한다는 것은 근거가 없다. [같이하여] … 심이라는 가설이 없을 때 빠빤짜산냐상카가 발생하는 가설을 가설한다는 것은 근거가 없다."라고 설하고 세존께 가서 여쭈어 보라고 하였다.

이에 세존께서도 '내가 설했더라도 그렇게 설했을 것'이라고 인정을 하시는 경이다. 왜 가전연 존자가 논의 제일이라 불리는지를 알 수 있는 경이며 어떻게 우리의 사량분별이 확장되고 전이되어 가는지 그리고 어떻게 해서 이런 것을 극복하고 구경의 해탈을 실현할 수 있는지를 알 수 있는 중요한 경이라 하겠다.

더 언급해야 할 경들이 아주 많지만 이 정도로 그치려 한다. 아무튼 열린 마음으로 초기경을 깊이 사유하고 음미하면 우리 부처님 세존의 고구정녕하신 원음을 그대로 들을 수 있다고 역자는 확신한다.

끝으로 숫따니빠따 3장 12번 쌍(雙)을 수관함(隨觀, anupassana)이라는 경(Dvayatānupassanāsutta)을 살펴보자.

여기서 세존께서는 깨달음으로 인도하는 선법들(kusalā dhammā)은 무엇을 의지하여(upanisā) 들게 되는가(savana)라고 문제를 제기하시고 쌍을 수관함에 의해서라고 답하시고서 고(苦, dukkha)를 해결하는 16가지의 쌍을 말씀하시는데 연기법의 보다 더 원초적인 형태의 말씀이라고 보여진다. 첫째 쌍에서는 고와 고의 일어남(damudaya)을 수관하는 것이 하나의 수관이고, 고의 멸과 고멸로 이르는 길을 보는 것이 다른 하나의 쌍이다라고 하시고, 두 번째 쌍에서는 고는 모두 우빠디(upadhi)에 연(paccaya)한 것이라고 수관하는 것이 하나의 쌍이고, 우빠디가 남김없이 빛 바래어 멸하면 고도 존재하지 않는다고 수관하는 것이 다른 하나의 쌍이다라고 하신다. 이렇게 해서 16가지를 수관하는 것을 설하시는 아주 중요한 경이다.

여기서 네 번째 쌍에서 세존께서는 고는 모두 상카라에 연하여 생기는 것(sambhoti)이라고 수관하는 것이 하나의 쌍이고 상카라가 남김없이 빛바래어 멸하면 고도 생기지 않는다라고 수관하는 것이 다른 하나의 쌍이라 말씀하시고 다시 이 게송을 설하신다.

상카라에 연하여 고가 생겨난다고
이런 위험함(adīnava)을 알고서
모든 상카라를 그치고[止, samathā]
산냐들을 부수기 때문에
이것을 여실히 알고서, 이렇게 고의 소멸이 있다.[54]

이렇게 초기경의 곳곳에서 세존께서는 산냐를 척파하고 저 고의 문제를 '지금 여기서' 대면하여 해결할 것을 고구정녕히 설하고 계신다.

54) etamādīnavaṃ ñatvā, dukkhaṃ saṅkhārapaccayā|
sabbasaṅkhārasamathā, saññānaṃ uparodhanā|
evaṃ dukkhakkhayo hoti, etaṃ ñatvā yathātathaṃ|| (Sn.737)

## 후기

네팔 카트만두의 보드나트에서 티벳 이주민들의 선량한 눈빛에 섞여서 2000년 여름 한 철을 탑돌이 정진을 하면서 이 금강경 역해를 마무리 지을 수 있었다. 노트북 컴퓨터에 저장되어 있는 자료들만으로 번역과 주해를 마무리 짓고 나니 아쉬움도 많았지만 이렇게라도 회향할 수 있어서 기쁘다. 부끄러운 시도라 출판을 미루다가 주위 분들의 권유로 이제 활자화하게 되었다. 지금 보니 주해의 부분에 첨삭을 가하고 싶은 곳도 제법 눈에 뜨이지만 그 때의 생각을 존중하여 대부분 고치지 않고 살려내기로 했다.

이 책은 단지 금강경의 역해일 뿐 아니라 역자가 10여 년간 인도유학을 하며 듣고 배우고 읽고 사유하고 고뇌한 것들의 대부분을 금강경 역해라는 작업을 통해서 털어낸 것이기도 하기 때문이다. 제대로 자료가 없이 작업한 것이라서 중요한 출처가 빠진 곳이 많다. 출처를 정확히 밝히고 싶었지만 아직 인도에서 가져온 책들이 정리가 되지 않아서 정확히 밝히지 못함을 양해해주시기 바란다.

책을 마무리하면서 은혜 입은 분들께 감사의 말씀을 드리고자 한다. 먼저 역자의 산스끄리뜨와 빠알리어 공부에 지남이 되어주신 활성 스님께 감사드린다. 역경(譯經)하는 사람은 무아를 실천하는 자가 되어야 한다던 스님의 말씀을 명심하며 앞으로 빠알리 삼장을 더욱 더 치열한 자세로 번역하고자 한다.

역자가 행자생활 때부터 인연이 되어 출가의 길을 열어주셨으며 그로부터 20수년간을 줄곧 출가사문으로서 당당하고 비굴하지 않게 살도록 따뜻함과 엄격함으로 살펴주신 철오 스님께 감사드린다.

항상 어려운 산스끄리뜨와 빠알리어 문장을 정확하게 읽어내어 역자를 감격케 하고 아비담마와 신인명(新因明)에 대한 역자의 관심을 일깨워 주었으며 이 책의 초고를 정독하여 귀중한 제언을 많이 해준 규혜 스님께도 감사드린다.

조용히 역자의 공부를 지켜봐주신 원해 스님, 역자가 초기불전 공부를 하도록 권해서 유학의 길을 떠나게 격려해준 도반 함현 스님, 10여 년의 인도생활 중 역자를 지도해주신 많은 선생님들과 역자의 공부에 도움을 주신 모든 분들께 감사를 표한다. 지난 10여 년간 물심양면으로 역자를 후원해주신 (사)고요한 소리의 여러 분들과 이 책이 출간될 수 있도록 뜻을 모아주신 모든 불자님들께 지면을 빌려서 감사드린다.

말로는 항상 삶이 고(苦)요, 이 고를 직시하는 것이 불교의 출발이라고 해왔으면서도 정작 정말 삶이 고인지 제대로 알지 못하고 고라는 산냐에 속아서 40 몇 년을 살아온 역자에게 삶을 직시하도록 일깨워주신 모든 분들께 이 한 권의 책을 바치고 싶다. 인연있는 모든 분들의 발보리심을 기원한다.

2001년 7월
와룡산 구룡사에서
각묵 삼가 씀.

# 색 인

## [약어]

*1. = First Person*
*2. = Second Person*
*3. = Third Person*
*Aor. = Aorist*
*Cau. = Causal*
*Cond. = Conditional*
*Fut. = Future*
*Ger. = Gerund*
*Imperf. = Imperfect*
*Imp. = Imperative*
*Inf. = Infinitive*
*P.P.P. = Past Passive Participle*
*Pass. = Passive*
*Perf. = Perfect*
*Pl = Plural*
*Pot. = Potential*
*Pot. P.P. = Potential Pass. Participle*
*Pre. = Present*
*Pre. A.P. = Present Active Participle*
*Sg = Singular*

## 【A】


**abhaviṣyat** [Cond. 3. Sg](√bhū) 생겼더라면(14e, 17b, 19, 25, 26a, 30a, 30b)
**abhāṣata** [Imper. 3. Sg](√bhāṣ) 읊은(26a)
**abhāṣiṣyat** [Cond. 3. Sg](√bhāṣ) 읊는다면(19)
**abhāva** (√bhū) 몸이 아님(10c)
**abhijānāmi** [Pre. 1. Sg](abhi+√jñā) 분명히 알다(14e, 16b)
**abhiśraddadhāsyanti** [Fut. 3. Pl](abhi+śrad+√dhā) 수승한 믿음을 내다(21b)
**abhisaṃhṛtya** [Ger.](abhi+saṃ+√hṛ) 함께 모아서(24)
**abhisambuddha** (abhi+saṃ+√budh) 철저히 깨달은(7, 17b, 17d, 22, 27)
**abhisambudhyate** [Pre. Pass. 3. Sg] (abhi+saṃ+√budh) 철저히 깨달아지다(23)
**abhivandya** [Ger.](abhi+√vand) 예배드리고서(1)
**abhra** 구름(32a)
**abhūt** [Aor. 3. Sg](√bhū) 있었다(2)
**abhūta-saṃjñā** (√bhū) 참됨이 아닌 산냐(14a)
**abhūvam** [Aor. 1. Sg](√bhū) 이었다(14e, 16b)
**abhyanandan** [Imperf.. 3. Pl](abhi+√nand) 기뻐했다(32b)
**abhyācakṣīta** [Pot. 3. Sg](abhi+ā+√cakṣ) 비방했다(17d)
**abhyudgata** [P.P.P.](abhi+ud+√gam) 떠오른(14g)
**abodhisattva-pratijña** (√budh) 보살의 서원을 가지지 않은(15b)
**abuddha-dharma** (√budh) 불법이 아님(8)

**acchaitsīt** [Aor. 3. Sg](√chid) 도려내었다(14e)
**acintya** (√cit) 불가사의한(15b, 16c)
**adharma** (√dhṛ) 법이 아님(6, 7, 14e, 17d, 23, 30b)
**adharma-pratiṣṭhita** (√dhṛ) 법에 머무르지 않는(14e)
**adharma-saṃjñā** (√dhṛ) 법이 아니라는 산냐(6)
**adhārā** (√dhāv) 흐름이 아니다(마음의~)(18b)
**adhātu** (√dhṛ) 계가 아님(13c, 30b)
**adhimoktavya** [Pot. P.P.](adhi+√muc) 확신이 가져져야 한다(31b)
**adhimucyate** [Pre. Pass. 3. Sg](adhi+√muc) 확신[信解]하다(17h)
**adhimucye** [Pre. Pass. 1. Sg](adhi+√muc) 확신[信解]하다(14b)
**adhimuktika** (adhi+√muc) 확신[信解]을 가진(15b)
**adhivacana** (adhi+√vac) 이름(17c)
**adhvan** 세(6, 14b, 14e, 17b)
**adṛṣṭi** (√dṛś) 견이 아님(31a)
**adrakṣur** [Aor. 3. Pl](√dṛś) 보았던(26a)
**agra-yāna-samprasthita** [P.P.P] 최상승에 굳게 나아가는(14a, 15b)
**agrāha** (√grah) 집착이 아님(25, 30b)
**agrāhya** (√grah) 잡을 수 없음(7)
**agrya** 제일(9e)
**ahaṃ** 나는(2, 9e, 10b, 14b, 14e, 16c, 17b, 17f, 17g, 18b)
**ahṇa** 낮(1, 15a); pūrva-aḥṇa-kāla-samaya 참조.
**ajana** (√jan) 사람(범부가)이 아님(25)
**akāya** 몸이 아님(17e)
**alakṣaṇa** (√lakṣ) [32가지 대인]상이 아님(5, 13d)
**alakṣaṇa-sampad** (√lakṣ) 상을 갖춤이 아님(5, 20b)
**aṃsa** 어깨(2)
**amāpya** (√mā) 측량할 수 없음(15b)
**aṅga-pratyanga-māṃsa** 온 몸의 살점(14e)
**añjali** 합장(2)
**aṇḍa-ja** 알에서 태어난(3)
**aṇu** 털끝(만한)(22)
**anabhilapya** (abhi+√lap) 설명할 수 없는(7, 30b)
**ananyathā-vādī** 다르지 않게 말하는 자(14f)
**anāgata** (ā+√gam) 미래(6, 14b, 17b, 18b)
**anāgāmin** (ā+√gam) 다시는 돌아오지 않을 자(9c)
**anāgāmi-phala** (ā+√gam) 불환과(9c)
**anāgāmitva** (ā+√gam) 다시는 돌아오지 않을 자가 됨(9c)
**anātha-piṇḍa-da** 급고독(1)
**andhakāra-praviṣṭa** 어둠에 들어간(14g)
**aneka-buddha-śata-sahasra-avaropita-kuśalamūlās** 몇 십만의 부처님들 밑에서 선근을 심은(6)
**aneka-buddha-śata-sahasra-paryupāsitā** 몇 십만의 부처님들을 섬긴(6)
**anta** 편, 곁, 끝(1)
**antaśaḥ** 단지(8, 11, 12, 13e, 24, 32a)
**antika** 곁(10a, 16b, 17b, 17b)
**anugraha** (anu+√grah) 최상의 은총

(2)
**anupadhi-śeṣa** (upa+√dhā) 무여(3, 17a)
**anuparigṛhīta** (anu+pari+√grah) 감싸여 있는(2)
**anuprāpnuyuḥ** [Pot. 3. Pl](anu+pra+√āp) 얻게 되다(16c)
**anuprāpsyanti** [Fut. 3. Pl](anu+pra+√āp) 따라서 증득하게 될 것이다(16a)
**anutpattika** (ud+√pad) 생겨남이 없음(28)
**anuttara** 무상(無上)(7, 8, 14e, 17b, 17d, 22, 23, 27)
**anvayuḥ** [Aor. 3. Pl](anu+√i) 찾았던(26a)
**anyatara-anyatara** 여러(12)
**aparimāṇa** (pari+√mā) 헤아릴 수 없이 [많은](3, 14d, 15b)
**apariniṣpatti** (pari+nis+√pad) 구족이 아님(20a)
**apāramitā** 완성이 아님(13a, 14d, 14e)
**apāya-saṃvartanīya** (apa+√i) 악도에 떨어져야 마땅한(16a)
**aprameya** (pra+√mā) 측량할 수 없는(6, 8, 11, 13e, 14h, 15a, 15b, 28, 32a)
**apratiṣṭhita** (prati+√sthā) 머무르지 않는(4, 10c, 14e)
**arajas** 티끌이 아님(13c)
**araṇā-vihāri** (√raṇ) 다툼이 없이 머무는 자(9e)
**ardhatrayodaśa** bhikṣuśata 1250인의 비구(1)
**arhan** (√arh) 아라한(2, 8, 9d, 9e, 10a, 11, 13d, 16b, 17b, 17d, 17h, 19, 24, 28, 29, 32a, etc.)
**arhattva** (√arh) 아라한 됨(9d, 9e)
**artha** (√arth) 이익(7, 14a, 14f, 15b, 17b, 26a)
**arūpin** 형상이 없는 것(3)
**aśru** 눈물(14a)
**aśubha** 나쁜(16a)
**asaṃcaya** (saṃ+√ci) 모음이 아님(30a)
**asaṃjñā** (saṃ+√jñā) 산냐 아님(6, 14c, 14e, 14f, 31b)
**asaṃjñin** (saṃ+√jñā) 인식작용이 없는 것(3)
**asaṃkhyeya** (saṃ+√khyā) 셀 수 없는(6, 8, 11, 13e, 14h, 15a, 16b, 28, 30a, 32a)
**asaṃkhyeyatara** (saṃ+√khyā) 셀 수 없는(더욱 더~)(16b)
**asaṃskṛta-prabhāvita** (saṃ+√kṛ) 무위로서 나타나는(7)
**asattva** (√as) 중생이 아님(14f, 17f, 21b)
**asat-udgṛhīta** (√as) 사실이 아닌 것에 집착함(17d, 21a)
**askandha** 무더기가 아님(8, 19)
**asmi** [Pre. 1. Sg](√as) 입니다(9e)
**asti** [Pre. 3. Sg](√as) 있다(6, 7, 10a, 13b, 17a, 17b, 17d, 17f, 21a, 21b, 22, 25)
**asura** 아수라(12, 15c, 32b)
**atīta** (ati+√i) 과거(14e, 16b, 18b)
**atulya** (√tul) 비교할 수 없는(15b)
**aupamya** (upa+√mā) 상사(相似)(16b)
**avakalpayāmi** [Cau. pre. 1. Sg](ava+√kḷp) 이해하다(14b)
**avakṣyat** [Imperf.. 3. Sg](√vac) 설하다(30a)

**avaropita** [P.P.P](ava+√rup) 심은(6)
**avaśyāya** 이슬(32a)
**avastu-patita** [P.P.P](√vas) 대상에 떨어지지 않은(14g)
**avocat** [Aor. 3. Sg](√vac) 말씀하셨다(2, 3, 5, 7, 13a, 14d, 17a, 17b, 21b, 26a, 32b)
**avyavahāra** (vi+ava+√hṛ) 말로써 표현할 수 없는(30b)
**avyūha** (vi+√vah) 장엄이 아님(10b, 17g)
**ābhujya** (ā+√bhuj) 결하고(1) Ger
**āḍāya** [Ger.](ā+√dā) [바루와 가사를~] 수하시고(1)
**āgacchati** [Pre. 3. Sg](ā+√gam) 오다(29)
**āgata** [P.P.P.](ā+√gam) 온(29)
**āgāmī** (ā+√gam) 돌아올 자(9b)
**āha** [Imperf.. 3. Sg](√vac) 대답했다(4, 5, 8, 9a, 9b, 9c, 9d, 10a, 10c, 11, 13b, 13c, 13d, 17e, 17f, 18a, 18b, 19, 20a, 20b, 21a, 22, 26a, 28, 30a, 31a)
**ājānan** {Pre. A.P.](ā+√jñā) 깊이 아는(6)
**ājānāmi** [Pre. 1. Sg](ā+√jñā) 깊이 알다(7, 17b, 26a)
**ājānāti** [Pre. 1. Sg](ā+√jñā) 깊이 알다(29)
**ākāśa** (ā+√kāś) 허공(4)
**ākhyāta** [P.P.P](ā+√khyā) 불러진(17h)
**āpanna** [P.P.P.](ā+√pad) 든 자(흐름에~)(9a); 들음[入](9a, 9b)
**āpatsyante** [Fut. 3. Pl](ā+√pad) 가지다 [공포를](14d)
**āpatti** (ā+√pad) 듦[入](9a)
**ārāgita** [P.P.P](ā+√raj) 편안히 모셔진(16b)
**ārāgya** [Ger.](ā+√raj) 기쁘게 해드리고서(16b)
**ārāma** (ā+√ram) 승원(1)
**ārocayāmi** [Cau. Pre. 1. Sg](ā+√ruc) 제기하리라(11)
**ārya-prajñā-pāramitā** 고귀한 반야바라밀(0)
**ārya-pudgala** 성자(7)
**ārya-vajra-cchedikā** 고귀한 금강(32b)
**āścarya** 경이로운(2, 12, 14a, 14b)
**āsana** (ā+√sad) 자리(1, 2)
**āsvadha** 아래(4)
**ātma-bhāva** 자기 몸(10c, 13e, 15a)
**ātma-dṛṣṭi** 자아라는 견해(31a)
**ātma-dṛṣṭika** 자아라는 견해를 가진 자들(15b)
**ātma-grāha** 자아에 대한 집착(6, 9a, 9d, 25)
**ātma-saṃjñā** 자아라는 산냐(3, 6, 14c, 14e)
**ātta-mana** (ā+√dā) 환희하였다(32b)
**āyuṣman** 존자(2, 5, 6, 7, 13a, 14a, 17a, 17b, 21b, 26a, etc.)

**【B】**

**babhūva** [Perf. 3. Sg](√bhū) 있었다(14e)
**bahu** 많은(8, 11, 13c, 15a, 18b, 19, 30a)
**bahutara** 더 많은(8, 11, 13e, 15a, 28, 32a)

**bāla-pṛthagjana** 어리석은 범부(25, 30b)
**bhagavan** 세존(생략함)
**bhagavatī** 복덕 구족한(0, 32b)
**bhakta** (√bhaj) 공양을 드신(1)
**bhakta-kṛtya** (√bhaj) 공양을 드심(1)
**bhavati** [Pre. 3. Sg](√bhū) 있다(3, 9a, 9b, 9c, 9e, 17a, 21a, 25)
**bhavet** [Pot. 3. Sg](√bhū) 생기다(6, 9a, 9d, 9e, 10c, 10c, 12, 13c, 30a, 30a)
**bhaveyuḥ** [Pot. 3. Pl](√bhū) 있다고 하자(11, 18b)
**bhaviṣyanti** [Fut. 3. Pl](√bhū) 있을 것이다(6, 12, 14a, 14b, 14d, 15b, 15c, 16a, 21b)
**bhaviṣyasi** [Fut. 2. Sg](√bhū) 있을 것이다(17b)
**bhaviṣyati** [Fut. 3. Sg](√bhū) 있을 것이다(15c)
**bhāṣante** [Pre. 3. Pl](√bhāṣ) 설하다(14d)
**bhāṣate** [Pre. 3. Sg](√bhāṣ) 설하다(8, 14a, 14e, 17d, 17f)
**bhāṣeyam** [Pot. 1. Sg](√bhāṣ) 설하다(16c)
**bhāṣiṣye** [Fut. 1. Sg](√bhāṣ) 설하다(2)
**bhāṣita** [P.P.P](√bhāṣ) 설해진(5, 6, 7, 8, 10b, 13a, 13b, 13c, 13d, 14d, 14f, 15b, 16c, 17b, 17d, 17e, 17f, 17g, 18b, 19, 20a, 20b, 21b, 23, 25, 26a, 29, 30a, 30b, 31a, 31b, 32b)
**bhāṣyamāṇa** [Pre. A. P.](√bhāṣ) 설해지는(6, 14a, 14b, 14d)
**bhāṣyeta** [Pot. 3. Sg](√bhāṣ) 설하다(12)
**bhāva** (√bhū) 자기 몸(10c, 13e, 13e, 15a, 15a, 15a)
**bhāvā** (√bhū) 상태(18b)
**bhikṣu** 비구(1, 32b)
**bhikṣu-bhikṣuṇy-upāsaka-upāsika** 비구 비구니 우바새 우바이(32b)
**bhikṣu-saṃgha** 비구 상가(1)
**bhūta** (√bhū) 있음(12, 15c)
**bhūta-saṃjñā** (√bhū) 참되다는 산냐(6, 14a)
**bhūta-tathatā** (√bhū) 참되고 그러함(17c)
**bhūta-vādī** (√bhū) 참됨을 말하는 자(14f)
**bodhi** (√budh) 깨달음(15b, 16a)
**bodhisattva** (√budh) 보살(1, 2, 3, 4, 6, 10b, 10c, 14a, 14g, 14e, 17a, 17f, 17g, 17h, 28, 32a, 32b)
**bodhisattva-yāna-samprasthita** (√budh) 보살승에 굳게 나아가는(2, 3, 4, 17a, 27, 31b)
**budbuda** 물거품(32a)
**buddha** (√budh) [P.P.P.] 깨달아진(6, 14h, 15b); 부처님(6, 8, 14c, 14d, 16b, 26b)
**buddha-bodhi** (√budh) 부처님의 깨달음(16a)
**buddha-cakṣus** (√budh) 불안(佛眼)(6, 14h, 15b, 18a)
**buddha-dharma** (√budh) 부처님의 가르침(8, 17d)
**buddha-jñāna** (√budh) 부처의 지혜(6, 14h, 15b)

**【C】**

**caitya-bhūta** (√ci) 탑묘가 있음(12, 15c)
**cakra-vartī** 전륜성왕(26a)
**cakṣus** (√cakṣ) 안(眼)(6, 14h, 15b, 18a)
**cakṣuṣman** (√cakṣ) 눈을 가진(14g)
**caritvā** [Ger.](√car) 하시고서(1)
**catur-aśīti-buddha-koṭi-niyuta-śata-sahasra** 팔만 사천 꼬띠 나유타 백천의 부처님들(16b)
**catuṣ-pādika** 네 구절로 된(8, 11, 12, 13e, 24, 32a)
**chedika** (√chid) 자름(0, 32b)
**citta** (√cit) 마음(2, 3, 4, 10c, 14e, 17a, 18b)
**citta-dhārā** (√cit) 마음의 흐름(18b)
**citta-vikṣepa** (√cit) 마음이 돌게 됨(16c)
**cīvara** 가사(1)

**【D】**

**dadāti** [Pre. 3. Sg](√dā) 보시하다(4)
**dadyāt** [Pot. 3. Sg](√dā) 보시하다(4, 8, 11, 24, 28, 32a)
**dakṣiṇa** 오른쪽(2)
**dakṣiṇa-paścima-uttara-āsvadha-ūrdhva** 남 서 북 아래 위(4)
**daśa** 열 가지(4)
**dāna** (√dā) 보시(4, 8, 11, 14e, 19, 24, 28, 32a)
**dāna-parityāga** (√dā) 보시를 행함(14f)
**dātavya** [Pot. P. P.](√dā) 보시를 해야 한다(4)
**deśanā** (√diś) 설법(21a)
**deśayet** [Cau. Pot. 3. Sg](√diś) 가르쳐준다면(8, 11, 13e, 24, 32a)
**deśita** [P.P.P.](√diś) 가르친(7, 14g, 17d, 21a)
**deva** 천(12, 15c, 32b)
**dharma** (√dhṛ) 법(6, 7, 9a, 9b, 9c, 9d, 10a, 13b, 14g, 17a, 17b, 17d, 17f, 17h, 21a, 21b, 22, 23, 26b, 27, 28, 30b); 가르침(8, 17d), 정법이 쇠퇴할 시기, sad-dharma-vipralopa-kāla(6, 16b, 21b); 정법이 쇠퇴하는, sad-dharma-vipralopa(14b); 일체법, sarvadharmā(17d)
**dharma-cakṣu** (√dhṛ) 법안(法眼)(18a)
**dharma-deśanā** (√dhṛ) 설법(21a)
**dharma-kāya** (√dhṛ) 법을 몸으로 함(26b)
**dharma-paryāya** (√dhṛ) 법문(6, 8, 11, 12, 13a, 13e, 14a, 14b, 14h, 15a, 15b, 16c, 24, 32a)
**dharma-pratiṣṭhita** (√dhṛ) 법에 머무름(14e)
**dharma-saṃjñā** (√dhṛ) 법이라는 산냐(6, 31b)
**dharmatā** (√dhṛ) 법됨(26b)
**dharma-vega** (√dhṛ) 법력(14a)
**dhāraya** [Cau. Imp.. 2. Sg](√dhṛ) [마음에] 간직하라(13a)
**dhārayāmi** [Cau. pre. 1. Sg](√dhṛ) [마음에] 간직하다(13a)
**dhārayed** [Cau. Pot. 3. Sg](√dhṛ) [마음에] 간직하다(15a)
**dhārayiṣyanti** [Cau. Fut. 3. Pl](√dhṛ) [마음에] 간직하다(12, 14b, 14h, 15b, 16a, 16b)

**dhārayitum̩** [Inf.](√dhṛ) [마음에] 간직할(15b)
**dhārā** (√dhāv) 마음의 흐름(18b)
**dhātu** (√dhā) 경지. 열반의 경지, nirvāṇa-dhātau(3)
**dhātu** (√dhā) 계(界). 세계, lokadhātu 참조; 중생의 세계, sattvadhātu(3)
**dig-vidik** (√diś) 방위와 중간 방위(4)
**dik** (√diś) 방향(4)
**dine dine** 매일 매일(13e)
**diśa** (√diś) 방향(4)
**divya** (√div) 천(天)(18a)
**dīpa** (√dīp) 등불(32a)
**Dīpaṅkara** 연등(10a, 16b, 17b)
**dṛṣṭa** [P.P.P](√dṛś) 보여진(6, 14h, 15b)
**dṛṣṭe eva dharme** (√dṛś) 지금 여기에서(16a)
**dṛṣṭi** (√dṛś) 견해(31a)
**dṛṣṭika** (√dṛś) 견해를 가진 자(15b, etc.)
**drakṣyanti** [Fut. 3. Pl](√dṛś) 볼 것이다(26a)
**draṣṭavya** [Pot. P.P.](√dṛś) 보여져야 한다(5, 13d, 14g, 20a, 20b, 25, 26a, 26b, 27, 31b, 32a)
**duhitā** 여인. kuladuhitā 참조.
**duṣkara** (duḥ+√kṛ) 어려운(14b)
**dvātrim̩śan-mahāpuruṣa-lakṣaṇa** 32가지 대인상(13d)

**【E】**

**eka** 하나(1)
**eka-am̩sam** 한쪽 어깨로만(2)
**eka-anta** 한 편(곁, 끝)(1)
**eka-buddha-avaropita-kuśala-mūla** 한 부처님 밑에서 선근을 심은(6)
**eka-buddha-paryupāsita** 한 부처님을 섬기는(6)
**eka-citta-prasāda** 한 마음으로 청정한 믿음(6)

**【G】**

**gacchati** [Pre. 3. Sg](√gam) 가다(29)
**gaccheyuḥ** [Pot. 3. Pl](√gam) 가다(16c)
**Gaṅgā** 강가(11, 18b)
**Gaṅgā-nadī** 강가 강(11, 18b)
**Gaṅgā-nadī-vālukā-sama** 강가 강의 모래알들과 같은(11, 13e, 15a, 18b, 28)
**gaṇana** (√gaṇ) 계산(16b)
**gandha** 냄새(9a)
**gandharva** 간다르와(32b)
**gata** [P.P.P.](√gam) 간(29)
**gāthā** 게송(8, 11, 12, 13e, 24, 26a, 32a)
**ghoṣa** (√ghuṣ) 소리(26a)
**grāha** (√grah) 뭉쳐짐(30b)
**grāha** (√grah) 집착(6, 9a, 9d, 25, etc.)
**guṇavanta** 공덕을 갖춤(6)
**guru** 구루(12)

**【H】**

**hetu** 이유 tat kasya hetoḥ(3, 4, 5, 6, 7, 8, 9a, 9b, 9c, 9d, 9e, 10b, 10c, 13a, 13c, 13d, 14a, 14c, 14d, 14e, 14f, 15b, 16a, 16b, 17a, 17c, 17d, 17f, 17g, 18b, 19, 20a, 20b, 21a, 21b, 23, 25, 26a, 27, 29, 30a, 30b, 31a, 31b) hīna-adhimuktika 낮은 확신[信解]을 가진(15b)

【I】

iha 여기 [이 세상에서](3, 14a, 14d, 17a)

【J】

jana (√jan) 부(夫), 사람(25, 26a, 30b)
janmika (√jan) 생긴(16a)
jarāyujā 태에서 태어나는 것(3)
jānu-maṇḍala 무릎(2)
jāti (√jan) 생(14e)
jātu 결코(14a)
Jetavana 제따 숲(1)
jīva-dṛṣṭi (√jīv) 영혼이라는 견해(31a)
jīva-dṛṣṭika (√jīv) 영혼이라는 견해를 가진(15b)
jīva-grāha (√jīv) 영혼에 대한 집착(9a, 9d, 25)
jīva-saṃjñā (√jīv) 영혼이라는 산냐(3, 14e, 17a)
jñāna (√jñā) 지혜(14a); 부처의 지혜, buddhajñāna(6, 14h, 15b)
jñāta [P.P.P.](√jñā) 알아진(6, 31b)

【K】

kalā 구분(16b, 24)
Kalinga 깔링가(14e)
kalpa (√kḷp) 겁(13e, 16b)
kalpa-koṭi-niyuta-śatasahasra (√kḷp) 꼬띠 니유따의 백천 겁(15a)
kalpayati [Cau. Pre. 3. Sg](√kḷp) 만들다, ~하다(29)
kariṣyanti [Fut. 3. Pl](√kṛ) 잡도리하다(16a)
karma (√kṛ) 업(16a)
kartavya [Pot. P.P.](√kṛ) 행해져야 하다(14f)
kāla 시간(6, 15a, 16b, 21b)
kāya 몸(1); 법을 몸으로 함, dharmakāyā(26b); 큰 몸, mahākāyo(10c); 구족한 몸, upetakāya(10c, 17e); 큰 몸, mahākāya(17e)
kāya 신(20a)
kolopama 뗏목의 비유(6)
koṭi 꼬띠(15a, 16b)
koṭi-niyuta-śatasahasratami 꼬띠 니유따 백천(16b)
koṭiśatahasratamī 십조분의 일(16b)
koṭiśatatamī 백억분의 일(16b)
koṭitamī 억분의 일(16b)
kṛta [P.P.P.](√kṛ) 지어진(16a)
kṛta-bhakta-kṛtya (√kṛ) 공양을 드시고(1)
kṛtvā (√kṛ) [Ger] 만들고서(2, 8, 11, 19, 28, 32a)
kṛtya (√kṛ) [Ger] 돌고서(1)
kṣamate [Pre. 3. Sg](√kṣam) 허락하다, 이르다(16b, 24)
kṣapayiṣyanti [Cau. Fut. 3. Pl](√kṣip) 소멸될 것이다(16a)
kṣānti (√kṣam) 인욕(28)
kṣānti-pāramitā (√kṣam) 인욕바라밀(14e)
kṣānti-vādī (√kṣam) 인욕을 설하는

(14e)
**kṣetra-vyūha** (√kṣi) 국토의 장엄(10b, 17g)
**kuladuhitā** 선여인(2, 8, 14h, 16a, 16c, 19, 24, 28, 30a, 32a)
**kulaputra** 선남자(2, 8, 9e, 14h, 16a, 16c, 19, 24, 28, 30a, 32a)
**kuru** [Imp.. 2. Sg](√kṛ) 새겨라(2)
**kuryāt** [Pot. 3. Sg](√kṛ) 만든다 하자(30a)
**kuśala** 능숙한, 선(善)(23)
**kuśala-mūlā** 선근(6)

**【L】**

**lakṣaṇa** (√lakṣ) [32가지 대인]상(13d)
**lakṣaṇa-alakṣaṇa** (√lakṣ) [32]상과 [32]상이 아닌 [측면](5)
**lakṣaṇa-sampad** (√lakṣ) [32가지 대인]상을 구족함(5, 20b, 26a, 27)
**likhita** [P.P.P.](√likh) 베껴 쓴(15a)
**loka** (√lok) 세계(12, 15c, 32b)
**loka-dhātu** (√lok) 세계(8, 11, 13c, 18b, 19, 28, 30a, 30b, 32a)

**【M】**

**madhyā-ahṇa-kāla-samaya** 낮(15a)
**mahatā** 많은(1)
**mahā** 큰(10c)
**mahā-kāya** 큰 몸(10c, 17e)
**mahā-nadī** 큰 강(11, 18b)
**mahā-nagarī** 큰 도시(1)
**mahā-puruṣa-lakṣaṇa** 대인상(13d)
**mahā-sattva** 마하살 mahāsattvena(1, 2, 4, 6, 10c, 28); bodhisattva도 참조할 것.
**mahā-sāhasra** 대천(8, 19, 30b)
**mana** (√man) 마음이(32b)
**manasi-kariṣyanti** [Pre. 3. Pl](√man) 마음에 잡도리하다(16a)
**manasi-kuru** [Imp.. 2. Sg](√man) 마음에 새기라(2)
**manyase** [Pre. 2. Sg](√man) 생각하다 tat kiṃ manyase(4, 5, 7, 8, 9a, 9b, 9c, 9d, 10a, 10c, 11, 13b, 13d, 17b, 18a, 18b, 19, 20a, 20b, 21a, 22, 25, 26a, 27, 30a)
**maṣi** 가루(30a)
**māṃsa** 살점(14e); 육신(15b)
**māṃsa-cakṣu** 육안(18a)
**māṇava** 젊은이(17b)
**mānuṣa** 인간(12, 15c, 32b)
**māyā** 환영(32a)
**mṛṣā** 거짓(5, 14g, 17d)
**mūla** 근(根)(6)

**【N】**

**nadī** 강(11, 18b)
**nagarī** 도시(1)
**namas** (√nam) 귀의합니다(0)
**nāma** 이름(13a, 17a, 17b, 21a, 30a); 참으로(10c, 17e)
**nānā-bhāva** 여러 가지(18b)
**nānā-vidha** 여러 종류(14g)
**nāyaka** (√nī) 스승(26b)
**nidāna** (ni+√dā) 인(因)(8, 11, 11, 11, 13e, 15a, 19, 19, 28, 32a)

**nidhyāta** [P.P.P.](ni+√dhyai) 깊이 사유된(14g)
**niḥsattva** (√as) 중생이 없음(17f, 23)
**nimitta-saṃjñā** (ni+√mā) 니밋따(겉모양) 산냐(4)
**nirātmaka** 자아가 없음(28)
**nirātmatva** 자아 없음(23)
**nirātmā** 자아가 없음(17h, 17h)
**nirdiṣṭa** [P.P.P.](nis+√diś) 지목된(9e)
**nirjāta** (nis+√jan) 생겨난(8)
**nirjīva** (nis+√jīv) 영혼이 없음(17f)
**nirjīvatva** (nis+√jīv) 영혼 없음(23)
**nirvāṇa-dhātau** (nis+√vā) 열반의 경지(3, 17a)
**niṣīdati** [Pre. 3. Sg](ni+√sad) 앉다(29)
**niṣpādayiṣyāmi** [Cau. Fut. 1. Sg] (nis+√pad) 이룩하리라(10b, 17g)
**niṣpudgala** 개아가 없음(17f)
**niṣpudgalatva** 개아 없음(23)
**nivāṣya** [Ger.](ni+√vas) [평상복을] 단정히 하시고(1)
**niyuta** 니유따(15a, 16b)
**nyaṣīdat** [Imperf.. 3. Sg](ni+√sad) 앉았다(1)

**【P】**

**pada** (√pad) 말씀(6)
**pañca-jāti-śata** 오백 생(14e)
**para** 남(들)(8, 11, 12, 13e, 14b, 14h, 15a, 15b, 16a, 16b, 24, 32a)
**parama** 최고(2, 12, 14a, 14b)
**parama-āścarya** 최고로 경이로운(2, 14a)
**parama-āścarya-samanvāgata** 최고의 경이로움을 구족한(14d)
**parama-pāramitā** 최고의 바라밀(14d)
**paramāṇu-saṃcaya** 원자의 모음(30a)
**paratara** 더욱 더 그 이전(16b)
**paribhūta** [P.P.P.](pari+√bhū) 모욕을 당한(16a)
**paribhūtatā** (pari+√bhū) 모욕을 받음(16a)
**parigrahītavya** [Pot. P.P.](pari+√grah) 수용되어야 하는(28)
**parimocita** [P.P.P.](pari+√muc) 완전히 해탈케 된(25)
**parinirvāpayiṣyāmi** [Cau. Fut. 1. Sg] (pari+nis+√vā) 완전히 반열반하게 하리라(17f)
**parinirvāpayitavya** [Pot. P.P.](pari+nis+√vā) 완전히 반열반하게 해야 하는(3, 17a)
**parinirvāpita** [P.P.P.](pari+nis+√vā) 완전히 반열반된(3, 17a)
**parinirvāpya** [Ger.](pari+nis+√vā) 완전히 반열반하게 하고서(3, 17a)
**pariniṣpatti** (pari+nis+√pat) 구족(20a)
**paripūrṇa** (pari+√pṛ1) 가득 채움(8, 11, 19, 28, 32a)
**parityajan** [Pre. A.P.] [주격 단수](pari+√tyaj) 바치면서(13e)
**parityajati** [Pre. 3. Sg](pari+√tyaj) 보시를 행하다(14g, 14f)
**parityajet** [Pot. 3. Sg](pari+√tyaj) 바친다면(13e, 15a)
**parityāga** (pari+√tyaj) 보시를 행함(14f)
**parīndanā** (pari+√ind) 부촉(2)
**parīndita** [P.P.P.](pari+√ind) 부촉된

(2)
**parṣadi** 곁에(2)
**parvata-rājā** 산의 왕(10c, 24)
**paryaṅka** 가부좌(1)
**paryavāpnuyāt** [Pot. 3. Sg](pari+ava+√āp) 완전히 이해하여(15a)
**paryavāpsyanti** [Fut. 3. Pl](pari+ava+√āp) 완전히 이해하다(12, 14b, 14h, 15b, 16a, 16b)
**paryavāptuṃ** [Inf.](pari+ava+√āp) 완전히 이해할 수(15b)
**paryāya** (pari+√i) 법문(6, 8, 11, 12, 13a, 13e, 14a, 14h, 15a, 15b, 16c, 24, 32a); 방법(15a)
**paryupāsita** [P.P.P.](pari+upa+√ās) 섬긴(6)
**paścād-bhakta** 공양을 드신 후(1)
**paścima** 다음(6, 16b, 21b); 서(西)(4)
**paśyet** [Pot. 3. Sg](√dṛś) 보다(14g)
**patita** [P.P.P.](√pat) 떨어진(14g)
**paurva-janmika** (√jan) 전생(16a)
**paurvaka** 앞의(16b, 24)
**pāda** (√pad) 발(1)
**pādika** (√pad) 구절로 된(12)
**pāramitā** 바라밀. 고귀한 반야바라밀, ārya-prajñāpāramitāyai(0); 인욕바라밀, kṣānti-pāramitā(14e); 최고의 바라밀, paramapāramitā(14d); 반야바라밀, prajñāpāramitā(0, 13a, 32b)
**pāta** (√pat) 탁발(1)
**pātra-cīvara** 바루와 가사(1)
**phala** (√phal) 과(9)
**piṇḍa** 탁발(1)
**piṇḍa-grāha** 덩어리로 뭉쳐짐(30b)
**piṇḍa-pāta-pratikrānta** 탁발로부터 돌아오셔서(1)
**pṛthag-jana** 범부(25, 30b)
**pṛthivī** 땅(2)
**pṛthivī-pradeśa** 지방(12, 15c)
**pṛthivī-rajas** 땅의 미진(13c, 30a)
**prabhāta** (pra+√bhā) 날이 새고(14g)
**prabhāvita** (pra+√bhū) 나타난(7)
**pradakṣiṇī-kṛtya** 오른쪽으로 [세 번] 돌고서(1)
**pradeśa** (pra+√diś) 지방(12, 15c)
**pragrahītavya** (pra+√grah) 조복받아야 하는(2, 17a)
**prahāṇa** (pra+√dhā) 정진(26a)
**prahātavya** [Pot. P.P.](pra+√hā) 버려져야 하는(6)
**prajānāmi** [Pre. 1. Sg](pra+√jñā) 지혜로써 알다(18b)
**prajñapta** [P.P.P.](pra+√jñā) 미리 준비된(1, 27)
**prajñapyamāna** [Cau. Pre. A.P.](pra+√jñā) 시설이 되는(3)
**prajñapyate** [Cau. Pass. 3. Sg](pra+√jñā) 시설이 되다(3)
**prajñavanta** (pra+√jñā) 지혜를 가진(6)
**prajñā-cakṣu** (pra+√jñā) 혜안(18a)
**prajñā-pāramitā** (pra+√jñā) 반야바라밀(0, 13a, 32a, 32b)
**prakāśayet** [Cau. Pot. 3. Sg](pra+√kāś) 가르쳐주다(32a)
**prakāśayiṣyate** [Cau. Fut. 3. Sg](pra+√kāś) 가르쳐주다(15c)
**prakṣalya** [Ger.](pra+√kṣal) 씻고서

(1)
**pramāṇa** (pra+√mā) 양(量)(4)
**pramṛjya** [Ger.](pra+√mṛj) 닦고서(14a)
**praṇamya** [Ger.](pra+√nam) 인사드리고서(2)
**praṇidhāya** [Ger.](pra+ni+√dhā) 세우고(1)
**prasavet** [Pot. 3. Sg](pra+√su) 쌓게 되다(28)
**prasaviṣyanti** [Fut. 3. Pl](pra+√su) 쌓을 것이다(6, 14h, 16c)
**prasṛta** (pra+√sṛ) 나아간(26a)
**prasunuyāt** [Pot. 3. Sg](pra+√su) 쌓다(8, 11, 13e, 15a, 19, 32a)
**pratigrahīṣyanti** [Fut. 3. Pl](prati+√grah) 얻게 되리라(6, 14h, 16c)
**pratijñā** (prati+√jñā) 서원(15b)
**pratikāṅkṣitavya** [Pot. P.P.](prati+√kāṅkṣ) 기대하다(16c)
**pratikrānta** (prati+√kram) 돌아오다(1)
**pratikṣipet** [Pot. 3. Sg](prati+√kṣip) 경멸하다(15a)
**pratilabhate** [Pre. 3. Sg](prati+√labh) 성취하다(28)
**pratilapsyante** [Fut. 3. Pl](prati+√labh) 성취할 것이다(6)
**pratimukhīṃ** 전면에(1)
**pratipattavya** [Pot. P.P.](prati+√pad) 수행해야 하는(2, 17a)
**pratiśāmya** [Ger.](prati+√śam) 내려놓고서(1)
**pratiṣṭhāpya** (prati+√sthā) [무릎을] 대고서(2)
**pratiṣṭhita** (prati+√sthā) 머무르는(4, 10c, 14e)
**pratitiṣṭhet** [Pot. 3. Sg](prati+√sthā) 머무르다(4)
**prativedayāmi** [Cau. Pre. 1. Sg](prati+√vid) 자세하게 설명하리라(11)
**pratyanga** 몸 [작은 부분](14e)
**pratyaśrauṣīt** [Aor. 3. Sg](prati+√śru) 대답했다(2)
**pratyupasthāhe** (prati+upa+√sthā) 생겨나다(31b)
**pratyutpanna** (prati+ud+√pad) 현재의(18b)
**pravartate** [Pre. 3. Sg](pra+√vṛt) 생겨나다(6)
**pravarteta** [Pot. 3. Sg](pra+√vṛt) 생겨나다(3, 6, 17a)
**pravartiṣyate** [Fut. 3. Sg](pra+√vṛt) 생겨나다(14c)
**praviṣṭa** [P.P.P.](pra+√viś) 들어간(14g)
**prāg eva** 하물며(6, 11)
**prāmuñcat** [Imperf.. 3. Sg](pra+√muc) 흘렸다(14a)
**prāpta** [P.P.P.](pra+√āp) 증득된(9a, 9b, 9c, 9d, 9e)
**prāvikṣat** [Aor. 3. Sg](pra+√viś) 들어가셨다(1)
**pudgala** 사람. 성자들, ārya-pudgalāḥ(7)
**pudgala-dṛṣṭi** 개아라는 견해(31a)
**pudgala-dṛṣṭika** 개아라는 견해를 가진(15b)
**pudgala-grāha** 개아에 대한 집착(9a, 9d, 25)

**pudgala-saṃjñā** 개아라는 산냐(3, 14e, 17a)
**puṇya-skandha** 공덕의 무더기(6, 8, 11, 13e, 14h, 15a, 15b, 16b, 16c, 19, 24, 28, 32a)
**puruṣa** 사람(10c, 11, 13d, 13e, 14g, 15a, 17e, 24)
**putra** 아들 kula-putra 참조.
**pūjanīya** [Pot. P.P.](√pūj) 공양을 받아 마땅한(15c)
**pūrva** 전에(14a)
**pūrva-ahṇa-kāla-samaya** 오전 중에(1, 15a)
**pūrvā** 동쪽(4)

**【R】**

**ṛju** 곧은(1)
**ṛṣi** 성선(聖仙)(14e)
**rajas** 미진(13c, 30a)
**rasa** 맛(9a)
**ratna** 보배(8, 11, 19, 24, 28, 32a)
**rāga** (√raj) 욕망(9e)
**rājā** 왕(10c, 14e, 24, 26a)
**rāśi** 무더기(24)
**rātri** 밤(14g)
**rūpa** 형상(9a, 26a); 형태(6, 10c, 14a, 14f, 16a, 21b, 30a); 색깔(14g)
**rūpa-kāya-pariniṣpatti** 색신 구족(20a)
**rūpa-pratiṣṭhita** 형상에 머무르는(4, 10c, 14e)
**rūpa-śabda-gandha-rasa-spraṣṭavya-dharma-pratiṣṭhita** 색성향미촉법에 머무르는(14e)
**rūpin** 형상이 있는 것(3)

**【S】**

**śabda** 소리(9a)
**śabda-gandha-rasa-spraṣṭavya-dharma-pratiṣṭhita** 성향미촉법에 머무르는(4, 10c, 14e)
**śakya** [Pot. P.P.](√śak) [~할] 수 있는(15b, 26b)
**śatasahasratamī** 십만분의 일(16b)
**śatatamī** 백분의 일(16b, 24)
**śayyā** (√śī) 침상(29)
**Śākyamuni** 석가모니(17b)
**śāstā** (√śās) 스승(12)
**śeṣa** (√śiṣ) 남음(3, 17a)
**śiras** 머리(1)
**śīlavanta** 계를 갖춘(6)
**śṛṇu** [Imp.. 2. Sg](√śru) 들으라(2)
**Śrāvastī** 슈라와스띠(1)
**śreṣṭha-yāna-samprasthita** 최수승승에 굳게 나아가는(14a, 15b)
**śrotuṃ** [Inf.](√śru) 들을 수(15b)
**śruta** [P.P.P.](√śru) 들은(1)
**śruta-pūrva** (√śru) 전에 들은(14a)
**śrutvā** [Ger.](√śru) 듣고서(14a, 15a, 21b)
**saced** 만일(3, 6, 9a, 9d, 9e, 14e, 16c, 17a, 17b, 19, 26a, 30a, 30b)
**sad-dharma** dharma 참조.
**sad-dharma-vipralopa** 정법이 쇠퇴하는(14b)
**sad-dharma-vipralopa-kāla** 정법이 쇠퇴할 시기(6, 16b, 21b)

**sa-deva-mānuṣa-asura** 천 · 인 · 아수라(12, 15c)
**sa-deva-mānuṣa-asura-gandharva** 천 · 인간 · 아수라 · 간다르와들을 포함한(32b)
**sahasratamī** 천분의 일(16b)
**sakala-samāpta** 완전히 갖추어(12)
**sakṛd-āgāmi** 한 번 더 돌아올 자[一來](9b)
**sakṛd-āgāmi-phala** 일래과(9b)
**saṃbahula** 많은(1)
**saṃcaya** (saṃ+√ci) 덩이(30a)
**saṃgha** (saṃ+√gam) 승가(1)
**saṃgṛhīta** [P.P.P.](saṃ+√grah) 무리지어진(3)
**saṃgraha** (saṃ+√grah) 무리(3)
**saṃjñā** (saṃ+√jñā) 산냐(6, 14c, 14e); 자아라는 산냐, ātma-saṃjñā, etc.(3, 6, 14c, 14e, etc.) ; 참되다는 산냐, bhūta-saṃjñā(6, 14a); 법이라는 산냐, dharma-saṃjñā(6, 31b); 니밋따(겉모양) 산냐, nimitta-saṃjñā(4); 일체 산냐, sarva-saṃjñā
**saṃjñin** (saṃ+√jñā) 인식작용이 있는 것(3)
**saṃkhyā** (saṃ+√khyā) 수량(16b)
**saṃskṛta** [P.P.P.](saṃ+√kṛ) 형성된(32a)
**saṃsveda-jā** (saṃ+√svid) 습기에서 태어나는 것(3)
**saṃvartanīya** [Pot. P.P.](saṃ+√vṛt) 떨어져야 마땅한(16a)
**saṃvidyate** [Pre. 3. Sg](saṃ+√vid) 갖추어져 있다(18a, 22)
**sama** 같은(11, 18b); 평등(23)
**samanta** 모든(4)
**samanvāgata** [P.P.P.](saṃ+anu+ā+√gam) 갖추어진(12, 14a, 14b, 15b); 구족한(14d)
**samaya** 때(1, 14e, 16c); 시간(2, 15a); 시기(6, 16b, 21b)
**sa-māṃsa** 육신과 더불어(15b)
**samāpta** [P.P.P.](saṃ+√āp) 갖추어서(12); 완결된(32b)
**sambahula** 많은(1)
**sampad** (saṃ+√pad) 구족(5, 20b, 26a, 27)
**samprakāśayet** [Cau. Pot. 3. Sg](saṃ+pra+√kāś) 자세히 설명해주어야 한다(8, 11, 12, 13e, 15a, 32a)
**samprakāśayiṣyanti** [Cau. Fut. 3. Pl](saṃ+pra+√kāś) 자세히 설명해주다(12, 14b, 14h, 15b, 16a, 16b)
**samprasthita** [P.P.P.](saṃ+pra+√sthā) 굳게 나아가는(2, 3, 4, 14a, 15b, 17a, 27, 31b)
**samyag-vadamāna** [Pre. A.P.](√vad) 바른 말을 하는(31a)
**samyak-sambodhi** (saṃ+√budh) 정등각(7, 8, 14e, 17b, 17d, 22, 23, 27)
**samyak-sambuddha** (saṃ+√budh) 정등각(2, 8, 9e, 10a, 11, 13d, 16b, 17b, 17d, 17h, 19, 24, 28, 29, 32a, etc.)
**sandhāya** [Ger.](saṃ+√dhā) 두고서(6)
**sannipatita** [P.P.P.](saṃ+ni+√pat) 앉은(2)
**sanniṣaṇṇa** [P.P.P.](saṃ+ni+√sad) 앉

아서(2)
**santrasiṣyanti** [Fut. 3. Pl.](saṃ+√tras) 두려워할 것이다(14d)
**santrāsa** (saṃ+√tras) 공포(14d)
**sapta** 일곱(24)
**sapta-ratna-paripūrṇa** 칠보로 가득한 (8, 11, 19, 28, 32a)
**sarva** 모든(3, 6, 14h, 15b, 17a, 21b, 23)
**sarva-dharma** 일체법(17d, 17f, 31b)
**sarva-saṃjñā** 일체 산냐(14e)
**sarva-saṃjñā-apagata** 일체 산냐를 멀리 여읜(14c)
**sarva-sattva** 모든 중생(14f)
**sattva** (√as) 중생(3, 6, 14a, 14b, 14d, 14f, 15b, 16a, 16c, 17a, 17f, 18b, 21b, 23, 25), bodhisattva, mahāsattva도 참조할 것.
**sattva-dhātu** (√as) 중생의 세계(3)
**sattva-dhātu-prajñapyamāna** (√as) 중생의 세계가 있다 하더라도(3)
**sattva-dṛṣṭika** (√as) 중생이라는 견해를 가진(15b)
**sattva-grāha** (√as) 중생에 대한 집착 (9a, 9d, 25)
**sattva-saṃgraha** (√as) 중생의 무리(3)
**sattva-saṃjñā** (√as) 중생이라는 산냐 (3, 14e, 14f, 17a)
**satya** (√as) 진실(14g, 17d)
**satya-vādī** (√as) 진실을 말하는 자(14f)
**sādhu** 선재(2, 26a, etc)
**sārddham** 더불어(1)
**sāyā-ahṇa-kāla-samaya** 저녁(15a)
**skandha** 무더기 puṇya-skandha 참조.
**smṛti** (√smṛ) 마음챙김(1)
**spraṣṭavya** (√spṛś) 감촉(9a)
**srota-āpanna** (√sru) 흐름에 든 자(9a)
**srota-āpatti-phala** (√sru) 예류과(9a)
**sthavira** (√sthā) 장로(32b)
**sthāna** (√sthā) 경우(15b)
**sthānīya** (√sthā) 거주하는(12)
**sthātavya** [Pot. P.P.](√sthā) 머물러야 하는(2, 17a)
**strī** 여자(11, 15a, 24)
**Subhūti** 수보리(생략함)
**Sugata** (√gam) 선서(2, 8, 10c, 11, etc.)
**sukaram** 쉽게(4)
**Sumeru** 수메루(10c, 24)
**supina** 꿈(32a)
**suṣṭhu** 잘(2)
**sūrya** 태양(14g)
**sūtra** 경(0, 14a, 14d, 15c, 16a)
**sūtra-anta** 경(6, 16a)
**sūtra-anta-pada** 경전의 말씀(6)
**syāt** [Pot. 3. Sg](√as) 이다(10c, 25)

**【T】**

**tarhi** 그래서(10c, 14e)
**tathatā** 참되고 그러함(17c)
**Tathāgata** (ā+√gam) 여래(생략함)
**tathā-vādi** 그대로를 말하는 자(14f)
**tatra** 거기(14e, 14g, 17d, 22, 23)
**tāraka** 별(32a)
**tāvad** 그러한(5, 11, 18b, 24, 30a)
**timira** 눈의 가물거림(32a)
**triṣ-pradakṣiṇī-kṛtya** 세 번 오른쪽으로 돌고서(1)
**tri-sāhasra-mahāsāhasra** 삼천대천(8,

13c, 19, 24, 30b)
**tvam** 그대는(6, 17b)

**【U】**

**uccheda** (ud+√chid) 단멸(27)
**ucyante** [Pre. Pass. 3. Pl](√vac) 말해지다(8, 10b, 13d, 17f, 17g, 21b, 23, 25)
**ucyate** [Pre. Pass. 3. Sg](√vac) 말해지다(9a, 9b, 9c, 9d, 9e, 10c, 13a, 13c, 14d, 17e, 18b, 19, 20a, 20b, 22, 23, 28, 29, 30a, 30b, 31a, 31b, 32a)
**udgṛhīta** [P.P.P.](ud+√grah) 얻은(10a, 25, 30b); 집착한(17d, 21a)
**udgṛhya** [Ger.](ud+√grah) 뽑아 내어서(8, 11, 12, 13e, 24, 32a)
**udgrahīṣyanti** [Fut. 3. Pl](ud+√grah) 배우다(14b, 14h, 15b, 16a, 16b)
**udgrahītavya** [Pot. P.P.](ud+√grah) 국집되다(6, 28)
**udgrahītum** [Inf.](ud+√grah) 잴 수(4); 취할 수(4, 15b)
**ukta** [P.P.P.](√vac) 말하는(2, 5, 6, 7, 13a, 14d, 17b, 21b)
**unmāda** (ud+√mad) 광란(16c)
**upaiti** [Pre. 3. Sg](upa+√i) 미치다(달하다)(16b, 24)
**upalabhyate** [Pre. Pass. 3. Sg](upa+√labh) 얻다(18b, 21a, 22)
**upama** (upa+√mā) 비유(6, 16b)
**upaniṣada** (upa+ni+√sad) 유비(類比)(24)
**upapāduka** (upa+√pad) 화현하여 태어나는 것(3)
**upasaṃkramya** [Ger.](upa+saṃ+√kram) 나아가서는(1)
**upasthāpya** [Ger.](upa+√sthā) 확립하시고서(1)
**upeta-kāya** (upa+√i) 구족한 몸(10c, 17e)
**utpanna** [P.P.P.](ud+√pad) 생겨난(14a)
**utpādayiṣyanti** [Fut. 3. Pl](ud+√pad) 일으키다(6, 14a)
**utpādayitavya** [Pot. P.P.](ud+√pad) 일으켜야 하는(3, 4, 10c, 14e, 17a)
**uttara** 북(4)
**uttarā-saṅga** 상의(2)
**utthāya** [Ger.](ud+√sthā) 일어나서(2)
**uttrasiṣyanti** [Fut. 3. Pl](ud+√tras) 놀라다(14d)
**ūrdhva** 위(4)

**【V】**

**vadasi** [Pre. 2. Sg](√vad) 말하다(26a)
**vadet** [Pot. 3. Sg](√vad) 말하다(10b, 17d, 17f, 17g, 21a, 27, 29, 31a)
**vajracchedikā** 금강(0, 32b)
**vaktavya** [Pot. P.P.](√vac) 말해져야 하는(3, 17a, 17f, 17g)
**vandanīya** [Pot. P.P.](√vand) 예배받아야 마땅한(15c)
**vartamāna** [Pre. A.P.](√vṛt) 되었을(6, 14b, 16b, 21b)
**vartī** (√vṛt) 전(轉). cakra-vartī 참조.
**vastu-patita** (√vas) 대상에 떨어진(14g)
**vastu-pratiṣṭhita** (√vas) 대상에 머무른(4)

**vācayet** [Cau. Pot. 3. Sg](√vac) 독송하다(15a)
**vācayiṣyanti** [Fut. 3. Pl](√vac) 독송하다(12, 14b, 14h, 15b, 16a, 16b)
**vācayitum** [Inf.](√vac) 독송할 수(15b)
**vāda** (√vad) 말(12, 15a)
**vādī** (√vad) 말하는 자(14f); 설하는(14e)
**vāg** (√vac) 말씀(6)
**vāluka** 모래알(11, 18b); 강가 강의 모래알들과 같은, Gaṅgānadī-vālukā-sama (13e, 15a, 28)
**vega** (√vij) 힘 [법력](14a)
**velā** 때(26a)
**vidha** (vi+√dhā) 종류(14g)
**vidik** (vi+√diś) 중간 방위(4)
**vidyate** [Pre. 3. Sg](√vid) 있다(15b)
**vidyud** (vi+√dyut) 번개(32a)
**viharati** [Pre. 3. Sg](vi+√hṛ) 머물다(1, 9e, 12)
**vihāri** (vi+√hṛ) 머무는자(9e)
**vijānitum** [Inf.](vi+√jñā) 알 수(26b)
**vijña-guru-sthānīya** (vi+√jñā) 지혜로운 구루들이 거주하는(12)
**vijñeya** [Pot. P.P.](vi+√jñā) 알아져야 하는(26b)
**vikṣepa** (vi+√kṣip) 미침, 마음이 돎(16c)
**vināśa** (vi+√naś) 소멸(27)
**vipāka** (vi+√pac) 과보(16c)
**vipralopa** (vi+pra+√lup) 쇠퇴(6, 14b, 16b, 21b)
**virāgitā** [P.P.P.](vi+√raj) 싫어해진(16b)
**virya** (√vir) 노력(30a)
**viṣama** 차별 없음(23)
**vistara** (vi+√stṛ) 상세한(8, 11, 12, 13e, 14b, 14h, 15a, 15b, 32a)
**vitatha** 거짓(10b, 14f, 21a)
**vivarjayitvā** [Ger.](vi+√vṛj) 버려져서(14e)
**vīta-rāga** (vi+√i) 욕망을 여읜(9e)
**vocaḥ** [Aor. 2 sg](√vac) mā ~ = 말하지 말라 [금지](6)
**vyākariṣyat** [Conditional. 3. Sg](vi+ā+√kṛ) 인정하다(9e, 17b)
**vyākṛta** [P.P.P.](vi+ā+√kṛ) 인정된(17b)
**vyāpāda-saṃjñā** (vi+ā+√pad) 악의의 산냐(14e)
**vyūha** (vi+√vah) 장엄(10b, 17g)

**【Y】**

**yāna** (√yā) 승(2, 3, 4, 14a, 15b, 17a, 27, 31b)
**yoni** 근원(16a)

## 각묵 스님

1957년 밀양에서 출생하여 1979년 화엄사 도광 스님을 은사로 사미계를 수지하였고, 1982년 자운 스님을 계사로 비구계를 수지하였다. 송광사, 칠불암 등 제방선원에서 정진하다가 1989년 빠알리 삼장을 한글로 옮기려는 원을 세우고 인도로 유학하였다. 10여 년간 산스끄리뜨어, 빠알리어, 쁘라끄리뜨어를 배웠으며, 인도 뿌나 대학교 Puna University 산스끄리뜨어과 석사 과정과 박사 과정을 수료하였다. 현재 초기불전연구원 지도법사이며, 실상사 화엄학림 교수사 및 조계종 교육원 교수 아사리를 역임하고 있다. 역·저서로 『금강경 역해』, 『아비담마 길라잡이』(전2권) (공역), 『네 가지 마음챙기는 공부』, 『디가 니까야』(전3권), 『상윳따 니까야』(전6권), 『초기불교 이해』, 『니까야 강독』(전2권) 등이 있다. 『디가 니까야』를 번역한 공로로 2006년 제3회 보현학술상, 『상윳따 니까야』를 번역한 공로로 2010년 제19회 행원문화상 역경상, 대림 스님과 함께 4부 니까야를 완역한 공로로 2012년 제10회 대원상 등을 수상하였다.

# 금강경 역해



1991년 9월 21일 초판 1쇄 발행
2023년 7월 3일 초판 12쇄 발행

역해 각묵 스님
발행인 박상근(至弘) • 편집인 류지호 • 상무이사 김상기 • 편집이사 양동민
편집 김재호, 양민호, 김소영, 최호승, 하다해 • 디자인 쿠담디자인
제작 김명환 • 마케팅 김대현, 이선호 • 관리 윤정안
콘텐츠국 유권준, 정승채
펴낸 곳 불광출판사 (03169) 서울시 종로구 사직로10길 17 인왕빌딩 301호
대표전화 02) 420-3200 편집부 02) 420-3300 팩시밀리 02) 420-3400
출판등록 제300-2009-130호(1979. 10. 10.)

ISBN 978-89-7479-625-9 (03220)

값 28,000원

잘못된 책은 구입하신 서점에서 바꾸어 드립니다.
독자의 의견을 기다립니다. www.bulkwang.co.kr
불광출판사는 (주)불광미디어의 단행본 브랜드입니다.